Neue Entwicklungen der staatlichen Bankenaufsicht in Deutschland und den USA sowie der Einfluß von Basel II

Europäische Hochschulschriften
Publications Universitaires Européennes
European University Studies

Reihe II
Rechtswissenschaft

Série II Series II
Droit
Law

Bd./Vol. 4353

PETER LANG
Frankfurt am Main · Berlin · Bern · Bruxelles · New York · Oxford · Wien

Michael Träm

Neue Entwicklungen der staatlichen Bankenaufsicht in Deutschland und den USA sowie der Einfluß von Basel II

PETER LANG
Europäischer Verlag der Wissenschaften

Bibliografische Information Der Deutschen Bibliothek
Die Deutsche Bibliothek verzeichnet diese Publikation in der Deutschen Nationalbibliografie; detaillierte bibliografische Daten sind im Internet über <http://dnb.ddb.de> abrufbar.

Zugl.: Saarbrücken, Univ., Diss., 2006

D 291
ISSN 0531-7312
ISBN 3-631-55210-6

www.peterlang.de

Vorwort

Die vorliegende Arbeit wurde im Wintersemester 2004/05 von der Rechts- und Wirtschaftswissenschaftlichen Fakultät der Universität des Saarlandes als Dissertation angenommen.

Meinen allerersten und ganz besonderen Dank möchte ich meinem Doktorvater, Herrn Prof. Dr. Rudolf Wendt, aussprechen, der mich in allen Phasen der Arbeit stets ermutigt und unterstützt hat. Ohne ihn wäre diese Arbeit nicht möglich geworden.

Danken möchte ich auch Herrn Prof. Dr. Pascal Hector für die Übernahme der Zweitkorrektur. Die zügige Bearbeitung hat besonders zur schnellen Veröffentlichung der Arbeit beigetragen.

Herrn Prof. Dr. Elmar Wadle gilt mein herzlicher Dank für die Ermutigung diese Arbeit zu schreiben und erfolgreich zum Abschluß zu bringen.

Großer Anteil am zügigen Gelingen dieser Arbeit hatte Frau Privatdozentin Dr. jur Heike Jochum, Mag. rer. publ., die mir immer wieder mit Rat und Tat zur Seite stand.

Mein Dank gilt Heike Ring für ihre geduldige Unterstützung beim Korrekturlesen des Manuskriptes.

Die Arbeit wäre nicht so rasch gediehen ohne die Möglichkeit zur Nutzung der Bibliotheken der Deutschen Bundesbank und der Bundesanstalt für Finanzdienstleistungsaufsicht. Mein großer Dank gilt allen Mitarbeitern dieser Bibliotheken für ihre vorbildliche Unterstützung.

Ein herzlicher Dank gilt Kenneth Spong, Senior Executive der Federal Reserve Bank von Kansas City, für den seit vielen Jahren andauernden Dialog und seine tiefreichenden Einblicke und Hinweise zum amerikanischen Bankenaufsichtswesen.

Nicht zuletzt möchte ich mich bei allen Freunden, Arbeitskollegen und Geschäftspartnern bedanken, die mich mit fachlichen Gesprächen, Ermutigungen und Motivationsschüben unterstützt und die immer zu mir gehalten haben.

Tiefe Dankbarkeit empfinde ich gegenüber meinen Eltern für all ihre Hilfe.

Abschließend möchte ich mich bei meiner Ehefrau und meinen beiden Kindern bedanken, die stets viel Geduld mit mir bewiesen haben. Ihnen widme ich diese Arbeit.

Ratingen, im Januar 2006 Michael Träm

Inhalt

Abkürzungsverzeichnis

a.A.	anderer Auffassung
A. 2d	Atlantic Reporter, Second Series
a.a.O.	am angegebenen Ort
Abl.	Amtsblatt
Abs.	Absatz
a.E.	am Ende
a.F.	alte Fassung
AG	Aktiengesellschaft
AGB	Allgemeine Geschäftsbedingungen
AktG	Aktiengesetz
Amtl.	Amtlich
Anm.	Anmerkung(en)
Ann.	Annotated; mit Anmerkungen versehener Gesetzestext
APA	Administrative Procedure Act
App.	Appendix
Art.	Artikel
Aufl.	Auflage
Aug.	August
BAKred	Bundesaufsichtsamt für das Kreditwesen
BaFin	Bundesanstalt für Finanzdienstleistungsaufsicht
BAnz.	Bundesanzeiger
BB	Zeitschrift "Betriebsberater"
BBankG	Bundesbankgesetz
BCCI	Bank of Credit and Commerce International
Bd.	Band
Bde.	Bände
BdLG	Gesetz Bank Deutscher Länder
BFuP	Zeitschrift "Betriebswirtschaftliche Forschung und Praxis"
BGB	Bürgerliches Gesetzbuch
BGBl.	Bundesgesetzblatt
BGH	Bundesgerichtshof
BHCA	Bank Holding Companies Act
BI	Zeitschrift "Bank Information"

BI/GF	Zeitschrift "Bank Information / Genossenschaftsforum"
BIZ	Bank für Internationalen Zahlungsausgleich
BKR	Zeitschrift "Zeitschrift für Bank- und Kapitalmarktrecht"
BT-Drs.	Bundestagsdrucksache
Buchst.	Buchstabe
BVerfG	Bundesverfassungsgericht
BVerfGE	Entscheidungen des Bundesverfassungsgerichts
BVerwG	Bundesverwaltungsgericht
BVerwGE	Entscheidungen des Bundesverwaltungsgerichts
bzw.	beziehungsweise
ca.	circa
CAAP	Capital Adequacy Assessment Process
Cal.	California
CAMELS	Capital Adequacy, Asset Quality, Management Ability and Effectiveness, Earnings, Liquidity, Sensitivity to Market Risk
cert.den.	certiorari denied; Revisionsantrag durch den Supreme Court abgelehnt
C.F.R.	Code of Federal Regulations
Cir.	Circuit; Gerichtsbezirk eines Bundesberufungsgerichts (Court of Appeal)
Co.	Company
Corp.	Corporation
CRA	Community Reinvestment Act
Cum.	Cumulative
D.	District Court; erstinstanzliches Gericht
D.C.	District of Columbia
D.C.Cir.	District of Columbia Circuit; Berufungsgericht des District of Columbia
Dec.	December
ders.	derselbe
d.h.	das heißt
DINB	Deposit Insurance National Bank
DM	Deutsche Mark
DStR	Zeitschrift "Deutsches Steuerrecht"
DÖV	Zeitschrift "Die Öffentliche Verwaltung"
EC	European Commission
E	Entscheidung

E.D.	Eastern District; Gerichtsbezirk eines erstinstanzlichen Bundesgerichts innerhalb eines Staates
EG	Europäische Gemeinschaft
Einf.	Einführung
ESAEG	Einlagensicherungs- und Anlegerschutzgesetz
et al.	et altera (und andere)
EuGH	Europäischer Gerichtshof
EWG	Europäische Wirtschaftsgemeinschaft
EWR	Europäischer Wirtschaftsraum
EZB	Europäische Zentralbank
F	Federal Reporter
f.	folgende
F. 2d	Fallrechtssammlung der Berufungsgerichte, 1. oder 2. Serie
FAZ	Frankfurter Allgemeine Zeitung
FDIC	Federal Deposit Insurance Corporation
FDICIA	Federal Deposit Insurance Corporation Improvement Act
Feb.	February
Fed.	Federal Reserve System
ff.	fortfolgende
FFIEC	Federal Financial Institutions Examinations Council
FinDAG	Gesetz über die Bundesanstalt für Finanzdienstleistungsaufsicht
FIRRERA	Financial Institutions Reform, Recovery, and Enforcement Act
Fla.	Florida
FLF	Zeitschrift "Finanzierung-Leasing Factoring"
FMFG	Finanzmarktförderungsgesetz
FinDAG	Gesetz über die Bundesanstalt für Finanzdienstleistungsaufsicht
Fn.	Fußnote
F.R.	Federal Register
FRA	Federal Reserve Act
FRB	Federal Reserve Bulletin
FRS	Federal Reserve System
F.Supp.	Federal Supplement; Fallrechtssammlung der erstinstanzlichen Bundesgerichte
GAO	United States Government Accountability Office
gem.	gemäß
GewA	Zeitschrift "Das Gewerbearchiv"
GewO	Gewerbeordnung
GG	Grundgesetz

GmbH	Gesellschaft mit beschränkter Haftung
GmbHG	Gesetz betreffend die Gesellschaften mit beschränkter Haftung
GroMikV	Großkredit- und Millionenkreditverordung
GWG	Gesetz über das Aufspüren von schweren Straftaten (Geldwäschegesetz)
GWB	Gesetz gegen Wettbewerbsbeschränkungen
HGB	Handelsgesetzbuch
h.M.	herrschende Meinung
Hrsg.	Herausgeber
HS	Halbsatz
http://	Hypertext Transmission Protokoll
IBA	International Banking Act
IBBEA	Interstate Banking and Branching Efficiency Act
i.d.R.	in der Regel
ifk	Institut für Kreditwesen
InsO	Insolvenzordnung
Int'l	International
IRB	Internal Ratings Based Approach
ISLA	International Lending Supervision Act
i.V.m.	in Verbindung mit
Jan.	January
JZ	Zeitschrift "Juristenzeitung"
KfW	Kreditanstalt für Wiederaufbau
KG	Kommanditgesellschaft
KGaA	Kommanditgesellschaft auf Aktien
KWG	Kreditwesengesetz
KRaBl.	Amtsblatt des Kontrollrats in Deutschland
Kza	Kennzahl
KO	Konkursordnung
L. Ed	Lawyers' Edition, United States Supreme Court Reports
MaH	Mindestanforderungen an das Betreiben von Handelsgeschäften
MaK	Mindestanforderungen an das Kreditgeschäft der Kreditinstitute
MaRisk	Mindestanforderungen an das Risikomanagement

Mass.	Massachusetts
Mio.	Millionen
MO	Missouri
MRABl.	Amtsblatt der Militärregierung
Mrd.	Milliarden
m.w.N.	mit weiteren Nachweisen
N.A.	National Bank
N.J.	New Jersey
NJW	Zeitschrift "Neue Juristische Wochenschrift"
No.	Number
Nov.	November
Nr.	Nummer
NWVBL	Zeitschrift "Nordrhein-Westfälische Verwaltungsblätter"
N.Y.	New York
o.	oben
ÖBA	Zeitschrift "Österreichisches Bankarchiv"
OCC	Office of the Comptroller of the Currency
Oct.	October
OECD	Organisation for Economic Cooperation and Development
Okla.	Oklahoma
OLG	Oberlandesgericht
Or.	Orlando
Ore.	Oregon
OTS	Office of Thrift Supervision
o.V.	ohne Verfasser
Pa	Pennsylvania
QIS	Quantitative Impact Study
Rdnr.	Randnummer
RGBl.	Reichsgesetzblatt
RIW	Zeitschrift "Recht der internationalen Wirtschaft"
RL	Richtlinie
RM	Reichsmark
s.	siehe
S.	Seite

Sav.	Savings
S.Ct.	Supreme Court Reporter; Fallrechtssammlung des Obersten Bundesgerichtshofes
Sec.	Section
sog.	sogenannte(r)
SRP	Supervisory Review Process
Stat.	Statutes; Sammlung der Bundesgesetze
Supp.	Supplement
Tex.	Texas
u.	unten
u.a.	unter anderem
u.Ä.	und Ähnliches
U.K.	United Kingdom
UmwG	Umwandlungsgesetz
U.S.	United States Supreme Court Reports; Fallrechtssammlung des Obersten Bundesgerichtshofes
USA	United States of America
U.S.C.	United States Code; Sammlung der Bundesgesetze
U.S.C.A.	United States Code Annotated; Sammlung der Bundesgesetze mit Anmerkungen
usw.	und so weiter
u.v.a.	und viele andere
v.	versus; gegen
VerwArch.	Zeitschrift "Verwaltungsarchiv"
vgl.	vergleiche
VO	Verordnung
Vol.	Volume; Band
Vorbem.	Vorbemerkung
VwGO	Verwaltungsgerichtsordnung
VwVfG	Verwaltungsverfahrensgesetz
W.D.	Western District; Gerichtsbezirk eines erstinstanzlichen Bundesgerichts innerhalb eines Staates
Wisc.	Wisconsin
WM	Zeitschrift "Wertpapier Mitteilungen"
www	World Wide Web

z.B.	zum Beispiel
ZBB	Zeitschrift "Zeitschrift für Bankrecht und Bankwirtschaft"
Zfbf	Zeitschrift "Zeitschrift für betriebswirtschaftliche Forschung"
ZfgK	Zeitschrift "Zeitschrift für das gesamte Kreditwesen"
ZHR	Zeitschrift "Zeitschrift für das gesamte Handelsrecht und Wirtschaftsrecht"
ZIP	Zeitschrift "Zeitschrift für Wirtschaftsrecht"
Ziff.	Ziffer
ZPO	Zivilprozeßordnung
ZVglRWiss	Zeitschrift "Zeitschrift für Vergleichende Rechtswissenschaft"

Zitierweise amerikanischer Entscheidungen: Band, Name der Fallrechtssammlung, Seite, Jahr

Einleitung

In den vergangenen zehn Jahren hat sich das Tempo, mit dem sich die Geschäftstätigkeit von Banken internationalisiert und zum Teil globalisiert hat, erheblich beschleunigt. Angetrieben durch die Finanzierungsbedürfnisse einer in ebensolchem Maße globalisierten Wirtschaft und die Möglichkeiten, welche moderne Informations- und Kommunikationstechnologien den Banken bieten, sprengen deren Finanzgeschäfte mehr denn je die nationalen Grenzen. Für das Finanzgewerbe ist die ganze Welt zu einem großen Marktplatz geworden.

Diese Entwicklung kann für Banken und Bankenaufsicht nicht ohne Folgen bleiben. Die Geschäftsgrundlagen und die aufsichtsrechtlichen Rahmenbedingungen für international tätige Kreditinstitute sollten daher im Idealfall möglichst einheitlich ausgestaltet sein, um damit die Grundlagen für einen fairen Wettbewerb in einem stabilen, von Vertrauen in die Institute geprägten, internationalen Bankgewerbe zu bilden. Auch wenn es zum Teil gewachsene, länderspezifische Besonderheiten gibt, die diesem Bestreben entgegenstehen, muß der Grundsatz gelten: gleiches Geschäft, gleiches Risiko, gleiche Regeln.

Die staatlichen Bankenaufsichtssysteme, die für die Geschäftstätigkeit deutscher und amerikanischer Banken zuständig sind, haben in den vergangenen Jahren umfangreiche Weiterentwicklungen erlebt. Dies hat sowohl zu einer erheblichen Erhöhung der Regelungsdichte als auch der Regelungstiefe geführt. In Deutschland wie in den Vereinigten Staaten gab es in den letzten Jahren eine Fülle neuer gesetzlicher Regelungen. In Deutschland seien exemplarisch die Vierte, Fünfte und Sechste Novelle des Kreditwesengesetzes, die Mindestanforderungen an das Kreditgeschäft der Kreditinstitute (MaK), das Vierte Finanzmarktförderungsgesetz und die Errichtung der Bundesanstalt für Finanzdienstleistungsaufsicht genannt. Somit wurde das deutsche Bankensystem in den letzten Jahren umfangreicheren Veränderungen unterzogen als in den Jahrzehnten zuvor.[1] Von *Bernd Fahrholz* ist der Satz überliefert, daß im deutschen Finanz-

1 *Jan Pieter Krahen / Reinhard H. Schmidt,* Taking Stock and Looking Ahead: The German Financial System at the Crossroads?, in: *Jan Pieter Krahen / Reinhard H. Schmidt (Hrsg.),* The German Financial System, Oxford 2004, S. 485 (486). So auch *Hermann-Josef Lamberti,* Neue Herausforderungen für Banken und Aufsicht, in: ZfgK 2005, S. 510 (510).

system "kein Stein auf dem anderen geblieben" sei.[2] In den Vereinigten Staaten werden die Veränderungen insbesondere durch den Erlaß des Federal Deposit Insurance Corporation Improvement Acts, des Riegle-Neal Interstate Banking and Branching Efficiency Acts und des Gramm-Leach-Bliley Acts deutlich. Trotz, oder vielleicht auch gerade wegen dieser Weiterentwicklungen, unterscheiden sich die beiden Aufsichtssysteme in Deutschland und den Vereinigten Staaten noch immer sehr stark voneinander.

Diesen nationalen Entwicklungen schließen sich die mit enormen Anstrengungen unter dem Stichwort "Basel II" verabschiedeten Rahmenvereinbarungen zur internationalen Konvergenz der Eigenkapitalmessung und Eigenkapitalanforderungen für Banken an. Mit dem Ziel einer gewissen Harmonisierung der Bankenaufsicht und der Sicherung der Solidität und Stabilität des internationalen Bankensystems hat sich die Komplexität dieser ohnehin schon schwierigen Materie noch weiter erhöht. Immer wieder wird die Frage gestellt, ob die Beschlüsse von Basel II tatsächlich als Revolution begrüßt werden können[3], wie zum Beispiel vom Präsidenten der Bundesanstalt für Finanzdienstleistungsaufsicht *Jochen Sanio*, oder ob sie nicht doch über das Ziel hinausschießen.[4] Trotz aller Bemühungen wird schon heute erwartet, daß die am 20. Juni 2004 in Basel getroffenen Vereinbarungen nicht überall sinnvoll zur Anwendung kommen[5] und daß Basel II damit nur eine Vorstufe zu einem in der Zukunft liegenden Basel III sein könnte.[6]

In Deutschland und den Vereinigten Staaten unterscheidet sich jedoch nicht nur die Bankenaufsicht. Gleiches gilt auch für die Bankensysteme in beiden Länder, welche trotz Globalisierung der Finanzmärkte und vieler grenzüberschreitender Fusionen und Akquisitionen noch immer von sehr großen Gegensätzen gekennzeichnet sind.

Anlaß für die mit dieser Arbeit durchgeführte Gegenüberstellung und Analyse der staatlichen Bankenaufsicht über die jeweiligen Banken und Bankensysteme sind die von Bankern, Marktteilnehmern und Politikern beider Länder vorge-

---

2 *Bernd Fahrholz,* Die Bank der Zukunft – Herausforderungen und Perspektiven, Vortrag an der Universität Hohenheim am 20. Juni 2001, hier zitiert nach *Andreas Hakkethal,* German Banks and Banking Structure, in: *Jan Pieter Krahen / Reinhard H. Schmidt (Hrsg.),* The German Financial System, Oxford 2004, S. 71.

3 *Jochen Sanio,* Basel II – Revolution im Kreditgewerbe und in der Bankenaufsicht, in: *Hans Tietmeyer / Bernd Rolfes (Hrsg.),* Basel II – Das neue Aufsichtsrecht und seine Folgen, Wiesbaden 2002, S. 147 (148).

4 *Rolf Lebert,* Zwergenaufstand gegen Basel II, in: Financial Times Deutschland, 29.4.2005, S. 19.

5 *O.V.,* Basel brush, in: The Economist 2003, March 29, S. 65.

6 *O.V.,* BaFin gegen Basel II-Verschiebung, in: Frankfurter Allgemeine Zeitung, 20.5.2005, S. 15.

brachten Warnungen, die Bankenaufsicht dürfe nicht den Wettbewerb begrenzen und den Zugang zum Bankenplatz erschweren. Für das gleiche Geschäft und die damit verbundenen gleichen Risiken müssen auch die gleichen Regeln gelten.[7] Die gegenseitigen Einschätzungen und Vorurteile haben insbesondere deshalb grundlegende Bedeutung, da es sich beim Bankgeschäft um einen ständig wachsenden und ins Ausland expandierenden Markt handelt, in dem immer häufiger deutsche und europäische Banken in die Vereinigten Staaten streben und umgekehrt immer mehr amerikanische Banken nach Deutschland expandieren.[8]

In der Bundesrepublik sind die gewerbepolizeilichen Regulierungs- und Aufsichtsvorschriften im Kreditwesengesetz geregelt, welches nun in seiner Sechsten Novelle vorliegt. In den Vereinigten Staaten werden die bankenaufsichtsrechtlichen Normen, mit denen der Gesetzgeber die Voraussetzungen zur Gründung eines Kreditinstituts, die Bestimmungen zur Regelung der laufenden Geschäftstätigkeit und das Verhalten in Krisenzeiten von Banken regelt, aus einer Vielzahl kaum zu überschauender Bundes- und Einzelstaatsgesetze entnommen. Diese Gesetzesfülle und die vielgeteilte Struktur des amerikanischen Bankensystems waren der Grund dafür, die Bankenaufsicht nur für die sogenannten Geschäftsbanken, die als National Bank geführt werden, zu untersuchen. Die Geschäftsbanken, die als National Bank geführt werden, nehmen in den Vereinigten Staaten ohnehin den weitaus wichtigsten und größten Bereich im Bankgewerbe ein.[9] Die bankenaufsichtsrechtlichen Normen der amerikanischen Bundesstaaten können daher nur in Ausnahmefällen angesprochen werden. Gegenstand der vorliegenden Arbeit ist somit der Vergleich des Bankenaufsichtsrechts über deutsche Geschäftsbanken mit dem Bankenaufsichtsrecht über amerikanische Commercial Banks, die als National Bank geführt werden. Für Deutschland konzentriert sich die Arbeit auf Geschäftsbanken, die privatwirtschaftlich organisiert sind.

Eine verständliche Darstellung der beiden Bankenaufsichtssysteme erfordert zunächst einen Vergleich der Notwendigkeit und der Ziele der Bankenaufsicht in beiden Ländern. Der Untersuchung der unterschiedlichen historischen Entwicklungen in Deutschland und den Vereinigten Staaten schließt sich eine Übersicht über die Objekte der Bankenaufsicht an, das heißt ein Vergleich der unterschiedlichen Bankensysteme. Diesem Vergleich folgt die Untersuchung der Or-

---

7 *Rolf-E. Breuer*, Regulierung und Bankenaufsicht zwischen Nationalstaat und globalem Finanzmarkt, in: €WU-Monitor, Deutsche Bank Research, Frankfurt a.M., 29.6.2000, S. 2 (4).

8 *Robert Nelson*, How Foreign Banks Get A Foot In The US Door, in: Global Finance, April 1989, Volume 3, Number 4, S. 71.

9 *Donald Jacobs*, The Framework of Commercial Bank Regulation: An Appraisal, in: National Banking Review 1964, S. 343 (346); *E. Gerald Corrigan*, Financial Market Structure: A Longer View, Federal Reserve Bank New York, New York, 1987, S. 19.

ganisation, der Aufgaben und des Zusammenwirkens der verschiedenen Bankenaufsichtsbehörden. Bevor die Bankenaufsichtssyteme in den einzelnen Geschäftsphasen einer Bank verglichen werden, erfolgt eine eingehende Betrachtung der Internationalisierung der Bankenaufsicht sowie der Auswirkungen und Folgen von Basel II. Dabei wird versucht, den Einfluß der Beschlüsse von Basel II zu untersuchen und zu bestimmen, was diese zum einen für die Bankenaufsicht selbst und zum anderen für die Geschäftstätigkeit der Banken, wie zum Beispiel die Kreditvergabepraxis bedeuten. Die Bankenaufsicht in den verschiedenen Geschäftsphasen beginnt mit den Zulassungsregelungen zum Bankgewerbe, gefolgt von der Bankenaufsicht im Tätigkeitsstadium einer Bank und reicht schließlich bis zur Aufsicht im Falle einer Krise.

Die Arbeit bemüht sich nicht nur darum, die unterschiedlichen Normen des Bankenaufsicht zu vergleichen, sondern ebenso darum darzustellen, wie sich die beiden unterschiedlichen Banken- und Bankenaufsichtssysteme entwickelt haben, um dann im letzten Teil, neben einer Gesamtwürdigung, auch einen Ausblick in die weitere Entwicklung dieses wichtigen Wirtschafts- und Wirtschaftsverwaltungsbereiches zu wagen.

Erstes Kapitel: Notwendigkeit und Ziele der Bankenaufsicht

Ein Vergleich der Bankenaufsicht über die Geschäftsbanken in Deutschland und den Vereinigten Staaten kann nur gezogen werden, wenn zuvor die Grundlagen der Bankenaufsicht in beiden Ländern eingehend erörtert werden. Hierzu gehört insbesondere das Verständnis der Notwendigkeit und der Zielsetzung einer funktionierenden Aufsicht.

In allen Ländern der Welt nimmt das Bankgewerbe eine besondere Schlüsselstellung ein.[10] Es dient als Sammelstelle für die Ersparnisse kleiner und großer Privatkunden ebenso wie zur Liquiditätsversorgung großer Wirtschaftsunternehmen, sei es daß diese regional oder global tätig sind. Das Bankgewerbe ist Quelle der Kreditversorgung und gleichzeitig Instrument zur Durchsetzung währungs- und konjunkturpolitischer Zielsetzungen.

Wegen dieser besonderen Funktionen, die der Sicherung und Erhaltung einer funktionierenden Volkswirtschaft, der Sicherung von Arbeitsplätzen und einer privaten Altersversorgung dienen, ist es in besonderem Maße wichtig, eine möglichst umfassende Existenzsicherung der Kreditinstitute zu erreichen. Trotz dieser wichtigen Rolle ist jedoch zu beachten, daß regulatorische Eingriffe des Staates in die Gewerbefreiheit der Banken nur dann möglich sind, wenn sie besonders gerechtfertigt sind.[11]

Die Sonderstellung der Banken und ihr Einfluß auf alle anderen Bereiche der Wirtschaft erfordert eine ständige Funktionsfähigkeit, die in besonderem Maße vom Vertrauen der Bankkunden abhängig ist. Die Sicherung dieses Vertrauens muß daher vordringliches Ziel der Bankenaufsicht sein. Jedoch wäre ein lückenloser Schutz vor Bankinsolvenzen nur durch die Einführung einer staatlichen Bestandsgarantie zu erreichen. Durch eine solche Garantie wäre letztlich die Existenz aller Banken sichergestellt, ungeachtet dessen, ob es sich um starke, gesunde und profitabel agierende Unternehmen oder schwache, in der Verlustzone oder gar unter Aufzehrung des Eigenkapitals arbeitende Institute handelt. Die staatliche Bankenaufsicht bewegt sich damit also im Spannungsfeld zwischen staatlicher Überregulierung auf der einen Seite und zu großzügiger Handhabung der

---

10 *Corrigan*, (Financial Market), S. 11.

11 *Karl-Heinz Boos / Reinfried Fischer / Hermann Schulte-Mattler*, Kreditwesengesetz – Kommentar zu KWG und Ausführungsvorschriften, 2. Auflage, München 2004, Einf., Rdnr. 61.

Aufsichtsmaßstäbe andererseits. Gerade die jüngsten Entwicklungen um die Umsetzung der Basel-II-Maßgaben untersteichen eindrucksvoll die Komplexität der Fragen, die mit der Suche nach der richtigen Balance zwischen freiem Wettbewerb und staatlicher Regulierung verbunden sind.

A. In Deutschland

Ohne entsprechende Maßnahmen, die dem Bankgläubiger das Gefühl vermitteln, gerade in diesem sensiblen Wirtschaftszweig sei der Gläubigerschutz in besonderem Maße ausgeprägt, könnten schlechte Wirtschaftsdaten der Gesamtwirtschaft oder schlechte Geschäftsberichte eines Einzelinstituts schnell zu einem hastigen Abzug der Einlagen von den einzelnen Banken führen[12]. Ein sich gegenseitig verstärkender Abzug der Bankeinlagen wäre die Folge, bis schließlich einzelne Banken ihre Tätigkeit ganz einstellen müßten.[13] Der Zusammenbruch einer einzelnen Bank würde wiederum zum Abzug der Einlagen aus anderen Banken führen, was einen sogenannten "Schaltersturm" oder "Run" auf das gesamte Bankgewerbe auslösen würde.[14]

Diese theoretischen Erwägungen über den Ausbruch einer Bankenkrise wurden durch die Geschehnisse während der Weltwirtschaftskrise eindrucksvoll bestätigt.[15] Die damaligen Ereignisse, das heißt der Zusammenbruch von großen Banken und Unternehmen und die daraus resultierende Massenarbeitslosigkeit, zeigten die Notwendigkeit, durch eine wirksame Bankenaufsicht das Funktionieren des Bankgewerbes zum Wohle der Gesamtwirtschaft zu sichern.

In jüngerer Zeit belegen aber größere und kleinere Bankenzusammenbrüche, daß ungeachtet der sehr hochentwickelten Bankenaufsichtssyteme die Gefahr einzelner Bankenkrisen nicht gänzlich gebannt werden kann. Dabei hat sich gerade in Deutschland das Bankensystem als relativ stabil erwiesen, selbst wenn der Zusammenbruch des Bankhauses Herstatt im Jahr 1974, der beinahe erfolgte Zusammenbruch des Bankhauses Schroeder, Muenchmeyer, Hengst & Co. im Jahr

---

12 Zur Gefahr von Kettenreaktionen im Kreditgewerbe: *Hartmut Bieg*, Bankbilanzen und Bankenaufsicht, München 1983, S. 30 ff.

13 *Charles W. Calormiris*, Runs on Banks and the Lessons of the Great Depression, in: Regulation 1999, Volume 22, No. 1, S. 4.

14 *Wolfgang Artopoeus*, Die Zukunft der Bankenaufsicht, in: *Rainer Pitschas (Hrsg.)*, Integrierte Finanzdienstleistungsaufsicht, Berlin 2002, S. 265 (266); *Bert Ely*, Deposit Insurance Reform: 100% Cross-Guarantees are the Only Answer, 45 Consumer Finance Law Quarterly Report 1991, S. 148 (150).

15 *Bieg*, (Bankbilanzen), S. 30 ff.

1983 oder die Schließung der Gontard & Metallbank im Jahr 2001 weitreichende Folgen nach sich zogen.

I. Allgemeine Ziele

Das öffentliche Interesse an einem gesunden und stabilen Kreditwesen und damit an der Sicherung der monetären Infrastruktur eines Landes kann jedoch nicht dazu führen, daß die Bankenaufsicht allen Kreditinstituten[16] eine Überlebensgarantie oder eine staatliche Bestandsgarantie gibt und sie damit umfassend vor drohenden Schäden schützt.[17] Eine solche Existenzsicherung aller Kreditinstitute würde die Aufhebung der Gefahr bedeuten, Insolvenz zu erleiden, also die Aufhebung jenes für die marktwirtschaftliche Ordnung typischen Gegenstücks zur freien gewerblichen Betätigungsmöglichkeit zur Erzielung von Gewinnen.[18]

Statt dessen muß in einem auf marktwirtschaftlichen Prinzipien beruhenden Wirtschaftssystem, das der unternehmerischen Initiative freie Entfaltung gewähren soll, die Bankenaufsicht als Instrument verstanden werden, durch das die Rahmenvorschriften für die Begrenzung der Geschäftsrisiken der Bankwirtschaft gesetzt werden.[19] Der Verlust der Entschließungs- und Betätigungsfreiheit brächte diese eigenverantwortliche Initiative jedoch gänzlich zum Erliegen[20] und würde marktwirtschaftlichen Prinzipien völlig widersprechen.[21]

Weiterhin kann es auch nicht Aufgabe der Aufsichtsbehörden sein, Entscheidungen der Funktionsträger einer Bank im laufenden Geschäftsbetrieb durch ihre eigenen Entscheidungen zu ersetzen oder diesen beratend zur Seite zu stehen. Das Aufsichtsorgan ist als Außenstehender nicht in der Lage, die Geschäftspolitik

---

16 Im Folgenden werden die Ausdrücke "Bank" und "Kreditinstitut" synonym verwendet.

17 *Inge Lore Bähre / Manfred Schneider,* KWG-Kommentar, Kreditwesengesetz mit wichtigsten Ausführungsvorschriften, 3. Auflage, München 1986, Einleitung, S. 63; *Herbert Steinert,* Die Bankenaufsicht als Problem des Verwaltungsrechts und der Verwaltungspraxis, in: Schmollers Jahrbuch für Gesetzgebung, Verwaltung und Volkswirtschaft, Berlin 1955, S. 63 ff.; *Gerd Waschbusch,* Bankenaufsicht: die Überwachung der Kreditinstitute und Finanzdienstleistungsinstitute nach dem Gesetz über das Kreditwesen, München / Wien 2000, S. 23.

18 *Johannes Welcker,* Neuordnung der Bankenaufsicht, 1978, S. 28; *Bieg,* (Bankbilanzen), S. 34.

19 *Günter Püttner,* Von der Bankenaufsicht zur Staatsgarantie für Bankeinlagen, JZ 1982, S. 47.

20 *Welcker,* (Neuordnung), S. 32 ff.; *Bieg,* (Bankbilanzen), S. 35; *Heinrich Schreihage,* Grundzüge des neuen Kreditwesengesetzes, ZfgK 1959, S. 215.

21 *Breuer,* (Regulierung und Bankenaufsicht), S. 4.

des Instituts mitzubestimmen oder in Einzelfällen kaufmännische Ratschläge, beispielsweise zur die Kreditvergabe, zu erteilen.[22]

Letztlich soll es durch die Bankenaufsicht auch nicht zu einer Favorisierung eines einzelnen Bankinstituts oder einer Art von Bankinstituten gegenüber anderen Banken kommen. Dem Interesse des Kunden entspricht am ehesten ein wettbewerbsfähiges und wirksames Bankensystem, das eine weitreichende Versorgung mit unterschiedlichen Kreditmöglichkeiten und Bankendienstleistungen anbietet.

Durch die Beaufsichtigung der Banken soll Vertrauen bei den Anlegern und Marktteilnehmern geschaffen werden. Dabei stehen die Sicherstellung der Solvenz der Finanzinstitute und der Schutz der Bankkunden im Mittelpunkt. Die Bankenaufsicht soll also dem Schutz der Bankkunden und der Kreditinstitute vor personellen, materiellen und organisatorischen Unzulänglichkeiten der Banken dienen.[23] Ferner trägt eine wirksame Aufsicht zur Stabilisierung des nationalen und internationalen Finanzsystems bei.[24]

Wie sich aus § 6 Kreditwesengesetz (KWG)[25] ergibt, hat die Bundesanstalt für Finanzdienstleistungsaufsicht die besondere Gewerbeaufsicht über die einzelnen Institute auszuüben. Nach Absatz 2 hat sie demnach Mißständen im Kredit- und Finanzdienstleistungswesen entgegenzuwirken, welche die Sicherheit der den Instituten anvertrauten Vermögenswerte gefährden, die ordnungsmäßige Durchführung der Bankgeschäfte oder Finanzdienstleistungen beeinträchtigen oder erhebliche Nachteile für die Gesamtwirtschaft herbeiführen können. Sie soll damit den Schutz der Bankgläubiger in ihrer Allgemeinheit und den Schutz des Vertrauens der Öffentlichkeit in das Funktionieren der Kreditwirtschaft sicherstellen.[26]

---

22 *Günter Dürre,* Kann das Aufsichtsamt Bankinsolvenzen verhindern?, in: ÖBA 1974, S. 194 f.

23 *Bundesanstalt für Finanzdienstleistungsaufsicht,* Jahresbericht der Bundesanstalt für Finanzdienstleistungsaufsicht 2002, Bonn / Frankfurt a. M., 2003, S. 11.

24 *Boos / Fischer / Schulte-Mattler,* (Kreditwesengesetz), Einf., Rdnr. 61.

25 Gesetz über das Kreditwesen in der Fasssung der Bekanntmachung vom 9. September 1998, BGBl. I S. 2776, zuletzt geändert durch Art 2 des Gesetzes vom 22. Mai 2005 (BGBl. I S. 1373).

26 *Boos / Fischer / Schulte-Mattler,* (Kreditwesengesetz), Einf., Rdnr. 62; *Rudolf Nirk,* Das Kreditwesengesetz – Einführung und Kommentar, 12. Auflage, Frankfurt a. Main 2003, S. 10; *Rene Klaus Grosjean,* Bank Lexikon, Handwörterbuch für das Bank und Sparkassenwesen mit Bankverzeichnis, 9. Auflage, Wiesbaden 1983, S. 247; *Hans J. Krümmel,* Einige Probleme der Konstruktion bankaufsichtlicher Risikobegrenzungen, in: Beiträge zur Bankenaufsicht, Bankbilanz und Bankprüfung, *Karl-Heinz Förster (Hrsg.),* Düsseldorf, 1985, S. 96 (100); *Elisabeth Wolf-Wacker,* Zur Begründung und Ausgestaltung von Bankenaufsicht, Krefeld 1987, S. 82.

Mit Erlaß des Geldwäschegesetzes[27] aus dem Jahr 1993 ist die wirksame Bekämpfung der Geldwäsche als eine weitere Aufgabe der Bankenaufsicht hinzugetreten.[28]

Sobald die am 26. Juni 2004 von den Notenbankgouverneuren der Zehnergruppe (G10) und den Leitern der Aufsichtsbehörden dieser Länder verabschiedete Rahmenvereinbarung über die neue Eigenkapitalempfehlung für Kreditinstitute in nationales Recht überführt ist[29], lassen sich auch hieraus Aufsichtsziele ableiten. Fundamentales Ziel der als "Basel II" bezeichneten Rahmenvereinbarung ist es, die Solidität und Stabilität des internationalen Bankensystems weiter zu stärken und dafür zu sorgen, daß die Regelungen zur Angemessenheit der Eigenkapitalausstattung der Banken nicht zu Wettbewerbsverzerrungen zwischen den international tätigen Banken führen.[30]

II. Drittschutz

Während zunächst Literatur und Rechtsprechung die Meinung vertraten, daß die Tätigkeiten der Bundesanstalt für Finanzdienstleistungsaufsicht keinen Schutzcharakter zugunsten Dritter hätten[31], schlug der Bundesgerichtshof in den sogenannten Wetterstein-[32] und Herstatt-Entscheidungen[33] eine andere Richtung ein.[34] In diesen Entscheidungen wird noch die Meinung vertreten, eine Schadensersatz auslösende Amtspflichtverletzung gegenüber Dritten käme in Betracht, wenn die Aufsichtsbehörde Maßnahmen unterlasse, die bei rechtsfehlerfreier Ermessensausübung hätte ergriffen werden müssen. Diese individualistische Auslegung der

---

27 Gesetz über das Aufspüren von Gewinnen aus schweren Straftaten vom 25. Oktober 1993, BGBl. I S. 1770.

28 *Nirk*, (Kreditwesengesetz), S. 12.

29 Hierzu später eingehend im fünften Kapitel auf den Seiten 95 ff. dieser Arbeit.

30 *Baseler Ausschuß für Bankenaufsicht*, Internationale Konvergenz der Eigenkapitalmessung und der Eigenkapitalanforderungen, Basel Juni 2004, Absatz 4. In den folgenden Fußnoten mit "Basel II" und der Angabe des Absatzes im Dokument bezeichnet.

31 Zusammenfassend: *Armin Brendle*, Amtshaftung für fehlerhafte Bankenaufsicht?, Darmstadt 1986; *Boos / Fischer / Schulte-Mattler*, (Kreditwesengesetz), Einf., Rdnr. 63.

32 BGHZ 74, 114 ff.

33 BGHZ 75, 120 ff.

34 *Hüpkes, Eva H.G.*, The Legal Aspects of Bank Insolvency – A Comparative Analysis of Western Europe, the United States and Canada, The Hague / London / Boston, 2000, S. 133.

Schutzwirkung hat zu einer heftigen Diskussion in Wissenschaft und Praxis geführt.[35]

Als Reaktion auf diese Rechtsprechung des Bundesgerichtshofes wurde in § 6 Abs. 4 KWG alte Fassung[36] und nunmehr in § 4 Abs. 4 des Gesetzes über die Bundesanstalt für Finanzdienstleistungsaufsicht (FinDAG)[37] ausdrücklich geregelt[38], daß die Bankenaufsicht nur im öffentlichen Interesse wahrgenommen wird.[39] Unter das öffentliche Interesse fällt dabei das Gesamtinteresse der privaten Kunden, nicht jedoch das Interesse eines einzelnen, individuellen Bankkunden oder der Gesamtheit der Kunden einer bedrohten Bank.[40] Durch diese gesetzliche Normierung ist die Rechtsprechung des Bundesgerichthofes, wonach die Vorschriften des Kreditwesengesetzes auch einen unmittelbaren Einlegerschutz beinhalten sollten, hinfällig geworden. Die Vorschriften des Kreditwesengesetzes haben somit keine drittschützende Wirkung mehr, und ihre Verletzung ist keine dem Anleger gegenüber bestehende Amtspflichtverletzung.[41]

Im Mittelpunkt einer gerade entschiedenen Diskussion steht die Frage, ob eine Amtshaftung der Bundesanstalt für Finanzdienstleistungen durch § 6 Abs. 4 KWG[42] beziehungsweise die an seine Stelle getretene Vorschrift § 4 Abs. 4 KWG überhaupt ausgeschlossen werden kann[43] oder ob es sich um einen mißbräuchlichen Ausschluß der Staatshaftung handelt.[44] Dabei besteht Einigkeit darüber, daß diese Frage nur in Bezug auf Dritte gestellt wird, die durch eine

---

35 Siehe die Zusammenstellungen bei: *Ernst O. Starke*, Drittschutzwirkung der Bankenaufsicht und ihre Konsequenzen, WM 1979, S. 1402 ff. und *Eberhard Schwark*, Individualansprüche Privater aus wirtschaftlichen Gesetzen, in: JZ 1979 S. 670 (674).

36 Gesetz über das Kreditwesen in der Fasssung der Bekanntmachung vom 20. Dezember 1984 (BGBl. I S. 1693).

37 Gesetz über die Bundesanstalt für Finanzdienstleistungsaufsicht vom 22. April 2002 (BGBl. I S. 1310).

38 Die Wahrnehmung der Aufgaben ausschließlich öffentlichem Interesse ist mit der Änderung durch das 4. FMFG in § 4 Abs. 4 FinDAG geregelt.

39 *Stefan Höhns*, Die Aufsicht über Finanzdienstleister - Kompetenzen, Eingriffs-befugnisse, Neustrukturierung, Untersuchungen über das Spar-, Giro- und Kredit-wesen, Band 145, Berlin 2002, S. 81.

40 *Volkhard Szagunn / Ulrich Haug / Wilhelm Ergenzinger*, Gesetz über das Kreditwesen Kommentar, 6. Auflage, 1997, § 6, Rdnr. 13; *Emil Böhmer*, Zur Frage der Amtspflicht gegenüber einem Dritten i.S.d. § 839 BGB, in: JZ 1965, S. 487 f.

41 OLG Köln, WM 2001, S. 1372 (1376).

42 § 6 Abs. 3 KWG a. F.

43 Die Diskussion zusammenfassend: *Heinz Christian Hafke*, Zur Haftung der Bankenaufsicht nach EG-Recht, in: ZfgK, 2005, S. 409 ff.; siehe auch *Jörg Geerlings*, Staatshaftung und Bankenaufsicht Deutschland, in: BKR 2003, S. 889 ff.

44 *Bernd Rohlfing*, Wirtschaftsaufsicht und amtshaftungsrechtlicher Drittschutz, in: WM 2005, S. 311 (314).

aufsichtsrechtliche Tätigkeit der Bundesanstalt für Finanzdienstleistungsaufsicht einen Schaden erleiden. In der dazu geführten Diskussion wurde die Meinung vertreten, daß einige EU-Richtlinien[45] Drittbezug indizieren, die der nationale Gesetzgeber in nationales Recht hätte umsetzen müssen.[46] Der Bundesgerichthof vertrat hingegen eine gegenteilige Auffassung, da er eigenständige Anlegerrechte und damit Drittrechte in den Richtlinien nicht erwähnt sieht.[47]

In seiner nunmehr ergangenen Entscheidung hat der Bundesgerichtshof[48] den Ausschluß der Staatshaftung gegenüber Einlagengläubigern gebilligt und befunden, daß dies mit dem höherrangigen Recht vereinbar ist. Dabei wird auf die Vorabentscheidung des Gerichtshofs der Europäischen Gemeinschaft vom 12. Oktober 2004[49] Bezug genommen, in der festgestellt wurde, daß die betreffenden EU-Richtlinien den Einlegern keine Rechte dahingehend verleihen, daß die zuständigen Behörden in ihrem Interesse Aufsichtsmaßnahmen treffen und § 6 Abs. 4 KWG, wonach das Bundesaufsichtsamt für Kreditwesen[50] die ihm nach diesem Gesetz zugewiesene Aufgabe nur im öffentlichen Interesse wahrnimmt, mit europäischem Gemeinschaftsrecht vereinbar ist.[51] Gleiches gilt für die an seine Stelle getretene Vorschrift des § 4 Abs. 4 FinDAG.[52] Den Einlegern werden in Bezug auf Maßnahmen der Bankenaufsicht keine Rechte gewährt. Die gemeinschaftsrechtlichen Normen sind lediglich darauf gerichtet, solche Harmonisierungen der nationalen Vorschriften zu erreichen, die notwendig sind, um zu einer gegenseitigen Anerkennung der Bankenzulassung und der Bankenaufsichtssysteme zu gelangen.[53] Eine Koordinierung der nationalen Vorschriften über die Haftung der Behörden für unzureichende Aufsichtsmaßnahmen gehört nicht dazu.

Der Bundesgerichtshof hat auch einen Verstoß von § 6 Abs. 4 KWG beziehungsweise § 4 Abs. 4 FinDAG gegen Bestimmungen des Grundgesetzes verneint. Der Gesetzgeber ist befugt, die Zweckrichtung der dem früheren Bundesaufsichtsamt für Kreditwesen obliegenden Amtspflichten einzugrenzen, ohne da-

---

45 Insbesondere: Erste Koordinierungs-RL 77/780/EWG vom 12.12.1977 (ABl. EG Nr. L 322 vom 17.12.1977, S. 30); Zweite Koordinierungs-RL 89/646/EWG vom 15.12.1989 (ABl. EG Nr. 386 vom 30.12.1989, S. 1); sowie die zusammenfassende Richtlinie 2000/12/EG vom 20.3.2000 (ABl. EG Nr. L 126 vom 26.5.2000, S. 1).

46 *Rohlfing*, (Amtshaftungsrechtlicher Drittschutz), S. 314.

47 BGH, NJW 2002, S. 2464 ff.

48 BGH Urteil vom 20 Januar 2005 (III ZR 48/01, Köln); WM 2005, S. 369 ff.;

49 Urteil des Gerichtshofs der Europäischen Gemeinschaft vom 12. Oktober 2004 (Rs. C-222/02).

50 Heute die Bundesanstalt für Finanzdienstleistungsaufsicht.

51 Ausführlich zu dieser Frage in der Entscheidung EuGH WM 2005, 365 ff. sowie NJW 2004, S. 3479 (3480); *Hafke*, (Haftung der Bankenaufsicht), S. 409.

52 EuGH WM 2005, 365 ff. sowie NJW 2004, S. 3479 (3480).

53 EuGH, Urteil vom 12. Oktober 2004, in: WM 2005, S. 365 ff.

bei den Umfang und den Inhalt dieser Pflichten zu verändern und damit der früheren Rechtssprechung des Bundesgerichtshofs[54] die Grundlage zu entziehen. Mit dem Ausschluß der Staatshaftung gegenüber Einlagengläubigern verstoße der Gesetzgeber nicht gegen die grundsätzlich nach Art. 34 Satz 1 Grundgesetz (GG)[55] gewährleistete Haftung des Staates für Amtspflichtverletzungen. Soweit man aus der Gewährleistung des Art. 14 GG die Schutzpflicht des Gesetzgebers entnehmen wolle, Unternehmen der Kreditwirtschaft zu beaufsichtigen, sei der Gesetzgeber diesem Auftrag durch die im Kreditwesengesetz vorgesehenen Aufsichtsmaßnahmen nachgekommen. Es gilt weiter, daß im Gegensatz zu dem unmittelbar betroffenen Bankinstitut dem einzelnen Bankkunden, dem wegen einer fehlerhaften Entscheidung des Bundesaufsichtsamtes ein Schaden entstanden ist, kein Schadensersatzanspruch gegen den Staat nach § 839 Bürgerliches Gesetzbuch (BGB)[56], Art. 34 GG zusteht.[57]

B. In den Vereinigten Staaten

Selbst wenn zum Teil von amerikanischer Seite argumentiert wird, daß eine Verringerung der staatlichen Bankenaufsicht die Marktdisziplin der Banken und der verantwortlichen Personen erhöhen würde und damit sowohl die Kosten der laufenden Regulierung als auch die Wahrscheinlichkeiten einzelner Bankenkrisen reduziert werden könnte[58], ist doch die grundsätzliche Notwendigkeit einer staatlichen Bankenaufsicht unumstritten.[59]

Die Bedeutung einer funktionierenden Bankenaufsicht wird darüber hinaus durch die Ereignisse der jüngeren Vergangenheit unterstrichen, als es in den Ver-

---

54 BGHZ 74, 144; 75, 120.

55 Grundgesetz für die Bundesrepublik Deutschland vom 23. Mai 1949 (BGBL. I S. 1) zuletzt geändert durch Gesetz zur Änderung des Grundgesetzes vom 26. Juli 2002 (BGBl. I S. 2862 / 2963).

56 Bürgerliches Gesetzbuch in der Fassung der Bekanntmachung vom 2. Januar 2002 (BGBl. S 42, ber. S. 2909, 2003, S. 738) zuletzt geändert durch Gesetz vom 7. Juli 2005 (BGBl. I S. 1970).

57 BGH Urteil vom 20 Januar 2005 (III ZR 48/01, Köln); WM 2005, S. 369 (371 ff.); Ausführlich auch *Hafke,* (Haftung der Bankenaufsicht), S. 409 ff.

58 *George J. Benston / George G. Kaufman,* The appropriate role of bank regulation, in: Economic Journal 1996, Volume 106, No. 436, S. 688 (690).

59 *Jerry Jordan,* A Market Approach to Banking Regulation, in: Cato Journal, 1994, Vol. 13, No. 3, S. 315; *Milton R. Schroeder,* The Law and Regulation of Financial Institutions, Austin 2005, § 1.02[7]; *Rose M. Kushmeider,* The U.S. Federal Financial Regulatory System: Restructuring Federal Bank Regulation, FDIC: Future of Banking Study, Washington D.C. 2004, S. 37.

einigten Staaten zu einer Vielzahl von Bankzusammenbrüchen kam. So ereigneten sich in den Jahren von 1980 bis 2000 über 1.650 Zusammenbrüche von Banken, denen sich die amerikanische Einlagenversicherung, Federal Deposit Insurance Corporation (FDIC), hat annehmen müssen.[60] Auch wenn es sich dabei zumeist um eher kleine Kreditinstitute handelte, gab es doch einige große und prominente Fälle, wie zum Beispiel den der Continental Illinois National Bank (1984), der Bank of New England (1991), der Best Bank (1998), der National Bank of Keystone (1999), der Pacific Thrift and Loan (1999) oder der Superior Bank (2001).[61] Aus solchen Ereignissen zu lernen und die notwendigen Anpassungen an die aufsichtsrechtlichen Strukturen vorzunehmen, muß Ziel sowohl der Aufsichtsbehörden als auch der Banken selbst bleiben.

I. Allgemeine Ziele

Grundsätzlich werden in den Vereinigten Staaten der Schutz der Bankgläubiger vor Einlageverlusten bei Bankzusammenbrüchen, der Schutz der Allgemeinheit durch ein sicheres und funktionierendes Bankensystem und die Sicherstellung des Bankenwettbewerbs durch die Verhinderung einer zu großen Machtkonzentration bei einigen wenigen Banken als Ziele der Bankenaufsicht angesehen.[62] Zu diesen Zielen gehören schließlich auch die Überwachung der Einhaltung einer Reihe von Verbraucherschutzbestimmungen[63] sowie die Verhinderung der Geldwäsche.[64]

Obwohl in den Vereinigten Staaten nur eine sehr kleine Gruppe von international tätigen Banken von der als "Basel II" bezeichneten Rahmenvereinbarung betroffen sein soll[65], gilt jedoch auch hier, daß Solidität und Stabilität des internationalen Bankensystems gestärkt werden sollen und daß es durch die Regelungen zur Angemessenheit der Eigenkapitalausstattung der Banken nicht zu Wett-

---

60 *Basel Committee on Banking Supervision*, Bank Failures in Mature Economies, Working Paper 13, Basel April 2004, S. 56.

61 Eine eingehende Beschreibung dieser Fälle findet sich bei: *Basel Committee on Banking Supervision* (Bank Failures in Mature Economies), S. 61 bis 65.

62 *Alfred M. Pollard / Joseph G. Passaic / Keith H. Ellis / Joseph P. Daly*, Banking Law in the United States, Washington D.C. 1988, S. 7; *Kenneth Spong*, Banking Regulation, Its Purposes, Implementation and Effects, Fifth Edition, Kansas City 2000, S. 5 ff.; *Board of Governors of the Federal Reserve System*, Purposes & Functions, Eighth Edition, Washington D.C. 1994, S. 87 ff.; *Jacobs*, (Framework), S. 346.

63 *Spong*, (Banking Regulation), S. 201 ff.

64 12 C.F.R. § 21.21(b).

65 Hierzu später eingehend im fünften Kapitel, C, S. 118 dieser Arbeit.

bewerbsverzerrungen zwischen den international tätigen Banken kommen sollte.[66]

Zwar handelt es sich dabei nicht um eine vorrangige Aufgabe, jedoch wird von Vertreten der Aufsichtsbehörden in den Vereinigten Staaten ausdrücklich angesprochen, daß die funktionierende Bankenaufsicht auch dem Wachstum der Gesamtwirtschaft dienen soll.[67]

Ziel kann es nicht sein, daß amerikanische Bankenaufsichtsbehörden aktiv die Aufgaben der Geschäftsleitung einer zu beaufsichtigenden Bank übernehmen. Selbst wenn sich in den Vereinigten Staaten Aufsichtsbeamte regelmäßig über Tage oder Wochen mit der Untersuchung des laufenden Geschäftsverkehrs einer Bank beschäftigen, können doch nie alle Informationen gesammelt werden, die dem Banker zur Verfügung stehen.[68]

Weiterhin ist es ebenfalls nicht Aufgabe der staatlichen Bankenaufsicht, amerikanische Banken grundsätzlich vor Krisen und Zusammenbrüchen zu schütztEN. Das Risiko von Bankenschieflagen würde durch eine solche Zielsetzung, eher noch gesteigert. Wenn Vorstände von Kreditinstituten in jedem Ernstfall mit staatlicher Hilfe rechnen könnten, würde dies ihre Risikobereitschaft, bis hin zur Leichtsinnigkeit, erheblich steigern. Je weiter die Einlagensicherung die Bankkunden sichert, desto weniger Anreize bestünden auch für diese, sich um die Solvenz und Geschäftspolitik des Kreditinstituts zu interessieren, denen sie ihre Einlagen anvertraut haben.[69] Als Folge einer garantierten staatlichen Unterstützung im Krisenfall entstünde das sogenannte "Moral-Hazard-Phänomen"[70], also eine noch weitergehende Risikoübernahme zur Erzielung höherer Renditen im Vertrauen auf öffentliche Hilfe im Falle eines Mißerfolges.[71]

---

66 *Schroeder*, (Law and Regulation) § 9.01 [4].

67 *Edward W. Kelley, jr.*, The Why, What, and How of Bank Regulation, in: Rethinking Bank Regulation: What Should Regulators do?, Federal Reserve Bank of Chicago, Chicago 1996, S. 24.

68 *Spong*, (Banking Regulation), S. 12.

69 *Markus Schöner*, Einlagensicherung und Wettbewerb, Baden-Baden 1997, S. 34.

70 *Peter Cartwright / Andrew Campbell*, Co-insurance and moral hazard: Some reflections on deposit protection in the UK and USA, in: Journal of International Banking Regulation, Vol. 5, No. 1, 2003, S. 9 (10); *Joao AC Santos*, Bank capital regulation in contemporary banking theory: A review of the literature, in: Financial Markets, Institutions & Instruments, Vol. 10(2), 2001, S. 41 ff.; *Milton R. Schroeder*, The Law and Regulation of Financial Institutions, Austin 2005, § 1.02[7].

71 *Helen A. Garten*, Why Bank Regulation Failed, New York 1991, S. 18 f.

II. Drittschutz

In den Vereinigten Staaten sind die Bankenaufsichtsbehörden umfassend vor Schadensersatzansprüchen Dritter geschützt. Hierbei geht es insbesondere um die Problematik der Haftung des Bundesstaates für die der Bundesaufsicht unterliegenden Banken, den National Banks, sowie den Banken, die dem Federal Reserve System angeschlossen sind.[72] Trotz der sehr weitreichenden Eingriffsmöglichkeiten der jeweils zuständigen Bundesaufsichtsbehörde gibt es keinen materiellen Rechtsschutz in Form eines Schadensersatzes für die von bankaufsichtlichen Maßnahmen betroffenen Banken oder Personen. Zwar fallen die staatlichen Bankenaufsichtsbehörden grundsätzlich auch in den Anwendungsbereich des Federal Tort Claims Act[73], der die Grundlage für Klagen wegen Amtspflichtverletzungen darstellt.[74] Der allgemeine Definitionskatalog des Federal Tort Claim Act umfaßt alle Federal Agencies sowie alle unabhängigen Einrichtungen der USA und deren Beamte, die in Ausübung ihres Amtes tätig wurden.[75] Grundsätzlich sind solche Klagen wegen einer möglichen Amtspflichtverletzung direkt gegen die Vereinigten Staaten selbst zu richten.[76] Entscheidend ist jedoch die umfassende Ausnahmeregelung des Federal Tort Claim Act[77], welche die staatlichen Aufsichtsbehörden vor einer Klage sowohl von Bankkunden als auch von den Banken selbst schützt.[78] Die amerikanische Bankenaufsicht wird somit ausschließlich im öffentlichen Interesse tätig, ohne daß einzelne Kunden oder Banken Anspruch auf Schadensersatz gegen sie geltend machen könnten.

---

72 *Geerlings*, (Staatshaftung und Bankenaufsicht), S. 892.

73 60 Stat. 842; 28 U.S.C. § 2671- § 2680.

74 Safeway Portland Employees' Federal Credit Union v. Federal Deposit Insurance Corporation (1974, CA9 Or.) 506 F. 2d 1213; Magellsen v. Federal Deposit Insurance Corporation et al, (1972, DC Montana) 341 F. Supp. 1031. Diese Entscheidung geht insbesondere auf die Anwendung des Federal Tort Claims Act bezüglich der FDIC ein.

75 28 U.S.C. § 2671.

76 Freeling v. Federal Deposit Insurance Corporation 221 F. Supp. 955 (WD Okla. 1962), aff. 326 F. 2d 971 (10th Cir. 1963).

77 28 U.S.C. § 2680; *Hüpkes*, (Bank Insolvency), S. 130 f.

78 Davis v. Federal Deposit Insurance Corporation (1974, DC Colorado) 369 F. Supp. 277; Golden Pacific Bancorp v. Clarke (1988, App. DC) 837 F. 2d 509; Emch v. United States (1979, ED Wisc.) 474 F. Supp. 99; Federal Deposit Insurance Corporation v. Jennings (1985, WD Okla.) 615 F. Supp. 465.

C. Zusammenfassung und Vergleich

Sowohl in Deutschland als auch in den Vereinigten Staaten besteht Einigkeit darüber, daß die Banken für das Funktionieren der Wirtschaft eine besonders tragende Rolle spielen. Ziel der Bankenaufsicht ist daher in beiden Ländern gleichermaßen die Sicherung der Einleger vor Verlusten, die Erhaltung der Funktionsfähigkeit des Bankgewerbes und die Abwehr von Gefahren für die Gesamtwirtschaft. In der Definition dieser Bankenaufsichtsziele sind beide Länder stark durch die Erfahrungen der Weltwirtschaftskrise und der daraus resultierenden Bankzusammenbrüche geprägt. In Deutschland und in den Vereinigten Staaten ist in den letzten Jahren als weiteres Ziel der Bankenaufsicht die Verhinderung von Geldwäsche hinzugetreten.

Das Sicherstellen der Anwendung von Verbraucherschutzbestimmungen ist im amerikanischen Recht eine wichtige Aufgabe der Bankenaufsichtsbehörden. Zum Teil wird sie von den Behörden sogar als Schlüsselfunktion bezeichnet. In Deutschland ist die Wahrnehmung des Verbraucherschutzes ausdrücklich keine Aufgabe der Bankenaufsicht. In den Vereinigten Staaten ist die Verhinderung einer zu großen Machtkonzentration in den Händen einiger weniger Banken ein weiteres wichtiges Element der aufsichtsrechtlichen Tätigkeit. Obwohl dies auch in Deutschland als große Herausforderung angesehen wird, gehört dies hier jedoch nicht zu den erklärten Absichten der Bankenaufsicht.

Aus den als "Basel II" bezeichneten Rahmenvereinbarungen über die Internationale Konvergenz der Eigenkapitalmessung und der Eigenkapitalanforderungen für Kreditinstitute, welche die Notenbankgouverneure der Zehnergruppe (G10) und die Leiter der nationalen Aufsichtsbehörden verabschiedet haben, lassen sich in Deutschland wie auch in den Vereinigten Staaten als weiteres aufsichtsrechtliches Ziel nunmehr auch die Stärkung der Solidität und Stabilität des internationalen Bankensystems ableiten. Danach haben die Aufsichtsbehörden in beiden Ländern auch dafür zu sorgen, daß die Regelungen zur Angemessenheit der Eigenkapitalausstattung der Banken nicht Ursache für Wettbewerbsverzerrungen zwischen den international tätigen Banken sein können.

In beiden Ländern wird es nicht als Aufgabe der Bankenaufsicht angesehen, die Kreditinstitute grundsätzlich vor Krisen zu schützen. Eine derartige Bestandsgarantie würde den marktwirtschaftlichen Prinzipien widersprechen und die Banken eher zu einer größeren Risikobereitschaft verleiten, da sie im Falle einer Krise immer mit der Hilfe der Bankenaufsicht rechnen dürften.

Ein Staatshaftungsanspruch für Schäden, die Dritten dadurch entstanden sind, daß die Bankenaufsichtsbehörde ihrer Aufsichtspflicht nicht oder nicht korrekt nachgekommen ist, ist sowohl in Deutschland als auch den Vereinigten Staaten ausgeschlossen. Die Bankenaufsicht wird in beiden Ländern ausschließlich im öffentlichen Interesse tätig.

Zweites Kapitel: Die historische Entwicklung der Bankenaufsicht

Neuentwicklungen, Erweiterungen und Ergänzungen der bankenaufsichtrechtlichen Regelungen sind zumeist Reaktionen auf Veränderungen des bankgeschäftlichen Verhaltens, die wiederum als Folge der sich ändernden wirtschaftlichen Rahmenbedingungen vorgenommen werden. Hierzu tragen wirtschaftliche Liberalisierung und der technische Fortschritt ebenso bei wie die zunehmende Globalisierung. Moderne Informationstechnologie ermöglicht es sowohl Bankern wie Bankkunden, global und sehr schnell ihre Bankgeschäfte zu tätigen. Weitgehende internationale Währungskonvertibilität und die Liberalisierung des Kapitalverkehrs unterstützen diese Entwicklung weiter und lassen die Geschäftstätigkeit von international tätigen Banken noch enger zusammenwachsen.[79]

Auch wenn sich Deutschland und die USA auf diesem globalen Bankenmarktplatz heute in einem weitgehend gleichen wirtschaftlichen Umfeld bewegen, so sind doch die Bankenaufsichtssysteme beider Länder von grundsätzlicher Verschiedenheit. Diese Verschiedenheit und die Gründe für den unterschiedlichen Aufbau der Bankenaufsicht in beiden Ländern lassen sich nicht nachvollziehen, ohne einen Überblick über deren unterschiedliche historische Entwicklung zu gewinnen.

A. In Deutschland

Die Entwicklung der Bankenaufsicht in Deutschland kann in drei Phasen unterteilt werden. Die Zeit bis 1931, die Jahre von 1931 bis 1945 und die Entwicklung seit 1945.

---

79 Umfassend zu diesen Entwicklungen: *Herrmann-Josef Lamberti,* Neue Herausforderungen für Banken und Aufsicht, in ZfgK 2005, S. 510 ff.; *Waschbusch,* (Bankenaufsicht), S. 31; *Peter Troberg,* Die Liberalisierung der nationalen Banktätigkeiten und die Schaffung eines einheitlichen Bankenaufsichtsrechts, in: *Uwe Blaurock (Hrsg.),* Das Bankwesen im Gemeinsamen Markt, Baden-Baden 1981, S. 33 (39).

I. Die Entwicklung bis 1931

Die Anfänge der Bankenaufsicht in Europa gehen zurück bis ins Jahr 1524, als bereits eine venezianische Verordnung bestimmte, daß jede Bank einen Revisor beschäftigen müsse, der darüber zu wachen habe, daß sich die geschäftliche Tätigkeit im Rahmen der Gesetze bewege.[80] In neuerer Zeit erfolgte ein regulativer Eingriff des Staates in das Bankgewerbe jedoch erst relativ spät.[81] Vor dem Hintergrund der starken Konzentrationsbewegungen der deutschen Banken einerseits und einem starken Wachstum der Universalbanken andererseits[82] ist das Bedürfnis nach einer staatlichen Bankenaufsicht im ausgehenden 19. Jahrhundert zwar erkannt und erörtert worden, konnte sich aber zu jenem Zeitpunkt gegen den die Wirtschaft in besonderem Maße prägenden Grundsatz der Gewerbefreiheit nicht durchsetzen.[83] Auch später war, nach einzelnen Bankzusammenbrüchen um die Jahrhundertwende, zunächst nur für spezielle Bereiche, wie zum Beispiel im Hypothekenbankgesetz[84] von 1899, eine gesetzliche Bankenaufsicht zu finden.[85] Weitere Ansätze einer Regelung der Bankgeschäfte wurden im Gesetz über Depot- und Devisengeschäfte[86] von 1925 erfaßt. Zwar wurden hierin erstmals bestimmte Voraussetzungen für die Gründung eines Kreditinstituts zusammengefaßt[87], etwa die Konzessionserteilung, von einer umfassenden Bankaufsicht konnte jedoch noch nicht die Rede sein.

II. Die Entwicklung von 1931 bis 1945

Aus deutscher Sicht war die Bankenkrise von 1931 eine Spätfolge der Weltwirtschaftskrise von 1929 und der enormen Schuldenlast, die Deutschland auf

---

80 *F. A. Tambert,* Die Banken und der Staat in Deutschland, Köln 1938, S. 27.

81 *Susanne Lütz,* Der Staat und die Globalisierung von Finanzmärkten – Regulative Politik in Deutschland, Großbritannien und den USA, Frankfurt / New York 2002, S. 116 ff.

82 Zu beidem *Caroline Fohlin,* Regulation, Taxation, and the Development of the German Universal Banking System (1884-1913), Working Paper 1065R, California Institute of Technology, Pasadena, May 2001, S. 9 und S. 17.

83 *Nirk,* (Kreditwesengesetz), S. 1.

84 Hypothekenbankgesetz vom 13. Juli 1899, RGBl. I S. 375.

85 *Boos / Fischer / Schulte-Mattler,* (Kreditwesengesetz), Einf., Rdnr. 1.

86 Gesetz über Depot- und Depositengeschäfte vom 26. Juni 1925, RGBl. I S. 89.

87 Zusammenstellung bei: *Eduard Honold,* Die Bankenaufsicht, Mannheim 1956, S. 39.

Grund seiner Reparationsleistungen zu tragen hatte.[88] Unter dem Eindruck einer massiven Inflation, eines geschwächten Wirtschaftssystems und immer lauter werdenden Forderungen nach einer Verringerung der Reparationsleistungen zogen Auslandsgläubiger ihre kurzfristig vergebenen Kredite zurück. Gezwungen durch den Wunsch der Banken nach Refinanzierung, mußte die Reichsbank Gold- und Devisenbestände in Milliardenhöhe abgeben und schließlich die Kreditvergabe an die Banken selbst weitgehend einschränken, was die Situation weiter verschärfte. Die nunmehr durch den panikartigen Abzug fast sämtlicher Kundeneinlagen[89] ausgelöste Bankenkrise fand ihre Höhepunkte am 13. Juli 1931 im Zusammenbruch der Darmstädter und National Bank (Danat Bank)[90] und am 31. Juli 1931 in der Anordnung von Bankfeiertagen, um der Zahlungseinstellung vieler weiterer Kreditinstitute zuvorzukommen.[91]

Unter regulativen Aspekten zeigte die Krise große Defizite der Banken auf, wie etwa eine zu geringe Eigenkapitalausstattung oder eine falsche Liquiditätsstrategie, so daß dies nun erstmals als Anlaß zur Einführung einer umfassenden Bankenaufsicht angesehen wurde.[92] Durch die Verordnung des Reichspräsidenten vom 19. September 1931[93] wurden alle nicht schon zuvor einer besonderen Aufsicht unterliegenden Banken einer staatlichen Aufsicht unterworfen.[94] Diese Notverordnung zur Einführung einer allgemeinen Bankenaufsicht führte schließlich zur Verabschiedung des Reichsgesetzes über das Kreditwesen[95] vom 5. Dezember 1934. In diesem Gesetz waren bereits Regelungen über die Zulassung der Banken, deren Eigenkapital, Liquidität, Kreditverkehr, Konditionen und Sparverkehr enthalten, die damit die Grundlagen für die moderne Bankaufsicht bildeten. Aufsichtsorgane waren das bei der Reichsbank gebildete Aufsichtsamt für das Kreditwesen und ein dem Reichswirtschaftsministerium nachgeordnetes Reichskommissariat. Vor dem Hintergrund der damaligen Bankenkrise bestanden

88 Deutschland war zu diesem Zeitpunkt das größte Schuldnerland der Welt. Alleine seine kommerzielle Auslandsschuld von 25,5 Milliarden Reichsmark machte 1930 insgesamt 31 Prozent des deutschen Bruttosozialproduktes aus.

89 Alleine die Berliner Großbanken verloren von ihren Einlagen im April 1931 94 Millionen RM, im Mai 287 Millionen RM und im Juni 1.118 Millionen RM. Vgl. hierzu *Heinrich Schreihage,* Gesetz über das Kreditwesen, in: Die Bank 1952, S. 294 (296).

90 *Wernhard Möschel,* Das Wirtschaftsrecht der Banken, Frankfurt 1972, S. 204 ff.

91 *Martin Pontzen,* Die deutsche Bankenkrise 1931: Gründe, Ursachen, Auslöser, in: ZfgK 1999, S. 77 (78).

92 *Lütz,* (Globalisierung), S. 121.

93 Notverordnung des Reichspräsidenten über Aktienrecht, Bankenaufsicht und über eine Steueramnesie vom 19. September 1931, RGBl. I S. 493.

94 *Boos / Fischer / Schulte-Mattler,* (Kreditwesengesetz), Einf. Rdnr. 4.

95 RGBl. I S. 1203.

die Aufgaben des Aufsichtsamtes im wesentlichen darin, bei sich abzeichnenden, drohenden wirtschaftlichen Schwierigkeiten einer Bank, die notwendigen Maßnahmen einzuleiten sowie Grundsätze über die Geschäftsführung der Banken aufzustellen.[96] Weiterhin erließ das Aufsichtsamt Richtlinien für die Tätigkeit des Reichskommissars und entschied über Beschwerden gegen Entscheidungen des Reichskommissars.[97] Der Reichskommissar erteilte die Zulassungen zum Geschäftsbetrieb von Kreditinstituten und beaufsichtigte diese. Nachdem das Aufsichtsamt 1939 aufgelöst, seine Aufgaben auf das Reichswirtschaftsministerium übertragen sowie das Reichskommissariat in das Reichsaufsichtsamt für das Kreditwesen umbenannt wurde, erfolgte 1944 eine völlige Umverteilung der Aufsichtsfunktionen. Die bankaufsichtlichen Aufgaben wurden auf das Reichswirtschaftsministerium und das Reichsbankdirektorium übertragen.[98]

III. Die Entwicklung seit 1945

Nach Kriegsende sollte das Kreditwesengesetz von 1939[99] auf der Grundlage des Dodge-Plans vom 1. November 1945 durch neue Vorschriften ersetzt werden.[100] Diese sahen eine Dezentralisierung der Bankenaufsicht auf Länderebene unter gleichzeitiger zentraler Kontrolle auf dem Gebiet der Geld- und Kreditpolitik vor.[101] Aufgrund der von der Militärregierung erlassenen Gesetze wurde am 1. März 1948 die Bank Deutscher Länder gegründet.[102] Die Bank Deutscher Länder unterlag selbst nicht einer staatlichen Bankenaufsicht, nahm aber ihrerseits bestimmte Befugnisse der Aufsicht wahr, wie etwa die gemeinsame Bankpolitik zu bestimmen. Die Gründung des Bundesverbandes deutscher Banken im Jahre 1951 und schließlich die Gründung der Deutschen Bundesbank im Jahre 1957 sind weitere Meilensteine der Nachkriegsentwicklung.

---

96 *Boos / Fischer / Schulte-Mattler,* (Kreditwesengesetz), Einf., Rdnr. 7.

97 *Carl Zimmerer / Herbert Schönle,* Kreditwesengesetz, Systematische Einführung und Kommentar, Wiesbaden 1962, S. 18.

98 *Bähre / Schneider,* (KWG-Kommentar), Einleitung, S. 51.

99 RGBl. I S. 1955

100 Zur Frage der Aufhebung nationalsozialistischer Gesetze nach dem Kontrollratsgesetz Nr. 1 (KRaBl. Nr.6) vgl.: *Hans Pröhl,* Lexikon des Kreditwesens, Hannover 1951, S. 323; *Bähre / Schneider,* (KWG-Kommentar), Einleitung, S. 51 f.

101 *Szagunn / Haug / Ergenzinger,* (KWG), Einleitung, S. 62.

102 Amerikanische Zone: Gesetz Nr. 60 (1. Abänderung) MRABl. (Amerikanische Zone) Ausg. L vom 16.12.1948, S. 6; Französische Zone: Verordnung Nr. 203 JO 1949 Nr. 250/256, S. 1912; Britische Zone: Verordnung Nr. 129 (1. Abänderung) MRABl. (Britische Zone) Nr. 27, S. 991.

Am 5. Februar 1959 kam es zur Regierungsvorlage des Gesetzes über das Kreditwesen, das sein Ziel darin hatte, die Funktionsfähigkeit des Kreditapparates zu wahren und die Bankengläubiger vor Verlusten zu schützen.[103] Wegen der unterschiedlichen Auffassungen von Bundestag und Bundesrat zur Zentralisierung der Bankaufsicht[104] dauerten die Beratungen bis 1961, bis schließlich das Gesetz über das Kreditwesen[105] am 10. Juli 1961 verkündet wurde. Mit diesem Gesetz wurde die Grundlage für die Errichtung des Bundesaufsichtsamtes für das Kreditwesen geschaffen.

In den folgenden Jahren kam es mit der Ersten KWG-Novelle[106] zu überwiegend geringfügigen Änderungen des ursprünglichen Textes.[107] Erst nach dem Zusammenbruch des Kölner Bankhauses I.D. Herstatt im Jahre 1974 stellte sich erneut die Frage, ob die Vorschriften des Kreditwesengesetzes mit seinen bankenaufsichtsrechtlichen Instrumentarien nicht der Ausdehnung der Geschäftstätigkeit der Kreditinstitute angepaßt werden müßten, um die Risiken enger als bisher zu begrenzen. Um dies zu erreichen, waren zwei Schritte vorgesehen.[108] Zunächst wurde vom Bundesfinanzminister zur Vorbereitung einer umfassenden Änderung des Kreditwesengesetzes die Studienkommission "Grundsatzfragen der Kreditwirtschaft" eingesetzt. Diese kam im Mai 1979 zu dem Ergebnis, daß sich das deutsche Bankwesen bewährt habe, das Kreditwesengesetz jedoch den veränderten Risiken anzupassen sei.[109]

Weiterhin trat die sogenannte "Sofort-Novelle" des Kreditwesengesetzes vom 24. März 1976[110] in Kraft, die besonders die Begrenzung großer Einzelkredite im Auge hatte. Sie gab dem Bundesaufsichtsamt und der Bundesbank weiter gehende Einblick- und Eingriffsmöglichkeiten als dies bisher der Fall war. Hinzu kamen erweiterte Meldepflichten und die Ausweitung der als Ordnungswidrigkeiten zu ahndenden Tatbestände.[111] Begleitet durch den beinahe erfolgten Zusammenbruch des Bankhauses Schröder, Münchmeyer, Hengst & Co kam es

103 *Zimmerer / Schönle,* (Kreditwesengesetz) S. 23.

104 Maßgeblich waren die Proteste der Bundesländer, die für eine Bankenaufsicht in Länderhand eintraten und das Gesetz zur Errichtung einer Bundesbehörde vor dem Bundesverfassungsgericht anfochten. *Grosjean,* (Bank Lexikon), S. 432.

105 Gesetz über das Kreditwesen vom 10. Juli 1961, BGBl. I S. 881.

106 Gesetz vom 23. Dezember 1971, BGBl. I S. 2139.

107 Zusammenstellung bei *Szagunn / Haug / Ergenzinger,* (KWG), Einleitung, S. 63.

108 *Manfred Hein,* Änderungen des Kreditwesengesetzes (KWG-Novelle) in: Wirtschaftswissenschaftliches Studium 1985, S. 193 (194).

109 Sonderdruck der Deutschen Bundesbank Nr. 2, 8. Auflage, Frankfurt 1986, S. 6.

110 BGBl. I S. 725.

111 *Ludwig Schork,* Gesetz über das Kreditwesen mit Begründung, Durchführungsvorschriften und Anmerkungen, 21. Auflage, Stuttgart 2001, S. 16.

nach mehreren Referentenentwürfen[112] zu einem Regierungsentwurf, der am 20. Dezember 1984 als Drittes Änderungsgesetz zum Kreditwesengesetz[113] verabschiedet wurde. Die KWG-Novelle trat am 1. Januar 1985 in Kraft und führte neben der bestehenden Einzelaufsicht ein bankaufsichtliches Zusammenfassungsverfahren (Konsolidierung) ein. Sinn dieser Konsolidierung war, die Bankaufsicht nun auf Kreditinstitutsgruppen und somit auf Mutter- und Tochterbank auszuweiten.[114] Bis dahin war es gängige Praxis, daß sich die Banken über Tochterinstitute ohne Erhöhung der beim Mutterinstitut vorhandenen Kapitalbasis Kreditpyramiden[115] aufbauten, um dadurch den an das Eigenkapital anknüpfenden Geschäftsbegrenzungsregeln auszuweichen.[116] Neben dem Konsolidierungsprinzip brachte das Reformwerk auch eine Fülle weiterer Änderungen.[117] Insbesondere wurde unter Zulassung von kapitalergänzendem Genußrechtskapital der Eigenkapitalbegriff neu definiert. Mit der Novelle wurden die Rahmenvorschriften zur Risikobegrenzung verschärft und die Eingriffsmöglichkeiten des Bundesaufsichtsamtes und der Deutschen Bundesbank ausgeweitet.

In den folgenden Jahren kam es zu mehreren KWG-Novellen, die zu großen Teilen vom Bemühen einer europäischen Harmonisierung der Bankenaufsicht beeinflußt waren. Auslöser für viele der in der Folge eingetretenen Änderungen waren die von den Vertretern der wichtigsten Industrienationen in dem bei der Bank für Internationalen Zahlungsausgleich (BIZ)[118] eingerichteten Baseler Ausschuß für Bankenaufsicht 1988 entworfenen Eigenkapitalvereinbarungen, auch "Basel I" genannt. Mit ihnen sollte durch bankenrechtliche Standards die Solvenz der Kreditinstitute gewährleistet und damit zur Sicherung der Stabilität des internationalen Bankwesens beigetragen werden.

---

112 Die zum Teil erheblichen Änderungen, die der Entwurf während den intensiven parlamentarischen Behandlung erfuhr, werden dargestellt bei: *Reinhold Kreile,* Die parlamentarischen Beratungen der KWG-Novelle, in: Die Bank, 1984, S. 556 ff.

113 BGBl. I S. 1693.

114 *Boos / Fischer / Schulte-Mattler,* (Kreditwesengesetz), Einf., Rdnr. 26.

115 Verfügte eine Bank über ein Eigenkapital von 100 Mio. DM, so waren nach Grundsatz I der "Grundsätze über das Eigenkapital und die Liquidität der Kreditinstitute" ihre Kreditvergaben auf das 18fache, d.h. auf 1,8 Mrd. DM begrenzt. Brachte sie hiervon aber 100 Mio. DM als Eigenkapital an eine Tochterbank ein, so wurden dort wiederum Kreditvergaben in Höhe von 1,8 Mrd. DM zulässig. In Einzelfällen betrug das Kreditvolumen dadurch das 40fache des Eigenkapitals. Anschaulich: *Hein,* (Änderungen) S. 194.

116 Sonderdruck der Deutschen Bundesbank Nr. 2, 8. Auflage, Frankfurt 1986, S. 7.

117 Zusammenstellung bei *Nirk,* (Kreditwesengesetz), S. 2.

118 Eine Darstellung der Organisation und Aufgaben der Bank für Internationalen Zahlungsausgleich findet sich unter: http://www.bis.org/about/index.htm.

So hat die 4. KWG-Novelle[119] aus dem Jahre 1992 im wesentlichen zum Inhalt, die pauschale Eigenkapitalunterlegung in Höhe von 8 Prozent aus den ersten Baseler Eigenkapitalrichtlinien in deutsches Recht zu überführen.[120] Gleichzeitig wurde für die Neuzulassung von Einlagekreditinstituten ein höheres Mindestkapital von 5 Millionen ECU, heute Euro, festgelegt, für Inhaber bedeutender Bankbeteiligungen persönliche Anzeigenpflichten und Zuverlässigkeitsprüfungen bestimmt, sowie die Millionenkreditgrenze auf 3 Millionen DM, nunmehr 1,5 Millionen Euro[121], erhöht.[122]

Einen weiteren Schritt zur Harmonisierung des europäischen Bankenaufsichtsrechts bildete die 5. KWG-Novelle[123] aus dem Jahr 1994.[124] Darin wurde mit der Umsetzung der EG-Richtlinie über die Überwachung und Kontrolle der Großkredite von Kreditinstituten[125] eine neuer, bilanztechnischer Kreditbegriff geschaffen, der, abweichend vom traditionellen Kreditbegriff, auch Adreßausfallrisiken von Wertpapieremittenten in den Großkreditbegriff mit einbezog.[126] Zudem wurden die Obergrenzen für einen einzelnen Großkredit auf 25% und die Großkreditschwellengrenze auf 10% des haftenden Eigenkapitals eines Kreditinstituts gesenkt sowie Erleichterungen für die vorgeschriebenen Bonitätsprüfungen bestimmt.

Auch die jüngste, das heißt die 6. KWG-Novelle[127] diente im wesentlichen der Umsetzung von drei Richtlinien der Europäischen Union in deutsches Recht[128], nämlich der BCCI-Folgerichtlinie[129], der Wertpapierdienstleistungsrichtlinie[130] und der Kapitaladäquanzrichtlinie.[131] Mit der BCCI-Folgerichtlinie wurden aufsichtsrechtliche Konsequenzen aus dem Zusammenbruch der Bank of

119 Gesetz vom 21. Dezember 1992, BGBl. S. 2211.
120 *Boos / Fischer / Schulte-Mattler,* (Kreditwesengesetz), Einf., Rdnr. 30.
121 Aus Vereinfachungsgründen erfolgte die DM / Euro-Umstellung aller für die Bankenaufsicht bedeutenden Beträge am 1.1.2002 im Verhältnis 2:1.
122 *Nirk,* (Kreditwesengesetz), S. 3.
123 Gesetz vom 28. Dezember 1994, BGBl. S. 2725.
124 *Nirk,* (Kreditwesengesetz), S. 3.
125 Richtlinie des Rates über die Überwachung und Kontrolle der Großkredite von Kreditinstituten vom 12. Dezember 1992, ABl. EG vom 5. Februar 1993 Nr. L 29.
126 Zum Begriff des Kredits statt aller: *Waschbusch,* (Bankenaufsicht), S. 407 ff.
127 Art. 1 des Gesetzes vom 22. Oktober 1997, BGBl. S. 2518.
128 *Boos / Fischer / Schulte-Mattler,*, (Kreditwesengesetz), Einf., Rdnrn. 33, 34, 35.
129 Richtlinie des Europäischen Parlaments und des Rates vom 25. Juni 1995, ABl. EG vom 18. Juli 1995 Nr. L 168.
130 Richtlinie des Rates vom 10. Mai 1993, ABl. EG vom 11. Juni 1993 Nr. L 141, S. 27.
131 Richtlinie des Rates über die angemessene Eigenkapitalausstattung von Wertpapierfirmen und Kreditinstituten vom 15. März 1993, ABl. EG vom 11. Juni 1993 Nr. L 141.

Credit and Commerce International gezogen.[132] Nach der Wertpapierdienstleistungsrichtlinie werden Wertpapierfirmen nach den gleichen Regeln beaufsichtigt wie Kreditinstitute. Die Kapitaladäquanzrichtlinie regelt die Eigenmittelunterlegung der Markt- und Großkreditrisiken des Handelsbuchs. Ferner wurden neue Zahlungsverkehrsformen wie Geldkarten und Netzgeldgeschäft (Electronic Banking[133]) einbezogen sowie generelle Organisationspflichten und die Voraussetzungen für das Auslagern wesentlicher Hilfsfunktionen (Outsourcing) festgelegt.[134]

In der Reihe der in immer kürzeren Zeitabschnitten erfolgten Änderungen des Gesetzes über das Kreditwesen ist schließlich noch das Vierte Finanzmarktförderungsgesetz[135], das am 1. Juli 2002 in Kraft getreten ist, von besonderer Bedeutung. Ausgangspunkt war die abschließende Umsetzung der Baseler Grundsätze[136] für eine wirksame Bankenaufsicht aus dem Jahre 1997 und der Electronic-Geld-Richtlinie[137] in deutsches Recht. Ziel dieser kürzlich vorgenommenen Anpassungen und stetigen Fortentwicklungen des Aufsichtsrechts sollen letztlich die Verbesserung der Rahmenbedingungen des Finanzsektors und die Stärkung der internationalen Wettbewerbsfähigkeit des Finanzplatzes Deutschland sein.[138]

In jüngster Zeit sind die wohl wichtigsten Veränderungen diejenigen, die sich aus den Baseler Empfehlungen für international tätige Kreditinstitute ergeben.[139] Die vom Baseler Ausschuß für Bankenaufsicht erarbeiteten Empfehlungen haben zwar keinen bindenden Charakter, werden aber üblicherweise in den Richtlinien der Europäischen Union übernommen. Anders als die Baseler Empfehlungen

---

132 Zu den Hintergründen und Folgen des Zusammenbruchs insbesondere: *Richard Dale,* Regulatory Consequences of the BCCI Collapse: US, UK, EC, Basle Committee – Current Issues in International Bank Supervision, in: International Banking Regulation and Supervision: Change and Transformation in the 1990s, London 1994, S. 377 (393 ff.).

133 Im Detail zu den Herausforderungen des E-Banking an Kreditinstitute und Bankenaufsicht: *Deutsche Bundesbank,* Electronic Banking aus bankenaufsichtlicher Perspektive, Monatsbericht Dezember 2000, S. 43 ff.

134 *Deutsche Bundesbank,* Die Sechste Novelle des Kreditwesengesetzes, Monatsbericht Januar 1998, S. 61 (70).

135 Gesetz zur weiteren Fortentwicklung des Finanzplatzes Deutschland – Viertes Finanzmarktförderungsgesetz – vom 21. Juni 2002, BGBl. I S. 2010.

136 Richtlinie des Rates vom 17. April 1989 über die Eigenmittel von Kreditinstituten, ABl. EG vom 5. Mai 1989 Nr L 124.

137 Richtlinie 2000 / 46 / EG des Europäischen Parlaments und des Rates über die Aufnahme, Ausübung und Beaufsichtigung der Tätigkeit von E-Geldinstituten vom 18. September 2000 – Abl. EG Nr. 275 S. 39.

138 *Deutsche Bundesbank,* Änderungen des Gesetzes über das Kreditwesen durch das Vierte Finanzmarktförderungsgesetz, Monatsbericht Oktober 2002, S. 15.

139 Hierzu eingehend im fünften Kapitel, S. 101 ff.

müssen die Brüsseler Richtlinien formal in nationales Recht umgesetzt werden.[140] Eine auch "Triple B" genannte Aufsichtstriade bestehend aus Basel-Brüssel-Berlin / Bonn ist somit prägend für die bankenaufsichtlichen Regelungen geworden.

Diese internationale Entwicklung wird durch die im Jahre 2004 in Basel getroffene Vereinbarung zur Internationalen Konvergenz der Eigenkapitalmessung und der Eigenkapitalanforderungen, den sogenannten "Basel-II-Akkord", weiter fortgeschrieben. Danach wird die Effektivität der Bankenaufsicht nach Ansicht des Baseler Ausschusses von drei Säulen bestimmt, die künftig sowohl die Arbeit der Bankenaufsichtsbehörden wie auch die Geschäftstätigkeit der Banken nachhaltig beeinflussen werden.

Säule eins der Baseler Vereinbarung regelt die Mindestkapitalanforderungen für Kreditrisiken sowie für etwaige Betriebsrisiken. In Säule zwei werden die Leitlinien für einen neuen bankaufsichtlichen Überpüfungsprozess der Bankgeschäfte durch einen Prüfer vor Ort festgeschrieben. Schließlich sieht Säule drei Regelungen zu Offenlegungspraktiken vor, die zu einer größeren Transparenz der der Kreditinstitute führen sollen.

Auf die Bedeutung von Basel II für die Bankenaufsicht, das Verhalten der Banken im Tätigkeitsstadium sowie den Einfluß auf die Kreditvergabe und damit die Folgen für die Bankkunden wird in den folgenden Kapiteln weiter eingegangen.

B. In den Vereinigten Staaten

Das amerikanische Bankensystem ist das Ergebnis einer historischen Entwicklung, die von Kämpfen der Banken und Bankenaufsichtsbehörden gegeneinander zur Wahrung des eigenen Einflusses sowie gegen gesetzliche Regelungen von Konkurrenz und Wettbewerb geprägt ist.[141] Die Geschichte der amerikanischen Bankenaufsicht spiegelt damit auch den Konflikt um den Aufbau des amerikanischen Staates und das gerade für die USA typische Mißtrauen gegenüber der Formierung einer zentralen Gewalt auf Bundesebene wider.[142] Nur ein geschichtlicher Überblick kann daher das Funktionieren der heute überaus komplexen Materie der amerikanischen Bankenaufsicht verständlich machen.

---

140 *Boos / Fischer / Schulte-Mattler,* (Kreditwesengesetz), Basel II, Rdnr. 2.

141 *Henry C. Wallich,* Neuere Entwicklungen im US-amerikanischen Bankensystem, in: ifk, Nachrichten aus dem Institut für Kreditwesen 1982, S. 42.

142 *Lütz,* (Globalisierung), S. 95 f.; *Rose M. Kushmeider,* The U.S. Federal Financial Regulatory System: Restructuring Federal Bank Regulation, FDIC: Future of Banking Study, Washington D.C. 2004, S. 9.

I. Die Entwicklung in den frühen Jahren

Im Jahre 1780 begannen die amerikanischen Einzelstaaten erstmals sogenannte "Bank Charters", also Konzessionen, auszugeben.[143] Zunächst herrschte dabei völlige Freiheit, wie ein Kreditinstitut zu eröffnen und zu betreiben war. Die Banken in den verschiedenen Bundesstaaten, "State Banks" genannt, wurden aufgrund einzelstaatlicher Gesetze errichtet und unterlagen nur der Kontrolle des jeweiligen Einzelstaates.[144] Die geschäftlichen Rahmenbedingungen wurden zwischen dem jeweiligen Bundesstaat und der Bank einzeln ausgehandelt. Selbst das Notenausgaberecht war anfangs in den Händen der einzelnen State Banks, was bedeutete, daß jede dieser Banken ihre eigenen Noten ausgeben konnte.[145]

Erst durch den Erlaß des National Bank Act von 1863[146] (ursprünglich National Currency Act) wurde diese währungspolitische Zersplitterung beseitigt, indem das Notenbankwesen auf Bundesebene neu geregelt wurde.[147] Hierzu wurden die State Banks durch National Banks, das heißt Banken, die eine National Charter anstrebten, ergänzt.[148] National Banks sollten in erster Linie der Finanzierung des Staatshaushaltes dienen und daher besonders gut überwacht werden. Sie wurden aus diesem Grund strenger beaufsichtigt als die State Banks, weswegen sich viele State Banks mit der Beantragung einer National Charter sehr zurückhielten.[149] Die National Banks erhielten nur ein beschränktes Notenausgaberecht und konnten auch als Geschäftsbanken zunächst nur in beschränktem Maße tätig werden.[150] So durften sie Kredite nur in begrenzter Höhe vergeben und ihrerseits keine Aktien oder Beteiligungen anderer Banken und Unternehmen kaufen. Der National Bank Act führte erstmals eine Bankenaufsicht ein.[151] Diese

---

143 *Roger S. White,* State Regulation of Commercial Banking in the USA, in: Revue Internationale D'Historie de la Banque, 1974, S. 2.

144 *Schroeder,* (Law and Regulation), § 2.01[2].

145 *Honold,* (Bankenaufsicht), S. 135.

146 National Bank Act of 1863, ch. 58, 12 Stat. 665 (12 U.S.C. § 39) ersetzt durch National Bank Act of 1864, ch. 106, 13 Stat. 99 amendement, ch. 78, 13 stat. 484 (12 U.S.C. § 21 et seq.).

147 Zum ganzen vgl.: *P. Marcuse,* Das Bundesgesetz der Vereinigten Staaten über das Notenbankwesen (The National Bank Act) in seiner jetzigen Fassung, Stuttgart/ Berlin 1907.

148 *Rudolf Geisler,* Notenbankverfassung und Notenbankentwicklung in den USA und in Westdeutschland, Berlin 1953, S. 26; *Schroeder,* (Law and Regulation), § 2.01[1].

149 *Lütz,* (Globalisierung), S. 99.

150 *Marcuse,* (The National Bank Act), S. 4; *Florian Hew,* Entwicklungstendenzen im amerikanischen Bankensystem, Schriftenreihe für bankwirtschaftliche Forschung Bd. 38, Bern und Stuttgart, 1976, S. 18.

151 *Schroeder,* (Law and Regulation), § 1.02[3].

wurde vom Comptroller of the Currency als Abteilung des Finanzministeriums ausgeübt, der die Befugnis hatte, die Konzessionen zur Gründung der National Banks und zur Errichtung ihrer Filialen zu erteilen.[152] Die State Banks blieben weiterhin lediglich der Kontrolle der Einzelstaaten unterstellt.[153]

Mit der Errichtung des Comptroller of the Currency und der Einführung der National Charter wurde das Dual Banking, das heißt das Nebeneinander von einzelstaatlich und bundesstaatlich konzessionierten Banken, eingeführt[154], welches die amerikanische Bankenregulierung bis heute prägt.[155]

Im Laufe der Jahre sind die auf Grund der Vielschichtigkeit des dualen Bankensystems von Anfang an vorhandenen Schwierigkeiten des amerikanischen Bankensystems immer stärker zu Tage getreten. Die Bankenkrise von 1907/08[156] ließ eine Reihe von Mängeln im Nationalbanksystem, wie insbesondere das Fehlen einer Zentralreserve[157], erkennbar werden und führte zu einer Diskussion über die weitere Ausgestaltung der Bankenaufsicht.[158]

In ihrem Bericht[159], der trotz seiner zahlreichen Änderungen auch heute noch Grundlage des Federal Reserve System ist, nannte die National Monetary Commission als Hauptprobleme der amerikanischen Bankenorganisation, die mangelnde Elastizität des Notenumlaufs, die zu große Zersplitterung der Bankreserven sowie das Fehlen einer effektiven Zusammenarbeit der Banken und eines Zentralinstituts.[160] Dieser Bericht gab schließlich den Anlaß zum Erlaß des Federal Reserve Act vom 23. Dezember 1913.[161] Durch diesen Federal Reserve Act

---

152 *Godehard Puckler,* Das Bank und Börsenwesen in den USA - Financial Services, 2. Auflage, Frankfurt a. M. 1986, S. 13.

153 *Ingo Schulz-Henning,* Bank Holding Companies im Wirtschaftrecht der USA, Studien zum Bank und Börsenrecht, Baden-Baden 1980, S. 17.

154 *Schroeder,* (Law and Regulation), § 2.01.

155 Siehe hierzu eingehend im dritten Kapitel, B, I, S. 65.

156 Wegen ungenügender Refinanzierungsquellen kam es in diesen Jahren zum Zusammenbruch von 242 Banken.

157 Die Errichtung einer Zentralbank war mehrfach im Kongreß verhindert worden, so daß nicht der Staat sondern große New Yorker Banken die Rolle des "lender of last Resort" für kleinere Banken übernahmen.

158 *Schroeder,* (Law and Regulation), § 1.02[3].

159 *National Monetary Commission,* Report on Banking and Central Banking, Government Printing Office, Document 356, Washington D.C. 1910 / 1911.

160 *P.M. Warburg,* National Monetory Commission, Report on Banking and Central Banking, Government Printing Office, Document 356, Washington D.C. 1910 / 1911. RG, The Federal Reserve System; its origin and growth, New York 1930, S. 42.

161 Ch. 6, 38 Stat. 251 (12 U.S.C. § 221 et seq.). Vgl. Zur Entstehungsgeschichte ausführlich: *P.M. Warburg,* (The Federal Reserve System), S. 42 f.; *Benjamin Haggott Beckhart,* Banking Systems, New York 1954, S. 839; *Johannes C.D. Zahn,* Die

wurde ein dezentralisiertes Banksystem geschaffen, in dessen Mittelpunkt die Mitgliedsbanken standen, denen die zwölf Federal Reserve Banken sowie der Federal Reserve Board vorstanden. Letzterer übte die Kontrolle über sämtliche Mitgliedsbanken des Systems aus.

Die Wirksamkeit des Systems war jedoch dadurch begrenzt, daß ihm lediglich die National Banks beitreten mußten. Für die State Banks war der Beitritt freiwillig, was dazu führte, daß sie sich dem System nur zögernd anschlossen.[162] Die Zurückhaltung der State Banks war darauf zurückzuführen, daß die Mitgliedsbanken beim Federal Reserve Board Mindestreserven zu unterhalten und sich zudem der Prüfung durch den Comptroller of the Currency zu unterwerfen hatten. Sofern die State Banks dem Federal Reserve System nicht beitraten, unterlagen sie nur den jeweiligen einzelstaatlichen Aufsichtsbestimmungen. Für sie galt der Federal Reserve Act nicht. Um den Anreiz für die State Banks zum Beitritt zum Federal Reserve System zu erhöhen und damit die Effizienz zu steigern, stellte man ihnen die Prüfung durch den Comptroller of the Currency frei und gab ihnen das Recht, nach sechsmonatiger Kündigungsfrist aus dem System auszuscheiden.[163]

Die Grundlage für die sehr restriktiv gehandhabte Filialgesetzgebung in den USA bildet der McFadden Act[164] aus dem Jahr 1927. Aus Furcht vor einer zu großen Kumulation von Kapital in den Händen weniger Banken[165] war eine Expansion der Banken über die jeweiligen Bundesgrenzen hinaus prinzipiell verboten.[166] Sofern die Gesetzgebung des Einzelstaates es zuließ, durften die National Banks Filialen jedoch innerhalb ihres Sitzstaates gründen.[167] Damit sollten die Wettbewerbsvorteile der State Banks aufgehoben werden, für die bei der Errichtung von Filialen häufig weniger restriktive Regelungen galten. Da aber auch

---

Bankenaufsichtsgesetze der Welt, Berlin / Leipzig 1937, S. 569; *Otto Chr. Fischer*, Die staatliche Bankenaufsicht, Basel / Leipzig 1939, S. 9; *Schroeder*, (Law and Regulation), § 1.02[4].

162 Von den fast 1.800 State Banks sind 1915 lediglich 15 dem System beigetreten. *K. Dierschke / F. Müller*, Die Notenbanken der Welt, Unter besonderer Berücksichtigung der Veränderungen und Neuordnungen in der Zeit von 1914-1925, Band 1, Berlin 1926. S. 23; *Geisler*, (Notenbankverfassung), S. 46 f.

163 *G. Grothe*, Die Bankenaufsicht in den Vereinigten Staaten, Finanzbericht Nr. 40 des Deutschen Generalkonsulats in New York vom 31.5.1951.

164 Act of Feb. 25, 1927, 44 Stat. 1224, 12 U.S.C. 36, 12 U.S.C. § 81 (1988).

165 *Jacobs*, (Framework), S. 352.

166 *Pollard*, (Banking Law), S. 22. Die neue Entwicklung der Filialgesetzgebung und der Bankenaufsicht werden im sechsten Kapitel unter B, I, 2, S. 135 dargestellt.

167 *Puckler*, (Bankwesen), S. 14; *Peat / Marwick / Mitchell & Co. (Hrsg.)*, Banking in the United States, A Guide for Foreign Bankers, New York 1980, S. 98.

den State Banks in einigen Staaten die Filialgründung untersagt war, galt dies für viele National Banks aus Gründen der Gleichbehandlung praktisch ebenso.

II. Die Entwicklung während der Bankenkrise

Das System der amerikanischen Bankaufsicht konnte nicht verhindern, daß es bereits in den Jahren von 1921 bis 1929 zu 5.642 Bankzusammenbrüchen kam.[168] Diese ungewöhnlich hohe Anzahl führte nur deshalb nicht zu einer großen Krise, weil es sich zumeist um kleinere Banken in ländlichen Gebieten handelte. Die strukturelle Schwäche des amerikanischen Bankensystems wurde während der Wirtschaftskrise jedoch besonders deutlich und in den folgenden Jahren der Depressionsphase entwickelte sich dann eine allgemeine Bankenkrise mit ihren schwerwiegenden Auswirkungen.

Durch den Zusammenbruch der New Yorker Börse kam es zu katastrophalen Folgen für die gesamte Wirtschaft und dabei insbesondere für das Bankwesen. Zahlreiche Kredite, die zu Spekulationszwecken an Kunden oder eigene Tochtergesellschaften vergeben worden waren, konnten mit einem Mal nicht mehr zurück gezahlt werden. Um der drohenden Illiquidität auszuweichen, mußten die Banken in großem Maße eigene Aktien verkaufen, was die ohnehin schwachen Aktienkurse weiter nach unten trieb. Dem einsetzenden "Run" auf die Schalter waren diese Banken nicht gewachsen. Immer mehr Banken mußten ihre Kassenräume schließen, bis letztlich die Krise einen derartigen Umfang erreichte, daß Präsident Roosevelt am 6. März 1933 eine zunächst viertägige Schließung aller Banken anordnete[169], die dann bis zum 15. März 1933 verlängert werden mußte. Trotz allem kam es in den Jahren der Weltwirtschaftskrise von 1930 bis 1933 zu insgesamt 8.812 Bankzusammenbrüchen[170], wovon auch 1.967 National Banks betroffen waren.[171]

Aus dieser Krise gingen die Bankengesetze der Jahre 1933 und 1935 hervor, durch die das verlorene Vertrauen in die Banken wiederhergestellt werden sollte. Der Banking Act von 1933[172], auch "Glass-Steagall Act" genannt[173], der sich an

---

168 *Adolf Weber*, Geld, Bank und Börsen, 4. Auflage, München,1955, S. 274.

169 *Schroeder*, (Law and Regulation), § 1.02[4]; *Geisler*, (Notenbankverfassung), S. 52.

170 *Weber*, (Geld, Bank und Börsen), S. 275.

171 Insgesamt reduzierte sich die Anzahl amerikanischer Banken in den Jahren von 1921 bis 1933 um insgesamt 14.000. Davon waren 11.300 State Banks und 2.700 National Banks.

172 Act of June 16, 1933, ch. 89, 48 Stat. 162.

173 Dazu die umfangreiche Literatur: *John A. Adams*, Money Market Mutual Funds: Has Glass-Steagall Been Cracked, in: Banking Law Journal 99, 1982, S. 4 ff.; *S. H.*

die bereits während der Bankenkrise erlassenen Maßnahmen anschloß, führte wichtige Neuerungen zur Unterstützung des amerikanischen Bankenwesens ein. [174] Eine wesentliche Neuerung war die Trennung von Depositen- und Effektengeschäft.[175] Hinter dieser Trennung stand die Überzeugung, daß Banken nicht den hohen Risiken[176] des Investmentgeschäfts ausgesetzt sein dürften, da sie für die Einlagen der breiten Öffentlichkeit verantwortlich seien.[177] Allen Unternehmen, die das Effektengeschäft betrieben, wurde verboten, gleichzeitig auch Depositen aufzunehmen.[178] Neben diesen grundlegenden Regelungen enthielt der Glass-Steagall Act unter anderem Bestimmungen, welche die Expansion der Banken durch Filialgründungen betrafen sowie ein Verbot, Kreditlinien für spekulative Zwecke zu gewähren.[179] Zur Vermeidung einer mißbräuchlichen Verwendung von Krediten zu Effekten- oder Grundstücksspekulationen wurde eine Verschärfung der Kontrollbefugnisse der Federal Reserve Banks über die Mitgliedstaaten angeordnet. Eine der wichtigsten Neuerungen war schließlich die Schaffung der Depositenversicherung durch Gründung der Federal Deposit Insurance Corporation (FDIC).[180] Die FDIC ist seither als unabhängige Vertretung der US-

---

Armacost, As FDIC Views Glass-Steagall, in: Bankers Monthly 99, September 1982 S. 22 (23).; *Clark / Saunders,* Judical interpretation of Glass-Steagall, in: Banking Law Journal 97, 1980, S. 721 ff.; *Pollard,* (Banking Law), S. 22.

174 Banking Act of 1933 § 20, 12 U.S.C. § 377; Banking Act of 1933 § 21, 12 U.S.C. § 378; Banking Act of 1933 § 32, 12 U.S.C. § 78.

175 Die rechtliche Fixierung des Trennbankensystems in das "commercial bank" und das "investment bank" Geschäft, hat seit ihrem Bestehen immer wieder zu heftigen Diskussionen geführt und ist auch in jüngster Zeit erneut Ansatz heftiger Kritik und Reformbestrebungen. *Perkins,* The Divorce of Commercial and Investment Banking: A History, in: Banking Law Journal 88, 1971, S. 483; *Schroeder,* (Law and Regulation), § 1.02[4].

176 Eine Darstellung dieser Risiken findet sich in der Entscheidung Investment Co. Institute v. Camp, 401 U.S. 617 (1971).

177 *Edward F. Greene / Paul-Adolf von Hehn,* Neuere Entwicklungen im amerikanischen Bankenrecht unter besonderer Berücksichtigung des Glass-Steagall Act, in: RIW, 1984, S. 496.

178 *Hanspeter Gondring,* Interdependenzen zwischen Deregulation und den Veränderungen der US-Bankenstruktur, Die Bank, 1984, S. 169 (170).

179 *Hew,* (Entwicklungstendenzen), S. 48 ff.

180 Zur Geschichte der FDIC: *Federal Deposit Insurance Corporation,* A brief History of Deposit Insurance in the United States, Washington D.C. 1998; *Federal Deposit Insurance Corporation,* The first fifty years: A history of the FDIC, Washington D.C. 1984; *Peter Cartwright / Andrew Campbell,* Co-insurance and moral hazard: Some reflections on deposit protection in the UK and USA, in: Journal of International Banking Regulation, Vol. 5, Vo. 1, 2003, S. 9 (13).

Bundesregierung für die Versicherung des Einlagengeschäfts der Banken und die daraus resultierende Kontrolle der Kreditinstitute verantwortlich.[181]

III. Die Entwicklung bis 1990

Da Auslandsbanken der amerikanischen Gesetzgebung in wesentlichen Bereichen nicht unterstellt waren und für sie zum Beispiel die Möglichkeit unbegrenzter Filialgründungen bestand, entwickelten sich diese zu starken Konkurrenten der US-Banken.[182] Die Wettbewerbsvorteile ausländischer Banken sollten durch den International Banking Act (IBA) von 1978[183] beseitigt werden und damit dem Prinzip der Gleichbehandlung aller Banken Rechnung getragen werden.[184] Diese Veränderungen betrafen besonders die Filialgesetzgebung und die Einlagevorschriften, wo Auslandsbanken den amerikanischen Kreditinstituten nunmehr gleichgestellt wurden.[185] Neben dieser Herstellung von Gleichheit im Wettbewerb war das zweite Ziel des International Banking Acts, die bundesstaatliche Bankenaufsicht nun auf alle in den Vereinigten Staaten tätigen Auslandsbanken auszudehnen.[186] Von europäischen Banken wurde teilweise die Meinung vertreten, daß vor allem das Nichtgelingen der überfälligen Reformen des Glass-

---

181 Zu den Aufgaben der FDIC eingehend das vierte Kapitel dieser Arbeit unter B, I, 3, S. 90.

182 *Puckler*, (Bankwesen), S. 16.

183 92 Stat. 607, 48 FR 56933 (Dec. 30, 1983); 12 U.S.C. § 3101 ff.

184 *Pollard*, (Banking Law), S. 497; Umfassend auch *Günter Böttger / Klaus Uebe*, Das Recht der Auslandsbanken in den USA nach dem International Banking Act 1978, Frankfurt 1982.

185 *Spong*, (Banking Regulation), S. 24; *David Gerber / Martin Peltzer*, International Banking Act of 1978, in: ZfgK, 1980, S. 134 (136); *Albert Dormanns*, US-Kongreß verabschiedet International Banking Act, in: Die Bank, 1978, S. 477 f.; *ders.*, Normen für Auslandsbanken in den USA, in: Die Bank, 1982, S. 214 (215); *P. Taymans*, La reglementation des banques étrangères aux Etats-Units, avant et après le passage de l'International Banking Act of 1978", in: Revue de la Banque 1979, S. 181 ff.

186 Hearings before the Subcommittee on Financial Institutions of the Senate Committee on Banking, Housing and Urban Affairs, Foreign Bank Act of 1975, 94th Congress, 2nd Session, S. 26, 29. Vgl. hierzu besonders *Dormanns*, (Auslandsbanken), S. 214.

Steagall Acts[187] Auslandsbanken sogar zu einem Rückzug aus dem amerikanischen Markt veranlassen könnte.[188]

Das Bemühen des amerikanischen Kongresses, die Wettbewerbsvorteile der Auslandsbanken einzuschränken, konnte jedoch nicht verhindern, daß unterschiedliche Bankentypen versuchten, mit Hilfe bestehender Gesetzeslücken in den Geschäftsbereich anderer Banken einzudringen. Durch den 1980 eingeführten Depository Institutions Deregulation and Monetary Act (Monetary Control Act)[189] wurden daher ähnliche Geschäftsbereiche bei verschiedenen Bankenarten nun erstmals in gleicher Weise reglementiert.[190] Unter anderem sieht der Monetary Control Act vor[191], daß alle Institute, die der US-Einlagenversicherung angehören, bei der Federal Reserve Bank Mindestreserven unterhalten müssen.[192]

Auch der 1982 beschlossene Garn-St. Germain Act[193] hatte zum Ziel, in die scharfe Wettbewerbssituation unter den amerikanischen Banken einzugreifen.[194] Er gewährte den Commercial Banks weite Spielräume in ihrer Zinsgestaltung, so daß diese gegenüber den Saving and Loan Associations[195], die in großem Umfang Kleinanleger anzogen[196], wieder konkurrenzfähig wurden.[197] Zudem schuf das Gesetz für die Aufsichtsorgane weiterreichende Eingriffs- und Mitwirkungsmöglichkeiten, wenn sich bei einer Bank eine schwerwiegende finanzielle Gefahrenlage zu entwickeln begann.[198]

---

187 *James Barth / R. Dan Brumbaugh Jr. / James A. Wilcox,* The Repeal of Glass-Steagall and the Advent of Broad Banking, in: Journal of Economic Perspectives Vol. 14(2), May 2000, S. 191 ff.

188 So zuletzt *Marc Cohen / Soo Yim,* Debanking: a strategic option for foreign banks in the US, in: International Financial Law Review, 1996, S. 13 f.

189 Pub. L. 96-221, Mar. 31, 1980, 94 Stat. 132.

190 *Ronnie Clayton / Alan J. Dubinsky,* Executive Views of Deregulation: The Depository Institutions Deregulation and Monetary Control Act of 1980, in: Journal of Retail Banking 5, 1983, S. 52 (54).

191 *Michael Osthoff,* Strukturveränderungen im amerikanischen Bankwesen, in: Die Bank 1981, S. 122 (123).

192 *Schroeder,* (Law and Regulation), § 1.02[6][b].

193 Pub. L. 97-320, Oct. 15, 1982, 96 Stat. 1496.

194 *Schroeder,* (Law and Regulation), § 1.02[6][c].

195 *Puckler,* (Bankwesen), S. 59 f.

196 *Morschbach,* Struktur ausländischer Bankensysteme: USA, Frankfurt a.M. 1981, S. 187, 199 f.

197 *Gillian Garcia,* The Garn-St. Germain Depository Institutions Act of 1982, in: Economic Perspectives (Federal Reserve Bank of Chicago) 7, 1983, S. 3 ff.; *Puckler,* (Bankwesen), S. 18

198 *Schroeder,* (Law and Regulation), § 1.02[6][c].

Der International Lending Supervision Act von 1983[199] verschärft die staatliche Bankenaufsicht gegenüber solchen Banken, die in besonderem Maße im internationalen Auslandskreditgeschäft engagiert sind. Das Gesetz ist Antwort auf die Probleme, die amerikanischen Geldgebern dadurch entstanden sind, daß einige Entwicklungsländer der Rückzahlung ihrer Schulden nicht in dem vorgesehenen Maße nachkommen konnten[200] Eine wesentliche Regelung des Gesetzes ist die Anordnung an die Banken, besondere Reserven zum Ausgleich für die Risiken der Auslandskredite anzulegen.[201]

IV. Die Modernisierung des Aufsichtssystems

Den Anfang zur Modernisierung des amerikanischen Bankenaufsichtssystems machte der Erlaß des Financial Institutions Reform, Recovery and Enforcement Acts (FIRREA)[202] von 1989 und des Federal Deposit Insurance Corporation Improvement Acts (FDICIA)[203] aus dem Jahre 1991.[204]

Mit beiden Gesetzen wurden die Einflußmöglichkeiten der Aufsichtsbehörden ausgedehnt.[205] Als wesentliche Neuerungen wurden die Kapitalbasis der FDIC erhöht und gleichzeitig neue prozessuale Voraussetzungen für den Fall einer finanziellen Rettungsaktion eingeführt. Das Gesetz sollte helfen, die Kosten von Rettungsmaßnahmen durch die FDIC zu reduzieren oder zumindest zu limitieren.[206] Eine wesentliche Maßnahme hierfür war die Einführung einer risikoabhängigen Prämie für die versicherten Banken. Section 302(a) des Federal Deposit Insurance Corporation Improvement Act ermächtigte die FDIC demnach, von den bei ihr versicherten Banken Gebühren zu erheben, die nach dem Risikogehalt

199 Pub. L. 98-181, 97 Stat. 1278; 12 U.S.C. §§ 3901-3912 (1988).
200 *Pollard,* (Banking Law), S. 501.
201 *Spong,* (Banking Regulation), S. 31; *Schroeder,* (Law and Regulation), § 9.01[3].
202 Pub. L. 101-73, Aug. 9, 1989, 103 Stat 183.
203 Pub. L. 102-242, Dec. 19, 1991, 105 Stat. 2236.
204 *Schroeder,* (Law and Regulation), § 1.02[6][e] u. § 1.02[6][f]; *Joseph J. Norton / Don B. Gail,* Reflections on Financial Institutions Restructure in the United States and on the New U.S. Financial Institutions Act, in: ZVglRWiss 1990, S. 278 ff.; *Stephen K. Huber,* The Federal Deposit Insurance Corporation Improvement Act of 1991, in: 109, Banking Law Journal 1992, S. 300 ff.
205 *Schroeder,* (Law and Regulation), § 1.02[6][e].
206 *Spong,* (Banking Regulation), S. 31-32; *Federal Deposit Insurance Corporation,* (A brief History), S. 54 f.

des Portfolios dieser Banken gestaffelt waren.[207] Eine weitere bedeutende Änderung war die Einführung eines fünfstufigen Systems von sofortigen Korrekturmaßnahmen für Banken, die die Vorgaben der Eigenkapitalrichtlinien nicht einhielten. Den Regulierungsbehörden wurde damit ermöglicht, härtere Sanktionsmaßnahmen zu ergreifen, wenn zu erkennen war, daß die Eigenkapitalquote von Banken unter das vereinbarte Niveau fiel.[208] Diese erweiterten Regulierungskompetenzen stellten eine Abkehr von der bis dahin praktizierten Strategie der regulatorischen Nachsicht hin zur "prompt corrective action" dar.[209]

Ein weiterer wichtiger Aspekt des Federal Deposit Insurance Corporation Improvement Acts waren Richtlinien darüber, wie im Fall der Krise einer einzelnen Bank die damit verursachten Kosten für die Einlagenversicherung gering gehalten werden können. Die FDIC wurde angewiesen, die jeweils günstigere Alternative zu wählen, sollten mehrere Möglichkeiten zur Rettung der Bank das gleiche Ergebnis versprechen.[210]

Zu den Gesetzen, welche die Modernisierung des amerikanischen Bankenaufsichtswesens ausmachen, gehört der Riegel-Neal Interstate Banking and Branching Efficiency Act[211] aus dem Jahre 1994.[212] Dieses Gesetz führte erstmals zu einem einheitlichen Standard für die Regelung, wie Banken bundesstaatenübergreifend eine Erweiterung ihrer Geschäftsbasis durch Eröffnung oder Übernahmen von Filialnetzen betreiben können.[213] Der Riegel-Neal Interstate Banking and Branching Efficiency Act ist ein erster wichtiger Schritt weg von Glass-Steagall, indem das seit vielen Jahren kritisierte Verbot der Eröffnung von Niederlassungen über die Grenzen der Bundesstaaten hinweg aufgehoben wurde.

Von noch größerer Bedeutung für die Modernisierung des Bankensystems sollte der 1999 erlassene Gramm-Leach-Bliley Act sein.[214] Das Gesetz regelt vor

207 *Richard J. Cebula,* A Current Evaluation of U.S. Banking Legislation: The FDICIA and Its Performance in Terms of Financial Services Industry Impacts, in: Schweizerische Zeitschrift für Volkswirtschaft und Statistik, 1999, S. 148.

208 *George J. Benston / George G. Kaufmann,* Deposit Insurance Reform in the FDIC Improvement Act: The experience to date, in: Economic Perspectives – Federal Reserve Bank of Chicago, 1998 Vol. 22, S. 9.

209 *Schroeder,* (Law and Regulation), § 1.02[6][f].

210 *Spong,* (Banking Regulation), S. 32.

211 Pub. L. No. 103-328, 108 Stat. 2338 (1994).

212 Ausführlich: *Murray A. Indick / Satish M. Kini,* The Interstate Banking and Branching Efficency Act: New Options, New Problems, in: 112 Banking Law Journal 1995, S. 100 ff.

213 *Schroeder,* (Law and Regulation), § 6.01.

214 15 U.S.C. 6801 ff.; ausführlich: *Charles W. Calormiris,* Banking Approaches the Modern Era, in: Regulation, Vol. 25, No. 2 2002, S. 14 (18); *Schroeder,* (Law and Regulation), § 1.02[8].

allem sektorübergreifende Zusammenschlüsse von Finanzdienstleistungsunternehmen, die zuvor in diesem Ausmaß nicht möglich waren. Erstmals ist es Banken möglich, die Zwangsspezialisierung zu überwinden und als Universalbank tätig zu sein. Das Gesetz eröffnet ein breites Feld von Finanzdienstleistungen, das insbesondere der fortschreitenden Globalisierung Rechnung tragen und die Verbesserung der Wettbewerbsfähigkeit amerikanischer Geschäftsbanken unterstützen soll.[215] Im so genannten "Cross Selling" dürfen Finanzunternehmen nun alle Leistungen ihrer Mitgesellschaften anbieten, die sich aus dem Zusammenschluß von Banken, Versicherungen und Wertpapiergesellschaften ergeben können. Damit einher geht die Aufhebung des Verbots der gleichzeitigen Beschäftigung von Direktoren bei einer Geschäftsbank und im Wertpapiergeschäft. Der Board of Governors kann diese Freiheit jedoch eingeschränkten, wenn er in Einzelfällen der Ansicht ist, daß dies zum besonderen Schutz der Geschäftstätigkeit einer Bank erforderlich sei.

Die umstrittene Trennung von Bank-, Wertpapier- und Versicherungsgeschäften auf der Basis des Glass-Steagall Acts währte bis dahin mehr als 60 Jahre. Genau so häufig wie sich die Banken bemühten, das Gesetz zu umgehen[216], scheiterten viele Versuche, das reformbedürftige Gesetz zu korrigieren.[217]

Die von vielen Betrachtern begrüßte Revolution, die der Gramm-Leach-Bliley Act darstellen soll[218], wird teilweise jedoch auch sehr kritisch gesehen. Nach Ansicht einiger Beobachter greift das Gesetz zu kurz und bedarf weiterer Anpassungen, um den Weg in eine wirklich moderne amerikanische Banken-Ära zu eröffnen.[219] Zu den wesentlichen Kritikpunkten zählt die nach wie vor bestehende Unklarheit darüber, welche Finanzdienstleistungen im Einzelnen erlaubt sind und welche Auswirkungen dies auf die Bankenaufsicht konkret hat. Zudem verstummt die seit Jahren anhaltende Kritik nicht, wonach sich Kreditinstitute in

---

215 *Clemens Kochinke / Christiane Krüger,* Allfinanzunternehmen in den USA - neue Chancen durch den Gramm-Leach-Bliley Act, in: RIW 2000, S. 518; *James Smalhout,* Winners and losers of new finance law, in: Euromoney: December 1999, S. 68.

216 *James D. Robinson III,* The Barriers Are Down, in: Euromoney, October 1983; S. 38.

217 *O.V.,* The Great Escape, in: The Economist, 14.3.1998, S. 98; *Barth / Brumbaugh / Wilcox,* (The Repeal of Glass-Steagall), S. 191 f.; *Rosa-Maria Krämer,* Neue Gesetzesentwürfe zur Glass-Steagall Reform, in: WM 1996, S. 45 (48).

218 *Rose M. Kushmeider,* The U.S. Federal Financial Regulatory System: Restructuring Federal Bank Regulation, FDIC: Future of Banking Study, Washington D.C. 2004, S. 8; *Barth / Brumbaugh / Wilcox,* (The Repeal of Glass-Steagall), S. 191 f.

219 *Heidi Mandanis Schooner,* Functional Regulation: The securitization of Banking Law, Working Paper, Catholic University of America – Columbus School of Law, Washington D.C. 2002, S. 1 ff.

Krisenfällen immer noch zu sehr auf die regulatorische Unterstützung der Zentralbank verlassen und so ein zu risikofreudiges Verhalten beim Bankmanagement gefördert wird.[220]

C. Zusammenfassung und Vergleich

In Deutschland und in den Vereinigten Staaten ist die Entwicklung des Bankenwesens eng mit der Deckung des staatlichen Kapitalbedarfs, den Prozessen der Staatsbildung und der Währungsintegration verbunden. Trotz der eingangs festgestellten Ähnlichkeiten der Zielsetzung der Bankenaufsicht und der Gemeinsamkeiten hinsichtlich der Einschätzung der Notwendigkeit einer Bankenaufsicht sind die Unterschiede in der geschichtlichen Entwicklung beachtlich.

Wenn auch in beiden Ländern bereits gegen Ende des 19. Jahrhunderts erste Bemühungen um eine Aufsicht und um die Regelung der Geschäftstätigkeit der Banken zu beobachten waren, beginnt die Entwicklung der Bankenaufsicht im wesentlichen in der Zeit der Weltwirtschaftskrise.

In Deutschland kam es erst infolge der Bankenkrise zu einer nachhaltigen Entwicklung von aufsichtrechtlichen Maßnahmen. Die dramatischen Ereignisse der Weltwirtschaftskrise bildeten den Hintergrund für die Verabschiedung des Kreditwesengesetzes. Bis zu dieser Zeit hatte der Gedanke der Gewerbefreiheit das Bankenwesen beherrscht. Im funktional wie geographisch segmentierten Bankensystem der Vereinigten Staaten dagegen gab es mit dem National Bank Act bereits sehr viel früher eine gesetzliche Basis für die Bankenaufsicht. Der Staat griff dort in den folgenden Jahren immer dann bedeutend in das Bankensystem ein, wenn so genannte "Bank Runs" vermieden und damit die wirtschaftlichen Folgen von Bankzusammenbrüchen reduziert werden sollten.

Nach diesen ähnlich gelagerten Anfängen haben sich in den beiden Ländern große Unterschiede in der die Bankenaufsicht regelnden Gesetzgebung herausgeprägt. Ein ganz grundlegender Unterschied ist dabei, daß es in Deutschland mit dem Kreditwesengesetz *ein* Gesetz auf Bundesebene gibt, das die Bankenaufsicht regelt, in den Vereinigten Staaten jedoch auf Bundesebene eine Vielzahl von Einzelgesetzen bestehen, welche im United States Code den Titel "Banks and Banking" ausmachen. Diesen wiederum steht eine noch größere Anzahl unüberschaubarer, einzelstaatlicher Normen zur Bankenaufsicht gegenüber. Ergänzt werden diese gesetzlichen Bestimmungen darüber hinaus durch sehr detaillierte

220 Umfassend hierzu: *Charles W. Calormiris*, Banking Approaches the Modern Era, in: Regulation, 2002, S. 14 (18).

behördliche Regelungen (Regulations), die im Code of Federal Regulations für die Bankenaufsichtsbehörden im 12. Titel zusammengefaßt sind.

Über viele Jahre lag der große Unterschied in den Bankensystemen beider Länder insbesondere in der strikten Trennung von Commercial Banking und Investment Banking in den Vereinigten Staaten auf der Basis des Glass-Steagall Acts. Eine solche Trennung existierte in Deutschland nicht. Ebenso war das in den Vereinigten Staaten über lange Zeit geltende Verbot des Interstate Bankings, das heißt die Beschränkung der Tätigkeit auf das Gebiet des jeweiligen Bundesstaates, in dem die Bank ihren Sitz hatte, eine gesetzliche Bestimmung, die so oder ähnlich in Deutschland keine Entsprechung fand.

Ausgelöst durch die enormen Veränderungen, die sich in der Geschäftstätigkeit der Banken in beiden Ländern vollzogen haben, hat es in den vergangenen Jahren sowohl in Deutschland als auch in den Vereinigten Staaten eine Vielzahl gesetzlicher Neuerungen und Ergänzungen gegeben. Während dies in Deutschland im wesentlichen Novellierungen des Kreditwesengesetzes waren, sind in den Vereinigten Staaten neue Gesetze hinzugekommen, welche die Modernisierung der Bankenaufsicht regeln. So wurden durch den Erlaß des Gramm-Leach-Bliley Acts und des Riegle-Neal Interstate Banking and Branching Efficiency Acts die Trennung zwischen Commercial Banking und Investment Banking sowie das Verbot des Interstate Bankings weitgehend aufgehoben und den Banken damit ein größerer Marktplatz zur Verfügung gestellt.

Die Internationalisierung der Geschäftstätigkeit der Banken führte in beiden Ländern zur Übernahme der Beschlüsse der Zehnergruppe, dem sogenannten "Basel-I-Abkommen", im Jahre 1988. Damit wurde in Deutschland und in den Vereinigten Staaten ein Entwicklungsprozeß begonnen, der in der Beschlußfassung der neuen Eigenkapitalrichtlinien von Basel II im Juni 2004 seinen vorläufigen Höhepunkt fand.

Drittes Kapitel: Die Objekte der Bankenaufsicht

Auf der Basis der jeweiligen Historie sowie der unterschiedlichen wirtschaftlichen und politischen Strukturen hat sich das Bankenwesen in Deutschland und den Vereinigten Staaten unterschiedlich entwickelt. Bevor eine Betrachtung der Bankenaufsichtsbehörden möglich ist, müssen daher die Objekte der Aufsicht, das heißt die Banken innerhalb der jeweiligen Bankensysteme eingehender betrachtet werden. Nur wenn man versteht, wie die einzelnen Bankensysteme in beiden Ländern ausgestaltet sind und wie sich die Banken darin definieren, lassen sich die Unterschiede in der aufsichtsrechtlichen Tätigkeit und in ihrer Organisation begreifen.

A.In Deutschland

Zur Bestimmung der Objekte der Bankenaufsicht ist einerseits das Bankensystem insgesamt und anderseits der Begriff "Bank" genauer zu untersuchen.

I. Das Bankensystem

Das deutsche Bankensystem ruht auf drei Säulen: den privaten Banken, den Genossenschaftsinstituten und den öffentlich-rechtlichen Kreditinstituten.[221] Sowohl die einzelnen Gruppen als auch die einzelnen Institute unterscheiden sich dabei nach Organisation, Rechtsform und Betriebsgröße. Gemeinsam ist den Geschäftsbanken jedoch, daß sie alle rechtlich zulässigen Bankleistungen, wenn auch mit unterschiedlichen Schwerpunkten, unter einem Dach anbieten.[222] Der Umfang ihrer Tätigkeiten umfaßt die Annahme von Einlagen in jeder Höhe, alle

221 Hierzu und zur aktuellen Entwicklung des deutschen Bankensystems: *Michael Koetter / Thorsten Nestmann / Stephanie Stolz / Michael Wedow,* Structures and Trends in German Banking, Kiel Institute for World Economics, Working Paper No. 1225, September 2004, S. 39 ff.

222 *Carsten Peter Claussen,* Bank- und Börsenrecht, 2. Auflage, München 2000, S. 24; *Jürgen Stein,* Das Bankwesen in Deutschland, Köln 1982, S. 5; *Hartwig Meyer,* Universalbankensystem, Wettbewerb verhindert Macht, Köln 1978, S. 3.

Arten der Kreditvergabe, die Abwicklung des Zahlungsverkehrs, den Handel mit Devisen und Sorten und insbesondere auch das Wertpapiergeschäft.

Für Deutschland nach wie vor typisch ist die Universalbank[223], die infolge der letzten Entwicklungen häufig auch "Allfinanzinstitut" genannt wird.[224] Die jüngsten Veränderungen innerhalb dieses Bankensystems sind geprägt von einer zunehmenden Konzentration[225] und Verflechtung der unterschiedlichen Marktteilnehmer des Finanzsektors und von einer Zusammenführung vieler verschiedener Finanzdienstleistungen.[226] Der Begriff "Allfinanz" steht damit für eine Strategie, Kunden über den ursprünglichen Tätigkeitsbereich des Instituts hinaus umfassend mit Finanzdienstleistungen zu versorgen, durch eine Optimierung der Kundenorientierung die Kundenbindung zu verbessern und somit nachhaltigere Erträge zu erwirtschaften.[227] Die so entstandenen Allfinanzkonzerne sind in der Lage, ihren Kunden die verschiedensten Bankdienstleistungen einschließlich Vermögensverwaltung, Versicherungen und Wertpapiere durch ein einziges Unternehmen anzubieten. Damit verbunden ist die immer schwieriger werdende Abgrenzung der geschäftlichen Betätigungsfelder der Banken gegenüber anderen Finanzmarktteilnehmern.

Neben diesen Universalbanken gibt es eine Reihe von Spezialbanken, die entweder privat oder öffentlich-rechtlich organisiert sind. Hierzu gehören beispielsweise Hypothekenbanken, Bausparkassen, Direktbanken und Discountbroker, Investmentbanken oder die Postbank.[228] Im Wettbewerb um den Kunden und auf der Suche nach weiteren Wachstumspotentialen bemühen sich die Spezialbanken allerdings zunehmend, ihr Leistungsprogramm zu erweitern.[229]

---

223 *Conrad Meyer*, Die Bankbilanz als finanzielles Führungsinstrument (unter besonderer Berücksichtigung aufsichtsrechtlicher Bestimmungen im In- und Ausland), Bankwirtschaftliche Forschungen Bd. 96, Bern / Stutgart 1986, S. 311.

224 *Christoph L. Gleske*, Wettbewerb öffentlicher und privater Kreditinstitute in Deutschland, Baden-Baden 1996, S. 59.

225 Die Anzahl der Banken in Deutschland hat sich seit 1986 mehr als halbiert.

226 *Rainer Pitschas / Stefanie Gille*, Allfinanzaufsicht in der EG und in Deutschland in: *Rainer Pitschas*, Integrierte Finanzdienstleistungsaufsicht, Berlin 2002, S. 219 (220).

227 *Deutsche Bundesbank*, Die Aufsicht über Finanzkonglomerate in Deutschland, in: Monatsbericht April 2005, S. 39 (40).

228 Eine umfassende Darstellung der Spezialbanken findet sich bei: *Claussen*, (Bankrecht), S. 42 bis 58.

229 *Koetter / Nestmann / Stolz / Wedow*, (Structures and Trends), S. 27; *Jürgen Hauschild*, Bank und Börsenwesen Bd. 2: Geschäftspolitik der Banken, München 1981, S. 9.

Mit Inkrafttreten der Fünften und Sechsten KWG-Novelle wurde der Adressatenkreis der Bankenaufsicht erheblich erweitert. Unmittelbar unterliegen der staatlichen Bankenaufsicht demnach alle Kreditinstitute und diesen gleichberechtigt alle Finanzdienstleistungsinstitute.[230] Mittelbar sind Finanzunternehmen, Finanzholding-Gesellschaften sowie Unternehmen, die bankbezogene Hilfsdienste anbieten, von der Bankenaufsicht erfaßt.[231]

§ 1 Abs. 1 KWG definiert als Kreditinstitute solche Unternehmen, die Bankgeschäfte gewerbsmäßig oder in einer solchen Art und Weise betreiben, daß der Umfang dieser Geschäfte einen in kaufmännischer Weise eingerichteten Geschäftsbetrieb erfordert. Eine Gewerbsmäßigkeit liegt bereits dann vor, wenn der Betrieb auf eine gewisse Dauer angelegt ist und der Betreiber ihn mit der Absicht der Gewinnerzielung unterhält.[232] Das Erfordernis eines eingerichteten Geschäftsbetriebes bestimmt sich hingegen in erster Linie nach der Höhe des Anlagekapitals, des Umsatzes und des Ertrags, der Anzahl der Beschäftigten, der Verwendung kaufmännisch geschulter Kräfte sowie der Art und Abwicklung der Geschäfte mit Kunden.[233] Dabei kommt es nicht auf den tatsächlichen Geschäftsbetrieb an, sondern auf das nach kaufmännischen Einschätzungen erforderliche Maß, das vom Umfang des Unternehmens abhängt. Das heißt also, daß ein Unternehmen selbst dann ein Kreditinstitut ist, wenn es nicht die notwendigen kaufmännischen Einrichtungen bietet.[234] Selbst wenn nur ein zur Förderung eines anderen Geschäfts oder ein hilfsweise betriebenes Bankgeschäft das Erfordernis eines kaufmännisch eingerichteten Geschäftsbetriebs begründet, wird das ganze Unternehmen als Kreditinstitut behandelt. Schließlich hat die Bundesanstalt für Finanzdienstleistungsaufsicht in ihrer Verwaltungspraxis einen Rahmen für erlaubnisfreie Bagatellgeschäfte bestimmt. Durch Aufnahme des Merkmals "gewerbsmäßig" sind solche Bankgeschäfte jedoch nur noch dann erlaubnisfrei, wenn sie nicht gewerbsmäßig betrieben werden.[235]

Die Vielseitigkeit des Begriffs "Bankgeschäft" hat den Gesetzgeber dazu veranlaßt, auf eine Legaldefinition zu verzichten. Da sich an die Eigenschaft als

---

230 *Boos / Fischer / Schulte-Mattler,* (Kreditwesengesetz), § 1 KWG, Rdnr. 1.

231 *Waschbusch,* (Bankenaufsicht), S. 156.

232 *Nirk,* (Kreditwesengesetz), S. 13; *Boos / Fischer / Schulte-Mattler,* (Kreditwesengesetz), § 1 KWG, Rdnr. 17.

233 *Adolf Baumbach / Klaus J. Hopt / Hanno Merkt,* Handelsgesetzbuch mit GmbH, Handelsklauseln, Bank und Börsenrecht, Transportrecht, Kommentar, 31. Auflage, München 2003, § 1, Rdnr. 23; WM 1960, S. 935.

234 *Boos / Fischer / Schulte-Mattler,* (Kreditwesengesetz), § 1 KWG, Rdnr. 20.

235 *Boos / Fischer / Schulte-Mattler,* (Kreditwesengesetz), § 1 KWG, Rdnr. 21.

Kreditinstitut jedoch weitreichende Rechtsfolgen knüpfen, werden die einzelnen Bankgeschäfte in § 1 Abs. 1 Satz 2 KWG enumerativ benannt. Der Katalog der Bankgeschäfte umfaßt das Einlagen-, Kredit-, Diskont-, Finanzkommissions-, Depot-, Investment-, Garantie-, Giro-, Emissions- und E-Geld-Geschäft.

Die Ausnahmen von der Kreditinstitutseigenschaft werden in § 2 Abs. 1 und 3 KWG aufgelistet und umfassen die Deutsche Bundesbank, die Kreditanstalt für Wiederaufbau (KfW), die Bundesanstalt für Arbeit, die Sozialversicherungsträger sowie auf branchentypische Tätigkeiten beschränkte Versicherer, Pfandleiher, anerkannte Unternehmensbeteiligungsgesellschaften und konzerneigene Servicebanken.[236] Eine Unterstellung der Deutsche Bundesbank wäre widersprüchlich, da sie selbst bei der Durchführung der Bankenaufsicht mitwirkt.[237]

Neben den Kreditinstituten stehen die Finanzdienstleistungsinstitute. Dabei handelt es sich nach der Definition von § 1a Satz 1 KWG um solche Unternehmen, die Finanzdienstleistungen für andere gewerbsmäßig oder in einem Umfang erbringen, der einen in kaufmännischer Weise eingerichteten Geschäftsbetrieb erfordert und die dennoch keine Kreditinstitute sind. Der Katalog der Finanzdienstleistungen umfaßt die Anlagevermittlung, die Abschlußvermittlung, die Finanzportfolioverwaltung, den Eigenhandel, die Drittstaateneinlagenvermittlung, Finanztransfergeschäfte und Sortengeschäfte.[238]

Ebenso wie bei der Freistellung von der Kreditinstitutseigenschaft gelten nicht als Finanzdienstleistungsinstitute gemäß § 2 Abs. 6 KWG die Deutsche Bundesbank, die Kreditanstalt für Wiederaufbau, Versicherungsunternehmen und konzernintern arbeitende Unternehmen. Ausgenommen sind im übrigen bestimmte öffentlich-rechtliche Schuldenverwaltungen, institutionelle Rohwarenhändler, konzerninterne Verwalter von Arbeitnehmerbeteiligungen sowie standesrechtlich überwachte branchennahe Freiberufler.[239]

Der Katalog dieser Bankgeschäfte und Finanzdienstleistungen ist abschließend im Kreditwesengesetz geregelt. Nur durch Gesetzesänderung sind Ergänzungen oder Verkürzungen möglich.[240] Aufgrund der in § 1 KWG enthaltenen Definitionen sollte es keine Zweifelsfälle geben. Ist dies dennoch einmal der Fall, so entscheidet gemäß § 4 KWG die Bundesanstalt für Finanzdienstleistungsaufsicht. Sie hat nach § 2 Abs. 6 KWG im Einzelfall die Möglichkeit, ein Institut von der Anwendung der Vorschriften des Kreditwesengesetzes weitgehend zu befreien, solange das Unternehmen wegen der Art der von ihm betriebenen Geschäfte nicht der Aufsicht bedarf.

---

236 Zusammenstellung bei *Szagunn / Haug / Ergenzinger,* (KWG), § 2, Rdnrn. 1-12.
237 *Schork,* (Kreditwesen), S. 93.
238 *Claussen,* (Bankrecht), S. 99.
239 *Nirk,* (Kreditwesengesetz), S. 23.
240 *Boos / Fischer / Schulte-Mattler,* (Kreditwesengesetz), § 1 KWG, Rdnr. 27.

B. In den Vereinigten Staaten

Zum besseren Verständnis ist auch bezüglich der Vereinigten Staaten zunächst eine Betrachtung des gesamten Bankensystems notwendig, um dann auf die begriffliche Definition einer "Bank" näher einzugehen.

I. Das Bankensystem

Das außergewöhnlich vielschichtige Bankensystem in den USA war jahrelang hauptsächlich von zwei beherrschenden Strukturprinzipien bestimmt. Eines war das auf den Glass-Steagall Act zurückgehende Trennsystem, welches eine strenge Trennung des Einlagen- und Kreditgeschäfts vom Wertpapiergeschäft vorschreibt.[241] Das zweite war das Dualsystem, das eine Zuweisung bankenaufsichtlichen Befugnisse teils an den Bund, teils an die Einzelstaaten begründet.[242] Beide Strukturprinzipien sind in jüngerer Zeit nachhaltig in die Kritik geraten und durch die aktuelle Gesetzgebung aufgeweicht worden.

Nach dem Dualsystem kann eine Einteilung der Commercial Banks auf der Grundlage ihrer unterschiedlichen bankenaufsichtsrechtlichen Einordnung erfolgen.[243] Banken, die vom Comptroller of the Currency aufgrund des National Banking Acts, der ein Bundesgesetz ist, zugelassen und von diesem kontrolliert[244] werden, heißen National Banks.[245] Der Comptroller of the Currency hat die Befugnis, für diese National Banks den Umfang ihrer Geschäftstätigkeit festzulegen.[246] Alle National Banks müssen Mitglieder des Federal Reserve Systems

241 *Wernhard Möschel,* Das Trennsystem in der US- amerikanischen Bankwirtschaft, Baden Baden 1978, S. 33 ff.; *Hanfried Müller,* Standortplanung und Rechtsformwahl im internationalen Bankgeschäft, Darmstadt 1981, S. 134; *William L. Seidmann,* The American Experience: Bank supervision in the United States, in: Financial Deregulation 1986, S. 65; *Schroeder,* (Law and Regulation), § 2.01.

242 *Office of the Comptroller of the Currency,* National Banks and the Dual Banking System, Washington D.C. September 2003, S. 1; *Spong, (*Banking Regulation), S. 18 f.; *Godehard Puckler,* Bankenaufsicht und Bankbilanzierung in den USA, in: Die Wirtschaftsprüfung 1973, S. 661 (662).

243 *Morschbach,* (Struktur ausländischer Bankensysteme), S. 86; *Möschel,* (Trennsystem), S. 29; *Meyer,* (Universalbanksystem), S. 387.

244 12 U.S.C § 27; 12 U.S.C. § 481; 15 U.S.C. § 1607(a)(1)(A).

245 *Schroeder,* (Law and Regulation), § 4.01[1].

246 Nations Bank of North Carolina v. Variable Annuity Life Ins. Co., 513 U.S. 251 (1995).

sein und ihre Einlagen bei der Federal Deposit Insurance Corporation (FDIC) versichern.[247]

Die State Banks hingegen erhalten ihre Zulassung von einem der 50 Bundesstaaten und gehören lediglich freiwillig dem Federal Reserve Systems an. In diesem Fall heißen sie State Member Banks.[248] Ihre Einlagen müssen sie bei der Federal Deposit Insurance Corporation versichern lassen.[249] Sie stehen gleichzeitig auch unter der Aufsicht des Federal Reserve Boards.[250] State Banks unterliegen der Gesetzgebung der jeweiligen Einzelstaaten und deren Aufsichtsorganen.[251] Die jeweiligen einzelstaatlichen Regelungen weichen sowohl untereinander als auch im Verhältnis zur Bundesgesetzgebung erheblich voneinander ab.

Schließlich gibt es in der Gruppe der State Banks noch die State Non-Member Banks. Jene erhalten ebenfalls eine Staatslizenz, haben jedoch von der Möglichkeit des freiwilligen Beitritts zum Federal Reserve Systems keinen Gebrauch gemacht. Da sie sich aber alle, bis auf eine sehr kleine Anzahl, freiwillig bei der FDIC versichert haben, unterliegen sie sowohl der Aufsicht des Einzelstaates als auch den aufsichtsrechtlichen Regeln der FDIC.[252]

Die an das Trennsystem anknüpfende Klassifizierung in Banken und andere Finanzinstitute war lange das wohl wichtigste Strukturprinzip im amerikanischen Bankenwesen. Danach wird eine Trennung zwischen Commercial Banks auf der einen Seite sowie Thrift Institutions, Credit Unions und sonstigen speziellen Instituten auf der anderen Seite vorgenommen.[253] Mit dem 1999 beschlossenen Gramm-Leach-Bliley Act hat der Gesetzgeber diese Trennung jedoch weitgehend aufgehoben und erlaubt nun erstmals die Verflechtung von Banken, Versicherungen und anderen Finanzdienstleistungsunternehmen.[254]

---

247 12 U.S.C. § 222; *Peat / Marwick / Mitchell & Co,* (Banking), S. 3 f.; *Schroeder,* (Law and Regulation), § 2.01[2].

248 *Schroeder,* (Law and Regulation), § 2.01[4].

249 *Schroeder,* (Law and Regulation), § 2.01[3].

250 *J.J. Cranmore / Sherry Castle Whitley / William H. Sschlichting / Jeffrey Cooper,* Banking Law, New York, Oakland, Albany 1988, Vol. 1 § 1.03 [3]. *Alfred M. Pollard / Joseph G. Passaic / Keith H. Ellis / Joseph P. Daly,* Banking Law in the United States, Washington D.C. 1988, S. 50.

251 Ausführlich zu beidem: *Office of the Comptroller of the Currency,* (National Banks), S. 22-27.

252 *Cranmore et al.*, (Banking Law), Vol. 1 § 1.03 [3]; *Schroeder,* (Law and Regulation), § 2.01[3].

253 *Cranmore et al.*, (Banking Law), Vol. 1, § 1.03 [2]; *Schroeder,* (Law and Regulation), § 1.01[1].

254 Siehe dazu bereits zweites Kapitel, B, IV, S. 41; *Spong, (* (Banking Regulation), S. 33; *Barth / Brumbaugh / Wilcox,* (The Repeal of Glass-Steagall) S. 191 (193).

II. Der Begriff "Bank"

Wegen der Vielschichtigkeit seiner Bedeutung ist der Begriff "Bank" in den USA nicht eindeutig gesetzlich geregelt.[255] So spricht der National Bank Act lediglich davon, daß der Comptroller of the Currency das Recht hat, einem Unternehmen das Betreiben von Bankgeschäften zu erlauben, ohne jedoch näher auf die Inhalte dieser Bankgeschäfte einzugehen.[256]

Ein Unternehmen, das unter manchen Gesichtspunkten als Bank bezeichnet wird, mag unter anderen nicht als solche anerkannt werden.[257] Grundsätzlich wird aber zumeist auf die Definition des Bank Holding Company Acts Bezug genommen, wonach ein Unternehmen als Bank gilt, das Einlagen akzeptiert, die der Bankkunde auf Anfrage wieder zurückziehen kann und das sich mit der Gewährung von Krediten beschäftigt.[258] Vom Supreme Court wird in allen Fällen als Bank behandelt, wer sich typischerweise mit bestimmten Bankdienstleistungen und Kreditarten beschäftigt.[259] Zu diesen "principal banking products" gehören das Einlagengeschäft, Personal- und Geschäftskredite, das Finanzierungsgeschäft, das Kreditkartengeschäft, das Akkreditivgeschäft, Hinterlegungen in Bankschließfächern und die Anlageberatung.[260]

Dennoch gibt es auch hier Widersprüche, wie beispielsweise bei den "savings and loan associations", die nach der Definition des Bank Holding Acts nicht als Bank anzusehen sind[261], nach den Definitionen des Internal Revenue Code Section 581 aber als Bank eingestuft werden. [262]

Entscheidend für die Art der Bankgeschäfte ist schließlich die Wahl der Bank Charter (Erlaubnis), die vom Bankgründer getroffen wird.[263] Mit der Wahl der Bank Charter wird die Geschäftstätigkeit bestimmten, für die jeweilige Bankform typischen Regeln unterworfen. Diese gelten für Bankgeschäfte nach Erteilung einer Charter für National Banks nach Bundesrecht, für State Banks nach dem

---

255 *Schweitzer*, Banks and Banking - A Review of a Definition, in: Banking Law Journal 94, 1977, S. 6 ff.

256 12 U.S.C. § 21; *Pollard*, (Banking Law), S. 30.

257 *Schroeder*, (Law and Regulation), § 1.01[2]; 12 U.S.C. § 36; 12 U.S.C. § 202; 12 U.S.C. § 221; 12 U.S.C. § 461; 12 U.S.C. § 1813(a).

258 12 U.S.C. § 1841(c)(1).

259 Clarke v. Securities Indus. Ass'n, 479 US 388 (1987); American Ins. Ass'n v. Clarke, 865 F2d 278 (DC Cir. 1989); Nations Bank of North Carolina v. Vaiable annuity Life Ins. Co., 513 US 251 (1995).

260 United States v. Philadelphia Nat'l Bank, 374 U.S. 321, 83 S.Ct. 1715, 10 L. Ed. 2d 915 (1963).

261 12 U.S.C. § 1841(c); 12 U.S.C. § 1841(c)(2)(B); 12 U.S.C. § 1841(j).

262 26 U.S.C. § 581.

263 *Pollard*, (Banking Law), S. 30; *Schroeder*, (Law and Regulation), § 2.01[1].

Recht eines einzelnen Bundesstaates und für Thrift Institutions, Credit Unions, Investment Banks und Bank Holding Companies nach Sonderrechten des Bundes oder eines einzelnen Staates.[264]

Durch den bereits zuvor[265] besprochenen Gramm-Leach-Bliley Act hat der Gesetzgeber ermöglicht, daß neben den Bank Holding Companies nun auch sogenannte "Financial Holding Companies"[266] entstehen können. Unter dem Dach einer Financial Holding Company können breit angelegte Finanzdienstleistungen angeboten werden, die über die Definition des klassischen Bankgeschäfts hinausgehen und zum Beispiel auch das Investment Banking und das Versicherungsgeschäft umfassen.[267]

C. Zusammenfassung und Vergleich

Die Bankensysteme in Deutschland und den Vereinigten Staaten sind durch große strukturelle Unterschiede geprägt. In Deutschland ist das Drei-Säulen-Prinzip, das heißt das Nebeneinander von privaten Banken, Genossenschaftsinstituten und öffentlich-rechtlichen Kreditinstituten, prägendes Merkmal für die Struktur der Bankenlandschaft. In den Vereinigten Staaten wird das Bankensystem insbesondere durch das Nebeneinander von National Banks und State Banks, das unter dem Begriff "Dual Banking" zusammengefaßt wird, gekennzeichnet. Ein derartiges Strukturprinzip, wonach eine Zuweisung bankenaufsichtlicher Befugnisse teils an den Bund, teils an die Einzelstaaten erfolgt ist, stellt eine Beschränkung der Geschäftstätigkeit von Banken dar, die in Deutschland nicht bekannt ist.

In den Bankensystemen beider Länder gab es in der Vergangenheit eine Trennung zwischen verschiedenen Dienstleistungsbereichen der Finanzdienstleistungsinstitute. In den Vereinigten Staaten war diese durch den Glass-Steagall Act gesetzlich festgelegt und begründete über 70 Jahre lang die Unterscheidung zwischen dem sogenannten "Commercial Banking" und dem "Investment Banking". In Deutschland bestand die Trennung in der gesetzlich nicht postulierten Unterscheidung zwischen dem klassischen Bankgeschäft und anderen Finanzdienstleistungen, wie zum Beispiel dem Versicherungsgeschäft. Mit den Veränderungen im internationalen Bankgeschäft wurde diese Abgrenzung zunehmend als künstlich angesehen, da sie den weiteren Wachstumsinteressen der Banken entgegenstanden. Heute ist in beiden Ländern eine Bündelung der verschiedenen

---

264 *Schroeder*, (Law and Regulation), § 2.01.
265 Siehe hierzu das zweite Kapitel, B, IV, S. 41.
266 *Spong*, (Banking Regulation), S. 46.
267 *Schroeder*, (Law and Regulation), § 5.04[1].

Finanzdienstleistungen zu beobachten, die mit dem Begriff "Allfinanzinstitut" beschrieben werden kann. Grundidee dieser Allfinanzinstitute ist, daß es dem Bankkunden möglich sein soll, bei einer Bank seines Vertrauens alle Bank- und Finanzdienstleistungen aus einer Hand zu erhalten.

In Deutschland sind die Begriffe "Bank" und "Finanzdienstleistungsinstitut" durch die Regelungen im Kreditwesengesetz eindeutig definiert. Eingeschlossen sind solche Unternehmen, die Bankgeschäfte gewerbsmäßig oder in einer solchen Art und Weise betreiben, daß der Umfang dieser Geschäfte einen in kaufmännischer Weise eingerichteten Geschäftsbetrieb erfordert oder solche Unternehmen, die Finanzdienstleistungen in einer ebensolchen Weise anbieten, die aber dennoch keine Kreditinstitute sind. In den Vereinigten Staaten existiert hingegen keine gesetzliche Definition des Begriffs "Bank". Vielmehr entscheidet sich dort mit der Wahl der Bank Charter, welchen gesetzlichen Regelungen die Geschäftstätigkeit des Instituts unterworfen ist. Als Banken werden aber in jedem Fall solche Unternehmen angesehen, die sich mit den so genannten "principal banking products" beschäftigen, das heißt, die Einlagen akzeptieren und Kredite gewähren.

Viertes Kapitel: Die Organisation der Bankenaufsicht

A. In Deutschland

Die Organisation der Bankenaufsicht in Deutschland ist im wesentlichen durch die Bundesanstalt für Finanzdienstleistungsaufsicht bestimmt. Ihre Aufgaben und Funktionen sowie ihr Zusammenwirken mit der Deutschen Bundesbank, den Einlagensicherungseinrichtungen und mit internationalen Institutsaufsichtsbehörden werden im folgenden näher dargestellt.

I. Aufgaben und Funktionen der Bundesanstalt für Finanzdienstleistungsaufsicht[268]

Die Bankenaufsicht wird in der Bundesrepublik Deutschland nach § 6 KWG grundsätzlich von der Bundesanstalt für Finanzdienstleistungsaufsicht wahrgenommen. Auf der Grundlage des Gesetzes über die integrierte Finanzdienstleistungsaufsicht[269] ist sie im Jahre 2002 durch die Zusammenlegung der Bundesaufsichtsämter für das Kreditwesen, das Versicherungswesen und den Wertpapierhandel entstanden, wobei die interne Organisation der Behörde die Entstehung aus drei ursprünglich eigenständigen Teilen widerspiegelt. Die Reorganisation folgte damit internationalen Vorbildern, wie etwa der entsprechenden japanischen, schweizerischen, skandinavischen Behörde und insbesondere auch der britischen Financial Services Authority (FSA).[270]

Ausschlaggebend für die Fusion waren insbesondere drei Gründe.[271] Maßgeblich war zunächst, daß sich Banken, Versicherer und andere Finanzdienstleister immer häufiger zu Finanzkonglomeraten, sogenannten "Allfinanzinstituten", zusammengeschlossen haben und diese Kapitalverflechtungen umfassender als bisher von der Aufsicht erfaßt werden mußten. Namentlich sind hier der Zusam-

268 Einen Überblick über die Aufgaben und Ziele der Bundesanstalt für Finanzdienstleistungsaufsicht gibt: http://www.BaFin.de/BaFin/aufgabenundziele.htm.

269 Gesetz über die Bundesanstalt für Finanzdienstleistungsaufsicht vom 22. April 2002, BGBL. I S. 1310.

270 *Rüdiger von Rosen,* Allfinanzaufsicht – die reorganisierte Wacht an Rhein und Main als Garant für neues Anlegervertrauen, in: ZfgK 2002, S. 634 f.

271 *Ulrike Germann,* Die BaFin – Eine für alle, in: Bankmagazin 2004, S. 15 (16).

menschluß des Versicherungskonzerns Allianz mit der Dresdner Bank, sowie den der Münchner Rück Versicherung mit der Hypovereinsbank zu nennen.[272] Zum zweiten konnten die gesetzlich unterschiedlich geregelten Eigenkapitalanforderungen bei den durch Verflechtung entstandenen Finanzdienstleistern zu erheblichen Wettbewerbsverzerrungen führen, so daß diese nun einer einheitlichen Regulierung bedurften. Schließlich sollte die Bundesanstalt für Finanzdienstleistungsaufsicht wegen der ähnlichen und teilweise identischen Dienstleistungen der drei Finanzdienstleistungsgruppen auch eine Informations- und Beschwerdefunktion für den Endverbraucher haben. Die Konvergenz von Banken- und Versicherungs- und Wertpapierprodukten zeigt sich insbesondere bei der Gewährung von Hypothekarkrediten, im Asset-Managementbereich sowie die in der Daseins- und Altersvorsorge angebotenen Anlageformen.

Die Bundesanstalt für Finanzdienstleistungsaufsicht wird nur im öffentlichen Interesse tätig.[273] Sie erledigt in eigener Zuständigkeit die ihr durch das Kreditwesengesetz und andere Bankenaufsichtsgesetze[274] zugewiesenen Aufgaben. Ihr Hauptziel ist es, sektorübergreifend die Funktionsfähigkeit, Stabilität und Integrität des gesamten deutschen Finanzsystems zu sichern.[275] Sie dient damit der Aufrechterhaltung eines funktionsfähigen Bankensystems und der Abwehr von Gefahren für Bankkunden und die Allgemeinheit, die mit der Geschäftstätigkeit der Kreditinstitute verbunden sind. Im Kreditwesengesetz sind diese Aufgaben in § 6 Abs. 2 KWG genannt, wonach die Bundesanstalt für Finanzdienstleistungsaufsicht Mißständen im Kredit- und Finanzdienstleistungswesen entgegenzuwirken hat. Dabei sind solche Mißstände gemeint, die geeignet sind, die drei Hauptziele der Bankenaufsicht zu gefährden, nämlich den Schutz der Bankengläubiger, die Erhaltung der Funktionsfähigkeit des Bankgewerbes und die Vermeidung von Störungen der Gesamtwirtschaft. [276] Die Bundesanstalt für Finanzdienstleistungsaufsicht wird also gewerbepolizeilich tätig.[277]

Die Bundesanstalt für Finanzdienstleistungsaufsicht ist eine selbständige Bundesbehörde im Sinne des Artikels 87 GG und gehört zum Geschäftsbereich des Bundesministers der Finanzen. Unter selbständigen Bundesoberbehörden im Sinne des Art. 87 Abs. 3 Satz 1 1. Alt. GG sind "in sich geschlossene Organisationseinheiten, die einem Ministerium unmittelbar nachfolgen und seiner Dienst- und

---

272 *Boos / Fischer / Schulte-Mattler*, (Kreditwesengesetz), FinDAG, Vorbem. 3.

273 *Boos / Fischer / Schulte-Mattler*, (Kreditwesengesetz), § 6 KWG, Rdnr. 1.

274 Hypothekenbankgesetz; Bausparkassengesetz; Auslandsinvestmentgesetz; Gesetz über Kapitalanlagegesellschaften; Gesetz über Schiffspfandbriefbanken.

275 Vgl. BT-Drucks. 14/7033, S. 1.

276 *Nirk*, (Kreditwesengesetz), S. 48; *Szagunn / Haug / Ergenzinger*, (KWG), § 6, Rdnr.1.

277 *Ulrich Häde*, Bankenaufsicht und Grundgesetz, in: JZ 2001, S. 105 (106).

Fachaufsicht unterliegen"[278] zu verstehen. Die organisatorische Selbständigkeit der Anstalt ist jedoch wenig ausgeprägt.[279] So besitzt sie keine eigene Satzungshoheit[280] und kann ohne Genehmigung des Bundesministers der Finanzen keine Geschäftsordnung erlassen.[281] Auch im personellen Bereich ist eine Loslösung vom Beamten- beziehungsweise Beamtenbesoldungsrecht bei der Gründung der Anstalt nicht umgesetzt worden, da mit einer solchen Sonderregelung Begehrlichkeiten der Mitarbeiter aller anderen Anstalten des Bundes geweckt worden wären.[282] Die Selbständigkeit der Anstalt dokumentiert sich aber in ihrer budgetären Unabhängigkeit und damit in der haushaltsrechtlichen Ausgliederung der Anstalt aus dem Gesamthaushalt des Finanzministeriums.[283] Gemäß § 16 FinDAG finanziert sich die Anstalt, soweit Kosten nicht durch Gebühren oder die gesonderte Kostenerstattung für einzelne Maßnahmen gedeckt sind, durch die Erhebung einer Umlage bei allen Unternehmen und sonstigen Personen, die ihrer Aufsicht unterliegen.

Das Merkmal der Selbständigkeit kann jedoch nicht so verstanden werden, daß die Bundesanstalt für Finanzdienstleistungsaufsicht eine eigene Rechtspersönlichkeit aufwiese und nicht mehr überwacht würde. "Selbständig" bedeutet für die Bundesanstalt vielmehr, daß sie als bundesunmittelbare Anstalt keinen eigenen Verwaltungsunterbau in Form von Mittel- oder Unterbehörden haben darf (Art. 87 Abs. 3 Satz 2 GG)[284] und sich zur Erfüllung ihrer Aufgaben der Hauptverwaltungen und Filialen der Deutschen Bundsbank bedienen muß.[285]

Ferner beschreibt der Begriff "Selbständigkeit" zwar eine im Außenverhältnis wirkende organisatorische und funktionale Ausgliederung aus der Einheit mit einer obersten Bundesbehörde, nicht jedoch eine sachliche Unabhängigkeit.[286] Die Unterstellung der mittelbaren Staatsverwaltung unter die ministerielle Staatsaufsicht gewährleistet daher, daß die bestehenden autonomen Verwaltungseinheiten

---

278 BVerfG, Urteil vom 24.7.1962, BVerfGE 14, 197 (211).

279 *Hans-Otto Hagemeister*, Die neue Bundesanstalt für Finanzdienstleistungsaufsicht, in WM 2002, S. 1773 S. 1775.

280 § 5 Abs. 3 FinDAG.

281 § 6 Abs. 2 Satz 3 FinDAG.

282 *Hagemeister*, (Die neue Bundesanstalt), S. 1775.

283 *Heike Jochum*, Das Bundeskartellamt auf dem Weg nach Europa, in: VerwArch. 2003, S. 512 (515)

284 *Hagemeister*, (Die neue Bundesanstalt), S. 1773; *Häde*, (Bankenaufsicht), S. 107. *Matthias Herdegen*, Bundesbank und Bankenaufsicht: Verfassungsrechtliche Fragen, in: WM 2000, S. 2121, (2122); *Ralph Hirdina*, Verfassungsrechtliche Aspekte zur Funktion einer reformierten Bundesbank bei der Allfinanzaufsicht, in: BKR 2001, S. 135 (137).

285 Hierzu ausführlich eingehend im vierten Kapitel A, II, S. 75 ff. dieser Arbeit.

286 *Jochum* (Das Bundeskartellamt), S. 515.

unter Wahrung ihrer Autonomie in einem gewissen Rahmen überwacht werden und in die Hierarchie des deutschen Staats- und Verwaltungsapparates eng eingebunden bleiben.[287]

Problematisch ist jedoch, daß die Bundesanstalt für Finanzdienstleistungsaufsicht wegen des dort gebündelten besonderen Sachverstandes und des dort vorhandenen Expertenwissens faktisch kaum mehr kontrollierbar ist.[288] Da die Bundesanstalt in ihrem von hoher Komplexität gekennzeichneten Tätigkeitsbereich einen enormen Informationsvorsprung gegenüber dem Bundesfinanzministeriums gewonnen hat, ist das Ministerium in der Ausübung seiner Kontrolle stark beschränkt und in hohem Maße auf das Vertrauen in die besondere Sachkompetenz der Anstalt angewiesen. In diesem Fall spricht man von einer faktischen Unabhängigkeit der Behörde.[289]

Die Organe der Bundesanstalt für Finanzdienstleistungsaufsicht sind gemäß § 5 Abs. 1 FinDAG der Präsident, dem als ständiger Vertreter ein Vizepräsident zur Seite steht, und der Verwaltungsrat. Unterhalb der Präsidialebene werden die weiterhin bestehenden drei Teilbereiche der Banken-, Versicherungs- und Wertpapieraufsicht von einem Direktor geleitet.

Die Bundesanstalt für Finanzdienstleistungsaufsicht hat ihren Sitz in Bonn und Frankfurt am Main. Hintergrund dieser Regelung ist der Umstand, daß die zusammengelegten Bundesbehörden in Bonn (Bundesaufsichtsamt für das Kreditwesen und Bundesaufsichtsamt für das Versicherungswesen) und in Frankfurt am Main (Bundesaufsichtsamt für den Wertpapierhandel) ansässig waren. Im Interesse der Rechtsklarheit ist gemäß § 1 Abs. 3 FinDAG für Klagen gegen die Bundesanstalt für Finanzdienstleistungsaufsicht allerdings Frankfurt am Main Gerichtsstand.

Die Bundesanstalt für Finanzdienstleistungsaufsicht kann Verwaltungsakte gemäß § 35 Verwaltungsverfahrensgesetz (VwVfG)[290] erlassen und diese gegebenenfalls sogar mit Zwangsmitteln durchsetzen. Gegen solche Verwaltungsakte kann nach §§ 68 ff. Verwaltungsgerichtsordnung (VwGO)[291] Widerspruch ein-

---

287 *Rudolf Wendt*, Die Einheit der Verfassung als Rechtsproblem, in: NWVBL 1987, S. 33 (38).

288 *Wendt*, (Die Einheit der Verfassung), S. 37.

289 *Jochum* (Das Bundeskartellamt), S. 526.

290 Verwaltungsverfahrensgesetz in der Neufassung vom 23. Januar 2003 (BGBl. I S. 102) zuletzt geändert durch Artikel 1 des Gesetzes vom 21. August 2002 (BGBl. I S. 3322), Artikel 4 Abs. 8 des Gesetzes zur Modernisierung des Kostenrechts vom 5. Mai 2004 (BGBl. I S. 718).

291 Verwaltungsgerichtsordnung vom 21. Januar 1960 (BGBl. I S. 17) neugefaßt durch Bekanntmachung vom 19. März 1991 (BGBl. I S. 686), zuletzt geändert durch Art. 2 des Gesetzes vom 22. März 2005 (BGBl. I S. 837). Änderung durch Art. 2 des Gesetzes vom 22. August 2005 (BGBl. I S. 2482)(Nr. 51) noch nicht berücksichtigt.

gelegt werden, dem aber in den in § 49 KWG genannten Fällen keine aufschiebende Wirkung zukommt. Nach der Entscheidung über den Widerspruch ist gemäß §§ 42, 52 Nr. 2 VwGO Klage beim zuständigen Verwaltungsgericht zulässig.[292]

II. Die Zusammenarbeit der Bundesanstalt für Finanzdienstleistungsaufsicht und der Deutschen Bundesbank

Die Notwendigkeit einer Zusammenarbeit der Bundesanstalt für Finanzdienstleistungsaufsicht mit der Deutschen Bundesbank[293] im Rahmen der Bankenaufsicht hat der Gesetzgeber in § 7 KWG bindend festgestellt.[294] Damit soll das Zusammenwirken beider Institutionen sichergestellt und verhindert werden, daß sie gegeneinander arbeiten.[295] Die Aufgabe der Deutschen Bundesbank, als Aufsichtsorgan bei der Institutsaufsicht mitzuwirken, geht zurück auf ihre Eigenschaft als Zentralbank der Bundesrepublik Deutschland. Bei der Erfüllung dieser Aufgabe wirkt die Deutsche Bundesbank als integraler Bestandteil des Europäischen Systems der Zentralbanken unmittelbar an der Gewährleistung der Stabilität der Zahlungs- und Verrechnungssysteme mit.[296] Durch die Neufassung des Kreditwesengesetzes wurde eine deutliche Präzisierung der Zusammenarbeit beider Institutionen erreicht.[297] Zweck dieser Klarstellung war, daß Doppelarbeiten vermieden, eine Verbesserung der aufsichtsrelevanten Erkenntnisse herbeigeführt und die Effizienz der praktischen Zusammenarbeit bei der Aufsicht erhöht werden sollten.[298]

Gemäß § 7 Abs. 1 Satz 2 KWG wurde der Bundesbank die Durchführung der laufenden Überwachung der Banken als ein fester Wirkungskreis ausdrücklich

---

292 *Boos / Fischer / Schulte-Mattler,* (Kreditwesengesetz), § 6 KWG, Rdnr. 27.

293 Die bankenaufsichtsrechtlichen Aufgaben der Deutschen Bundesbank finden sich bei: http://www.bundesbank.de/bankenaufsicht/bankenaufsicht/php.

294 Ein umfassender Überblick hierzu findet sich auch bei: *Deutsche Bundesbank,* Die Mitwirkung der Deutschen Bundesbank an der Bankenaufsicht, Monatsbericht September 2000, S. 33-45.

295 *Klaus Stern,* Das reformierte Bankenaufsichtssystem in Deutschland, in: *Lerke Osterloh (Hrsg.),* Staat, Wirtschaft und Finanzverfassung – Festschrift für Peter Selmer zum 70. Geburtstag, Berlin 2004, S. 519 (520).

296 *Boos / Fischer / Schulte-Mattler,* (Kreditwesengesetz), § 2 KWG, Rdnr. 2.

297 *Julius Reiter / Jörg Geerlings,* Die Reform der Bankenaufsicht, in: Die Öffentliche Verwaltung, 2002, S. 562 (568); *Ralph Hirdina,* Verfassungsrechtliche Aspekte zur Funktion einer reformierten Bundesbank bei der Allfinanzaufsicht, in: BKR 2001, S. 135 (136).

298 *Stern,* (Reformierte Bankenaufsicht), S. 528.

zugewiesen.[299] Unter der laufenden Überwachung durch die Deutsche Bundesbank versteht der Gesetzgeber insbesondere die Auswertung der von den Instituten eingereichten Unterlagen, der Prüfungsberichte nach § 26 KWG und der Jahresabschlußunterlagen der Banken.[300] Damit wird dem nach Basel II neu anfallenden Prüfungsbereich im Rahmen des Supervisory Review Process (SRP) Rechnung getragen[301], der zu einer neuen, als "qualitativ" bezeichneten Aufsicht[302], führen soll.[303] In der Vereinbarung über die Zusammenarbeit der Bundesanstalt für Finanzdienstleistungsaufsicht und der Deutschen Bundesbank bei der Beaufsichtigung der Kredit- und Finanzdienstleistungsinstitute vom 30./31. Oktober 2002[304] haben beide die gesetzliche Aufgabenzuweisung für die tägliche Arbeitspraxis näher konkretisiert.

Zur laufenden Überwachung gehören routinemäßige Aufsichtsgespräche der Deutschen Bundesbank mit den Kreditinstituten an denen auch die Bundesanstalt für Finanzdienstleistungsaufsicht teilnehmen kann, wenn sie es für erforderlich hält. Die laufende Überwachung durch die Deutsche Bundesbank schließt nicht aus, daß die Bundesanstalt für Finanzdienstleistungsaufsicht eigene Aufsichtsgespräche oder eigene Prüfungen durchführt, wenn sie dies zur Wahrnehmung ihrer aufsichtsrechtlichen Aufgaben als notwendig erachtet.[305] Nach Abstimmung zwischen beiden Institutionen sollen auch gemischte Arbeitsgruppen aus Mitarbeitern der Bundesanstalt für Finanzdienstleistungsaufsicht und der Deutschen Bundesbank zum Einsatz kommen, wodurch Doppelarbeiten vermieden werden kann.

Ergänzend zur laufenden Überwachung nach § 7 KWG kann die Bundesanstalt für Finanzdienstleistungsaufsicht gemäß § 44 KWG bei den Instituten Prüfungen vornehmen und die Durchführung dieser Prüfungen der Deutschen Bundesbank übertragen. § 44 KWG umfaßt sogenannte Sonderprüfungen, die außer-

---

299 *Stern,* (Reformierte Bankenaufsicht), S. 524.

300 *Edgar Meister,* Bankenaufsicht unter dem Aspekt der Kooperation von Bundesbank und BaFin, in: Sparkasse 2003, S. 355.

301 *Jörg Geerlings,* Die neue Rolle der Bundesbank im Europäischen System der Zentralbanken, in: Die Öffentliche Verwaltung 2003, S. 322 (327).

302 *Meister,* (Bankenaufsicht), S. 356.

303 Eine detaillierte Darstellung des Supervisory Review Process, der sich aus der zweiten Säule von Basel II ergibt, folgt in Kapitel Fünf, A, II, S. 106 ff. dieser Arbeit.

304 Die Vereinbarung ist abgedruckt in: *Friedrich Reischauer / Joachim Kleinhans / Heinz E. Meyer / Walter Neuhaus,* Kreditwesengesetz Kommentar, Loseblattsammlung, Berlin Stand April 2005, Kza 115 Anhang zu § 7 Nr. 1.

305 *Reischauer / Kleinhans,* (KWG-Kommentar), Kza 115, § 7, Rdnr. 10.

halb des normalen Prüfungszeitraumes aufgrund eines besonderen Handlungsbedarfes stattfinden sollen.[306]

Die Zusammenarbeit mit der Deutschen Bundesbank dient durch die Ausnutzung von Synergieeffekten[307] vor allem der Verwaltungsökonomie und ermöglicht der Bundesanstalt für Finanzdienstleistungsaufsicht durch das ausgedehnte regionale Zweigsystem der Bundesbank, schnell, wirksam und rationell bankenaufsichtsrechtliche Maßnahmen gegenüber einer Vielzahl von Kreditinstituten zu ergreifen, ohne einen eigenen Mittel- oder Unterbau zu unterhalten.[308] Gemäß § 8 Abs. 1 des Gesetzes über die Deutsche Bundesbank (BBankG)[309] unterhält die Deutsche Bundesbank in neun verschiedenen Regionen Deutschlands Hauptverwaltungen. Ohne ein Zusammenwirken mit diesen wäre eine wirksame Aufsicht über die Kreditinstitute kaum möglich.[310] Gerade für die im Zuge der qualitativen Aufsicht nach Basel II künftig häufiger stattfindenden und stärker individualisierten Prüfungen vor Ort ist die Nutzung der bestehenden Kommunikationsbeziehungen von großer Bedeutung. Die von den Landeszentralbanken und ihren Präsidenten unterhaltenen Beziehungen zu den in ihrer Region vertretenen Banken erlauben eine bessere Einschätzung der gewonnenen Informationen.[311] Ferner soll durch die Einbindung der Deutschen Bundesbank Doppelarbeit vermieden werden, da die Bundesanstalt von der Sichtung einzelner Materialien entlastet wird und die Deutsche Bundesbank insofern als Filter dient, durch den nur die bankaufsichtlich bedeutenden Fälle zur Bundesanstalt gelangen.[312]

Bankaufsichtliche Entscheidungsmöglichkeiten gegenüber einzelnen Kreditinstituten, insbesondere der Erlaß von Verwaltungsakten, stehen der Deutschen Bundesbank jedoch nicht zu. Die Deutsche Bundesbank ist im Rahmen laufender Überwachungen lediglich vorbereitend tätig. Aufsichtrechtliche Maßnahmen, insbesondere Allgemeinverfügungen und Verwaltungsakte einschließlich Prüfungs-

---

306 *Stern*, (Reformierte Bankenaufsicht), S. 534.

307 Vgl. BT-Drucks. 14/7033, S. 1 und S. 31 f.

308 *Ulrich Häde*, Bankenaufsicht und Grundgesetz, JZ 2001, S. 105 (105); *Boos / Fischer / Schulte-Mattler*, (Kreditwesengesetz), § 7 KWG, Rdnr. 5.

309 Gesetz über die Deutsche Bundesbank vom 26. Juli 1957 (BGBl. I S. 745) in der Fassung der Bekanntmachung vom 22. Oktober 1992 (BGBl. I S. 1782) zuletzt geändert durch das Siebte Gesetz zur Änderung des Gesetzes über die Deutsche Bundesbank vom 23. März 2002 (BGBL. I S. 1159).

310 BVerfGE 14, 197 (211 f., 216).

311 *Wim Kösters / Stephan Paul / Joachim Süchting*, Ein Effizienzmodell zur Strukturreform der Deutschen Bundesbank, in: ZfgK 2001, S. 457 (463).

312 Vgl. BT-Drucks. III/1114, S. 23; *Reischauer / Kleinhans*, (KWG-Kommentar), Kza 115, § 7, Rdnr. 7.

anordnungen, bleiben allein der Bundesanstalt für Finanzdienstleistungsaufsicht vorbehalten.[313]

Bei der von der Deutschen Bundesbank ausgeübten Aufsicht, handelt es sich um einzelne, jeweils speziell gesetzlich begründete Mitwirkungsbefugnisse.[314] Für diese Mitwirkung sieht das Gesetz graduelle Unterschiede vor.[315] Die Anhörung ist im § 1 Abs. 3, § 10 Abs. 2b, § 29 Abs. 4, § 31 Abs. 1 Satz 1, § 47 Abs. 2 und § 48 Abs. 1 KWG vorgesehen. Das Einvernehmen zwischen Deutscher Bundesbank und der Bundesanstalt für Finanzdienstleistungsaufsicht ist nach § 1 Abs. 12 Satz 3, 2. Halbsatz, § 2 Abs. 5 Satz 4, § 7 Abs. 2 Satz 2, § 10 Abs. 1 Satz 3, § 10a Abs. 6 Satz 11, § 11 Abs. 1 Satz 4, § 14 Abs. 4, § 22 Satz 5 und § 25 Abs. 3 Satz 3 KWG herbeizuführen. Das Benehmen zwischen beiden an der Aufsicht mitwirkenden Institutionen ist nach § 2 Abs. 5 Satz 3, § 24b Abs. 3, § 24c Abs. 6 und § 31 Abs. 1 Satz 2 KWG erforderlich.

Die gegenseitige Informationspflicht umfaßt gemäß § 7 Abs. 3 KWG die Pflicht, einander all jene Beobachtungen und Feststellungen mitzuteilen, die für die beiderseitigen Aufgaben von Bedeutung sein können.[316] Zur Erfüllung ihrer Informationspflicht ist die Deutsche Bundesbank berechtigt, bei den Kreditinstituten Statistiken anzufordern und darauf beruhende Analysen durchzuführen.[317] Nach der genannten Vorschrift besteht zwischen beiden Stellen kein Amts- und kein Bankgeheimnis.[318] Die Durchbrechung der Geheimhaltungspflicht beim Zusammenwirken beider Stellen ist bedeutsam, da § 9 KWG sowohl die Bundesanstalt für Finanzdienstleistungsaufsicht als auch die Bundesbank grundsätzlich zur Geheimhaltung nach außen verpflichtet.

Die enge Zusammenarbeit der Bundesanstalt für Finanzdienstleistungsaufsicht und der Deutschen Bundesbank führt zu einer Dezentralisierung der Aufsicht durch die Nutzung der föderalen Strukturen und damit auch zu großen Koordinierungsaufgaben für beide Institutionen. So sind für eine effiziente Zusammenarbeit zwischen der Bundesanstalt, der Deutschen Bundesbank und den Landeszentralbanken umfangreiche Abstimmungsmaßnahmen notwendig. Unter anderem war dieser zusätzliche Abstimmungsbedarf ein Argument dafür, daß bei

---

313 *Boos / Fischer / Schulte-Mattler*, (Kreditwesengesetz) § 7 KWG Rdnr. 39; *Nirk*, (Kreditwesengesetz), S. 50.

314 *Matthias Herdegen*, Bundesbank und Bankenaufsicht: Verfassungsrechtliche Fragen, in: WM 2000, S. 2121 (2121).

315 *Deutsche Bundesbank*, Die Mitwirkung der Deutschen Bundesbank an der Bankenaufsicht, Monatsbericht September 2000, S. 33 (38).

316 *Boos / Fischer / Schulte-Mattler*, (Kreditwesengesetz), § 7 KWG, Rdnr. 56.

317 *Joachim v. Spindler / Willi Becker / Ernst Starke*, Die Deutsche Bundesbank: Grundzüge des Notenbankwesens, Stuttgart 1973, § 18, Rdnr. 1.

318 *Szagunn / Haug / Ergenzinger*, (KWG), § 7, Rdnr. 5.

der Erarbeitung eines neuen Modells zur Beaufsichtigung der deutschen Kredit- und Finanzdienstleistungsinstitute auch über eine Integration der Finanzdienstleistungsaufsicht in die Deutsche Bundesbank nachgedacht wurde.[319]

Gemäß § 7 Abs. 2 Satz 1 KWG hat die Deutsche Bundesbank bei der Zusammenarbeit mit der Bundesanstalt für Finanzdienstleistungsaufsicht die von der Bundesanstalt erlassenen Richtlinien zu beachten. Diese Richtlinien für die Zusammenarbeit im Rahmen einer laufenden Aufsicht sollen im Einvernehmen mit der Deutschen Bundesbank herbeigeführt werden. Sollte dieses Einvernehmen innerhalb einer bestimmten Frist jedoch nicht erreicht werden, kann das Bundesministerium der Finanzen nach § 7 Abs. 2 Satz 3 entsprechende Richtlinien im Benehmen mit der Deutschen Bundesbank erlassen. Eine solche Situation trat im Oktober 2003 auf, das Bundesministerium der Finanzen durch den Erlaß der "Richtlinie zur Durchführung und Qualitätssicherung der laufenden Überwachung der Kredit- und Finanzdienstleistungsinstitute durch die Deutsche Bundesbank gemäß § 7 KWG (Aufsichtsrichtlinie)"[320] von seiner Regelungsbefugnis Gebrauch machte, nachdem sich Bundesanstalt für Finanzdienstleistungsaufsicht und Deutsche Bundesbank zuvor nicht hatten einigen können. Eine solche Richtlinie, die von beiden Institutionen zu befolgen ist, soll sicherstellen, daß die laufende Überwachung aller Institute nach einheitlichen Regeln erfolgt und die Qualitätssicherung der Aufsicht gewährleistet ist. Ferner trägt die Richtlinie unter dem Gesichtspunkt der Systemrisiken den Besonderheiten der Aufsichtstätigkeit über systemrelevante Institute und Probleminstitute dadurch Rechnung, daß beide Institutionen eine enge Zusammenarbeit verfolgen müssen, um so frühzeitig Gefahren für das deutsche Finanzsystem abwehren zu können.[321]

Nach § 3 FinDAG wurde schließlich bei der Bundesanstalt für Finanzdienstleistungsaufsicht das "Forum für Finanzmarktaufsicht" eingerichtet. Ziel dieses Forums, dem die Bundesanstalt und die Deutsche Bundesbank angehören, ist, die Zusammenarbeit zwischen beiden Institutionen zu koordinieren und Fragen der Allfinanzaufsicht zu erörtern, die für die Stabilität des Finanzsystems von Bedeutung sind.

Die Notwendigkeit einer engen Zusammenarbeit zwischen der Bundesanstalt für Finanzdienstleistungsaufsicht und der Deutsche Bundesbank spiegelt sich

---

319 *Kösters / Paul / Süchting,* (Ein Effizienzmodell), S. 463; *Deutsche Bundesbank,* Die Mitwirkung der Deutschen Bundesbank an der Bankenaufsicht, Monatsbericht September 2000, S. 33 (43).

320 Die Richtlinie ist abgedruckt in: Die Vereinbarung ist abgedruckt in *Reischauer / Kleinhans,* (KWG-Kommentar), Kza 115 Anhang zu § 7 Nr. 2.

321 Siehe die Präambel der "Richtlinie zur Durchführung und Qualitätssicherung der laufenden Überwachung der Kredit- und Finanzdienstleistungsinstitute durch die Deutsche Bundesbank gemäß § 7 KWG (Aufsichtsrichtlinie)".

auch in der Standortwahl der Bundesanstalt wieder. Hintergrund der Standortwahl ist unter anderem der Gedanke, daß die erforderliche enge Zusammenarbeit beider Institutionen nur bei räumlicher Nähe vollständig wirksam werden könne.[322] Mit der Festlegung eines zweiten Sitzes der Bundesanstalt für Finanzdienstleistungsaufsicht in Frankfurt am Main wurde dieser Überlegung Rechnung getragen.

III. Die Zusammenarbeit der Bundesanstalt für Finanzdienstleistungsaufsicht mit den Einlagensicherungssystemen

Neben der überwiegend präventiv ausgerichteten Bankenaufsicht existieren in Deutschland Sicherungseinrichtungen, denen für den Fall der Insolvenz eines Instituts gegenüber dessen Gläubigern gewisse Auffangfunktionen zukommen.[323] Die Schaffung solcher Sicherungseinrichtungen steht damit im Einklang mit dem allgemeinen Streben der Bankenaufsicht nach Schutz der Einleger und Wahrung der Funktionsfähigkeit des Kreditwesens und leistet somit einen wichtigen Beitrag zur Bildung des Vertrauens in die Stabilität des deutschen Bankensystems.[324]

Für die privaten Banken besteht neben der freiwilligen Einlagensicherung, das heißt dem Einlagensicherungsfonds des Bundesverbandes Deutscher Banken, auch eine gesetzlich vorgeschriebene Entschädigungseinrichtung. Diese wurde mit Inkrafttreten des Einlagensicherungs- und Anlegerentschädigungsgesetzes (ESAEG)[325] im Jahre 1998 und der damit erfolgten Umsetzung der europäischen Einlagensicherungs-[326] sowie der Anlegerentschädigungsrichtlinie[327] in Deutsch-

---

322 *Rainer Miletzki,* Organisation der Finanzaufsicht in Deutschland, in: ZfgK 2000, S. 174 (177).

323 *Nirk,* (Kreditwesengesetz), S. 199.

324 *Meinhard Dreher,* Sicherungseinrichtungen im Krditsektor zwischen Instituts-, Einlagen- und Herrschaftssicherung, in: ZIP 1992, S. 1597 (1598); *Meinhard Dreher,* Die neue deutsche Einlagensicherung im Bereich der privaten Banken und das Europarecht, in: ZIP 1998, S. 1777 (1778); *Klaus Zimmer,* Der EG-Richtlinienentwurf über Einlagensicherungssysteme: Chancen zur Verbesseerung der deutschen Einlagensicherung, in: ZBB 1992, S. 286 (287); *Heinz Zimmermann / Vera Barbrock,* Einlagensicherung aus ökonomischer Sicht, in: *Bruno Gehrig / Ivo Schwander (Hrsg.),* Banken und Bankrecht im Wandel, Festschrift für Beat Kleiner, Zürich 1993, S. 261 (270).

325 Gesetz zur Umsetzung der EG-Einlagensicherungsrichtlinie und der EG-Anlegerentschädigungsrichtlinie vom 16. Juli 1998, BGBL. I S. 1842.

326 Richtlinie des Europäischen Parlaments und des Rates über die Einlagensicherungssysteme vom 30. Mai 1994, ABl. EG vom 31. Mai 1994 Nr. L 135, S. 5.

327 Richtlinie des Europäischen Parlaments und des Rates über die Einlagensicherungssysteme vom 3. März 1997, ABl. EG vom 26. März 1997 Nr. L 84, S. 22.

land eingeführt. Die privaten Banken haben hierzu beim Bundesverband Deutscher Banken die Entschädigungseinrichtung Deutscher Banken GmbH errichtet.[328] Die genannten Regelungen sind vor allem für die Gläubiger von Finanzdienstleistungsinstituten bedeutsam, da solche Institute anders als die Kreditinstitute bis dahin keiner freiwilligen Sicherungseinrichtung angehörten. Alle privaten und öffentlich-rechtlichen Einlagenkreditinstitute sowie Wertpapierhandelsunternehmen sind nach diesem Gesetz verpflichtet, ihre Einlagen und ihre Verbindlichkeiten aus Wertpapiergeschäften durch die Zugehörigkeit zu einer gesetzlichen Entschädigungseinrichtung zu sichern. Schon vor Inkrafttreten des Einlagensicherungs- und Anlegerentschädigungsgesetzes bestanden freiwillige Einrichtungen zur Sicherung der Forderungen von Bankengläubigern. Die Pflichtteilnahme an einer gesetzlichen Entschädigungseinrichtung besteht auch für Institute, die bereits einer solchen freiwilligen Einrichtung angehören. Freiwillige Sicherungseinrichtungen werden neben den gesetzlich vorgeschriebenen Entschädigungseinrichtungen weitergeführt.[329]

Die Entschädigungseinrichtungen haben gemäß § 6 Abs. 3 ESAEG die Aufgabe, die für die Durchführung der Entschädigung notwendigen Mittel von den Instituten einzuziehen und im Fall einer Insolvenz die Gläubiger zu entschädigen.[330] Verbindungen der Bankenaufsicht mit der Tätigkeit der Einlagensicherung ergeben sich aus § 23a Abs. 1, § 26 Abs. 2 und § 32 Abs. 3 KWG.

Fraglich ist, ob die Einlagensicherungseinrichtungen Kontroll- und Aufsichtsfunktionen wahrnehmen, die einer gesetzlichen Bankenaufsicht gleichkommen. Gemäß § 23a KWG sind alle Institute Zwangsmitglieder in einer Sicherungseinrichtung. Die Entschädigungseinrichtungen sind befugt, bei den ihnen zugehörigen Instituten Prüfungen durchzuführen, um so die Gefahr des Eintritts eines Entschädigungsfalles besser einschätzen zu können.[331] Durch Prüfungen und Beratungen sollen Mißstände bei Mitgliedsbanken rechtzeitig erkannt und so besei-

---

328 Für die öffentlichen Banken wurde die Entschädigungseinrichtung des Bundesverbandes Öffentlicher Banken GmbH errichtet. Für Sparkassen ist deren bestehendes Sicherungssystem nach § 12 ESAEG als institutssichernde Einrichtung anerkannt.

329 *Deutsche Bundesbank*, Einlagensicherung und Anlegerentschädigung in Deutschland, in: Monatsbericht Juli 2000, S. 29 (31); *Matthias Herdegen*, Das deutsche Einlagensicherungs- und Entschädigungsgesetz aus europäischer Perspektive, in: WM 1999, S. 1541 (1541).

330 *Stephan Steuer*, Das Gesetz zur Umsetzung der EG-Einlagensicherungs- und Anlegerentschädigungsrichtlinie und seine Umsetzung in der Praxix, in: WM 1998, S. 2449 (2452).

331 *Ahrend Weber*, Das Einlagensicherungs- und Anlegerentschädigungsgesetz, in: Die Bank 1998, S. 470 (472).

tigt werden, damit der Fonds möglichst nicht in Anspruch genommen wird.[332] Die Prüfberichte, die nach § 26 Abs. 2 KWG erstellt wurden, sind der Bundesanstalt für Finanzdienstleistungsaufsicht und der zuständigen Landeszentralbank vorzulegen.

Vor Erteilung einer Erlaubnis zum Betreiben von Bankgeschäften durch die Bundesanstalt für Finanzdienstleistungsaufsicht ist gemäß § 32 Abs. 3 KWG die Einlagensicherung anzuhören. Zur Vorbereitung kann die Einlagensicherung gemäß § 9 Abs. 3 ESAEG ebenfalls eine Prüfung bei der betroffenen Bank durchführen. Die Entschädigungseinrichtung legt die Einzelheiten der Prüfung in ihren Prüfungsrichtlinien fest, die ihrerseits der Genehmigung durch die Bundesanstalt für Finanzdienstleistungsaufsicht bedürfen. Über die Ergebnisse, die bei diesen Prüfungen gewonnen werden, informiert die Entschädigungseinrichtung die Bankenaufsicht, sofern es sich um eine Prüfung zur Erteilung einer Bankenerlaubnis handelt oder wenn bei einer der regelmäßigen Prüfungen Hinweise auf die Gefahr eines Entschädigungsfalles festgestellt wurden. Die Sicherungseinrichtung muß die Bundesanstalt für Finanzdienstleistungsaufsicht und die Deutsche Bundesbank auch über Verstöße gegen die Beitrags- und Mitwirkungspflichten innerhalb der Sicherungseinrichtung informieren. Kommt ein Institut seinen Verpflichtungen auch nach Fristsetzung durch die Bundesanstalt für Finanzdienstleistungsaufsicht nicht nach, kann die Sicherungseinrichtung das Institut mit Zustimmung der Bankenaufsicht von dem System der Sicherungseinrichtung ausschließen.[333] In diesem Fall erlischt gemäß § 35 Abs. 1 Satz 2 KWG die Zulassung als Kredit- oder Finanzdienstleistungsinstitut.

Die privaten und gesetzlichen Einlagensicherungseinrichtungen haben durch ihre Prüfungen und ihr Mitwirken bei der Erlaubniserteilung die Möglichkeit, unmittelbaren Einfluß auf die Institute auszuüben. Bei der Wahrnehmung dieses Einflusses müssen sie sich mit der Bundesanstalt für Finanzdienstleistungsaufsicht abstimmen. Faktisch entspricht dies einer aufsichtsrechtlichen Funktion, auch wenn § 6 Abs. 1 KWG die Aufsicht über die Institute nur der Bundesanstalt für Finanzdienstleistungsaufsicht zuweist und § 7 KWG lediglich die Deutsche Bundesbank als Institution erwähnt, mit der die Bundesanstalt zusammenarbeiten muß.

Die Entschädigungseinrichtungen unterliegen der Aufsicht der Bundesanstalt für Finanzdienstleistungsaufsicht, die allen Mißständen entgegenzuwirken hat,

---

332 *Jürgen Lindlar,* 25 Jahre Prüfungsverband deutscher Banken e.V., in: Die Bank 1994, S. 748 (749); *Thorwald, Hellner,* Private Einlagensicherung und staatliche Bankenaufsicht, in: *Manfred Hein (Hrsg.),* Berichte und Materialien – Banken und Staat, Heft 17, Berlin 1993, S. 39 (44).

333 *Rolf Sethe,* Einlagensicherung und Anlegerentschädigung nach europäischem und deutschem Recht, in: ZBB 1998, S. 305 (320).

welche die ordnungsgemäße Durchführung der Aufgaben oder das Vermögen einer Entschädigungseinrichtung gefährden könnten.[334]

IV. Die Zusammenarbeit der Bundesanstalt für Finanzdienstleistungsaufsicht mit den internationalen Institutsaufsichtsbehörden

Nicht erst durch die Basel-II-Beschlüssen wurde eine europäische Zusammenarbeit der Institutsaufsichtsbehörden unerläßlich. Die Globalisierung der Bankgeschäfte und die damit einhergehende Harmonisierung des Bankenaufsichtsrechts, zumindest im Europäischen Wirtschaftsraum[335], machten eine solche Zusammenarbeit zwingend notwendig.

Der Gesetzgeber hat diese Zusammenarbeit in § 8 Abs. 3 und 4 KWG geregelt. Danach muß die Bundesanstalt für Finanzdienstleistungsaufsicht bei der Aufsicht über Kredit- und Finanzdienstleistungsinstitute, die in einem anderen Staat des Europäischen Wirtschaftsraums Bankgeschäfte betreiben oder Finanzdienstleistungen erbringen, mit den zuständigen Stellen des jeweiligen Staates zusammenarbeiten.[336] Diese grenzübergreifende Kooperation erfolgt durch bilaterale Übereinkünfte. Ergänzt werden sie durch multilaterale Kooperationen, wie insbesondere den Ausschuß der Bankenaufseher im Europäischen System der Zentralbanken.

Diese Zusammenarbeit umfaßt den Informationsaustausch über die Erbringung grenzübergreifender Dienstleistungen und die Errichtung und Beaufsichtigung von Niederlassungen und Tochterunternehmen. Auch wenn für rechtlich selbständige Institute innerhalb des Europäischen Wirtschaftsraums das jeweilige Gastland zuständig ist, macht die Beaufsichtigung auf konsolidierter Basis diesen Informationsaustausch notwendig.[337]

Die Zusammenarbeit mit den amerikanischen Aufsichtsbehörden findet im wesentlichen über den Baseler Ausschuß für Bankenaufsicht statt, der 1974 von den Notenbankgouverneuren der G-10-Länder[338] sowie der Schweiz und Lu-

---

334 *Deutsche Bundesbank*, Einlagensicherung und Anlegerentschädigung in Deutschland, in: Monatsbericht Juli 2000, S. 29 (31).

335 Gemäß § 1 Abs. 5a S. 1 KWG umfaßt der Europäische Wirtschaftsraum die Mitgliedstaaten der Europäischen Gemeinschaft sowie die weiteren Vertragsstaaten des Abkommens vom 2. 5. 1992 über den Europäischen Wirtschaftsraum, d.h. Island, Liechtenstein und Norwegen.

336 *Waschbusch*, (Bankenaufsicht), S. 128.

337 *Boos / Fischer / Schulte-Mattler*, (Kreditwesengesetz), § 8 KWG, Rdnr. 16; *Nirk*, (Kreditwesengesetz), S. 50.

338 Diese Länder sind Belgien, Deutschland, Frankreich, Italien, Japan, Kanada, Niederlande, Schweden, USA und Großbritannien.

xemburg in Basel bei der Bank für Internationalen Zahlungsausgleich gegründet wurde. Der Baseler Ausschuß hat als wesentliches Ziel die Diskussion und die Zusammenarbeit zwischen den für die Bankenaufsicht in den einzelnen Mitgliedstaaten zuständigen Behörden zu intensivieren.[339] Um eine verstärkte internationale Angleichung der wichtigsten bankenaufsichtlichen Bestimmungen herbeizuführen, sollen mögliche Lücken und Fehlentwicklungen in der internationalen Bankenaufsicht rechtzeitig erkannt und durch die Aufstellung allgemeiner Grundsätze Anregungen für wirkungsvolle Änderungen nationaler Bankenaufsichtsnormen gegeben werden.[340]

B. In den Vereinigten Staaten

Die Aufsicht über Finanzdienstleistungsunternehmen in den Vereinigten Staaten unterscheidet die Aufsicht über Banken, die Aufsicht über Versicherungen und die Aufsicht über Wertpapierhandelsunternehmen. Eine einzelne, zentrale Aufsichtsbehörde im Sinne einer Allfinanzaufsicht existiert in den Vereinigten Staaten nicht. So liegt die Versicherungsaufsicht ausschließlich in der Hand der einzelnen Bundesstaaten. Auf Bundesebene wird sie lediglich durch die National Association of Insurance Commissioners koordiniert.[341] Die Aufsicht über Wertpapierhandelsunternehmen findet nur auf Bundesebene statt und wird von der Securities and Exchange Commission (SEC) wahrgenommen.[342]

Die Organisation der Bankenaufsicht über Geschäftsbanken ist in den Vereinigten Staaten geprägt von dem Nebeneinander verschiedener Aufsichtsbehörden auf der Bundesebene sowie in den einzelnen Bundesstaaten. Zunächst werden die Aufgaben und Funktionen der unterschiedlichen Aufsichtsbehörden dargestellt, um im weiteren deren Zusammenarbeit innerhalb der Vereinigten Staaten und schließlich auch mit internationalen Bankenaufsichtsorganen darzustellen.

---

339 *Bank für Internationalen Zahlungsausgleich,* Die Bank für internationalen Zahlungsausgleich und die Baseler Zusammenkünfte, hrsg. zum 50jährigen Bestehen der Bank, Basel 1980, S. 61.

340 *Deutsche Bundesbank,* Internationale Organisationen und Gremien im Bereich von Währung und Wirtschaft, Sonderdruck Nr. 3 der Deutschen Bundesbank, 4. Auflage, Frankfurt a.M. 1992, S. 59.

341 *Reinhard Petschnigg,* The institutional framework for financial market policy in the USA seen from an EU perspective, in: European Central Bank, Occasional Paper Series, No. 35, Frankfurt a.M. September 2005, S. 9.

342 Ebenda.

I. Aufgaben und Funktionen der Bankaufsichtsorgane

Die Aufsicht über die Geschäftsbanken teilen sich in einem durch Überlappungen und Doppelzuständigkeiten geprägten kostspieligen und trägen System drei verschiedene nationale Behörden mit den bankenaufsichtlichen Instanzen der 50 Einzelstaaten.[343] Die nationalen Behörden sind der Comptroller of the Currency, das Federal Reserve System und die Federal Deposit Insurance Corporation (FDIC).[344]

Das Vorhandensein dieser sowohl bundes- als auch einzelstaatlichen Behörden hat dazu geführt, daß fast alle Kreditinstitute mehr als einer Aufsichtsbehörde unterstehen.[345] Eine eindeutige Zuordnung bestimmter Institutsgruppen zu einzelnen Aufsichtsbehörden ist oft nur sehr schwer möglich.[346] Als Grundsatz gilt, daß jede Bank zunächst unter die Aufsicht der Behörde fällt, die ihr die Zulassung erteilt hat, sei es auf nationaler oder auf einzelstaatlicher Ebene. Wenn, wie in den meisten Fällen, eine Einlagenversicherung besteht, unterliegt die Bank den Regelungen des Federal Insurance Deposit Acts und damit direkt auch der Aufsicht der FDIC.[347] Sobald eine State Bank Mitglied des Federal Reserve Systems wird, ist vorrangige Bundesaufsichtsbehörde die Federal Reserve Bank. Eine solche Bank muß ihre Einlagen dann bei der FDIC versichern lassen.[348]

343 Zum Nebeneinander der verschiedenen Bankenaufsichtsbehörden kritisch: *Richard J. Rosen,* Is Three a Crowd? Competition Among Regulators in Banking, Federal Reserve Bank of Chicago, Chicago December 2001, S. 1 ff.; *Via, jr.* Some thoughts on evaluating the tripartie federal bank regulatory system, in: Banking Law Journal 93 1976, S. 509 ff.; *Michael Osthoff,* Das Bankwesen in den USA, in: Die Bank 1980, S. 371 (373).

344 *Schroeder,* (Law and Regulation), § 2.03. Eine vierte Bundesaufsichtsbehörde ist der Director of the Office of Thrift Supervision, der sich jedoch nicht mit National Banks und Commercial Banks, sondern lediglich mit den sparkassenähnlichen Savings and Loan associations beschäftigt.

345 *Schierenbeck,* (Amerikanisches Bankwesen), S. 31 (42); *Spong,* (Banking Regulation), S. 55.

346 *Morschbach,* (Struktur ausländischer Bankensysteme), S. 45.

347 *Spong,* (Banking Regulation), S. 55.

348 *Spong,* (Banking Regulation), S. 55; *Morschbach,* (Struktur ausländischer Bankensysteme), S. 45.

1. Office of the Comptroller of the Currency[349]

Das Office of the Comptroller of the Currency ist die älteste amerikanische Aufsichtsbehörde. Ihr obliegt die Aufsicht über alle mit Bundeskonzession operierenden National Banks.[350] Die Bankenaufsicht durch den Comptroller of the Currency ist sowohl Rechtsaufsicht als auch Fachaufsicht.[351] Diese 1864 durch den National Bank Act[352] geschaffene Bankenaufsichtsbehörde mit Hauptsitz in Washington D.C.[353] ist zwar eine Abteilung innerhalb des Schatzamtes (Department of the Treasury), genießt aber eine weitgehende Autonomie. Auch finanziell besteht keine Abhängigkeit von der Bundesregierung, da sich das Büro des Comptroller of the Currency aus Abgaben der kontrollierten Banken selbst finanziert. Der Comptroller of the Currency wird vom amerikanischen Präsidenten mit Bestätigung des Senates für eine Amtszeit von fünf Jahren ernannt, kann jedoch bei Vorliegen gravierender Gründe auch früher vom Präsidenten aus seinem Amt entlassen werden.[354] Das Schatzamt kann bis zu vier Vertreter des Comptroller of the Currency ernennen, die ihn bei der Erfüllung seiner Aufgaben unterstützen und im Falle seiner Abwesenheit vertreten.[355]

Der Comptroller of the Currency ist im wesentlichen zuständig für die Zulassung, die Filialgründung und Fusionen der National Banks[356] und ist zum Erlaß der dazu notwendigen Richtlinien befugt. Er ist ferner für die Filialen und Agenturen ausländischer Kreditinstitute verantwortlich, sofern auch diese nach Bundesrecht konzessioniert sind.[357] Seine Aufgabe besteht insbesondere in der Kon-

---

349 Zur Organisation und Aufgaben siehe: http://www.occ.treas.gov/aboutocc.htm sowie *Office of the Comptroller of the Currency*, A Guide to the National Banking System, Washington D.C. May 1999.

350 *Pollard*, (Banking Law), S. 51; *Nicholas L. Deak*, Mechanismus der Bankenaufsicht in den Vereinigten Staaten, in: ÖBA 1977, S. 35; *Schierenbeck*, (Amerikanisches Bankwesen), S. 31 (43); *Schroeder*, (Law and Regulation), § 2.03[1][a].

351 *Deak*, (Mechanismus), S. 35 (36 f.).

352 12 U.S.C. §§ 1-14.

353 12 C.F.R. § 4.4.

354 12 U.S.C. § 2; *Cranmore et al.*, (Banking Law), Vol. 2, 1988, § 21.05; *Schroeder*, (Law and Regulation), § 2.03[1][a].

355 12 U.S.C. § 4a; 12 C.F.R. § 4.

356 *Cranmore et al.*, (Banking Law), § 21.05; *Spong*, (Banking Regulation), S. 38 f.; *Schroeder*, (Law and Regulation), § 2.03[1][a].

357 *Morschbach*, (Struktur ausländischer Bankensysteme), S. 48.

trolle der Bestimmungen über "Safety and Soundness" [358] einer Bank.[359] Bei den meist jährlich[360] ohne Vorankündigung durchgeführten Bankprüfungen werden daher als besondere Prüfungsgegenstände die Angemessenheit des Eigenkapitals, die Qualität der Aktiva, die Qualität des Managements[361], die Ertragslage, die Liquiditätslage und die Sensibilität gegenüber Marktrisiken der Banken überprüft.

Dieses Prüfungsschema, das auch von allen anderen Bundesaufsichtsbehörden bei ihren Bankprüfungen sowohl von National Banks als auch von State Banks angewandt wird, heißt CAMELS[362] Rating System.[363] Jede der oben genannten sechs einzelnen Komponenten wird geprüft und anhand einer Skala von 1 bis 5 bewertet. Die Bewertung mit 1 besagt, daß die Bank bei der Erfüllung dieser Kriterien als stark eingestuft wird, eine 2 bedeutet zufriedenstellend, 3 ist lediglich ausreichend, 4 heißt bedenklich und 5 ist schließlich nur noch ungenügend.[364] Aus den Teilbewertungen der einzelnen Prüfungsgegenstände wird eine Gesamtqualifizierung für die ganze Bank ermittelt, die in einem vertraulichen Bericht festgehalten und selbst der geprüften Bank nicht mitgeteilt wird.[365] Lediglich aus den Kommentaren des Prüfers zu einzelnen Untersuchungspunkten kann sich die Bank ein Bild der Einschätzung durch die Bankenaufsicht machen.[366] Hat die Prüfung Mängel aufgedeckt, wird das Kreditinstitut künftig häufiger oder sogar ständig überwacht, bis die festgestellten Defizite beseitigt sind. Die Kosten dieser Untersuchungen trägt die betroffene Bank.

---

358 "Safety and Soundness" heißt, daß Sicherheit und Stabilität der Bank überprüft werden.

359 *Robert E. Barrett,* Comptroller's Shift to a Stronger Enforcement Posture: Self-Dealing and Unsound Banking Practices Are the Targets, in: Banking Law Journal 94, 1977, S. 725.

360 Die National Banks müssen mindestens alle 12 Monate überprüft werden. Dieser Zeitraum kann vom Comptroller of the Currency jedoch auf bis zu 18 Monate ausgedehnt werden.

361 *Schierenbeck,* (Amerikanisches Bankwesen), S. 43 f.

362 Das Akronym "CAMELS" steht für die Initialen von Capital adequacy, Asset quality, Management, Earnings, Liquidity und Sensitivity of market risks.

363 Vgl. im Detail zu den einzelnen Kriterien: *Office of the Comptroller of the Currency,* (The National Banking System), S. 20 sowie *Forest M. Myers,* Basics for Bank Directors, Federal Reserve Bank of Kansas City, Kansas 2001, S. 21 ff.

364 *Frederic Solomon / William H. Schlichting / Jeffrey Cooper / Donald Hakala / Douglas V. Austin,* Banking Law, New York, Oakland, Albany 1989 § 80.27; *Schroeder,* (Law and Regulation), § 9.01[6].

365 *Morschbach,* (Struktur ausländischer Bankensysteme), S. 48.

366 *Board of Governors of the Federal Reserve System,* Manual of Examination Procedures, Washington D.C. 1979, S. 105.

2. Board of Governors of the Federal Reserve System[367]

Das Federal Reserve System setzt sich zusammen aus etwa 5.500 Member Banks, 12 Federal Reserve Banks[368], dem Federal Open Market Committee, dem Federal Advisory Council[369] sowie dem Federal Reserve Board (Board of Governors) mit Hauptsitz in Washington D.C.[370]

Der Board of Governors, das Spitzenorgan des Zentralbanksystems, ist eine unabhängige Einrichtung der Bundesregierung. Die Aufgaben des Board of Governors[371] umfassen, ähnlich denen der Deutschen Bundesbank, primär die Geldpolitik und die Abwicklung des Zahlungsverkehrs. Nur etwa ein Zehntel des Etats entfällt auf den Bereich der Bankenaufsicht.[372] Der siebenköpfige Board of Governors wird vom Präsidenten mit Billigung des Senats für eine vierzehnjährige Amtszeit ernannt.[373] Die Mitglieder des Board of Governors dürfen nicht für Banken tätig sein, an Banken, etwa durch Aktien, beteiligt sein und bis zwei Jahre nach Ablauf ihrer Amtszeit nicht für Mitgliedsbanken tätig werden.[374] Einer der Governors wird vom Präsidenten der Vereinigten Staaten im Vierjahresrhythmus zum Vorsitzenden des Boards ernannt.

Das Federal Reserve System hat, neben seinen Hauptaufgaben im Bereich der Geldpolitik und der Zahlungsabwicklung, Aufsichtsfunktionen in Form der laufenden Überwachung der Banken wahrzunehmen.[375] Im Einzelnen beaufsichtigt

---

367 Zur Organisation und Aufgaben: http://www.federalreserve.gov/general.htm sowie *Board of Governors of the Federal Reserve System*, The Federal Reserve System: Purposes and Functions, Eighth Edition, Washington D.C. 1994.

368 12 U.S.C. § 222.

369 Die Aufgaben und Funktionen des Federal Open Market Committee, Federal Advisory Council und der Member Banks brauchen an dieser Stelle nicht näher beschrieben zu werden, da diese nicht mit der Bankenaufsicht betraut sind. Eine ausführliche Beschreibung findet sich bei: *Solomon et al.*, (Banking Law), § 77.05, § 77.06, § 77.08 sowie *Schroeder*, (Law and Regulation), § 3.03.

370 *Solomon et al.*, (Banking Law), § 77.02; *Board of Governors of the Federal Reserve System*, (The Federal Reserve System), S. 4; *Schierenbeck*, (Amerikanisches Bankwesen), S. 47 f.; *Schroeder*, (Law and Regulation), § 2.03[1][b].

371 Die Bezeichnung "Federal Reserve Board" wurde durch Section 203(a) des Banking Act von 1935 (49 Stat. 704) in "Board of Governors of the Federal Reserve System" geändert. Trotzdem wird der weniger schwerfällige Begriff "Federal Reserve Board" in der öffentlichen Diskussion, in offiziellen Mitteilungen und auch in dieser Arbeit weiterhin gelegentlich benutzt.

372 *Morschbach*, (Struktur ausländischer Bankensysteme), S. 49.

373 12 U.S.C. § 241.

374 12 U.S.C. § 244; 12 U.S.C. § 242.

375 *Christian Walter*, Das Federal Reserve System, die Deutsche Bundesbank und das europäische System der Zentralbanken, die Europäische Zentralbank im Vergleich, München 1993, S. 65; *Schroeder*, (Law and Regulation), § 2.03[1].

der Federal Reserve Board die Reserve Banks, die National Banks, die State Member Banks und andere Finanzinstitute.[376] Alle National Banks sind verpflichtet, beim Federal Reserve System Einlagen zu unterhalten[377], wonach sie dann auch dessen Aufsicht unterliegen.[378]

Die Prüfungen durch den Board of Governors verlaufen nach dem gleichen Muster wie die des Comptroller of the Currency.[379] Jede ihrer Aufsicht unterliegende Bank wird dabei mindestens alle 18 Monate einmal von jener Federal Reserve Bank überprüft, in deren Distrikt sie gelegen ist.[380] Einmal jährlich gibt der Board of Governors einen ausführlichen Bericht an den Kongreß, in dem die einzelnen Tätigkeiten und Maßnahmen mit Begründungen aufgeführt werden.[381]

Obwohl der Federal Reserve Board vom Gesetz damit betraut ist, die National Banks zu überwachen, wird dies faktisch nur sehr selten von ihm selbst durchgeführt. Statt dessen wird diese Aufgabe häufig vom Comptroller of the Currency wahrgenommen, da dieser auch für die Konzessionserteilung zuständig ist.[382]

Für die State Banks ist der Beitritt zum Federal Reserve System freiwillig. Sofern sie sich entscheiden, Mitglied des Systems zu werden, können auch sie von diesem Augenblick an vom Federal Reserve System überwacht werden[383] und gelten fortan als State Member Banks. Hinsichtlich der State Member Banks reicht die Aufsicht von der Billigung der Zulassung zum Federal Reserve System über die Erlaubnis zur Gründung einer Filiale bis hin zur Überwachung der Einhaltung verschiedener Regelungen für einen sicheren Geschäftsbetrieb, wie sie auch für andere Finanzinstitute Anwendung finden Hierzu zählen beispielsweise Regelungen zur Einhaltung von Sicherheitsbestimmungen und zur Interpretation

---

376 Hierzu zählen die Bank-Holdinggesellschaften mit ihren Töchtern und die sogenannten Edge Act Corporations. Siehe auch: *Walter,* (Das Federal Reserve System), S. 67.

377 Alle National Banks sind somit Aktionäre der Federal Reserve Bank. Vgl. insoweit *Deak,* (Mechanismus), S. 38; *Pollard,* (Banking Law), S. 50; *Schroeder,* (Law and Regulation), § 3.03[4].

378 *Solomon et al.,* (Banking Law), § 77.02,77-6; 12 Federal Reserve Act § 2, 12 U.S.C. § 282; *Kathleene Donahoo / Marjorie Mancini / Richard Mead / Mark McGauley / Stephen Sun / David Toscano,* An Overview of U.S. Financial Institutions, Federal Reserve Bank of New York, New York 1988, S. 8.

379 *Morschbach,* (Struktur ausländischer Bankensysteme), S. 49.

380 *Solomon et al.,* (Banking Law), § 77.03[2],77-12; *Schroeder,* (Law and Regulation), § 3.03[3].

381 12 U.S.C. § 247a.

382 *Schroeder,* (Law and Regulation), § 3.03[3].

383 12 U.S.C. § 321, *Spong,* (Banking Regulation), S. 54.

von Konsumentenschutzgesetzen.[384] In die Zuständigkeit des Federal Reserve Systems fällt außerdem die Genehmigung von Fusionen, soweit es sich um State Member Banks oder um Bank Holding Companies handelt.[385]

3. Federal Deposit Insurance Corporation (FDIC)[386]

Die FDIC mit Sitz in Washington D.C. ist eine mit eigener Rechtspersönlichkeit und Aufsichtsbefugnissen ausgestattete Bundesbehörde und gleichzeitig ein Einlagensicherungsfond[387], an dessen Spitze fünf Direktoren stehen.[388] Drei der Direktoren werden vom Präsidenten der Vereinigten Staaten mit Zustimmung des Senats für 6 Jahre ernannt. Als vierter und fünfter Direktor werden der Comptroller of the Currency und der Direktor des Office of Thrift Supervision[389] ex officio vom Präsidenten bestellt.[390] Allen Mitgliedern des FDIC-Vorstandes ist es verboten, während ihrer Amtszeit und der folgenden zwei Jahre eine Position, Beschäftigung oder Beteiligung an einer der versicherten Banken innezuhaben.[391] Die Arbeit der FDIC wird durch eine Vielzahl von Abteilungen und Komitees unterstützt. Hierzu gehören das Büro des Comptroller of the Currency, das

---

384 Besonders wichtige Verbraucherschutzgesetze sind etwa der "Truth in Lending Act" und der "Equal Credit Opportunity Act". Hiermit befaßt sich diese Arbeit eingehend im siebten Kapitel unter B, V, 1 u. 5, S. 196 u. 199.

385 *Board of Governors of the Federal Reserve System,* (Purposes and Functions), S. 71.

386 Zu Organisation und Aufgaben der Federal Deposit Insurance Corporation siehe: http://www.fdic.gov/about/learn/symbol/index.html; *Kenneth E. Scott / Thomas Mayer,* Risk and Regulation in Banking: Some Proposal for Federal Deposit Insurance Reform, in: Stanford Law Review Vol. 23, 1971, S. 857 ff.; *Spong,* (Banking Regulation), S. 55; *Pollard,* (Banking Law), S. 52; *Milton Schroeder,* The Law and Regulation of Financial Institutions, Volume 2, Austin 2005, § 11.

387 12 U.S.C. § 1811; Ausführlich zu Aufgaben und Organisation: *Federal Deposit Insurance Corporation,* A brief History of Deposit Insurance in the United States, Washington 1998, S. 53 ff.; *Eckhard Paul Imhof,* Einlagensicherung in den USA, in: ZfgK 1980, S. 57 f.; *George G. Kaufmann,* Einlagenversicherung in den USA, in: ZfgK 1978, S. 762; vgl. dazu auch *Barnett / Horvitz / Silverberg,* Deposit insurance. The present system and some alternatives, in: Banking Law Journal 94, 1977, S. 304 ff.

388 *Schroeder,* (Law and Regulation), § 11.01.

389 Das Office of Thrift Supervision (OTS) ist die Aufsichtsbehörde die für die Überwachung der Federal Savings Banks zuständig ist. Bezüglich der in dieser Arbeit behandelten Geschäftsbanken hat das OTS keine Funktionen. Zum OTS eingehend *Spong,* (Banking Regulation), S. 61.

390 *John C. Deal / David B. Newman / William H. Schlichting / Jeffrey Cooper,* Banking Law, New York, Oakland, Albany 1989, Volume 3, § 41.06[1].

391 12 U.S.C. § 1812.

Büro für Jahresabschlußprüfungen, das Büro des leitenden Sekretärs, das Büro für Beziehungen zum Kongreß, das Büro für Angelegenheiten des Konsumentenschutzes, die Rechtsabteilung, die Liquidationsabteilung und die Abteilung für Bankprüfungen.[392]

Neben den bankenaufsichtlichen Aufgaben der FDIC sind die Zulassung von Banken zu dieser Versicherung, die Leitung der Versicherung sowie die Abwicklung der Geschäfte im Falle eines Bankzusammenbruchs weitere Kernfunktionen dieser Aufsichtsbehörde.[393] Zu ihren zahlreichen zusätzlichen Pflichten gehören insbesondere die Überwachung von Konsumentenschutzgesetzen und die Mitsprache bei Bankzusammenschlüssen.[394]

Alle National Banks sowie alle State Member Banks[395] müssen bei der FDIC versichert sein.[396] Auch State Non-MemberBanks können die Aufnahme in die Einlagenversicherung beantragen und heißen nach Billigung ihres Aufnahmeantrages Insured State Banks.[397]

Einige Bundesstaaten genehmigen die Gründung einer Bank erst, wenn von der FDIC Versicherungsschutz zugesagt wurde. Aus diesem Grunde, aber auch wegen des Wettbewerbs um den Bankkunden, dem gegenüber man mit den Sicherheitsvorteilen durch die Zugehörigkeit zur FDIC wirbt, haben sich die meisten der nicht versicherungspflichtigen Commercial Banks ebenfalls bei der FDIC versichert.[398]

Ursprüngliche Rechtfertigung für ihre Existenz fand die FDIC im Gedanken des Einlegerschutzes. Dieser Versicherungsschutz deckt pro Kunden und Bank einen Betrag von 100.000 Dollar.[399] Die für die Teilnahme an der FDIC von den Banken zu zahlende Prämie wird nach der Höhe der gesamten Bankeinlagen berechnet.[400]

---

392 *Morschbach,* (Mechanismus), S. 50; Eine ausführliche Beschreibung der Aufgaben der einzelnen Abteilungen und Komitees findet sich bei *Deal et al.,* (Banking Law), § 41.06[2]-[6].

393 *Deal et al.,* (Banking Law), § 41.03; *Heinz Schäfer,* Bankaufsicht - Möglichkeiten und Grenzen ihrer Organisation aus rechtlicher Sicht, in: ÖBA 1985, S. 201 (209); *Spong,* (Banking Regulation), S. 56.

394 *Deal et al.,* (Banking Law), § 41.03; *Schroeder,* (Law and Regulation), § 11.01.

395 *Deak,* (Mechanismus), S. 39.

396 12 U.S.C. § 1818.

397 12 U.S.C. § 1817(a).

398 *Werner A. Müller,* Bankenaufsicht und Gläubigerschutz, Studien zum Bank und Börsenrecht, Band 6, Baden-Baden 1981, S. 104; *Sam Peltzman,* Entry in Commercial Banking, in: Journal of Law and Economics 1965, S. 11 (12).

399 12 U.S.C. § 18218a)(2); 12 C.F.R. § 330; *Schroeder,* (Law and Regulation), § 11.02.

400 *Schierenbeck,* (Amerikanisches Bankwesen), S. 31 (45).

Neben der Einlagensicherung wird in der neueren Diskussion zusätzlich die Unterstützung kleiner Banken, das heißt solcher, die sich nicht wie große und gut kapitalisierte Banken aufstellen können, als eine weitere notwendige Aufgabe dieser Versicherung angesehen.[401] Grundgedanke ist dabei, daß für kleine Banken die gleichen Wettbewerbsvoraussetzungen gelten sollen wie für große und daß die Vermutung des "too big to fail" nicht zu einer Benachteiligung der kleinen Banken führen darf.[402]

Um zur FDIC zugelassen zu werden, muß die Bank einen Antrag zur Aufnahme in die Versicherung beim regional zuständigen Direktor[403] stellen.[404] Daraufhin wird die sich bewerbende Bank von der FDIC hinsichtlich ihrer finanziellen Entwicklung, ihrer Eigenkapitalstruktur, ihrer künftigen Gewinnentwicklung, der Qualität ihres Managements und der Erfordernisse der volkswirtschaftlichen Situation in ihrer Region eingehend untersucht.[405] Mit der die Prüfung abschließenden Billigung des Vorstandes kann die Bank dann Mitglied bei der FDIC werden.[406] Im Falle eines Negativbescheids kann der Bewerber innerhalb von 15 Tagen gegen die Entscheidung der FDIC Beschwerde einlegen. Über diesen Widerspruch urteilt der Vorstand der FDIC selbst.[407]

Die Bankenaufsicht der FDIC erstreckt sich auf alle bei ihr versicherten Kreditinstitute[408] und erfolgt nach dem gleichen Schema wie die Aufsicht durch den Comptroller of the Currency und den Federal Reserve Board. Für ihre Prüfungen[409] hat die FDIC ein Rating-System eingeführt, mit welchem die Wahrscheinlichkeit der Inanspruchnahme der Versicherung durch die verschiedenen Kreditinstitute ermittelt wird.[410] Banken, bei denen die Prüfer Mängel aufdecken, werden je nach Gefährdungsgrad in verschiedene Klassen eingeteilt. Diese reichen von "serious problems", das heißt, daß die Versicherung mit einer Wahr-

---

401 *Nicholas Economides / R. Glenn Hubbard / Darius Palia,* Federal Deposit Insurance: Economic Efficiency or Politics, in: Regulation 1999, Vol. 22, No. 3, S. 15.

402 *Werner F. Ebke,* Einlagensicherung, Bankenaufsicht und Wettbewerb in den USA und in der Europäischen Union, in: ZVglRWiss 1995, S. 1 (32); *Stephen K. Huber,* The Federal Deposit Insurance Corporation Improvement Act of 1991, in: 109, Banking Law Journal 1992, S. 300 (303); *Hüpkes,* (Bank Insolvency) S. 15 f.

403 12 C.F.R. § 303.

404 12 U.S.C. § 1815(a)(1); *Schroeder,* (Law and Regulation), § 11.01[2].

405 *Deal et al.,* (Banking Law), § 53.03[1]-[[7].

406 12 U.S.C. § 1815.

407 12 U.S.C. § 1815(a)(5); 12 C.F.R. § 303.

408 *Schroeder,* (Law and Regulation), § 11.01.

409 Die Beschreibung solcher Prüfungen findet sich bei *Seidman,* (The American Experience) S. 73; *Deal et al.,* (Banking Law), Chapter 44.

410 *Morschbach,* (Struktur ausländischer Bankensysteme), S. 51; *Schroeder,* (Law and Regulation), § 11.05[1].

scheinlichkeit von über 50 Prozent in Anspruch genommen wird, bis hin zu "other problems", bei denen lediglich eine zeitweilige Schwächesituation der Bank angenommen wird. Nach der Durchführung verschärfter und vermehrter Prüfungen zur Behebung von Mißständen kann die FDIC bei anhaltenden Gesetzesverstößen oder risikoreichen, unseriösen Geschäftspraktiken und nach Anhörung der betreffenden Bank diese aus der Einlagenversicherung entlassen.[411]

Auch wenn wegen der hohen Verluste, welche die FDIC seit vielen Jahren macht, immer wieder die Frage gestellt wird, ob es eine Versicherung in dieser Form überhaupt noch geben sollte[412], gehören derzeit 99 Prozent aller Commercial Banks der FDIC an.

4. Die Aufsichtsbehörden der Einzelstaaten

In jedem der fünfzig Bundesstaaten existieren nach dem jeweiligen Bankenrecht organisierte Bankenaufsichtsbehörden. Ihre Aufsichtstätigkeit beschränkt sich nach den Grundsätzen des dualen Bankensystems auf die Kontrolle der State Banks. State Member Banks und Insured State Banks fallen ebenfalls unter die Aufsicht der Einzelstaaten, müssen sich aber auch der Kontrolle der entsprechenden Bundesbehörde, das heißt des Federal Reserve Board oder der FDIC, unterwerfen.[413]

II. Die Zusammenarbeit der Bankenaufsichtsorgane

Im komplexen System der amerikanischen Bankenaufsicht werden die National Banks durch den Comptroller of the Currency, das Federal Reserve System und die FDIC kontrolliert, State Member Banks durch das Federal Reserve System, die FDIC sowie das jeweilige State Banking Department und State Non-Member Banks teilweise durch die FDIC, teilweise durch das State Banking Departement.[414] Von einer geplanten, regelmäßigen und geordneten Zusammenarbeit

---

411 12 U.S.C. § 1818(t)(2); *Schroeder,* (Law and Regulation), § 10.01[10].

412 *Charles W. Calormiris,* Runs on Banks and the Lessons of the Great Depresssion, in: Regulation 1999, Volume 22, No. 1, S. 4; *Franklin R. Edwards,* Can Regulatory Reform Prevent The Impending Disaster in Financial Markets, in: Restructuring the Financial System, Federal Reserve Bank of Kansas City, Kansas 1987, S. 5; *Anna J. Schwartz,* Financial Stability and the Federal Safety Net, unveröffentlichter Vortrag für das American Enterprise Institute, 1987.

413 *Osthoff,* (Das Bankwesen), S. 371 (372); *Schroeder,* (Law and Regulation), § 2.03[1][d].

414 *Schroeder,* (Law and Regulation), § 2.03.

kann keine Rede sein. Diese Dreiteilung des amerikanischen Bankenaufsichtswesens allein auf Bundesebene, hat wegen der daraus resultierenden Überschneidungen und Doppelzuständigkeiten vielfach zu Kritik geführt.[415]

Komplikationen, die sich aus der unklaren Abgrenzung der Zuständigkeiten ergeben, werden oft sogar noch dadurch verschärft, daß von den verschiedenen Behörden eine unterschiedliche Aufsichtspolitik mit abweichenden Entscheidungen in gleichen Situationen betrieben wird.[416] Die Zusammenarbeit der Behörden besteht daher weniger in einer Koordination als vielmehr in einer Kumulation weitgehend gleicher Prüfungsmöglichkeiten.

Um diese Schwerfälligkeit wenigstens ansatzweise zu vermindern, erfolgt bei sich überschneidenden Zuständigkeitsbereichen ein freiwilliger, gegenseitiger Informationsaustausch. Ein Beispiel hierfür sind die sich überschneidenden Aufsichtsbefugnisse des Comptroller of the Currency und des Board of Governors. Wegen der bestehenden Ähnlichkeit der Kontrollbefugnisse erfolgt die Prüfung der Commercial Banks meist nur noch durch den Comptroller of the Currency, der dann den Federal Reserve Board über die Ergebnisse informiert.[417]

Zu den sich aus dieser Dreiteilung ergebenden Koordinierungsschwierigkeiten kommt hinzu, daß die Banken, je nach dem, welche Art der Konzession sie beantragen und ob sie sich entscheiden, Mitglied in der FDIC zu werden, ihre Aufsichtsbehörde teilweise selbst aussuchen können. Da die Budgets der Aufsichtsbehörden von Anzahl und Größe der von ihnen beaufsichtigten Banken abhängen, besteht ihrerseits ein Interesse, möglichst viele Banken an sich zu binden. Dieses Zusammenwirken von Wahlmöglichkeit der Banken auf der einen Seite und dem Streben nach Größe der Aufsichtsbehörden andererseits birgt die Gefahr, daß eine unabhängige Erfüllung der Aufsichtsaufgaben und das Erreichen der Aufsichtsziele erschwert werden. Mit der Wahl ihrer Charter können die Institute die Bankenaufsicht aussuchen, die ihnen die besten Geschäftsmöglichkeiten gewährt.[418]

---

415 *United States Government Accountability Office,* Financial Regulation: Industry Changes Prompt Need to Reconsider U.S. Regulatory Structure, Washington D.C, October 2004, S. 17; *Richard J. Rosen,* Is Three a Crowd? Competition Among Regulators in Banking, Federal Reserve Bank of Chicago, Chicago, December 2001, S. 1 ff.; *James Barth / Daniel E. Nolle / Triphon Phumiwasana / Glenn Yago,* A Cross-Country Analysis of the Bank Supervisory Framework and Bank Performance, Office of the Comptroller of the Currency, Washington D.C. 2002.

416 Beispiele hierfür finden sich bei *Schäfer,* (Bankaufsicht), S. 201 (210).

417 *Puckler,* (Das Bankwesen), S. 22.

418 *Rosen,* (Is three a crowd?), S. 2 f.; *Maximilian Hall,* Banking Regulation and Supervision: Comparative Study of the UK, USA and Japan, Aldershot / Brookfield, 1993, S. 55.

Die Suche nach einer Vereinfachung der Prüfungen und einer effektiven Koordination der Bankenaufsichtsbehörden ist bisher nicht über bescheidene Ansätze[419] zu einer besseren Zusammenarbeit hinausgekommen und im wesentlichen am Widerstand der Überwachungsorgane selbst gescheitert.[420] Nur in geringem Maße konnte der Federal Financial Institutions Regulatory and Interest Rate Control Act von 1978[421] hier Abhilfe leisten.[422] Ziel dieses Gesetzes ist es, durch den Financial Institutions Examinations Council[423] die Aufsichtskriterien der Bundesbehörden und das Berichtwesen der Kreditinstitute zu vereinheitlichen. Wie dringend eine solche Vereinheitlichung geboten ist, zeigt bereits der erste Fall einer Großbankinsolvenz der Nachkriegsperiode, nämlich das Scheitern der U.S. National Bank of San Diego[424], in dessen Folge gegen den Comptroller of the Currency und die FDIC öffentlich schwere Vorwürfe wegen mangelnder Zusammenarbeit, Sorgfalt und Entschlußkraft erhoben worden.[425]

Ein weiterer Kritikpunkt sind die hohen Kosten, die mit dieser komplexen und unübersichtlichen Aufsichtsstruktur verbunden sind. So geben die Banken an, 10 Prozent ihrer gesamten Kosten auf die Anwendung der verschiedenen aufsichtsrechtlichen Richtlinien zu verwenden. Probleme ergeben sich auch aus der mit dieser Aufsichtsstruktur verbundenen Bürokratie, der Ineffizienz und der geringen Effektivität der Arbeit der Aufsichtsgremien, was sich gerade in Zeiten des schnellen Wandels auf dem Bankensektor besonders negativ auswirkt.[426]

Reformvorschläge, unter anderem die der "Task Group on Regulation of Financial Services", in der alle Bundesaufsichtsbehörden vertreten sind, sehen für die Bankenaufsicht auf Bundesebene nur noch zwei Behörden vor, wodurch die bisherige Dreiteilung des Systems beendet werden könnte.[427] Weiterhin soll die

---

419 Der Vorsitzende der FDIC, der Vorsitzende der Federal Reserve und der Comptroller of the Currency treffen sich unter anderem zu sogenannten "breakfast table", bei denen sie aktuelle Probleme der Bankenaufsicht diskutieren. 12 U.S.C. § 1820(d) fordert allgemein, daß sich die drei Bundesaufsichtsbehörden untereinander und mit den Aufsichtsbehörden der Einzelstaaten abstimmen

420 *Osthoff,* (Das Bankwesen), S. 371 (373); *Werner Wolff,* Reformen im US-Bankwesen, in: ZfgK 1976, S. 648 (650); *Richard Mader,* Das Bankenaufsichtssystem der USA - Entwicklungen und Perspektiven, in: Wirtschaftspolitische Blätter, 1986, Band 33, S. 105.

421 Pub. L. 95-630, Nov. 10, 1978, 92 Stat. 3641.

422 12 U.S.C. § 3305 et seq..

423 *Spong,* (Banking Regulation), S. 57; *Schroeder,* (Law and Regulation), § 7.01[1].

424 *Schroeder,* (Law and Regulation), § 1.02[6][a].

425 *Seidman,* (The American Experience), S. 74.

426 Zu beiden Kritikpunkten: *Raymond S. Sczudlo,* Consolidation of US banking regulation proposed, in: International Financial Law Review 1994, S. 19 f.

427 Schon früher haben mehrere Reformansätze die Konzentration der Bankenaufsicht bei einer Bundesbehörde vorgeschlagen (Hoover Commission von 1949 und die

Aufsicht über National Banks durch eine neu zu schaffende Behörde, die Federal Banking Agency, durchgeführt werden und die Aufsicht über State Banks durch den Federal Reserve Board erfolgen. Die Überwachung über die Einlagenversicherung soll den Reformvorschlägen zu Folge weiter bei der FDIC verbleiben.[428] Trotz dieser seit vielen Jahren stattfindenden Diskussion konnte sich bisher eine wirklich grundlegende Reform der amerikanischen Bankenaufsicht nicht durchsetzen.

III. Die internationale Zusammenarbeit der Bankenaufsichtsorgane

Die internationale Zusammenarbeit mit anderen Aufsichtsbehörden findet im wesentlichen über den bei der Bank für Internationalen Zahlungsausgleich (BIZ) angesiedelten Baseler Ausschuß für Bankenaufsicht statt.[429] Dieser Ausschuß erhebt für sich den Anspruch ein Forum für die Diskussion bankenaufsichtsrechtlicher Themen zu sein.[430] Obwohl die dort getroffenen Entscheidungen für die Mitgliedstaaten rechtlich keine bindende Wirkung haben, werden sie aufgrund des im Ausschuß geltenden Konsensprinzips weitgehend akzeptiert.[431] Die Vereinigten Staaten haben als Mitglied der Zehnergruppe aktiv an den Empfehlungen zur Harmonisierung der Bankenaufsicht mitgewirkt und so auch die Vereinbarungen von Basel I und Basel II mitgestaltet.

FINE-Studie des Banking Committee des Repräsentantenhaus von 1975). Vgl. insoweit auch *J.L. Robertson,* The Case for a Single Bank Regulatory Agency, in: *T. Havrilesky / J. Boorman (Hrsg.),* Current Perspectives in Banking, 2. Auflage, Illinois 1980, S. 477 ff. 1971 trat "The President's Commission on Financial Structure and Regulation" (Hunt Commission) für die Gründung zweier Bankenaufsichtsbehörden auf Bundesebene ein. Eine Zusammenstellung auch bei *Sczudlo,* (Consolidation), S. 19 (20) und *United States Government Accountability Office,* (Financial Regulation), S. 75.

428 *Mader,* (Bankenaufsichtssysteme), S. 105 (106).

429 Siehe hierzu bereits Viertes Kapitel, A, IV, S. 83.

430 *Bank für internationalen Zahlungsausgleich,* The Basel Committee on Banking Supervision, http://www.bis.org/bcbs/aboutbcbs.htm.

431 *Deutsche Bundesbank,* Weltweite Organisationen und Gremien im Bereich von Währung und Wirtschaft, Sonderveröffentlichung der Deutschen Bundesbank, Frankfurt a.M März 2003, S. 210 f.

C. Zusammenfassung und Vergleich

Die Art und Weise, wie die staatliche Bankenaufsicht in Deutschland und den Vereinigten Staaten organisiert ist, weist große Unterschiede auf.

In Deutschland werden die bankenaufsichtrechtlichen Funktionen im wesentlichen von der Bundesanstalt für Finanzdienstleistungsaufsicht mit Sitz in Bonn und Frankfurt am Main wahrgenommen. Im Sinne einer Allfinanzaufsicht wird von ihr die Aufsicht über Banken, Versicherungen und Wertpapierhandelshäuser durchgeführt. Das System der Bankenaufsicht wird durch die Einbindung der Deutschen Bundesbank mit ihrer föderalen Struktur von Hauptniederlassungen und Filialen ergänzt. In der jüngeren Zeit wurde durch gesetzliche Neuerungen und Klarstellungen die Einbeziehung der Deutschen Bundesbank in die bankenaufsichtlichen Aufgaben ausdrücklich festgelegt und ihre Kooperation mit der Bundesanstalt für Finanzdienstleistungsaufsicht geregelt. Die Zusammenarbeit der beiden Institutionen wird durch einzelne, jeweils speziell gesetzlich begründete Mitwirkungsbefugnisse der Deutschen Bundesbank an der Bankenaufsicht konkretisiert. Bei diesem Zusammenwirken sieht der Gesetzgeber jedoch graduelle Unterschiede vor. Bankaufsichtliche Entscheidungen gegenüber den Kreditinstituten, insbesondere der Erlaß von Verwaltungsakten, stehen lediglich der Bundesanstalt für Finanzdienstleistungsaufsicht zu.

In dem wesentlich stärker dezentral organisierten amerikanischen Aufsichtswesen gibt es keinen vorherrschenden Regulierer. Die Aufsicht über Finanzdienstleistungsunternehmen in den Vereinigten Staaten unterscheidet die Aufsicht über Banken, die Aufsicht über Versicherungen und die Aufsicht über Wertpapierhandelsunternehmen. Eine einzelne, zentrale Aufsichtsbehörde im Sinne einer Allfinanzaufsicht existiert in den Vereinigten Staaten nicht. Für die im Mittelpunkt dieser Arbeit stehenden National Banks ist der Comptroller of the Currency wichtigste Aufsichtsbehörde, da dieser für die Vergabe der National Bank Charter zuständig ist. Der Comptroller of the Currency gehört organisatorisch zum Finanzministerium, ist von diesem aber weitgehend weisungsunabhängig. Der Board of Governors of the Federal Reserve System übt insbesondere gegenüber den Bank Holding Companies und den State Member Banks die Bankenaufsicht aus. Auch er ist weitgehend weisungsunabhängig. Die dritte Bundesaufsichtsbehörde ist schließlich die Federal Deposit Insurance Corporation, die alle bei ihr versicherten Banken überwacht. Auch sie ist eine weisungsunabhängige Institution.

Die deutsche Bundesanstalt für Finanzdienstleistungsaufsicht ist eine selbständige Bundesoberbehörde. "Selbständig" bedeutet dabei, daß sie eine Verwaltungstätigkeit auf der zentralen Bundesebene ohne eigenen Mittel- und Unterbau wahrnimmt. Im Gegensatz zu den drei Aufsichtsbehörden in den Vereinigten

Staaten ist die Bundesanstalt für Finanzdienstleistungsaufsicht eine gegenüber dem Bundesministerium der Finanzen weisungsabhängige Bundesbehörde. Dabei ist jedoch festzustellen, daß die Bundesanstalt trotz der Einbindung in die Hierarchie des deutschen Staats- und Verwaltungsapparates aufgrund des bei ihr gebündelten Expertenwissen und Sachverstandes faktisch eine weitgehende Unabhängigkeit genießt.

Zum Teil überwachen die amerikanischen Aufsichtsbehörden unterschiedliche Banken, zum Teil gibt es aber auch große Überlappungen der Aufsichtsbefugnisse. Dies hat in der Vergangenheit immer wieder zu erheblicher Kritik geführt. Auch wenn es zwischen dem Comptroller of the Currency, der FDIC und der Federal Reserve eine gewisse Arbeitsteilung gibt, haben doch alle drei Aufsichtsbehörden das Recht, unabhängig voneinander jederzeit Bankprüfungen vorzunehmen.

Die in drei nationale und 50 einzelstaatlichen Aufsichtsinstanzen fragmentierte Struktur des amerikanischen Systems hat bis heute verhindert, daß ein seit vielen Jahren immer wieder geforderter Reformprozeß tatsächlich umgesetzt werden konnte. Nur sehr langsam ist hier ein Umdenken zu beobachten, das sich zum Beispiel in der zuletzt immer restriktiveren Verwendung von staatlichen Mitteln aus dem Einlagenfonds der FDIC dokumentiert.

Im Unterschied zur amerikanischen Federal Reserve Bank hat sich die Bundesbank nie als "lender of last resort" und damit nie als letzte Instanz für Refinanzierungsprobleme der Banken verstanden. Durch entsprechende Regelungen zu Liquiditätshilfen, wie sie in den Vereinigten Staaten bestehen, könnte die Risikobereitschaft der Banken bei der Kreditvergabe unnötig gesteigert werden. Eine solche Aufgabe wurde im Gesetz für die Deutsche Bundesbank nicht festgelegt.

Anders als in den Vereinigten Staaten besteht in Deutschland neben dem staatlich organisierten Einlagensicherungssystem auch eine freiwillige, privat organisierte Einlagensicherungseinrichtung der deutschen Banken. Auch wenn den deutschen Einlagensicherungseinrichtungen nicht unmittelbar bankenaufsichtsrechtliche Aufgaben zustehen, üben sie durch die Möglichkeit Prüfungen durchzuführen und ihr Mitwirken am Erteilen einer Bankerlaubnis maßgeblichen Einfluß auf ihre Mitglieder aus, der faktisch als bankenaufsichtsrechtliche Funktion angesehen werden kann. In beiden Ländern ist die Mitgliedschaft in der staatlichen Einlagenversicherung gesetzlich vorgeschrieben.

Vor dem Hintergrund der globalisierten Tätigkeiten der Banken und einer entsprechend zunehmenden Bedeutung einer internationalen Harmonisierung der Bankenaufsicht koordinieren sich die deutschen und amerikanischen Bankenaufsichtssysteme durch den in Basel bei der Bank für internationalen Zahlungsausgleich tagenden Ausschuß zur internationalen Bankenaufsicht. Die dort beschlossene Rahmenvereinbarung zur internationalen Konvergenz der Eigenkapitalmessung und der Eigenkapitalanforderungen, Basel II, ist ein Ergebnis dieser Zusammenarbeit.

Fünftes Kapitel: Die Internationalisierung der Bankenaufsicht

Während in der Vergangenheit nationale Perspektiven die Ausgestaltung der Bankenaufsicht bestimmten, hat sich vor dem Hintergrund der Globalisierung der Finanzmärkte auch eine Internationalisierung der Bankenaufsicht als notwendig erwiesen. Eine lediglich auf den jeweiligen Einzelstaat ausgerichtete Bankenaufsicht wird den Erfordernissen, die eine solche Internationalisierung der Geschäftstätigkeit der Banken mit sich bringt, nicht hinreichend gerecht.[432] Die dargestellte Zusammenarbeit der Bankenaufsichtsbehörden kann daher nur als ein Schritt der Internationalisierung der Bankenaufsicht verstanden werden. Als weitere Schritte sind vielmehr die Koordination bankenaufsichtsrechtlicher Bestimmungen und schließlich die Harmonisierung der Aufsichtsstandards erforderlich.[433] Mit der Zielsetzung einer solchen Harmonisierung hat sich bei der Bank für Internationalen Zahlungsausgleich der sogenannte "Baseler Ausschuß für Bankenaufsicht" gebildet. Wie schon dargestellt, wurden bereits mit den im Jahre 1988 getroffenen Beschlüssen von Basel I entscheidende Schritte in diese Richtung unternommen. Die Beschlüsse wurden jedoch in einigen Punkten so stark kritisiert, daß sie überarbeitet werden mußten. Die in Basel sowohl für Deutschland als auch für die Vereinigten Staaten getroffene Vereinbarung zur Eigenkapitalausstattung von Kreditinstituten bestimmt nachhaltig die Rahmenbedingungen der Banken. Da diese die Geschäfts- oder Risikoübernahmemöglichkeiten der Banken begrenzt, wird so maßgeblich die Geschäftspolitik der Banken beeinflußt. Indem sie in die Geschäftsmöglichkeiten der Banken eingreifen, wirken diese neuen Regelungen mittelbar aber auch auf die Kunden der Banken.

Größter Kritikpunkt an den Basel-I-Regelungen war, daß die Bonität der Kreditnehmer zwar in Abhängigkeit von Kreditnehmergruppen festgelegt, innerhalb

---

432 *Claus Köhler*, Internationale Aspekte der Bankenaufsicht, Vortrag vor dem Sparkassen-Prüfertag am 21.9.1983, in: *Deutsche Bundesbank*, Auszüge aus Presseartikeln 1983, Nr. 87, S. 1; *o.V.*, Aufsichtsstruktur spaltet die Branche, in: Financial Times Deutschland, 31.8.2005, S. 20.

433 *Köhler*, (Internationale Aspekte) S. 1 (3); *Edgar Meister*, Grenzüberschreitende Bankenaufsicht verstärken, Zusammenwachsende Märkte erfordern vergleichbare Spielregeln für alle Marktteilnehmer, in: *Deutsche Bundesbank*, Auszüge aus Presseartikeln 1998, Nr. 51, S. 1; *Georg Jakobs*, Ein Mosaikstein, in: Handelsblatt, 17.6.1996, S. 29.

dieser Gruppen jedoch keine Differenzierungen vorgenommen wurde.[434] Das bedeutet zum Beispiel im Falle eines Kredites an ein Unternehmen, daß selbst solche Unternehmen, die wegen ihrer guten wirtschaftlichen Lage nur ein sehr geringes Kreditausfallrisiko bergen, unter die gleiche pauschale Betrachtung fallen wie weniger starke Unternehmen. Da sie sich an einem Risiko messen lassen müssen, das über dem tatsächlich vorhandenen Gefahrenpotential liegt, finanzieren sie mit ihrem dafür gezahlten überhöhten Zinssatz schwächere Unternehmen mit. Diese wiederum zahlen im Verhältnis zu ihrem Kreditausfallrisiko zu geringe Zinsen. Ein ähnlicher Fall und damit weiterer Kritikpunkt ist die in Basel I vorgesehene Differenzierung in OECD-Mitgliedstaaten und solche Staaten, die keine OECD-Mitglieder sind. Während demnach die Banken einen Kredit an ein hoch entwickeltes Land wie Singapur mit dem vollen Zinssatz von 8 Prozent unterlegen müssen, bedarf es für Kredite an ein Schwellenland wie Mexiko, das zwar OECD-Mitglied ist, jedoch ein viel größeres Ausfallrisiko birgt, keiner Eigenkapitalunterlegung. Ein weiterer Schwachpunkt von Basel I ist, daß das Gesamtrisiko einer Bank nicht nur aus Kreditrisiken und Marktrisiken ermittelt wird. Zu dem Gesamtrisiko müssen vielmehr auch operationelle Risiken hinzugerechnet werden, das heißt solche Risiken, die sich nicht durch den Kreditnehmer oder den Markt begründen lassen, sondern die sich aus der operativen Tätigkeit der Bank selbst ergeben. All diese Kritikpunkte sollten durch eine Überarbeitung von Basel I korrigiert werden. Im Juni 1999 wurde daher vom Baseler Ausschuß für Bankenaufsicht das erste Konsultationspapier[435] für die neuen Eigenkapitalrichtlinien Basel II vorgelegt.

Nach jahrelangen Konsultationen haben am 26. Juni 2004 die Notenbankgouverneure der Zehnergruppe (G10) und die Leiter der Aufsichtsbehörden dieser Länder der vom Baseler Ausschuß vorgelegten Rahmenvereinbarung über die neue Eigenkapitalempfehlung für Kreditinstitute[436] zugestimmt. Fundamentales Ziel dieser als "Basel II" bezeichneten Rahmenvereinbarung ist es, die Solidität und Stabilität des internationalen Bankensystems weiter zu stärken und dafür zu sorgen, daß die Regelungen zur Angemessenheit der Eigenkapitalausstattung der Banken nicht zu Wettbewerbsverzerrungen zwischen den international tätigen Banken führen.[437]

---

434 *Deutsche Bundesbank,* Neue Eigenkapitalanforderungen für Kreditinstitute (Basel II), in: Monatsbericht September 2004, S. 75 (76).

435 *Baseler Ausschuss für Bankenaufsicht,* A new Capital Adequacy Framework, 50, Basel Juni 1999.

436 *Baseler Ausschuss für Bankenaufsicht,* Internationale Konvergenz der Eigenkapitalmessung und der Eigenkapitalanforderungen, Basel Juni 2004.

437 *Baseler Ausschuss für Bankenaufsicht,* Internationale Konvergenz der Eigenkapitalmessung und der Eigenkapitalanforderungen, Basel Juni 2004, Absatz 4. In den

Insgesamt sollen mit den neuen Regelungen die Kapitalanforderungen an Banken künftig stärker vom eingegangenen Risiko abhängig sein und neue Entwicklungen an den Finanzmärkten sowie im Risikomanagement der Banken berücksichtigt werden. Dabei ist entscheidend, das Gesamtrisiko einer Bank und die wesentlichen Einflußfaktoren auf deren spezifische Risikosituation zu bestimmen und bankaufsichtlich zu würdigen.

Die Ergebnisse des Baseler Ausschusses für Bankenaufsicht sind auch in Basel II lediglich als Empfehlungen formuliert und haben zunächst keine bindende Wirkung.[438] Der Baseler Ausschuß macht aber klar, daß er von den an der Übereinkunft beteiligten Ländern erwartet, die Regelungen in nationales Recht zu überführen.[439] Dabei geben die bankaufsichtlichen Richtlinien den nationalen Gesetzgebern Mindestnormen vor. Die nationalen Vorschriften können dann schärfer ausfallen, dürfen aber nicht weicher formuliert werden.[440]

In Europa werden diese Empfehlungen in der Regel in Richtlinien der Europäischen Union übernommen, welche dann ihrerseits in nationales Recht überführt werden. In den USA werden die Bestimmungen von Basel II nur für die acht[441] größten international tätigen Banken Anwendung finden.[442] Weitere zehn Banken wollen die Richtlinien freiwillig anwenden.[443] Die restlichen Banken werden an den Vorgaben von Basel I und an bestehenden nationalen Regelungen gemessen.

Zunächst sind den Baseler Richtlinien nur international tätige Banken direkt unterworfen. Der Baseler Ausschuß hat in der Vergangenheit jedoch stets eine Katalysatorfunktion für die Weiterentwicklung der Bankenaufsicht in der gesamten Kreditwirtschaft besessen. Es gilt daher als sicher, daß die Empfehlungen des Baseler Akkords für die meisten in Deutschland tätigen Banken wirksam werden.

---

folgenden Fußnoten mit "Basel II" und der Angabe des Absatzes im Dokument bezeichnet.

438 *Günter Borgel / Friedemann Loch / Hiltrud Thelen-Pischke,* Auf dem Weg zur nationalen Umsetzung von Basel II, ZfgK 2005, S. 910 (910).

439 Basel II, Absatz 2.

440 *Hermann, Schulte-Mattler / Ulrich von Kenne,* Basel II Framework - Meilenstein der Bankenaufsicht, in: Die Bank, 2004, S. 37.

441 Durch die Zusammenschlüsse der Fleet Bank und der Bank of America sowie der Bank One und der JPMorganChase hat sich die Anzahl der ursprünglich zehn Großbanken für die Basel II gelten sollte, auf nunmehr acht reduziert.

442 *Roger W. Ferguson,* Capital Standards for Banks: The Evolving Basel Accord, in: Federal Reserve Bulletin, September 2003, S. 400.

443 Diese achtzehn Banken halten jedoch etwa 99 Prozent der Auslandsaktiva des amerikanischen Bankensystems.

A. Die Struktur von Basel II

Nach Ansicht des Baseler Ausschusses beruht eine wirksame Bankenaufsicht, welche die Stabilität der internationalen Finanzmärkte bewahren kann, auf drei Säulen, die eng miteinander verbunden sind.[444] Die erste Säule regelt die Mindesteigenkapitalanforderungen für Kredit- und Betriebsrisiken. Die zweite Säule behandelt den bankaufsichtlichen Überprüfungsprozeß der Adäquanz der Kapitalausstattung und des Risikomanagements (Supervisory Review Process). Die dritte Säule formuliert schließlich Leitlinien für Offenlegungspraktiken zum Zwecke einer Stärkung der Marktdisziplin durch erweiterte Transparenzvorschriften.

Diese drei Säulen sind nicht isoliert voneinander, sondern im engen Zusammenhang miteinander zu verstehen.[445] So können bestimmte bankspezifische Verfahren zur Ermittlung der angemessenen Eigenkapitalunterlegung nach Säule 1 nur dann angewendet werden, wenn diese von der Aufsicht in dem durch Säule 2 bestimmen Prozeß geprüft werden können und die Bank die Marktteilnehmer über die Ausgestaltung ihrer Systeme im Rahmen der nach Säule 3 geforderten Publizitätspflicht informiert.

Mit Übernahme der neuen Richtlinien wird sich das deutsche Aufsichtsrecht mehr und mehr anglo-amerikanischen Aufsichtsgrundsätzen annähern.[446] Diese geben qualitativen Gesichtspunkten[447], verbunden mit Vor-Ort-Überprüfungen, wie sie aus dem kapitalmarktorientierten Trennbanksystem der USA bekannt sind, den Vorzug gegenüber den quantitativen Regelungen des kontinentaleuropäischen, insbesondere des deutschen Systems.

Obwohl im Zusammenhang mit Basel II einerseits von einem Meilenstein für die Bankenaufsicht, einem epochalen Werk oder gar einer Revolution im Kreditgewerbe gesprochen wird[448], so wird andererseits doch nicht an Kritik gespart. Im wesentlichen bezieht sich diese auf die enorme Komplexität und das sehr weitgehende Detaillierungsniveau der Richtlinien.[449] Damit verbunden ist der

---

444 Basel II, Absatz 4.

445 Basel II, Absatz 11.

446 *Nirk*, (Kreditwesen), S. 7.

447 *Stephan Paul*, Kontrolle der Risikoposition von Banken im Spannungsfeld von Markt und Staat, in: BFuP 2002, S. 556 (563 ff.).

448 *Jochen Sanio*, Basel II – Revolution im Kreditgewerbe und in der Bankenaufsicht, in: *Hans Tietmeyer / Bernd Rolfes (Hrsg.)*, Basel II – Das neue Aufsichtrecht und seine Folgen, Wiesbaden 2003, S. 147.

449 *Doris Grass*, BaFin-Präsident zetert über Basel II, in: Financial Times Deutschland, 1.7.2005, S. 19; *Jacobo L. Rodriguez*, International Banking Regulation, Where's the Market Discipline in Basel II, in: Policy Analysis, No. 455, October 15, 2002,

Vorwurf, daß die Anforderungen, die an die Banken und die Aufsichtsbehörden gestellt werden, den gesamten Bankenaufsichtsprozeß so weit verteuern würden, daß die Kosten in keinem Verhältnis zum erhofften Ergebnis stünden.[450] Zwar betreffen die neuen Eigenkapitalrichtlinien vor allem die Banken selbst, doch sind auch aus Sicht der Kreditnehmer radikale Änderungen zu erwarten, die sich besonders aus der ersten Säule, der Neuregelung der Eigenkapitalunterlegung, ergeben werden.

I. Die Erste Säule: Eigenkapitalanforderungen für Kredit- und Betriebsrisiken

Mit der ersten Säule[451] von Basel II wird das Ziel verfolgt, die Eigenkapitalanforderungen der Banken für Kreditrisiken und Markt- beziehungsweise Betriebsrisiken, auch "operationelle Risiken" genannt, weiter zu präzisieren.[452] Insbesondere soll durch die Berücksichtigung interner und externer Bonitätsbeurteilungen[453] ein flexibles, risiko- und marktadäquates System zur Erfassung von Kreditrisiken geschaffen werden.[454] Gleichzeitig sollen die Banken Anreize erhalten, ihre Risikosteuerung zu verbessern.[455] Eine Besonderheit ist, daß nun erstmals die operationellen Risiken bei der Ermittlung der Eigenkapitalquote berücksichtigt werden. Sowohl die Definition des haftenden Eigenkapitals als auch die Eigenkapitalunterlegung in Höhe von mindestens 8 Prozent bleiben von Basel II unangetastet.[456] Auch das Marktrisiko, also vor allem Zins- und Aktienkursrisiken, Währungsrisiken sowie Risiken aus Rohwarengeschäften, gehören zu den Bereichen, die nicht überarbeitet wurden.

S. 2 (14); *Hermann-Josef Lamberti*, Neue Herausforderungen für Banken und Aufsicht, in: ZfgK 2005, S. 510 (518).

450 *Jacobo L. Rodriguez* Banking Stability and the Basel Capital Standards, in: Cato Journal, Vol. 23 No. 1, 2003, S. 115 (122); *Ferguson*, (Capital Standards), S. 401.

451 Basel II, Absatz 40-718.

452 Basel II, Absatz 40.

453 Die Baseler Eigenkapitalvereinbarung spricht hier von Ratings.

454 *Schulte-Mattler / von Kenne*, (Basel II), S. 38.

455 *Erich Keller*, Der Grundsatz I der Bankenaufsicht, Stuttgart 2002, S. 401.

456 *Herman Schulte-Mattler / Uwe Traber*, Neue Aufsichtsregeln für das Kreditrisiko, in: Wertpapier Mitteilungen 1999, S. 2481; Basel II, Absatz 5; *Wilhelm Wolfgarten*, Eigenmittel und Eigenmittelkonsolidierung, in: *Deloitte (Hrsg.)*, Basel II – Handbuch zur praktischen Umsetzung des neuen Bankenaufsichtsrechts, Berlin 2005, S. 53.

1. Kreditrisiken

Das Kreditrisiko stellt einen Kernbereich der neuen Baseler Eigenkapitalrichtlinien dar. Mit der Berechnung des Kreditrisikos soll eine genauere Einschätzung von Risiken, die sich aus der Vergabe eines Kredites ergeben, erreicht werden. Änderungen im Bereich der Kreditrisiken betreffen die Frage, welches Bonitätsgewicht ein Institut einem seiner Geschäftspartner oder einer Forderungsart zukommen lassen muß. Während Marktrisiko und operationelles Risiko direkt von der Bank bestimmt werden, ist das Kreditrisiko hängt vom Kreditnehmer ab und kann von diesem beeinflußt werden. Je nach Bonität ändern sich die Höhe des risikobehafteten Betrages und damit der Bonitätsgewichtungsfaktor. Die Höhe dieses die Bonität bestimmenden Gewichtungsfaktors kann nach Basel II von der Bankenaufsicht durch die Verwendung von zwei Methoden bestimmt werden, der Standardansatz und der interne Ansatz. Der interne Ansatz kommt als werden Basisansatz oder als fortgeschrittener Ansatz zur Anwendung.

Das einfachste Verfahren, das Standardverfahren[457], ist eine Weiterentwicklung der derzeit noch gültigen Basel-I-Regeln.[458] Es gibt an, wie Bonitätsgewichte aus externen Ratings abgeleitet werden können. Die Banken können bei dieser Methode für die verschiedenen Schuldnerklassen wie Staaten, Bankinstitute und Nichtbanken (Unternehmen) auf die Kreditbeurteilungen externer Ratingagenturen[459] zurückgreifen.[460]

Für Kredite an Unternehmen wird nach Basel I einheitlich ein Risikogewicht von 100 Prozent angesetzt, das heißt, all diese Kredite müssen pauschal mit 8 Prozent Eigenkapital unterlegt werden. Der Standardansatz von Basel II unterscheidet hingegen vier Risikogruppen, die sich an der Bonitätseinstufung durch Ratingagenturen orientieren. Dabei werden die Kreditnehmer der Banken von vorgenannten externen Ratingagenturen beurteilt. Die so ermittelte Rating-Klasse bestimmt dann die prozentualen Risikogewichte. Sollte ein Kreditnehmer zwei unterschiedliche Ratings erhalten, muß nach dem Vorsichtsprinzip das für den Kreditnehmer schlechtere Rating zur Kreditvergabe herangezogen werden. In

---

457 Basel II, Absatz 50.

458 *O.V.*, Wie Basel II gutes Risikomanagement belohnt, in: Frankfurter Allgemeine Zeitung, 25.6.2004, S. 12.

459 Zu den externen Ratingagenturen gehören private Unternehmen wie beispielsweise Standard & Poors (http://www.standardandpoors.com), Moody's (http://www.moodys.com), Fitch (http://www.fitchratings.com) oder auch die Exportversicherungsagenturen der G-10-Staaten.

460 Kritisch zur Macht der Ratingagenturen: *Jochen Sanio,* Keine Macht ohne Kontrolle, in: Frankfurter Allgemeine Zeitung, 2.3.2004, S. 27; *Dieter Krimphove / Oliver Kruse,* Regulierung und Haftung von Ratingagenturen: Status Quo und Perspektiven, in: ZfgK 2005, S. 413 (416).

Deutschland wird dies allenfalls Großunternehmen treffen, denn mittelständische Unternehmen werden, wenn überhaupt, in der Regel nur ein Rating in Auftrag geben. Das Standardverfahren ist der einfachste Weg für die Banken, bietet jedoch die geringsten Differenzierungsmöglichkeiten von Kreditengagements. Die Anwendung dieser Methode bedarf in Deutschland und in den Vereinigten Staaten der Zustimmung der Bankenaufsichtsbehörden[461], die wiederum die Aufgabe haben, ihrerseits die Qualität der gewählten externen Beurteilungssysteme zu prüfen. [462]

Als Alternative zur Anwendung dieser Bonitätseinstufung durch externe Agenturen haben die Institute die Möglichkeit, auf der Basis interner Ratings die Bonitätsgewichtungsfaktoren für ihre Geschäftspartner zu bestimmen.[463] Dieser interne Ansatz ist vor allem auf Drängen der Deutschen in die Basel-II-Richtlinien aufgenommen worden und gilt als eine der wichtigsten Neuerungen.[464] Die Möglichkeit, neben externen auch interne Ratings durchzuführen, ist gerade in Deutschland von besonderer Bedeutung, da, anders als in den USA, die wenigsten Unternehmen über externe Ratings verfügen. Externe Ratings werden gewöhnlich nur bei international tätigen Großunternehmen vorgenommen, nicht jedoch bei kleinen und mittleren Unternehmen. Sowohl Kreditinstitute, als auch Unternehmen können nach dieser neuen Basel-II-Methode, auf externe Ratings verzichten.

Die internen Ratings können entweder nach dem Basisverfahren, dem International Ratings Based Approach (IRB-Approach) oder dem fortgeschrittenen IRB-Basisverfahren bestimmt werden, welche beide ausschließlich auf unerwartete Verluste aus dem Kreditgeschäft abstellen. Der Basisansatz ist dazu gedacht, den Banken eine breite Anwendung des internen Ratings zu ermöglichen und dient als Einstieg in die sehr komplexen Meßmethoden.[465] Die Bank darf hierzu nur die Ausfallwahrscheinlichkeit selbst schätzen. Alle restlichen Parameter[466], die in die Bestimmung der Risikokomponenten einfließen, müssen als Vorgaben des Baseler Ausschusses übernommen werden.

---

461 Basel II, Absatz 90.

462 *Christoph Kley / Oliver Everling*, Anerkennung von Ratingagenturen im Rahmen von Basel II, in: Finanz-Betrieb 2002, S. 137 (141 ff.).

463 Basel II, Absatz 211.

464 *Europäische Zentralbank*, Die neue Baseler Eigenkapitalvereinbarung: Wesentliche Merkmale und Auswirkungen, in: Monatsbericht Januar 2005, S. 53 (54).

465 *Deutsche Bundesbank*, Die neue Baseler Eigenkapitalvereinbarung (Basel II), in: Monatsbericht April 2001, S. 15 (41).

466 Neben der Ausfallwahrscheinlichkeit (Probability of Default (PD)) gibt es die Ausfallrate (Loss Given Default (LGD)) als Prozentsatz des Kredites, den ausfallgefährdeten Betrag (Exposure of Default (EAD)) und die Restlaufzeit (Maturity (M)).

Im fortgeschrittenen Ansatz entfallen hingegen die meisten Vorgaben des Baseler Ausschusses. Die Banken haben so die Möglichkeit, sämtliche Parameter an ihre Bedingungen anzupassen. Allerdings dürfen die Werte nicht willkürlich gewählt werden, sondern müssen Ergebnis eines von den Aufsichtsbehörden genehmigten Risikomanagement-Systems sein. Neben solch komplexen Systemen ist das Vorhandensein einer geeigneten Datenbank Voraussetzung für diesen Ansatz. Im Idealfall sollte diese Datenbasis einen kompletten Konjunkturzyklus abdecken, mindestens jedoch sieben Jahre.

2. Operationelle Risiken

Abgesehen von den Kreditrisiken sollen mit der ersten Säule von Basel II auch erstmals die operationellen Risiken des laufenden Bankgeschäfts mit Eigenkapital unterlegt werden.[467] Mit dieser Neuerung trägt Basel II dem Umstand Rechnung, daß die Banken operationelle Risiken als die zweit bedeutendste Risikogruppe nach den Kreditrisiken ansehen. Dabei wird das operationelle Risiko als die Gefahr von Verlusten definiert, die infolge der Unangemessenheit von internen Verfahren oder des Versagens von Menschen und Systemen sowie infolge externer Ereignisse eintreten können.[468] Hierzu gehören auch Rechtsrisiken, nicht jedoch strategische Risiken oder Reputationsrisiken. Durch ein immer komplexeres Bankgeschäft, aber auch durch die verstärkte Bedeutung und Anwendung moderner Informations-Technologie, haben diese Betriebsrisiken ständig zugenommen.[469] Systemische Risiken umfassen vor allem Gefährdungen durch mangelnde Sicherheit der EDV-Systeme, durch Viren oder Hackerangriffe. Zur Vielfalt der menschlichen Risiken gehören zum Beispiel Betrugsfälle oder auch Verluste, die durch Irrtum oder Fahrlässigkeit von Bankmitarbeitern verursacht werden. Während interne Verfahren Risiken berücksichtigen, die durch fehlerhafte bankinterne Geschäftsprozesse entstehen, umfassen externe Ereignisse solche Gefahren, die von außen an die Bank herangetragen werden.

Zur Berechnung der Eigenkapitalanforderung, die sich auf die operationellen Risiken begründet, sind drei Methoden vorgesehen. Beim sogenannten Basisindikatoransatz wird für die Mindesteigenkapitalanforderung ein fixer Prozentsatz von 15 Prozent des Bruttoertrages festgelegt. Diese pauschale Schätzung gilt als das einfachste Verfahren, wird gleichzeitig aber auch als wenig sachgerecht erachtet, da eine Kausalität zwischen Bruttoertrag und operationellen Ri-

---

467 Basel II, Absatz 644.

468 *Schulte-Mattler / von Kenne,* (Basel II), S. 38.

469 Ausführlich zu den besonderen IT-Risiken: *Thomas M. Schoen,* Anforderungen an die IT aus Sicht der Bankenaufsicht, in: Betriebswirtschaftliche Blätter, 06/2003, S. 309.

siken bislang noch nicht nachgewiesen ist.[470] Mit dem Standardansatz hingegen wird das potentielle Risiko auf der Grundlage eines Indikators für jedes Geschäftsfeld[471] und eines vorgegebenen Kapitalfaktors abgeschätzt. Schließlich kann auf dem Wege der Einzelgenehmigung die Methode der "Ambitionierten Meßansätze" herangezogen werden. Hierzu muß sichergestellt sein, daß die Institute über umfassende interne Verlustdatenbank verfügen und sehr hohen quantitativen und qualitativen Mindestanforderungen genügen.[472]

Jede Bank hat ein großes Interesse daran, diese operationellen Risiken mit einem sehr guten Risikomanagement abzudecken. Verfügt eine Bank hinsichtlich der eigenen Risiken nachweislich über ein gutes Risikomanagement, wird die Pflicht zur Eigenkapitalunterlegung geringer. Die so verminderte Kostenbelastung kann die Bank gegebenenfalls in Form günstiger Konditionen weitergeben, um so neue Kunden zu gewinnen und die eigene Wettbewerbsposition zu verbessern. Umgekehrt kann die Anwendung des Prinzips der operationellen Risiken auch dazu führen, daß das zur Unterlegung notwendige Eigenkapital erhöht werden muß und sich die Wettbewerbsposition der Bank damit verschlechtert, da sich die Kreditkosten für die Bankkunden verteuern und deshalb weniger Kredite vergeben werden können.

II. Die Zweite Säule: Das Bankaufsichtliche Überprüfungsverfahren

Die zweite Säule von Basel II beschreibt den bankaufsichtlichen Überprüfungsprozeß. Wesentliches Ziel dieses Prozesses ist die Schaffung eines Anreizsystems für die Banken, damit diese ihre internen Verfahren zur Beurteilung der institutsspezifischen Risikosituation und der angemessenen Kapitalausstattung ständig weiter verbessern.[473] In diesem Bereich ist die Bankenaufsicht ist stärker qualitativ ausgerichtet und zielt auf den Aufbau einer funktionierenden Gesamtbank-

---

470 *Stephan Paul,* Basel II im Überblick, in: *Gerhard Hofmann (Hrsg.),* Basel II und MaK – Regulatorische Vorgaben, bankinterne Verfahren, Bewertungen, Frankfurt a. M, 2. Auflage 2004, S. 5 (12).

471 Es existieren acht standardisierte Geschäftsfelder, die das Tätigkeitsspektrum eines Instituts abdecken sollen: Unternehmensfinanzierung, Handel, Privatkundengeschäft, Commercial Banking, Zahlungsverkehr, Agency Services und Custody, Vermögensverwaltung und Wertpapierprovisionsgeschäft. Unberücksichtigt bleiben etwaige Diversifikationsansätze.

472 *Boos / Fischer / Schulte-Mattler,* (Kreditwesengesetz), Basel II, Rdnr. 146.

473 *Klaus Jakob,* Das Aufsichtliche Überprüfungsverfahren aus Sicht der Bankenaufsicht, in: *Axel Becker / Walter Gruber / Dirk Wohlert (Hrsg.),* Handbuch Bankenaufsichtliche Entwicklung, Stuttgart 2004, S. 3 (6).

steuerung und eines internen Eigenkapitalmanagements ab.[474] Die Qualität dieser beiden Bereiche wird gemeinsam mit dem institutsspezifischen Risikoprofil künftig die Zielgrößen für die Kapitalausstattung bestimmen.[475] Ein zentraler Bestandteil wird dabei die Einschätzung und Bewertung des Eigenkapitals (Capital Adequacy Assesment Process, CAAP) sein. Um die Angemessenheit des Eigenkapitals zu ermitteln, wird der Grundsatz der doppelten Proportionalität zur Anwendung kommen.[476] Dies bedeutet zum einen, daß sich der interne Prozeß der Institute proportional zu Struktur, Größe und Geschäftsvolumen der Bank verhalten soll. Zum andern soll sich der Umfang der bankaufsichtlichen Bewertung der Angemessenheit des bankinternen Ansatzes am Risikoprofil und an der Bedeutung der Bank orientieren.

Der Überprüfungsprozeß soll vier allgemein formulierten Prinzipien folgen, die keine exakten Handlungsanweisungen an die nationalen Aufsichtsbehörden darstellen, sondern vielmehr Grundsätze für zukünftiges Handeln beschreiben.[477]

Dem ersten Grundsatz gemäß soll die Bankenaufsicht überprüfen, ob die Banken über ein Verfahren verfügen, das ihnen zur Beurteilung einer angemessenen Eigenkapitalausstattung im Verhältnis zum eigenen Risikoprofil verhilft. Die Banken sollen ferner über eine Strategie verfügen, die den Erhalt ihres Eigenkapitalniveaus sicherstellt. Der zweite Grundsatz fordert von den Aufsichtsbehörden, daß sie die Regelungen zur Risikoerfassung und Eigenkapitalunterlegung durch einen laufenden Überwachungsprozeß unterstützen. Nach dem dritten Grundsatz sollen die Aufsichtsbehörden von den Banken ein Risikopuffer in Form einer höheren Eigenkapitalausstattung als die aufsichtsrechtlich geforderte Mindesteigenkapitalausstattung einfordern. Schließlich sind die Aufsichtsbehörden nach dem vierten Grundsatz gehalten, möglichst frühzeitig einzugreifen, um zu verhindern, daß das Eigenkapital unter die geforderte Mindestausstattung fällt,

---

474 *Karl-Heinz Boos / Hermann Sschulte-Mattler,* Basel II: Bankenaufsichtliches Überprüfungsverfahren, in: Die Bank 2001, S. 646.

475 *Deutsche Bundesbank,* Die neue Baseler Eigenkapitalvereinbarung (Basel II), Monatsbericht April 2001, S. 30.

476 *Deutsche Bundesbank,* Neue Eigenkapitalanforderungen für Kreditinstitute (Basel II), Monatsbericht September 2004, S. 89; *Jochen Schauff / Tobias Stellmacher,* Der Supervisory Review Process, in: *Deloitte (Hrsg.),* Handbuch zur praktischen Umsetzung des neuen Bankenaufsichtsrechts, Berlin 2005, S. 567 (568).

477 Die Prinzipien im Überblick beschreibt: *Schulte-Mattler / von Kenne,* (Basel II), S. 39 ff.; eingehend *Schauff / Stellmacher,* (Der Supervisory Review Process), S. 570, 572, 577, 578; siehe auch *Erich Loeper,* Aufsichtlicher Überprüfungsprozeß im Rahmen des neuen Baseler Akkords, in: *Gerhard Hofmann (Hrsg.),* Basel II und MaK - Regulatorische Vorgaben, bankinterne Verfahren, Bewertungen, 2. Auflage, Frankfurt 2004, S. 266 ff.

die aufgrund des individuellen Risikoprofils einer Bank als notwendig erachtet wird.

Die Einhaltung dieser Grundsätze soll die Bankenaufsicht durch Vor-Ort-Prüfungen, externe Untersuchungen auf der Basis eingereichter Dokumente und durch Gespräche mit dem Management sicherstellen. Der Übergang zu Vor-Ort-Prüfungen stellt einen grundlegenden Wandel in der bisherigen Praxis in Deutschland dar und ist stark durch die aktuellen Aufsichtsmethoden in den Vereinigten Staaten geprägt.[478] Dieser Wandel wird für die deutsche Bankenaufsicht große organisatorische Herausforderungen mit sich bringen. Zwar wurde durch die Schaffung der Bundesanstalt für Finanzdienstleistungen der strukturelle Rahmen dafür geschaffen, daß Synergien zwischen den bisherigen Aufsichtsbehörden besser ausgenutzt werden können. Dennoch werden zur Erfüllung der Vor-Ort-Prüfungen qualitative und quantitative Veränderungen der Ausstattung der Bundesanstalt für Finanzdienstleistungen unausweichlich sein. Nach ersten Schätzungen ist durch diese neuen Erfordernisse in Deutschland von einem zusätzlichen Personalbedarf von mindestens 600 Mitarbeitern auszugehen, die in den kommenden Jahren eingestellt und geschult werden müssen.[479] Personal und zugehörige Sachaufwendungen werden die Kosten der Bankenaufsicht insgesamt weiter steigern. In der Folge werden die Banken ihre Belastungen durch erhöhte Prüfungskosten an ihre Kunden weitergeben.[480]

III. Die Dritte Säule: Marktdisziplin

Die dritte Säule der Baseler Vereinbarung wird mit den Bezeichnungen "erweiterte Offenlegung" und "Erhöhung der Marktdisziplin" beschrieben. Wie die beiden zuvor genannten Säulen der Baseler Vereinbarung soll auch sie helfen, die Sicherheit und Solidität des Kreditwesens zu gewährleisten. Um dies zu erreichen, soll durch die Offenlegungsanforderungen an die Banken eine Nutzung von Marktmechanismen für bankenaufsichtliche Zielsetzungen ermöglicht wer-

---

478 *Jürgen Fitzenteiter / Björn Christian Stein,* Bankenaufsicht im Umbruch, in: *Bundesverband Öffentlicher Banken Deutschlands (Hrsg.),* Bankgeschäft, öffentliche Hand und Finanzpolitik, Berlin 2001, S. 213 (228).

479 *Klaus Jakob,* Die Umsetzung der Zweiten Säule von Basel II – wie könnte der Supervisory Review Process in Deutschland aussehen?, in: *Suyter,* (Risikomanagement), S. 83 (94).

480 Anderer Ansicht *Keller,* (Der Grundsatz I), der argumentiert, daß durch die intensiveren und direkten Kontakte zwischen Banken und Bankenaufsicht die Belastung der Institute zurückgeht.

den.[481] Die besonderen Offenlegungspflichten der Banken sollen Marktteilnehmern zu einer besseren Beurteilung der Eigenkapitalausstattung und der Risikopositionen verhelfen. Erfüllt eine Bank die in sie gesetzten Erwartungen nicht und enttäuscht die Marktteilnehmer nachhaltig, so hat sie in der Folge sinkende Reputation und ein rückläufiges Geschäft zu erwarten. Die Regelungen der dritten Säule setzen also darauf, daß informierte Investoren Banken abstrafen, wenn deren internes Risikomanagement den eingegangenen Risiken gegenüber nicht angemessen erscheint, und solche Banken honorieren, die diese Managementaufgabe besser lösen.[482] Schließlich soll die Pflichtpubliziät außerdem eine Anpassung an die Entwicklung auf den internationalen Finanzmärkten bewirken und die Möglichkeiten der modernen Informations-Technologie besser nutzen.[483]

Die qualitative und quantitative Offenlegungspflicht umfaßt drei verschiedene Bereiche. Offengelegt werden müssen die neuen Eigenkapitalempfehlungen, die Eigenkapitalstruktur und Eigenkapitalausstattung sowie die Risikopositionen und die Risikobewertung.

Die Form dieser Offenlegungen können die Banken sehr flexibel über Jahresabschlüsse, Zwischenberichte oder auch über das Internet gestalten. Während von den großen Instituten erwartet wird, daß sie die Säule 3 in vollem Umfang umsetzen, bieten die Formulierungen kleinen Instituten genügend Spielraum, die Offenlegungspflicht flexibel zu behandeln.[484] Wichtig ist in jedem Fall, daß die Informationen, die die Banken weitergeben, umfassend, relevant, zeitnah, verläßlich, vergleichbar und vor allem wesentlich sind.[485] Die Wesentlichkeit ist besonders entscheidend, da nur so gewährleistet ist, daß nur geeignete Informationen, die dem Marktteilnehmer dazu verhelfen, sich ein Bild über die tatsächlichen Verhältnisse zu machen, zur Verfügung gestellt werden. Ein Übermaß an Informationen wäre kontraproduktiv und würde statt der geforderten Transparenz eher das Gegenteil bewirken.

Da Transparenz immer auch etwas mit der Häufigkeit der Bereitstellung von Informationen zu tun hat, wurden auch hierzu in Basel II Empfehlungen ausgesprochen. [486] Demnach sollen qualitative Informationen und Offenlegungen

---

481 *Deutsche Bundesbank*, (Neue Eigenkapitalanforderungen 2004), S. 90.

482 *Yvette Bellavite-Hövermann*, Zur Kompabilität der Bankenaufsicht und Offenlegungspflichten nach International Financial Reporting Standards, in: *Thomas Lange/ Edgar Löw (Hrsg.)* Rechnungslegung, Steuerung und Aussicht von Banken, Wiesbaden 2004, S. 445 (447).

483 *Bellavite-Hövermann*, (Kompabilität der Bankenaufsicht), S. 447.

484 *Karl-Heinz Hillen*, Anforderungen der Bankenaufsicht, in: *Gerhard Hofmann (Hrsg.)*, Basel II und MaK - Regulatorische Vorgaben, bankinterne Verfahren, Bewertungen, 2. Auflage, Frankfurt 2004, S. 338 (344).

485 *Schulte-Mattler / von Kenne*, (Basel II), S. 39.

486 Basel II, Absatz 818.

von Banken, die rein regional tätig sind und ein stabiles Risikoprofil ausweisen, in jährlichen Intervallen erfolgen. Im Übrigen ist eine halbjährliche Offenlegung erwünscht, und nur für Teilbereiche, wie Marktrisikopositionen, Kernkapitalausstattung und Eigenkapitalquoten, ist eine vierteljährliche Offenlegung vorgesehen.

B. In Deutschland

Über die Auswirkungen von Basel II und die Verwendung des eingangs dargestellten Ratings in Form des IRB Approaches hat sich in Deutschland in der Vergangenheit ein lebhafter Streit entwickelt. Hintergrund des Streits ist, daß die neue Baseler Eigenkapitalrichtlinie vorsieht, daß Kredite mit hoher Bonität künftig mit weniger Eigenkapital unterlegt werden müssen, während die Eigenkapitalunterlegung für Kredite an Schuldner mit geringer Bonität steigt. Dadurch wird das Kreditrisiko, das von der Ausfallwahrscheinlichkeit des Kreditnehmers und dem Ausgang des Rating-Verfahrens abhängt, zur entscheidenden Frage der Konditionengestaltung der Kredite.[487] Bonitätsschwache Unternehmen müssen höhere Kreditkonditionen zahlen als besser eingestufte Unternehmen. Vor diesem Hintergrund werden vom deutschen Mittelstand schwere Vorwürfe erhoben, die besagen, daß insbesondere kleinen und mittelständischen Unternehmen aus den Anforderungen von Basel II an die Banken Nachteile entstünden und solche sogar in eine Krise getrieben werden könnten.[488]

So wird ein "Schreckgespenst Basel II" beschworen, welches die Kreditversorgung des Mittelstandes gefährde, da Banken in einen kollektiven "Kredit-

---

487 *Arno Kastner*, Basel II aus der Sicht mittelständischer Unternehmen, in: *Axel Becker / Markus Gaulke / Martin Wolf (Hrsg.)*, Praktiker-Handbuch Basel II, Stuttgart 2005, S. 467 (469); *Gunter Kayser / Ljuba Kokalj*, Mittelständische Unternehmen in Deutschland – Anmerkungen zur Finanzierung nach Basel II, in: ZfgK 2002, S. 112 (113).

488 *Birgit Marschall*, Abschied vom Mittelstand, in: Financial Times Deutschland, 8.3.2002, S. 30; *Birgit Marschall / Sabine Rössing*, Kreditprobleme des Mittelstandes drastisch verschärft, in: Financial Times Deutschland, 13.2.2002, S. 12; *Holger Steltzner*, Ein Gespenst namens Basel, in: Frankfurter Allgemeine Zeitung, 22.11.2001; *Stephan Paul*, Basel II im Überblick, in: *Gerhard Hofmann (Hrsg.)*, Basel II und MaK – Regulatorische Vorgaben, bankinterne Verfahren, Bewertungen, Frankfurt a.M, 2. Auflage 2004, S. 5, (43 f.); *Stephan Paul / Stefan Stein / Andreas Horsch*, Treiben die Banken den Mittelstand in die Krise?, in: ZfgK 2002, S. 578; *Volker M. Schilling*, Basel II und Wandel im Kreditgeschäft mit mittelständischen Unternehmen, in: Sparkasse 9/2002, S. 392; *Gregor Taistra / Christoph Tiskens / Markus Schmidtchen*, Basel II – Auswirkungen auf typische Mittelstandsportfolien, in: Die Bank 2001, S. 514.

streik" treten könnten. Zum Teil wurde gar von "Kreditklemme" oder "Kreditnotstand" gesprochen, einer Situation also, in der Kreditnehmer trotz ihrer Bereitschaft zum Zahlen des Zinses keinen Kredit erhalten, weil die Bank das zusätzliche Risiko scheut.[489] Hinzu kommen Befürchtungen, es könne durch die Einführung von risikoadäquaten Eigenkapitalunterlegungen der Bankkredite zu einer Aushöhlung des bewährten Hausbank-Prinzips kommen könnte.[490] Die Beziehung zur Hausbank galt stets als Stabilitätsgarant des deutschen Kreditgewerbes, auch wenn die Schwäche offenbart, daß Kredite häufig rein auf der Basis dieser Beziehung vergeben wurden. Schließlich wird gar der Vorwurf erhoben, die Banken wären mit ihrer durch Basel II geänderten Kreditvergabepolitik mitverantwortlich für die gegenwärtige Welle an Unternehmensinsolvenzen.[491] Nach all diesen Befürchtungen und Vorwürfen gegenüber dem Baseler Ausschuß entdeckte im Wahljahr 2002 schließlich sogar Bundeskanzler Schröder den Mittelstand als Wählergruppe und sah sich veranlaßt, auf die Gefahren von Basel II hinzuweisen.[492]

Eine genauere Betrachtung dieser Vorwürfe führt jedoch zu der Erkenntnis, daß die Gründe für Unternehmensinsolvenzen sehr viel komplexer sind. Die Debatte über Basel II wird dabei häufig nur als vorgeschobenes Argument gebraucht, um andere Mängel zu verdecken. Vielfach sind die Ursachen für die bedrohliche Situation der Unternehmen im Vorliegen interner Schwachstellen begründet. Meist handelt es sich im deutschen Mittelstand um Unternehmen, die von ihren Inhabern persönlich geführt werden, wobei diese häufig sämtliche Entscheidungen selbst treffen und wenig Notwendigkeit sehen, gegenüber außenstehenden Dritten Rechenschaft über ihr Handeln abzulegen. Hier wird ein Umdenken der Unternehmer notwendig sein, damit es in Zukunft zu einem besseren Informationsfluß gegenüber den Banken kommen kann. Selten haben mittelständische Unternehmen ihre internen Prozesse so aufgestellt, daß sie in bester Art und Weise auf die Marktanforderungen eingestellt wären. Häufig fehlen Strategien, Geschäftspläne und ein funktionierendes Controlling. All dies sind Elemente, die

489 *Reinhold Vollbracht / Daniel Quinten,* Die Auswirkungen internationaler bankenaufsichtlicher Eigenkapitalregelungen auf die Wettbewerbsbedingungen im internationalen und nationalen Umfeld, in: *Alexander Suyter (Hrsg.),* Risikomanagement, Aktuelle Entwicklungen und Auswirkungen auf Banken und Unternehmen, Frankfurt a. M. 2004, S. 165 (177).

490 Zusammenfassend: *Bernhard Lagemann,* in: RWI-Mitteilungen, 53 (2002) 1-4, S. 79.

491 *Paul / Stein / Horsch,* (Banken und Mittelstand), S. 578.

492 *Peter Ehrlich / Rolf Lebert,* Bundeskanzler will "Basel II" Abkommen kippen, in: Financial Times Deutschland, 31.10.2001, S. 1 und später *Birgit Marschall,* Regierung sieht Basel II-Prozeß vor dem Durchbruch, in: Financial Times Deutschland, 26.6.2002, S. 9.

für die Einschätzung der Stärke eines Unternehmens und damit der Bonität, von großer Bedeutung sind. Eine weitere Schwachstelle ist schließlich die mangelhafte Eigenkapitalausstattung deutscher Unternehmen. Deutsche mittelständische Unternehmen weisen nach Angaben des Instituts der deutschen Wirtschaft im Durchschnitt eine Eigenkapitalquote von 18 Prozent, aus während amerikanische Unternehmen mit 45 Prozent Eigenkapital operieren.[493] Hinzu kommt, daß sich Unternehmen in den USA lediglich zu 20 Prozent durch Bankkredite finanzieren, der Durchschnittssatz in Deutschland jedoch mit 60 Prozent dreimal höher liegt.

Zu diesen sehr häufig anzutreffenden internen Schwachstellen der Unternehmen kommen hartnäckige Wachstumsprobleme der deutschen Wirtschaft insgesamt, denen durch Überbürokratisierung und Reformstau nachhaltig Vorschub geleistet wird. Auch die Spätfolgen der deutschen Wiedervereinigung, die ungünstige demographische Entwicklung in Deutschland und die Folgen der Globalisierung tragen zu den Problemen der Unternehmen bei.[494] All diese Schwachstellen und Fehlentwicklungen treffen nun zeitlich mit den neuen Regelungen von Basel II zusammen, die als Katalysator wirken können[495] und von den betroffenen Unternehmen als allein ursächlich für ihre Schwierigkeiten angesehen werden.

Die gerade auf Druck Deutschlands in das Regelwerk von Basel II eingebrachten Mittelstandskomponenten werden mit dem sich verbessernden Kenntnisstand der Unternehmen zu einer Änderung dieses subjektiven Empfindens führen. Durch größenabhängige Differenzierungen sowohl hinsichtlich des Unternehmens als auch des Kredites können Entlastungen erwartet werden, die für 90 Prozent aller Kreditforderungen mittelständischer Unternehmen wirksam werden.[496] So kommen Unternehmen mit einem Jahresumsatz von bis zu 50 Millionen Euro in den Genuß verringerter Risikogewichte. Für Unternehmen mit einem Umsatz bis 500 Millionen Euro entfällt zudem ein etwaiger Zuschlag für eine lange Kreditlaufzeit. Weitere Entlastungen für den Mittelstand ergeben sich zum Beispiel aus der Erweiterung des Katalogs der anerkennungsfähigen Methoden zur Minderung des Kreditrisikos um mittelständische Sicherheiten wie Siche-

493 *O.V.*, Die Mehrzahl profitiert von Basel II, in: Frankfurter Allgemeine Zeitung, 15.1.2003, S. 14.

494 *Edgar Meister*, Auswirkungen von Basel II insbesondere auf den Mittelstand, Lüneburg, 12. November 2004, zu lesen unter: http://www.bundesbank.de/download/presse/reden/20041112meister.php, S. 2.

495 *Bernd Fiesler*, Rating und Basel II beeinflussen das Kreditgeschäft der Banken deutlich, in: ZfgK 2003, S. 1192.

496 *Gerhard Hofmann*, Basel II und die Zukunft des Kreditgeschäfts in Deutschland, in: Betriebswirtschaftliche Forschung und Praxis, 2002(6), S. 545 (552).

rungsübereignung und Abtretung von Lieferungen und Leistungen.[497] Wichtigste Erleichterung ist schließlich, daß Kredite bis zu einer Höhe von 1 Million Euro dem sogenannten Retailportefeuille zugeordnet werden, womit das Risikogewicht deutlich niedriger ausfallen wird, als dies ursprünglich von der Basel-II-Vereinbarung geplant war.[498]

Trotz dieser Erleichterungen werden sich aus Basel II Änderungen in der Kreditvergabepraxis ergeben, die mittelbar auch auf die Unternehmen Auswirkungen haben werden. Zwar gab es auch bisher Rating-Systeme, die für Kreditvergabe und Kreditkonditionen mitbestimmend waren. Diese zumeist an die Bilanzanalyse und die subjektive Einschätzung des Bankbetreuers anknüpfenden Rating-Systeme waren jedoch nicht so aussagefähig, wie die nun zur Anwendung kommenden differenzierten Systeme.[499] Für die Kreditnehmer werden sich daraus künftig risikogerechtere Konditionen, und die Abkehr von einem bis dahin einheitlichen Kreditsatz ergeben.[500] Dabei wird sich ein differenzierteres Bild abzeichnen, das sowohl günstigere Kreditkonditionen und die Beibehaltung des Status quo als auch Verteuerungen der Kredite zur Folge haben wird. Auf Seiten der kreditnehmenden Unternehmen wird sich im Falle einer durchschnittlichen Bonität keine wesentliche Änderung der Kreditkonditionen ergeben. Kreditnehmer mit überdurchschnittlicher Bonität werden wegen des guten Ratings sogar mit einer geringfügigen Absenkung der Finanzierungskosten rechen können, da sie die Vorteile ihrer guten Bonität in den Verhandlungen mit ihrer Bank besser zur Geltung bringen können.[501] Bonitätsschwache Kreditnehmer hingegen müssen von einer Verteuerung der Konditionen ausgehen. Ungeachtet der Kreditkonditionen wird für Banken wie für Kreditnehmer erwartet, daß in Zukunft der mit der Kreditbeantragung verbundene Aufwand größer wird.[502]

Basel II und die damit zur Anwendung kommenden Rating-Ansätze werden also zu einer unterschiedlichen Betrachtung der Kreditnehmer nach Risikoklassen führen und den Banken einen feineren Verteilungsschlüssel an die Hand geben.

---

497 *Meister,* (Auswirkungen von Basel II) S. 3.

498 *O.V.,* Erleichterungen für den Mittelstand, in: Frankfurter Allgemeine Zeitung, 25.6.2004, S. 12.

499 *Claudia Gabler,* Was bedeutet die Reorganisation des Risikomanagements in Banken für Unternehmen, in: *Alexander Suyter (Hrsg.),* Risikomanagement – Aktuelle Entwicklungen und Auswirkungen auf Banken und Unternehmen, Frankfurt a.M. 2004, S. 185 (197).

500 *Bernhard Becker / Kai Brackschulze / Stefan Müller,* Basel II und Kreditkonditionen für den Mittelstand – Die kritische Hürde "BB", in: DStR 2004, S. 740 (741).

501 *Bernd Rolfes / Cordula Emse,* Basel II und die zukünftigen Kreditpreise, in: *Hans Tietmeyer / Bernd Rolfes (Hrsg.),* Basel II – Das neue Aufsichtsrecht und seine Folgen, Wiesbaden 2002, S. 41 (67).

502 *Schilling,* (Wandel im Kreditgeschäft), S. 396.

Insgesamt wird durch Basel II der Einschätzung der Bonität ein größerer Einfluß auf die Kreditvergabe zukommen, was sich auch in einer weitaus differenzierteren Betrachtung der wirtschaftlichen Situation des Kreditnehmers und einer Spreizung der Konditionen niederschlagen wird.[503] Unternehmen, die solide aufgestellt sind und ihre Schwachstellen und Risiken aktiv angehen, werden von dem neuen Regelwerk profitieren. So werden Quersubventionen zwischen guten und schlechten Kreditnehmern weitgehend beseitigt. Gut aufgestellte Firmen bekommen somit die Chance, sich günstiger zu finanzieren, als dies momentan der Fall ist.[504] Auf diese Weise wird ihnen die Möglichkeit gegeben, vorhandene Wachstumspotentiale und Marktchancen besser auszunutzen.

Die Diskussion zu diesem Thema hat in der Zwischenzeit dazu geführt, daß bei den mittelständischen Unternehmen ein Umdenkprozeß eingesetzt hat. Die Unternehmen sehen Basel II mittlerweile deutlich optimistischer, als dies in früheren Studien der Fall war.[505] So wurde erkannt, daß sich aus den von den Banken geforderten detaillierten Unternehmensanalysen auch Chancen zur frühzeitigen Erkennung von Unternehmensschieflagen ergeben können. Um die Rating-Ergebnisse gegenüber den Banken zu Gunsten des Unternehmens zu nutzen, bedarf es seitens des Unternehmers jedoch einer weitaus intensiveren Vorbereitung und Auseinandersetzung mit dem Unternehmen und den möglichen Risiken, als dies bisher der Fall war. Allein hieraus kann bereits eine positive Wirkung für den Mittelstand erwartet werden. Die Anforderungen von Basel II bieten Mittelständlern damit auch Anreize, ihre Wettbewerbsfähigkeit zu verbessern.[506]

All dies zeigt, daß es zweifellos nicht zu dem befürchteten Zusammenbruch der Kreditvergabe an mittelständische Unternehmen kommen wird[507], auch wenn Mittelständler mit hohem Risiko künftig mit einem Anstieg ihrer Fremdfinanzierungskosten rechnen müssen.[508]

---

503 *Eberhard Heinke,* Basel II und seine Bedeutung für die mittelständische Wirtschaft, in: ZfgK 2001, S. 174 (178).

504 *Europäische Zentralbank,* (Monatsbericht Januar 2005), S. 58.

505 *O.V.*, Basel II als Ursache für die Kreditklemme ist mehr Mythos als Fakt, in: Frankfurter Allgemeine Zeitung, 2.12.2004, S. 16.

506 *O.V.*, Mittelstand für Basel II nicht bereit, in: Frankfurter Allgemeine Zeitung, 25.6.2004, S. 12.

507 *Stephan Heinze,* "Basel II" – Eigenmittelvereinbarung und Finanzierung der mittelständischen Wirtschaft – neue Wege in der Liquiditätsbeschaffung?, in: BKR 5/2002, S. 212 (219).

508 *O.V.*, Mittelständler mit hohem Risiko sind künftig schlechter dran, in: Frankfurter Allgemeine Zeitung, 11.7.2002, S. 10.

C. In den Vereinigten Staaten

Auch in den Vereinigten Staaten gibt es Diskussionen über die Einführung von Basel II. Bedenken werden aber, anders als in Deutschland, nicht von Industriegruppen vorgebracht, die eine Verschlechterung ihrer Kreditkonditionen erwarten. Vielmehr sind es die Banken selbst, die durch die Umsetzung von Basel II bestimmte negative Effekte erwarten. Dabei handelt es sich jedoch nicht um jene acht amerikanischen Banken, die wegen ihrer Größe und Internationalität tatsächlich den Regelungen von Basel II unterworfen sein werden, sondern vielmehr um Banken, die nicht in den Regelungsbereich von Basel II fallen.

Die Argumentation dieser kleineren Banken ist, daß großen Banken durch die Anwendung des fortgeschrittenen IRB-Basisverfahrens Vorteile bei der Kreditvergabe an kleine und mittelständische Unternehmen entstünden. Da große Banken, die dieses Rating verwenden, wegen der damit für sie möglichen Konditionenspreizung gut aufgestellten Unternehmen bessere Zinskonditionen anbieten können, erwarten kleine Banken, die nicht vom Regelungsbereich von Basel II erfaßt sind, Wettbewerbsnachteile in diesem Marktsegment.[509]

Ein weiterer Streitpunkt ist die Frage, ob es durch die Anwendung von Basel II durch eine nur kleine Gruppe von Großbanken nicht zu einer Zunahme von Bankzusammenschlüssen und Bankenübernahmen kommen wird. Hintergrund dieser Diskussion ist der abermals von kleinen Banken erhobene Vorwurf, durch die Anwendung des fortgeschrittenen IRB-Basisverfahrens könnten den großen internationalen Banken Wettbewerbsvorteile entstehen. Diese Wettbewerbsvorteile könnten weiter genutzt werden, um mit dem Eigenkapital, das nicht mehr zur Unterlegung von Krediten mit hohem Risiko benötigt wird, die "Kriegskasse"[510] zu füllen und zur Investition in die Übernahmen kleiner lokaler Wettbewerber zu nutzen.[511]

In beiden Fällen haben jedoch Studien, die vom Board of Governors of the Federal Reserve System in Auftrag gegeben wurden keinen Beweis für diese Befürchtungen erbracht.[512] Um sich mit den möglichen Widerständen besser ausei-

---

509 *Allen N. Berger,* Potential Competitive Effects of Basel II on Banks in SME Credit Markets in the United States, Working Paper, Board of Governors of the Federal Reserve System, Washington D.C., February 2004, S. 2.

510 So auch die Annahme für Europa bei: *O.V.,* Europas Banken vor Fusionswelle, in: Frankfurter Allgemeine Zeitung, 25.2.2005, S. 24.

511 *Timothy H. Hannan / Steven J. Pilloff,* Will the Proposed Application of Basel II in the United States Encourage Increased Bank Merger Activity? Evidence from Past Merger Activity, Working Paper, Board of Governors of the Federal Reserve System, Washington D.C., February 2004, S. 2.

512 *Berger,* (Potential Competitive Effects), S. 33; *Hannan / Pilloff,* (Application of Basel II), S. 8.

nandersetzen zu können, wurde dennoch am 29. April 2005 in einer gemeinsamen Erklärung aller Bankenaufsichtsbehörden bekanntgegeben, daß die Vereinigten Staaten mit den Vorbereitungen zur Umsetzung der Basel-II-Beschlüsse vorerst warten wollen, bis die Ergebnisse der vierten Auswirkungsstudie für den amerikanischen Markt vorliegen.

D. Zusammenfassung

Die Globalisierung der Geschäftstätigkeit von Banken bewirkt eine Internationalisierung der Bankenaufsicht und läßt eine zunehmende Harmonisierung bankenaufsichtsrechtlicher Normen notwendig erscheinen. Die Umsetzung, der in den Basel-II-Richtlinien festgelegten Harmonisierung, stellt jedoch eine große Herausforderung für Banken und Aufsichtsbehörden dar. So stehen die Banken in Deutschland und in den Vereinigten Staaten vor der Frage, wie sie mit den ohnehin begrenzten Ressourcen zum einen die komplexen Bestimmungen erfüllen und zum anderen gleichzeitig ihre Wettbewerbsposition halten oder sogar noch ausbauen können. In einer im Jahre 2004 durchgeführten Studie zeigte sich, daß die europäischen Banken bei der Umsetzung der Erfordernisse von Basel II gegenüber amerikanischen Banken deutlich führend sind.[513] Auch wenn noch nicht alle Banken Aufwandsschätzungen vorgenommen haben, erwarten mehr als 90 Prozent der mittelgroßen deutschen Banken[514], daß die Kosten bei bis zu 50 Millionen Euro liegen werden. Wegen der noch größeren Herausforderungen, die die Implementierung von Basel II an die großen Banken[515] stellt, erwarten zwei Drittel Ausgaben von über 50 Millionen, und 20 Prozent der Großbanken rechnen sogar mit Kosten von über 100 Millionen Euro.[516]

Besonders die deutsche Bundesanstalt für Finanzdienstleistungsaufsicht und die Deutsche Bundesbank steht vor großen Ressourcenengpässen, da sie mit der jetzigen Personalausstattung die zusätzlichen Anforderungen einer modernen Aufsicht, im Sinne der Basel-II-Vereinbarungen nicht erfüllen kann.[517]

Schon heute steht fest, daß Basel II nicht als abschließendes Werk zu verstehen sein wird, sondern vielmehr als Teil eines sich weiter entwickelnden Prozesses der ständigen Veränderung des bankenaufsichtlichen Regelwerks angese-

---

513 *Thomas Balgheim / Ralf Kuhn / Gerhard Schröck*, Implementierung von Basel II – Europa führend, in: ZfgK 2004, S. 1246

514 Banken mit einer Bilanzsumme zwischen 25 und 100 Millionen US-Dollar.

515 Banken mit Assets von mehr als 100 Milliarden US-Dollar.

516 *Balgheim / Kuhn / Schröck*, (Implementierung von Basel II), S. 1246 (1248).

517 *Wolfgang Artopoeus*, Die Zukunft der Bankenaufsicht, in: *Rainer Pitschas (Hrsg.)*, Integrierte Finanzdienstleistungsaufsicht, Speyer 2001, S. 265 (271).

hen werden muß.[518] So wird die neue Rahmenvereinbarung vom Juni 2004 bereits heute erneut überarbeitet, um den Banken auf einzelnen Geschäftsfeldern Erleichterungen, in Form von Einsparungen an Eigenkapital zu ermöglichen.[519] Weitere Studien, die den Einfluß von Basel II auf die Banken untersuchen sollen, sind geplant oder in Vorbereitung[520], so daß auf der Basis der Ergebnisse weitere Veränderungen erwartet werden können.[521] Es bleibt daher abzuwarten, wie und vor allem wann die Umsetzung dieser Regelungen konkret erfolgen wird, welche zusätzlichen Kosten und welcher Verwaltungsmehraufwand damit verbunden sein werden.

Zeichnete sich im Europäischen Parlament noch vor wenigen Monaten ab, daß sich die Einführung von Basel II verzögern könnte, da das Europäische Parlament zunächst seine Mitwirkungsmöglichkeiten an der Finanzmarktgesetzgebung geklärt haben möchte[522], ist nach heutigem Stand wieder[523] eine weitgehende Unterstützung für die Basel-II-Vereinbarung zu erwarten.[524] Nachdem das Europäische Parlament die neuen Eigenkapitalrichtlinien angenommen hat, ist der Weg für eine rasche endgültige Verabschiedung und Umsetzung in nationales Recht der Mitgliedstaaten frei.[525]

Während in Deutschland die Richtlinien von Basel II nahezu für die gesamte Kreditwirtschaft gelten werden, sollen die Baseler Beschlüsse in den USA lediglich für acht international tätige Banken bindend umgesetzt werden. Zehn

---

518 Interview mit *Jaime Caruana* spanischer Notenbankgouverneur, über die Eigenkapitalvorschriften für Banken, Die Basel-II Regeln müssen ständig weiterentwickelt werden, in: Frankfurter Allgemeine Zeitung, 27.4.2004, S. 13; *o.V.*, Sanio erwartet mittelfristig Basel III, in: Frankfurter Allgemeine Zeitung, 7.12.2002, S. 12. Redaktionsgespräch mit *Jochen Sanio*, Kein Mitgliedstaat darf für sein Bankensystem ungerechtfertigte Sondervorteile herausholen, in ZfgK 2002, S. 100.

519 *O.V.*, Zusatzregeln zu Basel II bringen Banken Erleichterung, in: Frankfurter Allgemeine Zeitung, 24.2.2005, S. 16.

520 Für Herbst 2005 ist bereits eine fünfte Auswirkungsstudie (Quantitative Impact Study – QIS5) geplant, aus der sich gegebenenfalls weitere Anpassungen ergeben werden.

521 *O.V.*, Wie es weitergeht, in: Frankfurter Allgemeine Zeitung, 25.6.2004, S. 12.

522 *O.V.*, Basel II könnte sich verzögern, in: Frankfurter Allgemeine Zeitung, 14.7.2005, S. 9; *Michael Scheerer*, Streit in Brüssel blockiert Basel-II-Regeln, in: Handelsblatt, 16.9.2005, S. 26.

523 *O.V.*, Unterstützung für Basel II, in: Frankfurter Allgemeine Zeitung, 14.4.2005, S. 13.

524 *Christine Mai*, Kompromiss macht Weg frei für Basel II, in: Financial Times Deutschland, 27.9.2005, S. 19.

525 *Christine Mai / Rolf Lebert*, EU-Parlament nimmt Basel-II-Regel an, in: Financial Times Deutschland, 29.9.2005, S. 18; o.V., Das EU-Parlament sichert sich neue Mitsprache-rechte – Basel-II-Richtlinie angenommen, in: Frankfurter Allgemeine Zeitung, 29.9.2005, S. 13.

weitere amerikanische Banken überlegen, die Beschlüsse von Basel II auf freiwilliger Basis anzuwenden.

Hinsichtlich des Zeitplans zur Änderung der Eigenkapitalvorschriften deutet sich an, daß die Vereinigten Staaten nicht an der zunächst getroffenen Vereinbarung festhalten werden.[526] In der ursprünglichen Vereinbarung war geplant, die Regelungen bis Ende 2006 in nationales Recht zu überführen und in Kraft treten zu lassen. Nunmehr zeigt sich, daß in den Vereinigten Staaten frühestens im Jahre 2008 mit einer Umsetzung zu rechnen ist.[527] Hintergrund dieser Verspätung sind Befürchtungen, daß es bei einer Differenzierung in Banken, die nach Basel II und Banken, die nach Basel I beurteilt werden, zu unfairen Wettbewerbsverzerrungen in den Vereinigten Staaten kommen könnte. Die amerikanischen Aufsichtsbehörden glauben deshalb, noch mehr Zeit zu benötigen, um die mit der Umsetzung verbundenen politischen Fragen zu beantworten, bevor abschließend für die acht amerikanischen Banken, die diesen Regelungen gelten sollen, entschieden werden kann.[528]

---

526 *O.V.*, Schlagabtausch in Washington, in: Frankfurter Allgemeine Zeitung, 27.9.2005, S. 20.

527 *Neil Courtis*, US moves slowly to Basel II, in: The Financial Regulator, September 2004, Vol. 9, No. 2, S. 60 (61); *o.V.*, Wie es weitergeht, in: Frankfurter Allgemeine Zeitung, 25.6.2004, S. 12.

528 *Mark Schieritz*, Deutsche Banken machen Druck auf die USA wegen Basel II, in: Financial Times Deutschland, 27.9.2005, S. 21.

Sechstes Kapitel: Die Bankenaufsicht im Gründungsstadium

Betrachtet man die Entwicklung der letzten Jahre, so stellen Neugründungen von Banken sicherlich die Ausnahme dar. In der gesamten Bankenbranche ist vielmehr weltweit ein Konsolidierungsprozeß zu beobachten, der in Deutschland wie in den Vereinigten Staaten bereits zu einem massiven Rückgang der Anzahl der Banken geführt hat. Dennoch kann es auch in der heutigen Zeit vereinzelt zu Neugründungen kommen. Neben Einzelfällen der "klassischen" Bankenneugründung war zuletzt ein gewisser Trend von Neugründungen sogenannter Direktbanken festzustellen. Eine Vielzahl neuer Banken wurde gegründet, die ihren Geschäftsbetrieb im wesentlichen über das Internet abwickeln. Darüber hinaus kann es auch im Zuge eines Bankzusammenschlusses zur Neugründung eines Instituts kommen.

A. In Deutschland

Die Erlaubnis zum Betreiben einer Bank ist an das Vorliegen bestimmter sachlicher und personengebundener Zulassungsvoraussetzungen geknüpft. Die Erlaubnispflicht und die Zulassungsvoraussetzungen werden zusammen mit der Frage nach der Notwendigkeit sonstiger besonderer Zulassungs-voraussetzungen im folgenden Kapitel näher untersucht.

I. Erlaubnispflicht und Zulassungsverfahren

In Deutschland bedarf es zur Zulassung des Geschäftsbetriebs von Banken einer Erlaubnis nach § 32 Abs. 1 KWG, welche die Bundesanstalt für Finanzdienstleistungen auf Antrag erteilen kann. Damit wird sowohl die allgemeine Erlaubnis zum Betreiben von Bankgeschäften als auch die Erlaubnis zum Eröffnen von Filialen erfaßt.

1. Allgemeine Erlaubnispflicht

Einschränkungen der Berufs- und Gewerbefreiheit sind nach der Rechtsprechung des Bundesverfassungsgerichts zulässig, wenn objektive oder subjektive Zulassungsvoraussetzungen aus Gründen des Gemeinwohls geboten sind.[529] Gründe für die Erlaubnispflicht bei Banken sind in der Schlüsselfunktion der Banken für das Funktionieren der Wirtschaft, ihrer Funktion als Instrument staatlicher Wirtschaftspolitik und ihrer besonderen Vertrauensempfindlichkeit zu sehen.[530] Bei der Regelung des § 32 Abs. 1 KWG handelt sich um ein Verbot mit Erlaubnisvorbehalt, [531] wodurch die in Artikel 12 des Grundgesetzes als Grundrecht verankerte freie Berufswahl für das Bankgewerbe zulässig eingeschränkt wird.[532]

Ziel dieser Erlaubnispflicht ist es, das Eindringen ungeeigneter Personen oder finanziell unzulänglich ausgestatteter Unternehmen in das Kredit- und Finanzdienstleistungsgewerbe zu verhindern.[533] Außerdem soll gewährleistet werden, daß die aufsichtsrechtlichen Normen bei der Organisation und der künftigen Tätigkeit eines Instituts eingehalten werden.[534]

Gemäß § 32 Abs. 1 Satz 1 KWG bedarf der Erlaubnis, wer gewerbsmäßig oder in einem Umfang, der einen in kaufmännischer Weise eingerichteten Geschäftsbetrieb erfordert, Bankgeschäfte betreiben oder Finanzdienstleistungen erbringen will. Gleiches gilt auch für denjenigen, der diese Geschäfte bisher in geringerem als dem in § 1 Abs. 1 KWG genannten Umfang betreibt und diese erweitern möchte, sowie für denjenigen, der Änderungen der Rechtsform des Kreditinstituts anstrebt, durch welche ein neuer Rechtsträger entsteht.[535]

Erlaubnisträger sind nur voll rechtsfähige, natürliche oder juristische Personen. Zwar können Personenhandelsgesellschaften unter ihrer Firma Rechtsgeschäfte abschließen und Träger von Rechten und Pflichten sein, die Praxis der Bankenaufsicht geht jedoch davon aus, daß alle persönlich haftenden Gesellschafter einer Erlaubnis bedürfen.[536]

---

529 BVerfgE 7, 377; BVerfgE 25, 236.

530 *Boos / Fischer / Schulte-Mattler,* (Kreditwesengesetz), § 32, Rdnr. 4.

531 *Bähre / Schneider,* (KWG-Kommentar), § 32, Anm. 1.

532 *Claussen,* (Bankrecht) S. 66.

533 *Friedrich Reischauer / Joachim Kleinhans / Heinz E. Meyer / Walter Neuhaus,* Kreditwesengesetz Kommentar, Loseblattsammlung, Berlin Stand April 2005, Kza 115, § 32, Rdnr. 2 und Kza 575, S. 14.

534 *Waschbusch,* (Bankenaufsicht), S. 204.

535 *Boos / Fischer / Schulte-Mattler,* (Kreditwesengesetz), § 32, Rdnr. 25; *Bähre / Schneider,* (KWG-Kommentar), § 32 Anm. 3; *Szagunn / Haug / Ergenzinger,* (KWG), § 32, Rdnr. 3.

536 *Boos / Fischer / Schulte-Mattler,* (Kreditwesengesetz), § 32, Rdnr. 24; *Bähre / Schneider,* (KWG-Kommentar), § 32, Anm. 2; *Szagunn / Haug / Ergenzinger,* (KWG), § 32 Rdnr. 6; *Schork,* (Kreditwesen), § 32, Anm. 1; *Reischauer / Kleinhans,* (KWG-Kommentar), Kza 115, § 32, Rdnr. 9; *Heinz Brückner,* Die Erlaubnis nach § 32 KWG für Personenhandelsgesellschaften, in: ZfgK 1969, S. 412.

Der Antrag auf Erteilung einer Erlaubnis ist formlos bei der Bundesanstalt für Finanzdienstleistungsaufsicht zu stellen. Die Behörde ist gemäß § 32 Abs. 3 KWG verpflichtet, vor der Erteilung der Erlaubnis an eine Bank, die Sicherungseinrichtung zu hören, der das künftige Kreditinstitut angehören wird, um so dessen Meinung über die Neuzulassung zu erfahren. An diese Stellungnahme ist die Bundesanstalt für Finanzdienstleistungsaufsicht jedoch nicht gebunden.[537] Ziel der Anhörung ist es, daß die Bundesanstalt für Finanzdienstleistungsaufsicht möglichst umfassende Informationen über das zukünftige Institut erhält und die Tragfähigkeit der Geschäftsplanung besser beurteilen kann. Ein weiterer bedeutender Grund für diese Anhörung ist die Frage, ob das Kreditinstitut in die Sicherungseinrichtung aufgenommen wird.[538] Hierdurch soll erreicht werden, daß es nicht zur Gründung von Kreditinstituten kommt, die keiner Sicherungseinrichtung angehören.[539] Mit der Erlaubniserteilung ist das Institut gemäß § 23a KWG in Verbindung mit §§ 6 Abs. 1 oder 7 Abs. 1 des Einlagensicherungs- und Anlegerentschädigungsgesetzes (EASG)[540] automatisch einer Entschädigungseinrichtung zugeordnet[541], die dem Institut dann zusammen mit der Erlaubniserteilung mitzuteilen ist.[542]

Aus Gründen der Rechtssicherheit ist für eine wirksame Erlaubnis nur deren schriftliche Erteilung möglich. Auf die Erteilung der Erlaubnis besteht ein Rechtsanspruch, sofern kein Versagungsgrund gemäß § 33 Abs. 1 und 3 KWG vorliegt.[543] Aus anderen als den dort abschließend aufgezählten Gründen, darf die Erlaubnis nicht versagt werden.

Besteht dagegen ein Versagungsgrund, so muß die Bundesanstalt für Finanzdienstleistungsaufsicht den Antrag nicht unbedingt zurückweisen, sondern kann, als milderes Mittel, die Erlaubnis unter Auflagen, Beschränkungen und Bedingungen erteilen.[544] Die Erteilung der Erlaubnis unter Auflagen muß sich aber immer im Rahmen der mit dem Kreditwesengesetz verfolgten Ziele halten.[545] Die Nichterfüllung einer Auflage läßt die Erlaubnis unberührt, kann jedoch im weiteren zu ihrer Rücknahme führen (§ 35 Abs. 2; § 49 Abs. 2 Nr. 2 VwVfG). Sofern die Erlaubnis nicht ausdrücklich gemäß § 32 Abs. 2 Satz 2 KWG auf bestimmte

537 *Boos / Fischer / Schulte-Mattler,* (Kreditwesengesetz), § 32, Rdnr. 44.
538 *Schork,* (Kreditwesen), § 32, Anm. 6.
539 *Bähre / Schneider,* (KWG-Kommentar), § 32, Anm. 7.
540 Einlagensicherungs- und Anlegerentschädigungsgesetz, BGBl. 1998 I S. 1842.
541 *Claussen,* (Bankrecht), S. 173 ff.
542 *Boos / Fischer / Schulte-Mattler,* (Kreditwesengesetz), § 32, Rdnr. 45.
543 *Claussen,* (Bankrecht), S. 66.
544 Eine Übersicht gibt *Wolfgang Tormann,* Die Auflagenbefugnisse des Bundesaufsichtsamtes gegenüber den Kreditinstituten, in: ZfgK 1977, S. 734 ff.
545 *Boos / Fischer / Schulte-Mattler,* (Kreditwesengesetz), § 32, Rdnr. 49 und 50.

Bankgeschäfte beschränkt ist[546], gilt eine Vollkonzession als erteilt. Insbesondere ist es nicht möglich, die Erlaubnis örtlich oder zeitlich zu begrenzen.[547]

Wegen der hohen Sensibilität des Bankgewerbes sind Ausnahmen von der Erlaubnispflicht nur vereinzelt vorgesehen. Die Erlaubnispflicht entfällt, wenn eine Aufsicht wegen der Art der vom Unternehmen betriebenen Bankgeschäfte nicht erforderlich und das Unternehmen deshalb gemäß § 2 Abs. 4 und 5 KWG freigestellt ist.[548] Schließlich darf das Kreditinstitut gemäß § 34 Abs. 2 KWG nach dem Tode des Inhabers mit der Erlaubnis durch die Erben, ohne erneute Erlaubnis durch die Bundesanstalt für Finanzdienstleistungsaufsicht, bis zur Dauer eines Jahres fortgeführt werden.[549]

2. Filialgründungen

Die generelle Betriebserlaubnis umfaßt auch die Möglichkeit, Zweigstellen zu gründen. Im Gegensatz zu früherem Recht ist für die Errichtung von Zweigstellen heute keine Erlaubnis mehr notwendig.[550] Zweigstellen sind dauerhafte, räumlich von der Hauptstelle getrennt ausgeübte bankgeschäftliche Tätigkeiten, die einer gewissen sachlichen Einrichtung bedürfen.[551] Hierzu gehören Zweigniederlassungen, Filialen, Zahlstellen, Annahmestellen und mechanische Einrichtungen, wie etwa Geldausgabeautomaten. Die Errichtung solcher Zweigstellen erfordert lediglich eine unverzügliche Anzeige an die Bundesanstalt für Finanzdienstleistungsaufsicht gemäß § 24 Abs. 1 Nr. 7 KWG.

II. Sachlichen Zulassungsvoraussetzungen

Zu den sachlichen Zulassungsvoraussetzungen gehören gemäß § 32 Abs. 1 Satz 2 KWG der Nachweis der erforderlichen Mittel und nach § 32 Abs. 1 Satz 2 Nr. 5 KWG das Vorliegen eines Geschäftsplans.

---

546 Eine Beschränkung empfiehlt sich bei Spezialbanken wie z.B. bei Bausparkassen, Teilfinanzierungsinstituten, Realkreditinstituten, u.ä.

547 *Bähre / Schneider,* (KWG-Kommentar), § 32, Anm. 4; *Szagunn / Haug / Ergenzinger,* (KWG), § 32, Rdnr. 13.

548 Dies gilt etwa für die Vermögensverwaltung einer Erbengemeinschaft oder eines Investmentclubs, sofern die Kriterien der "Nichtgewerbsmäßigkeit" nicht überschritten werden.

549 *Reischauer / Kleinhans,* (KWG-Kommentar), Kza 115, § 32, Rdnr. 25.

550 *Bähre / Schneider,* (KWG-Kommentar), § 32, Anm. 8, *Reischauer / Kleinhans,* (KWG-Kommentar), Kza 115, § 32, Rdnr. 7.

551 *Szagunn / Haug / Ergenzinger,* (KWG), § 24, Rdnr. 17.

1. Finanzielle Mittel

Ein Kreditinstitut, das sich um Zulassung zum Geschäftsbetrieb bemüht, muß dem Bundesaufsichtsamt Tatsachen darlegen, die beweisen, daß es in ausreichendem Maße über finanzielle Mittel, insbesondere über ein ausreichendes haftendes Anfangskapital (Kernkapital), verfügt.[552] Diese finanziellen Mittel stehen der Bank zur Verfügung, wenn die Gelder innerhalb des räumlichen Geltungsbereichs des Kreditwesengesetzes so angelegt sind, daß jederzeit eine ausreichende Zahlungsbereitschaft gewährleistet ist.[553] Zum Nachweis des Vorhandenseins der zur Verfügung stehenden Mittel ist die Bestätigung eines Einlagenkreditinstituts darüber vorzulegen, daß das anfängliche haftende Eigenkapital (Anfangseigenkapital) eingezahlt sowie frei von Rechten Dritter ist und zur freien Verfügung der Geschäftsleiter steht.[554] Gemäß § 33 Abs. 1 Nr. 1 KWG hat die Bundesanstalt für Finanzdienstleistungsaufsicht der Bank die Erlaubnis zwingend zu versagen, wenn diese Mittel nicht zur Verfügung stehen.[555] Das Anfangskapital wird als ausreichend angesehen, wenn es nach vorheriger Einschätzung voraussichtlich zur Führung der im Erlaubnisantrag genannten Bankgeschäfte ausreicht.[556] Es sollte so groß sein, daß die Bankgeschäfte zunächst ohne fremde Mittel geführt werden können und in der kritischen Anfangsphase des Geschäftsbetriebes möglicherweise entstehende Verluste aufgefangen werden können.

Ob die finanziellen Mittel als ausreichend angesehen werden, hängt vom Ermessen der Bundesanstalt für Finanzdienstleistungsaufsicht ab. Die Angemessenheit der Eigenmittel wird dabei in einem an Umfang und Risikolage des laufenden Geschäfts bemessenen Prozeß beurteilt. In der Verwaltungspraxis der Bankenaufsicht haben sich daher mit den Jahren für die Anforderungen an das haftende Eigenkapital bestimmte Größen entwickelt. Für die Erteilung einer Vollerlaubnis einschließlich Einlagengeschäft werden von den Universalkreditinstituten 5 Millionen Euro als Mindestanforderung verlangt. Für Institute, die nur das E-Geld-Geschäft betreiben, werden mindestens 1 Million Euro als ausreichende finanzielle Mittel angesehen.[557] Der Begriff des ausreichenden An-

---

552 *Claussen,* (Bankrecht), S. 66; *Boos / Fischer / Schulte-Mattler,* (Kreditwesengesetz), § 33, Rdnrn. 6, 7.

553 *Boos / Fischer / Schulte-Mattler,* (Kreditwesengesetz), § 33, Rdnrn. 8; *Reischauer / Kleinhans,* (KWG-Kommentar), Kza 115, § 33, Rdnr. 7.

554 *Waschbusch,* (Bankenaufsicht), S. 205.

555 *Boos / Fischer / Schulte-Mattler,* (Kreditwesengesetz), § 33, Rdnr. 2; *Reischauer / Kleinhans,* (KWG-Kommentar), Kza 115, § 33, Rdnr. 3.

556 *Bähre / Schneider,* (KWG-Kommentar), § 33, Anm. 3.

557 *Boos / Fischer / Schulte-Mattler,* (Kreditwesengesetz), § 33, Rdnrn. 11, 12; *Reischauer / Kleinhans,* (KWG-Kommentar), Kza 115, § 33, Rdnr. 5.

fangskapitals ist damit anders definiert, als der des angemessenen Eigenkapitals, wie es in § 10 Abs. 1 KWG für das laufende Bankgeschäft formuliert ist. Im Gegensatz zur dynamischen Betrachtungsweise des angemessenen Eigenkapitals nach § 10 Abs. 1 KWG soll durch eine statische Betrachtungsweise des Anfangskapitals für die ersten drei bis fünf Jahre der geplanten Geschäftstätigkeit die finanzielle Mittelausstattung abgesichert werden.[558]

2. Der Geschäftsplan

Seit der 6. KWG-Novelle ist für die Erteilung der Erlaubnis zum Betreiben einer Bank die Aufstellung eines Geschäftsplans eine weitere sachliche Voraussetzung. Mit diesem in § 33 Abs. 1 Satz 1 Nr. 7 KWG formulierten Erfordernis soll sichergestellt sein, daß die Institute die besonderen organisatorischen Pflichten[559] hinsichtlich der Steuerung, der Überwachung und der Kontrolle der Risiken sowie der ordnungsgemäßen Geschäftsorganisation einschließlich interner Kontrollverfahren, der Buchführung und der Dokumentation erfüllen. Der Geschäftsplan, der nicht selbst Gegenstand der Erlaubnis ist, muß auch insofern tragfähig sein, als er darlegen soll, wie die künftige Entwicklung des Instituts geplant ist.[560] Hierzu gehört auch, daß dargelegt wird, in welcher Weise und mit welchen Zielgruppen Bankgeschäfte betrieben werden sollen.[561]

III. Personengebundene Zulassungsvoraussetzungen

Das Erfordernis der persönlichen Zuverlässigkeit und fachlichen Eignung der Geschäftsleiter ist ein Kernelement für die Funktionsfähigkeit der Institute.[562] Die bankenaufsichtliche Kontrolle dieser Voraussetzungen ist daher nicht nur bei der Bankengründung von besonderer Relevanz, sondern auch während der gesamten Geschäftstätigkeit der Bank. Die an die Personen der Bankleitung gebundenen Voraussetzungen zur Erlangung einer Erlaubnis sind in § 33 Abs. 1 Nr. 2 - 5 KWG genannt und beinhalten, neben vorgenannten Erfordernissen, als dritte personengebundene Zulassungsvoraussetzung das sogenannte "Vieraugenprinzip".

---

558 *Boos / Fischer / Schulte-Mattler,* (Kreditwesengesetz), § 33, Rdnr. 6.

559 Die besonderen organisatorischen Pflichten von Kredit- und Finanzdienstleistungsinstituten ergeben sich aus § 25a KWG.

560 *Boos / Fischer / Schulte-Mattler,* (Kreditwesengesetz), § 33, Rdnr. 23.

561 *Bähre / Schneider,* (KWG-Kommentar), § 33, Anm. 7.

562 *Boos / Fischer / Schulte-Mattler,* (Kreditwesengesetz), § 33, Rdnr. 26; *Reischauer / Kleinhans,* (KWG-Kommentar), Kza 115, § 33, Rdnrn. 8, 11.

1. Persönliche Zuverlässigkeit

Die Antragsteller für die Erlaubnis zum Betreiben eines Kredit- oder Finanzdienstleistungsinstituts müssen gemäß § 33 Abs. 1 Satz 1 Nr. 2 KWG als persönlich zuverlässig gelten. Dabei muß die Zuverlässigkeit nicht positiv nachgewiesen werden.[563] Es ist vielmehr grundsätzlich so lange von der Zuverlässigkeit des Antragsstellers auszugehen, als nicht Tatsachen vorliegen, aus denen sich Zweifel an ihr ergeben.[564]

Im Interesse eines wirksamen Gläubigerschutzes und der Erhaltung des Vertrauens in die Kreditwirtschaft verbietet das Gesetz jedoch die Erteilung der Erlaubnis, wenn feststeht, daß ein Antragsteller nicht zuverlässig ist. Das Vorliegen solcher Tatsachen ist regelmäßig anzunehmen, wenn der Antragsteller oder Geschäftsleiter[565] rechtswidrig und schuldhaft fremdes Vermögen verletzt oder gefährdet hat, gegen gesetzliche Ordnungsvorschriften für den Betrieb eines Unternehmens nachhaltig verstoßen hat oder in seinem privaten oder geschäftlichen Verhalten gezeigt hat, daß eine ordnungsgemäße Geschäftsführung nicht von ihm erwartet werden kann.[566] Bei der Zuverlässigkeit kommt es darauf an, ob das Verhalten des Antragstellers oder Geschäftsleiters darauf schließen läßt, daß die Bank oder deren Kundschaft geschädigt werden könnte. Die Voraussetzung der Zuverlässigkeit wird als unbestimmter Rechtsbegriff angesehen und kann von den Verwaltungsgerichten überprüft werden.[567]

2. Fachliche Eignung

Inhaber und Geschäftsleiter eines Kredit- oder Finanzdienstleistungsinstituts müssen weiterhin die zur Leitung erforderliche Eignung besitzen.[568] Das Gesetz versagt gemäß § 33 Abs. 1 Nr. 3 KWG die Erteilung einer Erlaubnis, wenn fest-

---

563 *Boos / Fischer / Schulte-Mattler*, (Kreditwesengesetz), § 33, Rdnr. 33; *Bähre / Schneider*, (KWG-Kommentar), § 33, Anm. 4.

564 *Reischauer / Kleinhans*, (KWG-Kommentar), Kza 115, § 33, Rdnr. 9.

565 Das Gesetz gibt in § 1 Abs. 2 S.1 und 2 KWG eine Legaldefinition des Begriffs und unterscheidet dabei "geborene" und "gekorene" Geschäftsleiter. Für beide gelten die gleichen Anforderungen.

566 Mit Beispielen *Boos / Fischer / Schulte-Mattler*, (Kreditwesengesetz), § 33, Rdnr. 33 bis 38 sowie *Reischauer / Kleinhans*, (KWG-Kommentar), Kza 115, § 33, Rdnr. 10.

567 *Bähre / Schneider*, (KWG-Kommentar), § 33, Anm. 4.

568 Ausführlich: *Joachim Süchting / Uwe H. Schneider / Rainer Link*, Die fachliche Eignung von Verbandsprüfern der Sparkassen als Geschäftsleiter eines Kreditinstituts nach § 33 KWG unter besonderer Berücksichtigung der bankpraktischen Anforderungen, in: ZBB 1991, S. 120 (121).

steht, daß ein Inhaber oder ein Geschäftsleiter nicht über die zur Leitung eines Kreditinstitut erforderliche Eignung verfügen.

Auf Grund der unterschiedlichen Arten von Kreditinstituten können an die fachliche Eignung auch völlig unterschiedliche Anforderungen gestellt werden.[569] Dabei fließen in die Beurteilung der Erfüllung dieser Anforderungen die Berufsausbildung, praktische und theoretische Fachkenntnisse sowie die Berufs- und Leitungserfahrung ein. Allgemein gilt eine Person als fachlich geeignet, wenn nach der Beurteilung ihrer bisherigen Tätigkeit angenommen werden kann, daß sie die Bank so leiten wird, daß kein Schaden für die Bank und ihre Gläubiger droht.[570] Die fachliche Eignung wird insbesondere dann bis zum Beweis des Gegenteils vermutet, wenn der Geschäftsleiter eine dreijährige leitende Tätigkeit bei einem Kreditinstitut vergleichbarer Größe und Geschäftsart innehatte.[571] Diese Bezugnahme auf die Vergleichbarkeit von Größe und Geschäftsart unterstreicht, daß die fachliche Qualifikation für die Leitung eines Instituts stets im Hinblick auf die Verhältnisse einer bestimmten Unternehmung zu prüfen ist. Eine generelle Anerkennung der fachlichen Eignung von Personen für die Leitung von Kredit- oder Finanzdienstleistungsinstituten durch die Bundesanstalt für Finanzdienstleistungsaufsicht gibt es nicht.[572] Die Leitungserfahrung kann auch außerhalb eines Kreditinstituts erworben worden sein. In diesem Falle sind jedoch an die Erfüllung der theoretischen und praktischen Anforderungen besonders strenge Maßstäbe anzulegen.[573]

3. Das Vieraugenprinzip

Zu den personengebundenen Voraussetzungen für die Erteilung der Betriebserlaubnis zählt gemäß § 33 Abs. 1 Nr. 4 KWG auch, daß das Kreditinstitut mindestens zwei hauptberufliche Geschäftsführer hat. Diese Voraussetzung soll gewährleisten, daß dem Kreditinstitut zu jeder Zeit ein sachkundiger Geschäftsleiter zur Verfügung steht, auch wenn ein Geschäftsführer krankheits- oder urlaubsbedingt abwesend ist. Das Vieraugenprinzip soll auch sicherstellen, daß für das Kreditinstitut wesentliche Entscheidungen möglichst von mehreren Personen ge-

569 *Reischauer / Kleinhans,* (KWG-Kommentar), Kza 115, § 33, Rdnr. 12.
570 *Szagunn / Haug / Ergenzinger,* (KWG), § 33, Rdnr. 13.
571 *Bähre / Schneider,* (KWG-Kommentar), § 33, Anm. 5; *Szagunn / Haug / Ergenzinger,* (KWG), § 33, Rdnr. 15.
572 *Hans-Joachim Dohr,* Zur fachlichen Eignung des Geschäftsleiters einer Bank, in: FLF 1990 Heft 2 und 3, S. 100 (103).
573 *Waschbusch,* (Bankenaufsicht), S. 210.

meinsam getroffen werden und daß diese sich gegenseitig kontrollieren.[574] Durch das Erfordernis von mindestens zwei Geschäftsführern soll schließlich auch kriminellen Handlungen vorgebeugt werden.[575]

IV. Sonstige Zulassungsvoraussetzungen

Im Gegensatz zur früheren deutschen Gesetzeslage (§ 4 Abs. 1 Buchst. b KWG a.F.[576]) findet eine Bedürfnisprüfung für die Neugründung einer Bank oder die Eröffnung einer Zweigstelle in Deutschland nicht mehr statt.[577] Eine Bedürfnisprüfung, wie sie früher von den Bankenaufsichtsbehörden zur Vermeidung einer unerwünschten Ausdehnung des Kreditapparates vorgenommen wurde, ist vom Bundesverwaltungsgericht für nicht mit dem Grundrecht auf freie Berufswahl vereinbar erklärt worden.[578]

B. In den Vereinigten Staaten

Die Erteilung einer Konzession zum Betreiben einer National Bank ist an sachliche, personengebundene und weitere besondere Zulassungvoraussetzungen geknüpft.

I. Erlaubnispflicht und Zulassungsverfahren

In den Vereinigten Staaten können Banken zwischen einer Konzession des Bundes und einer Konzession ihres Sitzstaates wählen.[579] Im ersten Fall entscheidet der Comptroller of the Currency nach den Bestimmungen des National Banking Acts[580], im zweiten Fall entscheidet die zuständige Behörde des jeweiligen Bun-

---

574 *Reischauer / Kleinhans,* (KWG-Kommentar), Kza 115, § 33, Rdnr. 16; *Dohr,* (Fachliche Eignung) S. 102.

575 *Bähre / Schneider,* (KWG-Kommentar), § 33, Anm. 6.

576 Gesetz über das Kreditwesen vom 25. September 1939, RGBl. I S. 1955.

577 *Reischauer / Kleinhans,* (KWG-Kommentar), Kza 115, § 32, Rdnr. 3.

578 BVerwGE 8, 14 (15); BVerwG NJW 1959, S. 590 (592).

579 *Pollard,* (Banking Law), S. 155; *Schierenbeck,* (Amerikanisches Bankwesen), S. 35.

580 Farmers'& Mechanics Nat'l Bank of Buffalo v. Dearing, 91 U.S. 29, 23 L. Ed. 196 (1875); Juilliard v. Greenman, 110 U.S. 421, S. Ct. 122, 28 L. Ed. 204 (1884); Easton v. Iowa, 188 U.S. 220, 23 S. Ct. 288, 47 L. Ed. 452 (1903); Dovey v. State, 116 Neb. 533, 218 N.W. 390 (1928); United States Nat'l Bank of LaGrande v. Pole, 2 F. Supp. 153 (D. Ore. 1932); Meller v. National Chautauqua County Bank, 240

desstaates nach dem gerade dort geltenden Bankengesetz.[581] Da die meisten Kreditinstitute aus Wettbewerbsgründen auch eine Aufnahme bei der FDIC wünschen, müssen selbst Banken, die lediglich die Konzession eines Einzelstaates anstreben, bundesrechtliche Bestimmungen über die Konzessionierung für sich gelten lassen. Im Folgenden werden vorrangig die bundesrechtlichen Bestimmungen untersucht und die meist sehr unterschiedlichen, unüberschaubaren einzelstaatlichen Regeln nur allgemein angesprochen.

1. Allgemeine Erlaubnispflicht

Die Konzession zum Betreiben einer National Bank erteilt der Comptroller of the Currency nach den Regeln des National Banking Acts.[582] Da jede National Bank automatisch Mitglied bei der FDIC wird, ist der Comptroller of the Currency durch den Federal Deposit Insurance Act[583] gehalten, bei seiner Prüfung auch solche Faktoren zu berücksichtigen, die für die Aufnahme in die FDIC entscheidend sind.[584] Hinzu kommt eine Überprüfung der Voraussetzungen, die im Community Reinvestment Act (CRA)[585] aufgestellt sind[586], wonach in erster Linie die Kreditерwartungen der Region, in der die Bank eröffnen will, beurteilt werden.[587] Neben der Prüfung des Mindestkapitals und der Managementstruktur der Bank muß sich die bewerbende Bank einer detaillierten Prüfung durch den Comptroller unterziehen. Hierbei werden besonders die Profiterwartungen der Bank, die Angemessenheit des Kapitals, der regionale Bedarf, das heißt der öffentliche Nutzen sowie die Interessen und Bedürfnisse der Gesellschaft, die Eignung der Bankdirektoren und die Erfahrungen der leitenden Angestellten berücksichtigt.[588]

In der Vergangenheit wurden diese Faktoren vor rein wirtschaftlichem und wettbewerbliche Hintergrund abgewogen. Dabei wurde immer berücksichtigt, welche Folgen eine Konzessionierung für andere bestehende Banken oder für die

---

App. Div. 169, 270 N.Y.S. 522 (1934); Maricopa County v. Valley Nat'l Bank, 130 F. 2d 356 (9th Cir. 1942), aff'd 318 U.S. 357, 63 S. Ct. 587, 87 L. Ed. 834 (1943).

581 Bank of Cal. v. San Francisco, 142 Cal. 27, 75 P. 832 (1904); Kaiser v. Lawrence Sav. Bank, 56 Iowa 104, 8 N.W. 772 (1881); Williams v. Hewitt, 47 LA. 1076, 17 So. 496 (1895); B.T. Oliphant v. Cartage Bank, 224 Miss. 386, 80 So. 2d 63 (1955).

582 12 U.S.C. §§ 1, 21, 22, 26, und 27; *Pollard,* (Banking Law), S. 156.

583 Pub. L. No. 81-797, § 8, 64 Stat. 879 (1950).

584 12 U.S.C. §§ 1814(b) und 1816.

585 Pub. L. 95-128, tit. VIII, Oct. 12, 1977, 91 Stat. 1147, 1148.

586 12 U.S.C. § 2901 und 12 C.F.R. § 228.

587 *Schroeder,* (Law and Regulation), § 4.01[1].

588 *Spong,* (Banking Regulation), S. 147; *Schroeder,* (Law and Regulation), § 4.01[1].

Fähigkeit des Marktes, andere Banken zu versorgen, auslösen könnte. Heute gilt der Blick mehr den finanziellen Mitteln des Kreditinstituts und dem Geschäftsplan der sich bewerbenden Bank.[589] Ursache für diesen Wandel ist die Überzeugung, daß bei einem richtig erstellten und gut kalkulierten Geschäftsplan auch auf einem stark umworbenen Markt oder auf Märkten mit geringer wirtschaftlicher Erwartung ein profitables Bankgeschäft möglich ist.[590] Dies ermöglicht qualifizierten Gruppen, Bankgeschäfte zu betreiben, und schützt schlecht geführte Banken nicht vor dem wachsenden Wettbewerb mit neuer Konkurrenz.

Zur Durchsetzung dieser Erleichterungen und zur Reduzierung der Kosten bei der Eröffnung einer neuen National Bank hat der Comptroller of the Currency eigene Richtlinien für das Zulassungsverfahren erstellt.[591] Danach muß die sich bewerbende Bank mit dem Antrag auf Erteilung der Konzession zur Organisation einer National Bank beim Comptroller of the Currency zur Einleitung des Verfahrens eine Vielzahl von Unterlagen einreichen. Hierzu gehören eine Organisationsbescheinigung, ein gemeinsamer Eid der bis zur Eröffnung mit den Interessen betrauten Direktoren, eine Namensliste aller Direktoren, ein Geschäftsplan, ein Muster der Geschäftssatzung, ein gemeinsamer Eid der künftigen Direktoren der National Bank, ein Eid jedes einzelnen National Bank Direktors und schließlich eine Namensliste aller Direktoren, die die Bank künftig leiten werden.[592]

Aus der Organisationsbescheinigung muß sich insbesondere ergeben, welche Art von Bankgeschäften das Kreditinstitut künftig betreiben will[593], welchen Namen das Kreditinstitut tragen und wo der Sitz der Bank gelegen sein wird.[594] Die Geschäftssatzung muß unter anderem aufführen, wie hoch das Kapital der Bank ist und in wie viele Aktien das Kapital gegebenenfalls geteilt ist.[595] Schließlich gehören Namen und Anschriften der jetzigen Aktionäre mit einer Aufschlüsselung der auf jeden einzelnen Aktionär entfallenden Höhe der Beteiligung in die Organisationsbescheinigung.[596]

---

589 *Spong,* (Banking Regulation), S. 148; *Schroeder,* (Law and Regulation), § 4.01[1].

590 *Cranmore et al.,* (Banking Law), § 22.03.

591 12 C.F.R. § 5.20; ausführlich in: *Office of the Comptroller of the Currency,* Charters – Comptroller's Licensing Manual, Washington D.C., January 2005.

592 12 C.F.R. § 5.20(e)-(i).

593 Case v. Citizen Bank of Cal., 100 U.S. 446, 25 L. Ed. 695 (1879); Van Allen v. Assessors (Churchill v. Utica), 70 U.S. (3 Wall.) 573, 18 L. Ed. 229 (1866); Knight v. Old Nat'l Bank, F. Cas. No. 7885, 3 Cliff. 429 (1871).

594 Armstrong v. Second Natl'l Bank of Springfield, 38 F. 883 (S.D. Ohio 1889).

595 *Office of the Comptroller of the Currency,* (Charters) S. 17 ff.

596 Van Allen v. Assessors (Churchill v. Utica), 70 U.S. (3 Wall.) 573, 18 L. Ed. 229 (1866); Gravois Bank v. Board of Governors of Federal Reserve, 478 F.2d 546 (8th Cir. 1973).

Zu den detailliert geregelten formellen Voraussetzungen gehört ferner, daß der Bewerber nach Vorlage dieser Unterlagen zusammen mit dem Zulassungsantrag[597] die jeweilig anfallenden Bearbeitungs- und Zulassungsgebühren[598] beim örtlichen Büro des Comptroller of the Currency einzahlen muß.

Nach Erhalt der vom Comptroller of the Currency erteilten vorläufigen Billigung hat die sich bewerbende Bank ein aus sieben Schritten bestehendes Verfahren zu durchlaufen.[599] Dieses beginnt mit der Bildung der juristischen Person, die entsteht, sobald die Organisatoren die Geschäftssatzung in der Form annehmen, wie sie zuvor vom Comptroller of the Currency überprüft wurde.[600] Trotz Entstehung der Bank als juristische Person dürfen die Bankgeschäfte aber erst mit Erteilung der Konzession aufgenommen werden.[601] Es folgt die Aufstellung eines qualifizierten Managements, das mit seinen satzungsgemäßen Aufgaben vertraut gemacht wird und sicherzustellen hat, daß als weiterer Schritt die Kapitalausstattung der Bank erfolgt.[602] Danach finden Treffen zwischen den Aktionären und den Direktoren der Bank statt, bei denen neben organisatorischen Absprachen auch der Bankvorstand gewählt wird.[603] Als weiteren Schritt bestimmen die Direktoren die künftige Kredit- und Investitionspolitik sowie die interne Revision und die externe Wirtschaftsprüfung. In der Zwischenzeit wird im Büro des Comptroller of the Currency eine öffentliche Bekanntmachung der Pläne zur Eröffnung der National Bank durchgeführt.[604] Innerhalb von 30 Tagen nach dieser Veröffentlichung kann jedermann schriftlich Einwendungen gegen die Bewerbung erheben[605] und den Antrag auf eine öffentliche Anhörung stellen. Im Rahmen einer solchen öffentlichen Anhörung können Wettbewerber zur Markt- und Konkurrenzsituation am geplanten Sitz der Bank angehört werden.[606] Ob eine solche Anhörung tatsächlich durchgeführt wird, entscheidet nach pflichtge-

---

597 12 C.F.R. § 5.20(j).

598 Das Merkblatt zu den Gebühren des Comptroller of the Currency wird spätestens am ersten Werktag im Dezember mit den für das folgende Jahr zu erhebenden Gebühren veröffentlicht und kann beim Comptroller of the Currency in Washington oder einem der sechs Distriktbüros angefordert werden. Siehe auch: *Office of the Comptroller of the Currency,* (Charters) S. 27.

599 *Cranmore et al.*, (Banking Law), Volume 2, § 22.04[2], 22-12.

600 12 U.S.C. § 24.

601 12 U.S.C. § 27.

602 12 C.F.R. § 16.

603 12 U.S.C. § 71.

604 12 C.F.R. § 5.9(b).

605 12 C.F.R. § 5.10(a).

606 12 C.F.R. § 5.11.

mäßem Ermessen allein der Comptroller of the Currency.[607] Schließlich erfolgt durch den Comptroller of the Currency eine Vorprüfung, die sicherstellen soll, daß alle zur Geschäftseröffnung notwendigen Vorkehrungen getroffen sind, und der sich die endgültige Zulassung anschließt.

Diese endgültige Zulassung erteilt der Comptroller of the Currency durch die Ausgabe eines Genehmigungsbescheids, aus dem sich ergibt, daß die Bank alle Voraussetzungen für ein Tätigwerden erfüllt.[608] Der Erlaß einer National Bank Charter ist durch den Administrative Procedures Act[609] geregelt. Danach hat der Comptroller of the Currency die Möglichkeit, durch Verordnungen (rules), Einzelentscheidungen (orders) oder durch einfaches Verwaltungshandeln tätig zu werden.[610] Eine National Bank Charter wird nach 5 U.S.C. § 551(6) als Order definiert.

Auch wenn alle Voraussetzungen erfüllt sind, hat der Antragsteller keinen Anspruch auf die Erteilung einer Banklizenz.[611] Die Erteilung der National Charter kann gemäß 12 C.F.R § 5.20(d) trotz Erfüllung der Voraussetzungen aus (wirtschafts-)politischen Gründen versagt werden. Der Comptroller of the Currency hat bei der Erteilung der National Charter einen sehr großen Ermessensspielraum, der nur von einem allgemeinen Willkürverbot begrenzt wird.[612] Gründe für diese erhebliche Einschränkung der Gewerbefreiheit sind der Verbraucherschutz, der Schutz des Funktionierens des Banksystems und der Wettbewerberschutz.[613]

2. Filialgründungen

Sowohl die Bundes- als auch die in diesem Bereich dominierende Einzelstaatsgesetzgebung machen es den amerikanischen Commercial Banks sehr schwer, grenzüberschreitende landesweite Filialnetze aufzubauen.[614] Bisher konnte eine

---

607 Citizens Nat'l Bank of Maplewood v.Saxon, 249 F. Supp. 557 (E.D. Mo. 1965); Webster Groves Trust Co. v. Saxon, 370 F.2d 381 (8th Cir. 1966).

608 12 U.S.C. § 27.

609 60 Stat. 237; 5 U.S.C. §§ 551 et seq. (1988).

610 *Gerhard Hütz,* Die Bankenaufsicht in der Bundesrepublik Deutschland und in den USA, Berlin 1990, S. 130.

611 City National Bank vs. Smith, 513 F. 2d 479 (1975).

612 *Pollard,* (Banking Law), S. 157; First National Bank of Fayettville vs. Smith, 508 F. 2d 1371 (1974); *Schroeder,* (Law and Regulation), § 4.01[1].

613 *Pollard,* (Banking Law), S. 161.

614 Einen umfassenden Überblick bietet: Compendium of Issues Relating to Branching by Financial Institutions, Prepared by the Subcommittee on Financial Institutions of the Committee on Banking, Housing, and Urban Affaires, United States Senate, 94th Cong., 2d Sess., 1976; *American Bankers Association,* State Banking Law

National Bank die Grenzen ihres Sitzstaates durch Errichtung einer Zweigstelle nur mit ausdrücklicher Genehmigung der entsprechenden Behörden überschreiten.[615] Der McFadden Act verbot Commercial Banks, über die Grenzen ihres Heimatstaates hinaus Filialen zu errichten.[616] Auch innerhalb des Heimatstaates durften Filialen nur eröffnet werden, wenn das jeweilige Bankengesetz des Einzelstaates dies erlaubte. Als Filialen werden nur Einlagen annehmende Zweigstellen angesehen.[617] Andere Arten von Zweigstellen wie Repräsentanzen, Edge Act Corporations[618], Verbindungsbüros oder sogenannte "Loan Production Offices"[619] können ohne weiteres grenzüberschreitend errichtet werden.[620]

National Banks dürfen nur dann Filialen eröffnen, wenn dies zuvor durch den Comptroller of the Currency genehmigt wurde.[621] Dabei muß der Comptroller of the Currency beachten, daß eine Zulassung zum Filialbetrieb nur möglich ist, wenn auch einer State Bank die Eröffnung einer Filiale möglich wäre.[622] Die Entscheidung über die Zulassung von Filialen der State Member Banks liegt im Bereich des Board of Governors des Federal Reserve Systems und wird von der Federal Reserve Bank des betroffenen Distriktes bearbeitet.[623] Schließlich entscheidet über State Banks, die weder Mitglied des Federal Reserve Systems noch bei der FDIC versichert sind, die Bankenaufsichtsbehörde des jeweiligen Bundesstaates.

Diese restriktive Filialgesetzgebung stand schon frühzeitig in Widerspruch zu den wirtschaftlichen Bedürfnissen der Banken und hat über viele Jahre zu heftiger Kritik an den bestehenden Regeln geführt.[624] Um dennoch ihre Interessen zu

---

Service, "Branching", Loseblattsammlung; *Cranmore et al.*, (Banking Law), Volume 1, § 5.06, 5-12-31; *Lutz Hablutzel*, State Regulation of Branch Banking, in: 16 Duquesne Law Review (1977-1978), S. 679 (681)

615 Application for Charter for Springfield State Bank, 107 N. J. Super. 230, 258 A. 2d 24 (1969); *Jacobs*, (Framework), S. 352.

616 *Richard Mader*, (Bankenaufsichtssystem), S. 106; *Schroeder*, (Law and Regulation), § 6.02[1].

617 Continental Bank & Trust Co. v. Taylor, 14 Utah 2d 370, 384 P.2d 796 (1963).

618 Dies sind Tochtergesellschaften von Banken, die sich ausschließlich mit der Abwicklung internationaler Bankgeschäfte befassen.

619 Sie können zwar weder Darlehen gewähren noch Einlagen entgegennehmen, aber akquisitorisch für das Mutterinstitut, das in einem anderen Einzelstaat seinen Sitz hat, tätig werden.

620 *Möschel*, (Trennsystem), S. 30; *Morschbach*, (Filialgesetzgebung) S.176.

621 12 U.S.C. § 36.

622 *Schroeder*, (Law and Regulation), § 6.02[6].

623 12 U.S.C. § 321.

624 Siehe etwa *Solomon et al.*, (Banking Law), § 80.16[1]; *Fred H. Hays*, Interstate Banking: A Logical Step Toward Financial Deregulation, in: Texas Business Review 57, 1983, S. 131 ff.; *Morschbach*, (Filialgesetzgebung) S.176.

sichern[625], sahen sich die amerikanischen Commercial Banks veranlaßt, auf anderen Wegen über Staatsgrenzen hinweg zu expandieren.[626] Die Banken praktizierten drei Arten der Umgehung dieser Vorschriften. Es waren dies vor allem die indirekten Beteiligungen an Nichtbank-Gesellschaften[627], die nicht vom Bank Holding Company Act[628] erfaßt sind und keiner Filialgesetzgebung unterliegen[629], die Eröffnung von "Loan Production Offices"[630] sowie die Gründung von Edge Act Corporations.[631]

Eine von den Banken besonders häufig praktizierte Umgehung dieses Verbots war die Gründung von Bank Holding Companies. Mehrere Banken wurden unter einer Dachgesellschaft zusammengefaßt, die über geographische Einschränkungen hinaus tätig sein und somit ein Bundesstaat übergreifendes Betätigungsfeld aufbauen konnten.[632] Der sogenannte "Douglas Amendement"[633] zum Bank Holding Company Act untersagte schließlich derartige Operationen für die Zukunft, ließ allerdings bereits tätige Interstate Organizations weiter bestehen.

Diese unbefriedigende rechtliche Situation wurde mit der Verabschiedung des Riegle-Neal Interstate Banking and Branching Efficiency Acts 1994 (IBBEA)[634] bereinigt.[635] Erstmals war nun eine einheitliche, bundesweit geltende Regelung der Voraussetzungen für eine Expansion über die Staatsgrenzen des Sitzstaates hinaus gegeben.[636] Nach einem über 60 Jahre geltenden Verbot des Interstate Banking wurde den National Banks die Möglichkeit gegeben, in unterschiedlichen Bundesstaaten Niederlassungen zu eröffnen. Der Begriff "Niederlassung"

---

625 Statt aller: *Albert Dormanns,* Weiterer Ausbau des "interstate branching", in: Die Bank 1981, S. 126 (127).

626 Lange Zeit versuchten die Banken die restriktive Filialgesetzgebung dadurch zu umgehen, daß sie elektronische Bankschalter einrichteten, die vom Comptroller of the Currency nicht als Filiale angesehen wurden.

627 Der Begriff "Nichtbank-Bank" umschreibt ein Unternehmen, das zwar Bankdienstleistungen anbietet, aber die Definition einer Bank gemäß dem Bank Holding Company Act von 1956 nicht erfüllt. Bank im Sinne dieses Gesetzes ist ein Institut, das Sichteinlagen hält und kommerzielle Kredite vergibt.

628 Ch. 240, 70 Stat. 133 (12 U.S.C. §§ 1841-1848 (2000)g).

629 Ausführlich: *David D. Whithead,* Interstate Banking: Taking Inventory, in: Economic Review, Federal Reserve Bank of Atlanta, Atlanta 1983, S. 24 ff.

630 *Möschel,* (Trennsystem), S. 30.

631 *Pollard,* (Banking Law), S. 492.

632 *Dormanns,* (interstate branching), S. 126 (127).

633 12 U.S.C. § 1842(d) (1988).

634 Pub. L. No. 103-328, 108 Stat. 2338 (1994).

635 *Schroeder,* (Law and Regulation), § 6.04[1]; *Robert G. Ballen / Joseph P. Savage,* Interstate Bank Branching: Are the Walls Starting to Crumble?, in: 111 Banking Law Journal 1994, S. 149 (171 f.).

636 *Spong,* (Banking Regulation), S. 32; *Schroeder,* (Law and Regulation), § 6.04.

umfaßt dabei sowohl rechtlich unselbständige Zweigstellen als auch rechtlich selbständige Tochterbanken.

Auf der Grundlage dieser gesetzlichen Neuregelung hat der Comptroller of the Currency nunmehr die Möglichkeit, eine Genehmigung zur Eröffnung einer Niederlassung zu erteilen, wenn der Aufnahmestaat Niederlassungen auch von Banken mit Sitz in einem anderen Bundesstaat grundsätzlich zuläßt.[637] Die Entscheidung über die Zulassung von Niederlassungen wird somit den jeweiligen Einzelstaaten überlassen. Durch Fusionen oder Akquisitionen können Niederlassungen dann eröffnet werden, wenn der betroffene Bundesstaat kein ausdrückliches Verbot formuliert hat.[638]

Sofern die betroffenen Bundesstaaten die Eröffnung einer Niederlassung ermöglichen, hat der Comptroller of the Currency die Voraussetzungen zu prüfen, die für die neue Niederlassung erforderlich sind. Neben den sachlichen und persönlichen Zulassungsvoraussetzungen sind die für alle Banken im entsprechenden Bundesstaat geltenden Informationspflichten nach dem Community Reinvestment Act und dem entsprechenden Recht des Einzelstaates einzuhalten.

II. Sachliche Zulassungsvoraussetzungen

Sachliche Zulassungsvoraussetzungen für die Erlaubniserteilung einer National Bank sind solche, die an die finanzielle Mittelausstattung der Bank und an einen von ihr vorzulegenden Geschäftsplan anknüpfen.

1. Finanzielle Mittel

Die sich um Zulassung bemühende Bank muß ausreichend Kapital nachweisen, um die erwarteten Bankgeschäfte abwickeln zu können.[639] Diese sehr allgemeine sachliche Zulassungsvoraussetzung hat sich im Laufe der Jahre grundlegend verändert. Bis in die späten 80er Jahre richtete sich die Höhe des Anfangskapitals einer National Bank nach den durch die vom Comptroller of the Currency erlassenen Regeln, die besagen, daß das Anfangskapital mindestens 1 Million Dollar ausmachen mußte. Heute verzichten die vom Comptroller of the Currency herausgegebenen Regelungen auf die Formulierung eines bestimmten, fest fixierten Dollar-Betrages. Statt dessen folgt man der auch für das laufende Bankgeschäft

---

637 *Welf Werner*, Späte Reform der amerikanischen Filialgesetzgebung, in: Die Bank 1994, S. 712 (713).

638 *Schroeder*, (Law and Regulation), § 6.04[3][c].

639 *Pollard*, (Banking Law), S. 162.

geltenden Philosophie, wonach das Eigenkapital der Bank dem Risikoprofil entsprechen muß.[640] Der Comptroller of the Currency verlangt deshalb, daß eine neu zu gründende Bank als "well capitalized" angesehen werden kann. Dies ist der Fall, wenn während der ersten drei Jahre ihrer Tätigkeit eine mindestens zehnprozentige Eigenkapitalunterlegung vorhanden ist.[641]

Die Höhe des vom Comptroller of the Currency als ausreichend angesehenen Anfangskapitals kann durch das Vorliegen bestimmter Umstände weiter beeinflußt werden. Hierzu zählen die Ertragserwartungen, der wirtschaftliche und wettbewerbliche Rahmen der Geschäftstätigkeit, die Erfahrungen und Qualifikationen des Managements, die erwarteten Geschäftsrisiken im Investmentgeschäft oder die Möglichkeiten der Direktoren, Kapital nachzuschießen, wenn hierzu Bedarf besteht.[642] Je nach Beurteilung dieser Faktoren kann im Einzelfall von den Banken ein höheres Anfangskapital verlangt werden.

Falsche Angaben über die Kapitalausstattung oder insgesamt unvollständige Auskünfte können zur Verhängung von Kriminalstrafen gegenüber dem Bewerber führen.[643] Bedeutender ist jedoch, daß es bei derartigen Vergehen meist zu einer Ablehnung der Bewerbung kommt, da die Ungeeignetheit des Managements vermutet wird. Wenn solche Falschangaben über die erforderlichen Mittel erst nach Geschäftsaufnahme bekannt werden, kann der Comptroller of the Currency Maßnahmen zur Rücknahme der Zulassung einleiten.[644]

2. Der Geschäftsplan

Zur Beurteilung der künftigen Entwicklung des sich das um Zulassung bemühenden Kreditinstitutes, muß dem Comptroller of the Currency ein schriftlicher Geschäftsplan vorgelegt werden, aus dem sich ergibt, wie die Bank ihre Ressourcen zu organisieren beabsichtigt, um ihre geschäftlichen Ziele zu erreichen.[645] Dabei soll der Geschäftsplan, auch "Business Plan" genannt, darlegen, wie die Bank in den ersten Jahren ihres Tätigseins unter Berücksichtigung der Marktgröße und -entwicklung, der Kundenbasis und des Wettbewerbs eine sta-

640 *Schroeder,* (Law and Regulation), § 9.01[4].

641 12 C.F.R. § 6.4(b)(1); *Office of the Comptroller of the Currency,* (Charters), S. 19.

642 *Office of the Comptroller of the Currency,* (Charters), S. 19; *Cranmore et al.,* (Banking Law), Vol. 2, § 22.03, 22-12. *Schroeder,* (Law and Regulation), § 4.01[1].

643 18 U.S.C. § 1001.

644 12 C.F.R. § 5.20.

645 12 C.F.R. § 5.20(e) und (f)(2); *Office of the Comptroller of the Currency,* (Charters), S. 16.

bile Profitabilität erlangen kann.[646] Der Business Plan muß belegen, daß die Bank in der Lage ist, in ihrem gesamtwirtschaftlichen Umfeld in Zukunft profitabel zu arbeiten. Dies erfolgt durch Proforma-Bilanzen und die Darstellung der Ertragslage für jedes auf die Eröffnung folgende Jahr, bis hin zum ersten Jahr nach Erreichen eines profitablen Wirtschaftens.[647] Derartige Prognosen sollen für mindestens drei Jahre aufgestellt werden, da die meisten erfolgreichen Neueröffnungen ab dem zweiten bis vierten Geschäftsjahr profitabel arbeiten. Zur besseren Einschätzung der Erfolgsaussichten der Prognosen muß ihre Darstellung mit einer Wiedergabe der Einschätzungsmethoden und Durchsetzungsstrategien für den Business Plan verbunden sein.[648]

Der Business Plan soll auch die vom Federal Deposit Insurance Act geforderten Angaben über die Ertragserwartungen, die Managementqualifikation, das Eigenkapital, den Nutzen für die Gemeinschaft und die Sicherheit der beabsichtigten Bankgeschäfte angeben.[649]

III. Personengebundene Voraussetzungen

Die Geschäftsführung einer National Bank muß aus mindestens fünf und höchsten fünfundzwanzig Direktoren bestehen.[650] Auch wenn die Qualifikation des leitenden Managements laufend von den amerikanischen Aufsichtsbehörden überwacht wird und sie als Schlüsselvoraussetzungen für die ordnungsgemäße Führung eines Kreditinstituts angesehen werden[651], sind die Zulassungsvoraussetzungen, die in den Vereinigten Staaten an die Personen der Bankleitung gestellt werden, sehr allgemein gehalten. So spricht der Comptroller of the Currency in seinen Richtlinien für die personengebundenen Voraussetzungen lediglich davon, daß die Leitung der Bank aus erfahrenen Managern bestehen muß, die relevante Erfahrung haben, so daß erwartet werden kann, daß sie den von ihnen vorgeschlagenen Geschäftsplan erfolgreich umsetzen werden und gegebenenfalls geeignete Korrektivmaßnahmen einleiten können.[652] Dies ist im Allgemeinen anzunehmen, wenn Personen bereits zuvor erfolgreich Geschäfte geführt und Erfah-

646 *Office of the Comptroller of the Currency*, (Charters), S. 16; *Schroeder*, (Law and Regulation), § 4.01[1].
647 *Cranmore et al.*, (Banking Law), Vol. 2, § 22.03.
648 12 C.F.R. § 5.20(h).
649 12 U.S.C. § 1816.
650 12 U.S.C. § 71, 12 U.S.C. § 71a.
651 *Roberta Puschel*, The Bank Examination Process, in: *F. Schadrack / L. Korobow (Hrsg.)*, The Basic Elements of Bank Supervision, New York 1993, S. 55 (62).
652 *Schroeder*, (Law and Regulation), § 4.01[1]; 12 C.F.R. § 5.20(f).

rungen in der Leitung einer Bank gesammelt haben.[653] Kandidaten für die Bekleidung eines Amtes im Bankenvorstand bedürfen jedoch keiner besonderen Ausbildung in Bankangelegenheiten.[654]

Der National Banking Act verlangt, daß die Direktoren einer amerikanischen National Bank[655] Staatsbürger der Vereinigten Staaten sind. [656] Falls es sich bei der Bank um die Niederlassung eines ausländischen Instituts handelt, kann der Comptroller of the Currency eine Ausnahme von diesem Erfordernis machen. Mindestvoraussetzung bleibt allerdings, daß zumindest zwei Drittel der Mitglieder des Bankvorstandes bereits ein Jahr vor den Vorstandswahlen in dem Staat und dem Distrikt, in dem die Bank gelegen ist, oder in einem Radius von 100 Meilen um diesen Ort, leben[657] und auch während ihrer Amtszeit weiterhin dort wohnen. Hintergrund dieser Regelung ist, daß so die Aktionäre bessere Gelegenheit haben, die Qualifikation der verschiedenen zur Vorstandswahl anstehenden Kandidaten kennenzulernen. Umgekehrt wird den künftigen Bankdirektoren damit die Möglichkeit gegeben, den Charakter und die finanzielle Situation des Gebietes kennenzulernen, aus dem seine zukünftigen Bankkunden stammen.[658]

Voraussetzung ist weiterhin, daß jeder Direktor Aktien der Bank besitzen muß, in der er tätig ist.[659] Der Wert der von einem einzelnen Direktor gehaltenen Aktien muß zum Zeitpunkt seines Amtseides[660] mindestens 1.000 Dollar[661] und darf im Höchstfall 25.000 Dollar betragen.[662] Sobald die Übertragung der Aktien

---

653 *Office of the Comptroller of the Currency,* (Charters), S. 8.

654 *Office of the Comptroller of the Currency,* The Director's Book, The Role of a National Bank Director, Washington D.C. 1987, S. 11.

655 Die persönlichen Zulassungsvoraussetzungen beziehen sich im wesentlichen auf National Banks. Vereinzelt können die verschiedenen Bundesstaaten abweichende Regelungen für State Banks treffen. Ein Eingehen auf derartige, zumeist geringfügige Unterschiede würde den Rahmen der vorliegenden Arbeit überschreiten. Als Beispiel für eine Regelung bezüglich State Banks sei auf die Bestimmungen im New York Banking Law § 7001 verwiesen.

656 12 U.S.C. § 72; Umfassend hierzu: *Robert E. Barnett,* Responsibilities & Liabilities of Bank Directors, third Printing, Washington D.C. 1982.

657 Wallach v. Billings, 277 Ill. 218, 115 N.E. 382 (Ill. 1917) cert. denied, 244 U.S. 659 (1917); 12 U.S.C. § 72; *Joseph Norton / Sherry Whitley,* Banking Law Manual - Legal Guide to Commercial Banks, Thrift Institutions and Credit Loans, New York 1989, § 6.02[1].

658 Concord First Nat. Bank v. Hawkins, 174 U.S. 364 (1899), rev'g, 79 F. 21 (1st Cir. 1897).

659 12 U.S.C. § 72.

660 12 U.S.C. § 73.

661 12 U.S.C. § 72.

662 In dem seltenen Fall, daß das Aktienkapital der Bank insgesamt 25.000 Dollar nicht übersteigt, muß der Direktor Aktien im Wert von mindestens 500 Dollar besitzen.

auf den Direktor einer National Bank abgeschlossen ist, hat der Bankdirektor die gesetzlichen Anforderungen an seine Qualifikation erfüllt.[663] Auch wenn der Erwerb solch qualifizierender Aktien Zulassungsvoraussetzung ist, um von den Bankenaufsichtsbehörden als Bankdirektor anerkannt zu werden, bedeutet der nachträgliche Verkauf dieser Aktien nicht, daß die Qualifikation zum Direktor damit entfällt.[664] Der erst nachträglich auftretende Mangel dieser Qualifikationsvoraussetzung begründet ohne das Hinzutreten weiterer Umstände nicht die Anerkennung des Direktorenstatus.[665] Gleiches gilt selbst dann, wenn bereits zum Zeitpunkt des Aktienkaufes zwischen der Bank und dem Bankdirektor eine vertragliche Vereinbarung über den späteren Rückkauf der Aktien getroffen wurde.[666] Entscheidend für den Aktienbesitz ist allein der Moment, in dem der Amtseid[667] geleistet wird.

Personen, die von einem Gericht wegen einer Straftat, die einen Vertrauensbruch beinhaltet oder die eine Unehrlichkeit nachweist, verurteilt wurden, ist es grundsätzlich nicht erlaubt, Direktor einer Bank zu werden.[668] Von diesem Verbot kann nur mit ausdrücklicher Genehmigung durch die Federal Deposit Insurance Corporation abgesehen werden.[669]

Dem Comptroller of the Currency sind die Namen der für die Geschäftsführung vorgesehen Mitglieder des Board of Directors mitzuteilen[670], deren Lebensläufe darzustellen und die beruflichen Referenzen zu benennen. Hat der Comptroller of the Currency Zweifel an der Qualifikation eines Geschäftsführers, kann er dessen Entlassung aus der Verantwortung der Bank verlangen oder sogar die Zulassung der Bank gänzlich untersagen.[671]

Diese nur wenig ausgeprägten Zulassungsvoraussetzungen, die das Gesetz in Bezug auf die Qualifikation eines Bankdirektors verlangt, werden ergänzt durch Anforderungen der FDIC an die Banken zur Aufnahme in die Versicherung. Bei

663 Cupo v. Community Nat. Bank & Trust Co. of N.Y., 324 F. Supp. 1390 (E.D.N.Y. 1971), 438 F. 2d 108 (2d Cir. 1971).

664 Transamerica Corp., 184 F. 2d 319 (9th Cir. 1950), cert. denied, 340 U.S. 883 (1950), rehearing denied, 340 U.S. 907 (1950).

665 Briggs v. Spaulding, 141 U.S. 132 (1891); Michelsen v. Penney, 135 F. 2d 409 (2d Cir. 1943).

666 *Office of the Comptroller of the Currency* Interpretive Letter No. 83 (March 29,1976); Transamerica Corp. v. Parrington, 115 Cal. App. 2d 346, 252 P. 2d 385 (1953).

667 Der genaue Wortlaut des Amtseides findet sich in der Anlage des Licencing Manuals des *Office of the Comptroller of the Currency,* (Charters) auf S. 65.

668 12 U.S.C. § 1829(a)(1).

669 12 U.S.C. § 1829(a).

670 12 U.S.C. § 62.

671 *Schroeder,* (Law and Regulation), § 4.01[1]; 12 C.F.R. § 5.01[1].

der Aufnahme in die FDIC beurteilt die Bankenaufsichtsbehörde die individuellen Fähigkeiten der Direktoren hinsichtlich ihrer Bank- und Geschäftserfahrung, ihrer Ehrlichkeit und Integrität sowie des Vertrautseins mit den wirtschaftlichen Bedürfnissen der Region, in der die Bank tätig ist.[672]

IV. Sonstige besondere Zulassungsvoraussetzungen

Eine Besonderheit bei der Gründung einer National Bank ist die vor Erteilung der Bankenzulassung durch den Comptroller of the Currency durchzuführende Bedürfnisprüfung. Mit Hilfe des bereits besprochenen Geschäftsplanes[673] muß der Antragssteller dem Comptroller of the Currency nachweisen, daß in der vorgesehenen Region überhaupt ein Bedarf für die Eröffnung einer weiteren Bank besteht.[674] Wie vom Community Reinvestment Act gefordert, muß der Geschäfts- oder Business Plan, angeben, auf welche Weise die Bank die Kreditbedürfnisse der Region erfüllen will und den konkreten Nutzen der Zulassung der Bank für die Region darstellen.[675] Der Business Plan soll dabei Vorschläge für eine auch zukünftig stabile Bankentätigkeit darlegen und muß ich an den konkreten Risiken der Wirtschafts- und Wettbewerbslage der Region, für die sich die Bank bewirbt, messen lassen.[676] Auf der Grundlage dieser Prognosen und Einschätzungen im Business Plan bewertet der Comptroller of the Currency das Verständnis und die Eignung des Bewerbers hinsichtlich der Einhaltung der Bankengesetze zur Sicherung und Erhaltung einer gesunden Kreditwirtschaft in der Region. Ist der Comptroller of the Currency nicht davon überzeugt, daß die geplante Eröffnung der Bank für die Umgebung einen Nutzen erbringt, kann er die Zulassung ablehnen.[677]

C. Zusammenfassung und Vergleich

Wer in Deutschland oder in den Vereinigten Staaten Bankgeschäfte betreiben will, bedarf dazu einer Zulassung. In Deutschland erfolgt diese in Form einer Erlaubnis, die von der Bundesanstalt für Finanzdienstleistungsaufsicht erteilt wird.

---

672 *Pollard,* (Banking Law), S. 52.
673 Siehe oben Sechstes Kapitel, B, II, 2, S. 142 dieser Arbeit.
674 12 C.F.R. § 5.20(g)(5)(i); *Office of the Comptroller of the Currency,* (Charters) S. 23.
675 12 C.F.R. § 5.20(g)(5)(ii); 12 U.S.C. § 2901.
676 12 C.F.R. § 25.2.
677 12 C.F.R. § 25.8(e); *Schroeder,* (Law and Regulation), § 4.01[1].

In den Vereinigten Staaten handelt es sich dabei für die National Banks um die National Charter, die der Comptroller of the Currency ausgibt. In der Bundesrepublik ist die Erlaubniserteilung ein Verwaltungsakt nach dem Allgemeinen Verwaltungsrecht. In gleicher Weise kann auch die Lizenzerteilung in den Vereinigten Staaten als begünstigender Verwaltungsakt eingeordnet werden. Nach dem Administrative Procedure Act ist die Erteilung einer Lizenz eine urteilsähnliche Einzelentscheidung, die in der Rechtsform einer Order erfolgt.

In Deutschland hat der Antragsteller einen Rechtsanspruch auf Erteilung der Erlaubnis, wenn keiner der im Kreditwesengesetz enumerativ genannten Versagungsgründe vorliegt. Bei dieser Erlaubniserteilung zum Betreiben von Bankgeschäften handelt es sich um ein Verbot mit Erlaubnisvorbehalt. Auf amerikanischer Seite fehlt ein solcher Rechtsanspruch. Anders als in Deutschland steht dem Comptroller of the Currency in den Vereinigten Staaten mit der Bedürfnisprüfung ein Instrument zur Verfügung, das seinen Ermessenspielraum für die Erteilung der Erlaubnis sehr weit faßt. Während in Deutschland eine Bedürfnisprüfung als Eingriff in die staatlich garantierte Berufsfreiheit und damit als Verstoß gegen das Grundgesetz auszulegen wäre, ist in den Vereinigten Staaten ein weitgehender Eingriff in die Berufsfreiheit möglich, da der amerikanische Kongreß eine nahezu uneingeschränkte Befugnis besitzt, die Wirtschaft zu reglementieren.

Für die Eröffnung von Zweigstellen gilt in Deutschland das Prinzip der Niederlassungsfreiheit. In den Vereinigten Staaten hingegen bedarf jede, selbst eine rechtlich unselbständige Zweigstelle, einer Erlaubnis des Comptroller of the Currency. Ein Rechtsanspruch auf Erteilung einer Zweigstellengenehmigung besteht nicht.

Während in den Vereinigten Staaten National Banks gesetzlich vorgeschrieben ist, Mitglied bei der Einlagenversicherung FDIC zu sein, ist dies in Deutschland nur mittelbar der Fall. So sieht das Kreditwesengesetz zwar keine dem amerikanischen Recht entsprechende Zwangsmitgliedschaft bei einer Einlagensicherungseinrichtung vor, in der Praxis wird die Bundesanstalt für Finanzdienstleistungsaufsicht jedoch stets bei der Erlaubniserteilung in einer Nebenbestimmung die Mitgliedschaft in einer solchen Einrichtung fordern.

Inhaltlich sind die Zulassungsbestimmungen in Deutschland und den Vereinigten Staaten ähnlich angelegt. So müssen in beiden Ländern für die Erteilung der Erlaubnis, Bankgeschäfte zu betreiben, eine Vielzahl sachlicher, persönlicher und sonstiger Zulassungsvoraussetzungen erfüllt sein.

Auf sachlicher Seite unterscheiden sich die Zulassungsvoraussetzungen darin, wie die Höhe des Anfangskapitals bestimmt wird. In Deutschland ist ein Betrag in Höhe von fünf Millionen Euro als ausreichendes Anfangskapital definiert. Dabei unterscheidet sich dieser statische Begriff des "ausreichenden Anfangskapitals" vom dynamischen Begriff des "angemessenen Eigenkapitals" im Tätigkeitsstadium der Bank. In den Vereinigten Staaten wird eine solche Differenzierung nicht vorgenommen. Hier gilt alleine das Erfordernis, daß die Bank in den ersten Jahren ihrer Tätigkeit als "well capitalized" anzusehen ist, was dann der Fall ist, wenn die Bank über eine mindestens 10 prozentige Eigenkapitalunterlegung verfügt. Zu den personengebundenen Zulassungsvoraussetzungen gehören in Deutschland wie in den Vereinigten Staaten die Prüfung der Zuverlässigkeit und der fachlichen Eignung der Geschäftsleitung beziehungsweise der Vorstände. In Deutschland gelten hierfür strenge gesetzliche Anforderungen, die sich aus dem Kreditwesengesetz ergeben. In den Vereinigten Staaten sind diese Zulassungsvoraussetzungen in den Regulations und den Licencing Manuals des Comptroller of the Currency zusammengefaßt.

Als besondere Zulassungsvoraussetzung ist in beiden Ländern das Vorliegen eines Geschäftsplans notwendig. In den Vereinigten Staaten dient dieser Geschäftsplan jedoch anders als in Deutschland, auch der Klärung der Frage, ob für die Eröffnung der Bank überhaupt ein Bedürfnis besteht. Ergibt sich bei der Prüfung des Geschäftsplans, daß in der Region, in der die Bank tätig werden möchte, kein Bedarf besteht, kann der Comptroller of the Currency den Antrag zurückweisen.

Siebtes Kapitel: Die Bankenaufsicht im Tätigkeitsstadium

Die laufende geschäftliche Tätigkeit einer Bank ist der Kernbereich der Kontrolle durch die Bankenaufsicht. In diesem Stadium soll die Bonität der Kreditinstitute nach Aufnahme der Geschäftstätigkeit abgesichert werden. Die Aufsicht im Tätigkeitsstadium umfaßt Regelungen für das Eigenkapital, die Liquidität, das Kreditgeschäft sowie besondere Regelungen zur Geldwäsche, zur Aufstellung und Offenlegung von Jahresabschlüssen und zum Verbraucherschutz. Schließlich gehören in diesen Lebensabschnitt einer Bank auch solche Bestimmungen, welche die Möglichkeiten von Bankenzusammenschlüssen regeln.

A. In Deutschland

I. Eigenkapital und Liquiditätsvorschriften

Der wichtigste und zugleich sensibelste Bereich der Bankenaufsicht ist die Überwachung der Eigenkapitalausstattung und Liquidität der Banken.[678]

Dem haftenden Eigenkapital kommt in der Bilanz eines Kreditinstituts eine besondere Stellung zu. Als seine Hauptfunktion wird besonders die Risikoübernahme angesehen, die auch als Garantie-, Haftungs- oder Verlustausgleichsfunktion bezeichnet wird.[679] Eine ausreichende Eigenkapitaldecke dient der einzelnen Bank als Puffer für mögliche Verluste und trägt so zur Solidität und Stabilität der einzelnen Kreditinstitute sowie des gesamten Bankensystems bei.[680] Durch die das Eigenkapital betreffenden Aufsichtsnormen nimmt die Bankenaufsicht unmittelbar Einfluß auf die Gestaltung einzelner Bankgeschäfte, insbesondere auf

---

678 *Müller,* (Bankenaufsicht), S. 61.

679 Bundestag-Drucksache III/1114; S. 58, Bundestag-Drucksache III/2563, S. 8; *Deutsche Bundesbank,* Die Grundsätze über das Eigenkapital und die Liquidität der Kreditinstitute gemäß §§ 10 und 11 des Gesetzes über das Kreditwesen, Monatsbericht März 1962, Nr.3, S. 8 f.; *Jürgen Brinkmann,* Die Bedeutung des Eigenkapitals von Kreditinstituten für die Kreditgewährung, in: Der Betrieb 1976, S. 877; *Joachim Süchting,* Zum Problem des "angemessenen" Eigenkapitals von Kreditinstituten, in: zfbf 1982, S. 397 (399); *Waschbusch,* (Bankenaufsicht), S. 220.

680 *Deutsche Bundesbank,* Das Eigenkapital der Kreditinstitute aus bankinterner und regulatorischer Sicht, Monatsbericht Januar 2002, S. 41.

das Kreditgeschäft. Alle risikobeschränkenden Maßnahmen haben daher nicht nur eine Sicherheitsfunktion für die Gläubiger, sondern bedeuten für die betroffene Bank auch eine Einschränkung ihrer Geschäftsmöglichkeiten.

Die Eigenkapitalbestimmungen sind, abgesehen von dieser Sicherheitsfunktion, auch für den Wettbewerb der Kreditinstitute untereinander von besonderer Bedeutung. Zum einen werden sie von den Rating-Agenturen zur Beurteilung der Solidität der Institute herangezogen. [681] Zum andern ergeben sich durch die einzelnen Eigenkapitalkomponenten Kostenbelastungen, welche die Wettbewerbsfähigkeit der einzelnen Institute beeinflussen.

Mangelnde Liquidität war in der Vergangenheit häufig Hauptgrund für Bankenkrisen.[682] Bei der Sicherung der Liquidität geht es um die Frage, ob die der Bank zur Verfügung gestellten Gelder so angelegt sind, daß sie für die Rückzahlung an die Gläubiger rechtzeitig zur Verfügung stehen.[683] Zieht man die Möglichkeit eines Runs auf Banken mit in Betracht, so wäre eine absolute Liquidität nur denkbar, wenn alle fremden Gelder stets sofort auszahlbar wären. Dies verlangen die Aufsichtsnormen jedoch nicht. Vielmehr ist Zweck der bankenaufsichtlichen Tätigkeit, die Einhaltung einer gesunden Liquiditätspolitik der Banken sicherzustellen.[684]

1. Regelungen bezüglich des Eigenkapitals

Maßgeblich für die Höhe des Eigenkapitals ist § 10 Abs. 1 Satz 1 KWG, der bestimmt, daß die Kreditinstitute im Interesse der Erfüllung ihrer Verpflichtungen gegenüber ihren Gläubigern stets über ein angemessenes Eigenkapital verfügen müssen. Die Angemessenheit des Eigenkapitals wird jedoch nicht unmittelbar durch das Gesetz bestimmt, sondern ergibt sich aus dem von der Bundesanstalt für Finanzdienstleistungsaufsicht aufgestellten Grundsatz I. Für den Erlaß dieses Grundsatzes ist in § 10 Abs. 1 KWG eine Ermächtigungsgrundlage geschaffen.

a) Der Begriff des "Eigenkapitals"

Beim Eigenkapital ist zwischen dem Eigenkapital eines einzelnen Kreditinstituts und dem Eigenkapital von Kreditinstitutsgruppen zu unterscheiden.

---

681 *Deutsche Bundesbank*, (Das Eigenkapital), S. 42.

681 *Boos / Fischer / Schulte-Mattler*, (Kreditwesengesetz), § 10, Rdnr. 2.

682 Siehe hierzu bereits zweites Kapitel, A, II, S. 24 dieser Arbeit.

683 *Reischauer / Kleinhans*, (KWG-Kommentar), Kza 115, § 11, Rdnr. 1; *Nirk*, (Kreditwesengesetz), S. 110.

684 *Nirk*, (Kreditwesengesetz), S. 110 f.

aa) Eigenkapitalausstattung eines einzelnen Kreditinstituts

§ 10 KWG kommt die Bedeutung zu, den Eigenkapitalbegriff im weiteren Sinne und die Eigenkapitalausstattung eines einzelnen Kreditinstituts zu klären. Als haftendes Eigenkapital wird demnach vom Kreditwesengesetz nur solches Kapital anerkannt, das eingezahlt, hinreichend dauerhaft, am laufenden Verlust beteiligt und nachrangig ist.[685] Dieser enge Grundsatz wird in der Form erweitert, daß drei unterschiedliche Kategorien der Eigenmittel anerkannt werden, nämlich das Kernkapital und das Ergänzungskapital, die zusammen das haftende Eigenkapital bilden, sowie die Drittrangmittel.[686]

§ 10 Abs. 2a KWG regelt abschließend die Berechnung des Kernkapitals. Dabei ist entscheidend, daß das Kernkapital unbefristet zur Verfügung steht und nicht auf Initiative von Gläubigern zurückgezahlt werden muß. Es darf nur aus solchen Mitteln bestehen, die dem Institut uneingeschränkt für die Abdeckung eventuell laufender Verluste zur Verfügung stehen.[687] Abhängig von der gesellschaftsrechtlichen Form des Kreditinstituts sind die Eigenkapitalbestandteile im Gesetz unterschiedlich definiert.

Das Kernkapital besteht danach zunächst aus dem eingezahlten Kapital[688] und den Rücklagen.[689] Seit der 4. KWG-Novelle ist auch der Fonds für allgemeine Bankrisiken als Kernkapitalbestandteil anerkannt. Hinzu kommt die Möglichkeit, Vermögenseinlagen stiller Gesellschafter, in Zwischenabschlüssen nachgewiesene Gewinne sowie ausnahmsweise freies Vermögen dem haftenden Eigenkapital zuzurechnen. Abzugsposten, die aus dem Kernkapital herauszurechnen sind, wurden in § 10 Abs. 2a Satz 2 KWG zusammengefaßt. Sie umfassen den Bilanzverlust, immaterielle Vermögensgegenstände, nicht marktübliche Kredite an bedeutende Gesellschafter sowie einen von der Bundesanstalt für Finanzdienstleistungsaufsicht zu bestimmenden Korrekturposten.[690]

Die Eigenkapitalkomponenten, die sich aus dem Ergänzungskapital ableiten lassen, sind in § 10 Abs. 2b KWG definiert. Dabei wird zwischen Ergänzungs-

---

685 *Bähre / Schneider*, (KWG-Kommentar), § 10, Anm. 2 ; *Nirk*, (Kreditwesengesetz), S. 70.

686 *Boos / Fischer / Schulte-Mattler*, (Kreditwesengesetz), § 10, Rdnr. 4; *Reischauer / Kleinhans*, (KWG-Kommentar), Kza 115, § 10, Rdnr. 4; *Claussen*, (Bankrecht), S. 69.

687 *Boos / Fischer / Schulte-Mattler*, (Kreditwesengesetz), § 10, Rdnr. 16.

688 Je nach Rechtsform sind dies: das Geschäftskapital bei Einzelfirma oder Personenhandelsgesellschaft; das Stammkapital bei der GmbH; das Grundkapital bei der AG; das Geschäftsguthaben bei der eingetragenen Genossenschaft; das Dotationskapital bei den öffentlich-rechtlichen Banken.

689 *Nirk*, (Kreditwesengesetz), S. 70.

690 *Nirk*, Kreditwesengesetz), S. 72.

kapital erster Klasse und Ergänzungskapital zweiter Klasse unterschieden.[691] Das Ergänzungskapital erster Klasse darf bei der Berechnung des haftenden Eigenkapitals zusammen mit dem Ergänzungskapital zweiter Klasse, das heißt den längerfristigen nachrangigen Verbindlichkeiten und dem Haftsummenzuschlag, nur bis zur Höhe des Kernkapitals berücksichtigt werden.[692]

§ 10 Abs. 6 KWG bestimmt jene Positionen, die vom haftenden Eigenkapital, also von der Summe aus Kern- und Ergänzungskapital, abzuziehen sind. Mit der Berücksichtigung dieser Vermögensabzugspositionen soll gewährleistet werden, daß es nicht zu einer Mehrfachausnutzung des haftenden Eigenkapitals kommen kann.[693]

Durch die 6. KWG-Novelle kamen zum traditionellen Eigenkapital weitere schlichte Eigenmittelbestandteile oder Drittrangmittel hinzu.[694] Gemäß § 10 Abs. 2c KWG sind dies der Nettogewinn und kurzfristige nachrangige Verbindlichkeiten. Die Zurechnung dieser Komponenten zum Eigenkapital liegt im Ermessen der Kreditinstitute. Die Anrechnung von Drittrangmitteln innerhalb der Eigenmittelregel beschränkt sich aber nach § 10 Abs. 2c Satz 2 KWG auf das Zweieinhalbfache des freien Kernkapitals.[695]

Die Höhe der einzelnen Komponenten zur Berechnung des aufsichtsrechtlichen Eigenkapitals ist ständig zu aktualisieren und unterliegt einer dynamischen Betrachtung.[696] Das bedeutet, daß der Zufluß und Abfluß externer Eigenmittel und das Vorliegen eines Abzugspostens in dem Moment wirksam werden, in dem das entsprechende Merkmal tatsächlich erfüllt ist. Die dynamische Betrachtung führt zu einer deutlichen Reduzierung bürokratischer Verfahren und ermöglicht den Instituten eine eng an den geschäftlichen Erfordernissen ausgerichtete Eigenmittelsteuerung.[697] Das früher geltende Bilanzstichtagsprinzip, das als ein zu statisch angelegtes Konzept angesehen wurde, ist seit der 6. KWG-Novelle geltenden Fassung des § 10 KWG nicht mehr anzuwenden.[698]

---

691 *Boos / Fischer / Schulte-Mattler,* (Kreditwesengesetz), § 10, Rdnrn. 60 bis 123; *Reischauer / Kleinhans,* (KWG-Kommentar), Kza 115, § 10, Rdnr. 92.

692 *Boos / Fischer / Schulte-Mattler,* (Kreditwesengesetz), § 10, Rdnr. 60.

693 *Nirk,* (Kreditwesengesetz), S. 75.

694 *Reischauer / Kleinhans,* (KWG-Kommentar), Kza 115, § 10, Rdnr. 174; *Nirk,* (Kreditwesengesetz), S. 76.

695 *Claussen,* (Bankrecht), S. 70.

696 Eine statische Betrachtung gilt weiterhin für Rücklagen, den Fonds für allgemeine Bankrisiken, die Vorsorgereserven nach § 340 f. HGB sowie für nicht realisierte Reserven.

697 *Jochen Lehnhoff / Holger Mielk,* Gesetz über das Kreditwesen (KWG), Kurzkommentar, 4. Auflage, Wiesbaden August 2001, S. 26.

698 *Boos / Fischer / Schulte-Mattler* (Kreditwesengesetz), § 10, Rdnr. 5.

Durch die Basel-II-Vereinbarungen wird auf die Definition dieser Komponenten des Eigenkapitals kein Einfluß genommen.

bb) Eigenkapitalausstattung von Kreditinstitutsgruppen

Bereits mit dem durch die Dritte KWG-Novelle eingeführten § 10a KWG wurde auch in Deutschland für die bankenaufsichtrechtliche Überprüfung der Eigenkapitalausstattung eine konsolidierte Betrachtungsweise geschaffen. Das haftende Eigenkapital gilt damit entsprechend für eine Institutsgruppe oder eine Finanzholding, die insgesamt ein angemessenes Eigenkapital vorweisen müssen.[699] Mit dieser Überlegung folgte der Gesetzgeber dem anglo-amerikanischen Grundgedanken der Gruppenkonsolidierung.

Anlaß für die Einführung der konsolidierten Betrachtungsweise waren Mehrfachbelegungen des Eigenkapital und Kreditsummenüberschreitungen durch Einbeziehung von Tochterbanken, womit die Vorschriften zur Angemessenheit des Eigenkapitals leicht umgangen werden konnten.[700] Durch die neue Regelung soll vermieden werden, daß der Anteilsbesitz von Kreditinstituten an anderen Kreditinstituten zu einer mehrfachen Ausnutzung des haftenden Eigenkapitals führt.[701]

Maßgeblich für die Anwendung des § 10a KWG ist zum einen der Konsolidierungskreis und zum andern das Konsolidierungsverfahren. Für den Konsolidierungskreis regelt § 10a Abs. 2 KWG die Definition des Begriffes "Institutsgruppe" und Absatz 3 die Definition der "Finanzholding-Gruppe". Als mitkonsolidierte Unternehmen kommen sowohl die Institute, das heißt Kredit- und Finanzdienstleistungsinstitute, als auch die in § 1 Abs. 3 KWG genannten Finanzunternehmen und Unternehmen, die bankbezogene Hilfsdienste gemäß § 1 Abs. 3c KWG anbieten, in Betracht.[702] Die Beteiligungsvoraussetzung für die Pflichtkonsolidierung ist erfüllt, wenn das übergeordnete Unternehmen mehr als 50 Prozent der Kapitalanteile oder Stimmrechte des nachgeordneten Unternehmens hält.

Als Konsolidierungsverfahren sind die Tochterunternehmen auf dem Wege der Vollkonsolidierung zusammenzufassen.[703] Das heißt, daß das jeweils übergeordnete Unternehmen seine maßgeblichen Positionen mit denen der anderen

699 *Nirk*, (Kreditwesengesetz), S. 78 f.
700 *Hein*, (Änderungen), S.194.
701 *Boos / Fischer / Schulte-Mattler*, (Kreditwesengesetz), § 10a, Rdnr.1; *Reischauer / Kleinhans*, (KWG-Kommentar), Kza 115, § 10a, Rdnr. 1 sowie Kza 112, S. 8 c ff.
702 *Nirk*, (Kreditwesengesetz), S. 79.
703 *Boos / Fischer / Schulte-Mattler*, (Kreditwesengesetz), § 10a, Rdnr. 47.

gruppenzugehörigen Unternehmen zusammenfassen muß.[704] Dies gilt sowohl für die Eigenmittel als auch für die mit den Geschäften verbundenen Risiken. Für die Beurteilung der Angemessenheit der Eigenmittel einer Gruppe sind die zusammengefaßten Eigenmittel der gruppenangehörigen Unternehmen unabhängig von der Beteiligungsquote in voller Höhe anzurechnen.[705] Das früher grundsätzlich geltende Verfahren der Quotenkonsolidierung als Verfahren der Pflichtkonsolidierung gilt heute nur noch für Minderheitsbeteiligungen im Sinne des § 10a Abs. 4 Satz 1 KWG.

b) Angemessenheit des haftenden Eigenkapitals

Auch wenn das Gesetz die einzelnen Komponenten der Eigenmittelausstattung im Detail regelt, läßt es doch offen, was dabei als "angemessen" anerkannt wird. Die Bestimmung dieser Größe ist Aufgabe der Bundesanstalt für Finanzdienstleistungsaufsicht. Sie hat im Benehmen mit der Deutschen Bundesbank nach Anhörung der Spitzenverbände der Kreditwirtschaft Grundsätze aufzustellen, nach denen beurteilt wird, ob das Eigenkapital eines Kreditinstitutes angemessen ist oder nicht.[706]

Seine materielle Ausgestaltung erfährt § 10 KWG somit durch den Grundsatz I[707] der Bundesanstalt für Finanzdienstleistungsaufsicht.[708] Grundsatz I konkretisiert die Anforderung der Angemessenheit der Eigenmittel. Er gibt den Banken Orientierungshilfen in der Frage, wie die Bankenaufsicht ihr Ermessen ausüben wird und wann ein bestimmter Mindestbestand an Eigenmitteln zur Abdekkung der eingegangenen Risiken als angemessen angesehen wird.[709]

Bei Grundsatz I handelt es sich jedoch weder um eine Rechtsnorm noch um einen Verwaltungsakt.[710] Die Veröffentlichung des Grundsatzes I dient vielmehr dazu, den Kreditinstituten und Finanzdienstleistungsunternehmen anzuzeigen, wie die Bundesanstalt für Finanzdienstleistungsaufsicht ihr Ermessen bei der Beurteilung der Eigenkapitalausstattung ausüben wird. Verstößt ein Institut wieder-

704 *Claussen,* (Bankrecht), S. 72.

705 *Boos / Fischer / Schulte-Mattler,* (Kreditwesengesetz), § 10a, Rdnr. 52; *Reischauer / Kleinhans,* (KWG-Kommentar), Kza 115, § 10a, Rdnr. 9.

706 *Müller,* (Bankenaufsicht), S. 41; *Reischauer / Kleinhans,* (KWG-Kommentar), Kza 115, § 10, Rdnrn. 15, 16.

707 Grundsätze über die Eigenmittel und die Liquidität der Kreditinstitute, Bekanntmachung vom 29. Oktober 1997 (BAnz. Nr. 210) zuletzt geändert durch Bekanntmachung vom 20. Juli 2000 (BAnz. Nr. 160).

708 *Müller,* (Bankenaufsicht), S. 42.

709 Vgl. VG Berlin, WM 1996, S. 1309 (1311); *Waschbusch,* (Bankenaufsicht), S. 223.

710 Gleiches gilt im Übrigen für den später noch im Einzelnen dargestellten Grundsatz II zur Liquiditätsausstattung.

holt oder nicht nur geringfügig gegen die Inhalte des Grundsatzes I, so begründet dies eine widerlegbare Vermutung, daß es den gesetzlichen Anforderungen nach § 10 Abs. 1 KWG nicht entspricht und seine Eigenkapitalausstattung nicht angemessen ist was in der Folge sogar Zwangsmaßnahmen nach sich ziehen kann.[711]

Zentrale Norm innerhalb des Grundsatzes I ist § 2, der angibt, welche Eigenkapitalrelationen von den Instituten einzuhalten sind. Hiermit wird eine Reduzierung des Verlustrisikos beabsichtigt, indem der Umfang des Aktivgeschäfts eines Instituts in Relation zum haftenden Eigenkapital gesetzt wird. Alle Risikopositionen werden demnach mit einem Prozentsatz gewichtet und lösen Eigenkapitalbedarfe in Höhe dieses Prozentsatzes aus.[712] Für die Unterlegung von solchen risikobehafteten Aktiva müssen die Kreditinstitute gemäß der Eigenkapitalregel des § 2 Abs. 1 Grundsatz I eine mindestens achtprozentige Eigenkapitaldeckung aufweisen. Mit diesem Faktor folgt die Bundesanstalt für Finanzdienstleistungsaufsicht internationalen Erfahrungswerten, die aus Statistiken innerhalb der Europäischen Union im Rahmen von Proberechnungen gesammelt und in der Baseler Vereinbarung zur Eigenkapitalausstattung von Kreditinstituten aus dem Jahr 1988 beschlossen wurden.[713]

Hier setzen nun die in Basel II vereinbarten regulatorischen Eigenkapitalanforderungen an, die vorsehen, die Bonitätsgewichte auf das tatsächliche Ausfallrisiko auszurichten. Neben den Kredit- und Marktrisiken sollen erstmals auch operationelle Risiken berücksichtigt werden, die die Angemessenheit des Eigenkapitals einer Bank bestimmen.[714]

2. Regelung bezüglich ausreichender Liquidität

Die Fähigkeit eine Zunahme der Aktiva zu refinanzieren und Verbindlichkeiten bei Fälligkeit zu erfüllen, ist entscheidend für das erfolgreiche Tätigsein einer Bank. Die Liquidität einer Bank ist damit für das in der Öffentlichkeit so wichtige Vertrauen in die Bonität und das Ansehen einer Bank von ganz besonderer Bedeutung. Im normalen Geschäftsbetrieb kann sich eine Bank zur Erfüllung ihrer Verbindlichkeiten gegenüber ihren Kunden am Kapitalmarkt zwar mit Geld versorgen, erhebliche Probleme können sich aber schnell im täglichen Geschäftsbetrieb ergeben, wie etwa aus dem Zinsänderungsrisiko, wenn beispielsweise langfristig zu festen Zinssätzen ausgegebenen Darlehen kurzfristig refinanziert werden müssen.[715] Von besonderer Bedeutung sind die Regelungen bezüglich der

711 *Waschbusch,* (Bankenaufsicht), S. 222.
712 *Claussen,* (Bankrecht), S. 71.
713 *Waschbusch,* (Bankenaufsicht), S. 230.
714 Siehe hierzu im Detail Fünftes Kapitel, A, I, S. 108 ff. dieser Arbeit.
715 *Nirk,* (Kreditwesengesetz), S. 92.

Liquidität eines einzelnen Instituts oder gar der gesamten Kreditwirtschaft, wenn sich diese in einer Krisensituation befinden.

Zur Vorbeugung und Verhinderung von Liquiditätsschwierigkeiten bestimmt § 11 KWG, daß die Kreditinstitute ihre Mittel so anlegen müssen, daß jederzeit eine ausreichende Zahlungsbereitschaft gewährleistet ist. Man spricht dabei von der "Goldenen Bankenregel"[716] oder der "Kongruenz von Fristen und Fälligkeiten der Verpflichtungen und Forderungen".[717]

Einheitliche Mindestsätze für die Liquidität vorzuschreiben, wäre wegen der zum Teil sehr unterschiedlichen Struktur der einzelnen Banken nicht möglich. Die Liquiditätsregel des § 11 KWG muß daher als Rahmenvorschrift verstanden werden, die erst durch den von der Bundesanstalt für Finanzdienstleistungsaufsicht aufgestellten Grundsatz II[718] näher konkretisiert und materiell ausgestaltet wird.[719] Die Bundesanstalt für Finanzdienstleistungsaufsicht stellt hierzu im Benehmen mit der Bundesbank sowie nach vorheriger Anhörung der Spitzenverbände des Kredit- und Finanzdienstleistungsgewerbes Bestimmungen auf, nach denen sie für den Regelfall beurteilt, ob ein Institut liquide ist oder nicht. Dabei faßt sie bei der Formulierung des Grundsatzes II die Erfahrungen zusammen, die bezüglich der Zahlungsbereitschaft im Bankgewerbe in der Vergangenheit gesammelt wurden.[720] Die Nichtbeachtung dieses Grundsatzes wird dann als Zeichen mangelnder Liquidität gewertet.[721]

Wesentliches Merkmal des Grundsatzes II ist, daß die dem Institut während eines Zeitraums von 12 Monaten zur Verfügung stehenden liquiden Aktiva und die tatsächlichen sowie die potentiellen Liquiditätsabschlüsse im Rahmen eines in vier Fristen-Bänder untergliederten Schemas erfaßt werden.[722] Nach einer der Bundesanstalt für Finanzdienstleistungsaufsicht monatlich mitzuteilenden Liquiditätskennziffer wird daraus die Liquiditätslage des Instituts beurteilt.

Die Liquidität eines Instituts ist demnach gegeben, wenn der Quotient aus den verfügbaren Zahlungsmitteln und den während des gleichen Zeitraums abruf-

716 Wolfgang Stützel, Ist die "Goldene Bankenregel" eine geeignete Richtschnur für die Geschäftspolitik der Kreditinstitute?, in: Vorträge für Sparkassenprüfer, Stuttgart 1959, S. 34 (36 ff.).

717 *Claussen,* (Bankenrecht), S. 73.

718 Grundsätze über die Eigenmittel und die Liquidität der Kreditinstitute, Bekanntmachung vom 29. Oktober 1997 (BAnz. Nr. 210) zuletzt geändert durch Bekanntmachung vom 20. Juli 2000 (BAnz. Nr. 160).

719 *Müller,* (Bankenaufsicht), S. 43; *Boos / Fischer / Schulte-Mattler,* (Kreditwesengesetz), § 11, Rdnr. 2.

720 Bei dem heute vorliegenden Grundsatz II handelt es sich um die im Juli 2000 in Kraft getretene Neufassung der bis dahin geltenden Grundsätze II und III.

721 *Bähre / Schneider,* (KWG-Kommentar), § 11, Anm. 4.

722 *Nirk,* (Kreditwesengesetz), S. 110.

baren Zahlungsverpflichtungen gleich oder größer eins ist.[723] Diese als "Ein-Monats-Kennzahl" bezeichnete Liquiditätskennziffer wird ergänzt durch nachrichtliche Beobachtungsziffern in den darauf folgenden elf Monaten. Defizite, die innerhalb dieser Beobachtungskennzahlen auftreten, sind nicht ohne weitere Anhaltspunkte als bedenklich einzustufen, können aber bei signifikanten Unterschreitungen Verbesserungsmaßnahmen nach sich ziehen. Eine nicht nur geringfügige oder wiederholte Nichteinhaltung der Liquiditätskennziffer begründet die Vermutung, daß das Institut nicht über die angemessene Liquidität verfügt.[724]

Zu beachten ist, daß mit der Umsetzung von Basel II ergänzende Regelungen zum rein kennzahlenorientierten Liquiditätsmanagement eines Instituts hinzutreten werden. Der Baseler Ausschuß für Bankenaufsicht hat eine Reihe von qualitativen Prinzipien entwickelt, welche die Organisations- und Verwaltungsstrukturen, die Messung und Überwachung des Nettofinanzierungsbedarfs, das Management des Marktzugangs, die Notfallplanung, die Liquiditätssteuerung in Fremdwährungen, die Kontrolle durch die Interne Revision, die Öffentlichkeitsarbeit und insbesondere die Kontrolle der Aufsichtsbehörden weiter konkretisieren.[725] Die Bundesanstalt für Finanzdienstleistungsaufsicht muß demnach eine unabhängige Beurteilung des Liquiditätsmanagements, das heißt der Strategien, Grundsätze, Methoden und Verfahren einer Bank, durchführen und von den Instituten ein effektives System zur Kontrolle dieser Elemente verlangen. Die Bundesanstalt für Finanzdienstleistungsaufsicht soll weiterhin von den Banken ausreichende und aktuelle Informationen einholen, mit Hilfe derer sie das Liquiditätsrisiko beurteilen kann, und darauf achten, daß die Banken über ausreichende Notfallpläne für Liquiditätskrisen verfügen.[726]

II. Vorschriften über das Kreditgeschäft

Das wichtigste und finanziell umfangreichste Bankgeschäft ist das klassische Kreditgeschäft.[727] Da gerade Firmenkunden den Instituten in diesem Bereich häufig sehr hohe Geldbeträge schulden[728] und hier die größte Gefahr existenzbe-

---

723 *Boos / Fischer / Schulte-Mattler,* (Kreditwesengesetz), Grds. II, § 3, Rdnr. 3.

724 *Nirk,* (Kreditwesengesetz), S. 110.

725 Siehe hierzu im Detail: *Baseler Ausschuß für Bankenaufsicht,* Sachgerechte Methoden für die Steuerung der Liquidität in Bankinstituten, Basel Februar 2000.

726 *Baseler Ausschuß für Bankenaufsicht,* (Steuerung der Liquidität), S. 22.

727 *Claussen,* (Bankrecht), S. 301.

728 Sehr eindrucksvoll hat sich 1983 am Beinahezusammenbruch der Schröder, Münchmeyer, Hengst & Co. Bank in Deutschland die Gefahr einer zu großen Abhängigkeit von einem Kunden gezeigt. Der Rückzahlungsausfall von Darlehen in

drohender Verluste besteht, ist es besonders wichtig, die sich aus dem Ausfall von Darlehensforderungen ergebenen Risiken durch eine wirksame Bankenaufsicht möglichst gering zu halten. Die Kreditwirtschaft muß davor geschützt werden, daß eine Bank durch Vertrauensverlust der Öffentlichkeit in eine Krisensituation gerät und daraus möglicherweise sogar Folgen für die gesamte Kreditwirtschaft entstehen[729], ohne daß die Bankenaufsicht zu weit in den Geschäftsbetrieb und die Geschäftspolitik der einzelnen Banken eingreift.

Die Anforderungen der Bankenaufsicht an das Kreditgeschäft der Kreditinstitute in Deutschland finden sich in den §§ 13 bis 18 KWG. In diesen Bestimmungen werden für die verschiedene Kreditarten spezifische Regelungen aufgestellt, deren Nichtbeachtung entsprechende Aufsichtsmaßnahmen der Bundesanstalt für Finanzdienstleistungsaufsicht nach sich ziehen kann. Der in diesem Abschnitt des Kreditwesengesetzes verwandte Kreditbegriff geht weiter als der Begriff des Kreditgeschäfts, wie er in § 1 Abs. 1 Satz 2 Nr. 2 KWG definiert ist, und beinhaltet gemäß § 19 Abs. 1 KWG fast alle Arten von Geldforderungen aus Handelsgeschäften, Factoring, Leasing, Kreditleihen, Diskontkrediten und Beteiligungen.[730] Eine Zweckmäßigkeitskontrolle der einzelnen Kreditvergaben existiert jedoch für keinen der im Kreditwesengesetz genannten Kredite.

1. Großkredite

Regelungen zur Vergabe von Großkrediten finden sich im Kreditwesengesetz in den §§ 13 bis 13b KWG. Während § 13 KWG die Richtlinien zur Großkreditvergabe für Nichthandelsbuchinstitute regelt, kommen für Handelsbuchinstitute die strengeren Regelungen des § 13a KWG zur Geltung.[731] Nichthandelsbuchinstitute sind Kreditinstitute oder Finanzdienstleistungsinstitute, die nach § 2 Abs. 11 KWG von den Vorschriften über das Handelsbuch freigestellt sind, weil sie die in § 2 Abs. 11 festgelegten Bagatellgrenzen nicht übersteigen.[732]

Zur Detaillierung der Großkreditvergaben sind ergänzend zu den Bestimmungen der §§ 13 bis 13b die vom damaligen Bundesaufsichtsamt für das Kreditwesen als Verordnung erlassenen Regelungen über die Erfassung, Bemessung,

---

beträchtlicher Höhe, hat, nachdem Erträge und Reserven nicht mehr zum Kompensieren der Verluste ausreichten, zu einem Rückgriff auf das Eigenkapital geführt und verschlimmerte somit die kritische Situation der Bank weiter.

729 *Boos / Fischer / Schulte-Mattler,* (Kreditwesengesetz), Vor §§ 13-13b, Rdnr. 1.

730 *Nirk,* (Kreditwesengesetz), S. 98; *Boos / Fischer / Schulte-Mattler,* (Kreditwesengesetz), § 19, Rdnr. 9.

731 *Claussen,* (Bankenrecht), S. 72.

732 *Boos / Fischer / Schulte-Mattler,* (Kreditwesengesetz), § 13, Rdnr. 1.

Gewichtung und Anzeige von Krediten im Bereich der Großkredit- und Millionenkreditvorschriften (GroMikV)[733] heranzuziehen.[734]

Ein Großkredit liegt gemäß § 13 Abs. 1 Satz 1 dann vor, wenn die Kredite an einen Kreditnehmer[735] insgesamt 10 Prozent des haftenden Eigenkapitals des Instituts erreichen oder diese Grenze übersteigen.[736] Für derartige Großkredite hat das Kreditinstitut besondere Anzeige- und Beschlußfassungspflichten und muß bestimmte Obergrenzen (Großkrediteinzelobergrenze) einhalten. Ferner ist die Summe aller Großkredite bestimmten Beschränkungen unterworfen (Großkreditgesamtobergrenze). Grund für diese Regelungen ist die Erkenntnis, daß gerade der Ausfall von Großkrediten eine der Hauptursachen von Bankzusammenbrüchen darstellt.[737] Entscheidend ist daher, durch entsprechende Reglungen eine Risikostreuung zu erreichen, um somit eine übermäßige Konzentration der Kreditgewährung auf einzelne Kunden zu vermeiden. Bei einer großen Abhängigkeit von einem oder einigen wenigen Schuldnern spricht man von sogenannten "Klumpenrisiken"[738], deren Ausfälle schon in geringer Zahl ausreichen, um das Eigenkapital einer Bank aufzubrauchen.[739]

Bei der Ermittlung der Großkreditdefinition einer Bank ist der dynamische Eigenkapitalbegriff maßgeblich, was zur Folge haben kann, daß bei Reduzie-

---

733 Verordnung über die Erfassung, Bemessung, Gewichtung und Anzeige von Krediten im Bereich der Großkredit- und Millionenkreditvorschriften des Gesetzes über das Kreditwesen (Großkredit- und Millionenkreditverordnung – GroMiKV) vom 19. Dezember 1997, BGBl. I S. 3418 zuletzt geändert durch Art. 9 des Gesetzes zur Neustrukturierung der Förderbanken des Bundes vom 15. August 2003, BGBl. I S. 1657.

734 Ausführlich dazu: *Karl-Heinz Boos / Dorothea Ramloch,* Die neue Großkredit- und Millionenkreditverordnung, in: Die Bank 1998, S. 186 ff.

735 Für den Begriff des Kreditnehmers ist bezüglich §§ 13 bis18 stets § 19 II zu beachten, wonach mehrere konzernmäßig oder in ähnlicher Weise zusammengehörende Schuldner als ein Kreditnehmer anzusehen sind und die an sie vergebenen Kredite zusammenzufassen sind. In diese Kreditnehmereinheit werden jedoch solche Schuldner nicht einbezogen, die gemäß § 13b der gleichen Kreditinstitutsgruppe angehören wie der Kreditgeber.

736 *Claussen,* (Bankenrecht), S. 72.

737 *Boos / Fischer / Schulte-Mattler,* (Kreditwesengesetz), Vor. §§ 13-13b, Rdnr. 1; *Müller,* (Bankenaufsicht), S.156; *Hans-Jacob Krümmel,* Liquiditätssicherung im Bankwesen, in: Kredit und Kapital 1968, S. 282; *Szagunn / Haug / Ergenzinger,* (KWG), § 13, Rdnr. 1; anderer Ansicht *Helmut Geiger,* Bankpolitik, Stuttgart / Berlin / Köln 1975, S. 162.

738 *Claussen,* (Bankrecht), S. 72; *Meyer, H. E.,* (KWG-Novelle), S. 6 (8).

739 *Jürgen Brinkmann,* Die Bedeutung des Eigenkapitals von Kreditinstituten für die Kreditgewährung, in: Der Betrieb 1976, S. 877; *Dürre,* (Bankinsolvenzen), S. 186 (191); *Bähre / Schneider,* (KWG-Kommentar), § 13, Anm. 6; *NIRK,* (Kreditwesengesetz), S. 160.

rungen des haftenden Eigenkapitals bis dahin bereits gewährte Kredite in die Kategorie Großkredit rutschen und somit die Regelungen des § 13 KWG nachträglich Anwendung finden.[740]

Die Gesamtheit aller Kredite an einen einzelnen Kreditnehmer ist auf 25 Prozent des haftenden Eigenkapitals begrenzt.[741] Im Fall der Vergabe eines Großkredites an ein verbundenes Unternehmen, ist diese Großkrediteinzelobergrenze auf 20 Prozent begrenzt.[742] Die Summe aller Großkredite einer Bank, das heißt die Großkreditgesamtobergrenze nach § 13 Abs. 3 Satz 5 KWG, darf das Achtfache des haftenden Eigenkapitals nicht überschreiten.[743]

Kommt es zu Überschreitungen der Großkreditobergrenzen, muß die Zustimmung der Bundesanstalt für Finanzdienstleistungsaufsicht eingeholt werden. Die Kreditvergabe bleibt jedoch auch ohne eine vorab eingeholte Zustimmung der Bundesanstalt für Finanzdienstleistungsaufsicht gegenüber dem Kreditnehmer wirksam. Unabhängig davon, ob die Bundesanstalt für Finanzdienstleistungsaufsicht der Überschreitung zugestimmt hat, muß ihr eine solche unverzüglich angezeigt werden. Der überschreitende Betrag muß von der Bank zudem vollständig mit haftendem Eigenkapital unterlegt werden.[744]

Zur Gewährung von Großkrediten ist gemäß § 13 Abs. 2 Satz 1 KWG der einstimmige Beschluß sämtlicher Geschäftsleiter erforderlich. Ziel dieser Regelung ist es eine besonders sorgfältige Überprüfung der Kreditgewährung zu erreichen und durch Einstimmigkeit zu gewährleisten, daß alle bei den Geschäftsleitern vorhandenen Erkenntnisse über die Bonität des Kreditnehmers in die Entscheidung einfließen.[745]

Die Beschlußfassung über solche Großkredite ist aktenkundig zu machen und muß der Bankenaufsicht auf Anforderung nachgewiesen werden. Eine Überprüfung der Beschlußfassungspflichten erfolgt im Rahmen der gesetzlichen Prüfung des Jahresabschlusses. Die Bundesanstalt und die Deutsche Bundesbank sind nach § 13 Abs. 2 Satz 5 und 8 KWG nur dann zu informieren, wenn der Großkredit ausnahmsweise ohne einen solchen Beschluß erfolgt ist und der Beschluß nicht innerhalb eines Monats nach Kreditvergabe nachgeholt wird.[746] § 13 Abs. 2

---

740 *Boos / Fischer / Schulte-Mattler,* (Kreditwesengesetz), § 13, Rdnrn. 5, 7; *Reischauer / Kleinhans,* (KWG-Kommentar), Kza 115, § 13, Rdnrn. 3, 13.

741 1961 betrug die Großkreditgrenze 100% des haftenden Eigenkapitals, 1976 waren es 75%, 1985 50% und seit 1994 25% bezw. 20%.

742 *Boos / Fischer / Schulte-Mattler,* (Kreditwesengesetz), § 13, Rdnr. 36; *Reischauer / Kleinhans,* (KWG-Kommentar), Kza 115, § 13, Rdnr. 7.

743 *Boos / Fischer / Schulte-Mattler,* (Kreditwesengesetz), § 13, Rdnr. 38.

744 *Nirk,* (Kreditwesengesetz), S. 167 f.

745 *Bähre / Schneider,* (KWG-Kommentar), § 13, Rdnr. 5; *Nirk,* (Kreditwesengesetz), S. 167.

746 *Nirk,* (Kreditwesengesetz), S. 167

Satz 1 KWG stellt ausdrücklich klar, daß auch bei Verstoß gegen die Beschlußfassungspflichten die Gültigkeit des Kreditvertrages unberührt bleibt.

Jede Großkreditgewährung ist detailliert und unverzüglich der Deutschen Bundesbank anzuzeigen. Die Deutsche Bundesbank hat diese Anzeige dann, versehen mit einer eigenen Stellungnahme, an das Bundesaufsichtsamt weiterzuleiten. Dabei wird der Stellungnahme der Bundesbank eine besondere Bedeutung beigemessen, da die Deutsche Bundesbank durch ihr Niederlassungsnetz und die damit verbundene örtliche Nähe sowohl zu den Kreditinstituten als auch zu deren Kreditnehmern besonders gut geeignet ist, eine Einschätzung der Situation der kreditgebenden Bank und der Bonität des Kreditnehmers abzugeben.[747]

Aus Gründen der Vereinfachung können Großkreditanzeigen einmal im Quartal als sogenannte Sammelanzeigen bei der Bundesbank eingereicht werden.[748] Die früher bestehende Pflicht, einmal jährlich eine Sammelaufstellung sämtlicher Großkredite von den Kreditinstituten zu verlangen, aus der insbesondere ersichtlich werden mußte, welche der früher angezeigten Kredite inzwischen abgewickelt worden waren, ist mit der 6. KWG-Novelle ebenso entfallen wie die Verpflichtung, solche Großkredite, die bereits der Deutschen Bundesbank und der Bundesanstalt für Finanzdienstleistungsaufsicht angezeigt worden sind, erneut zu melden, wenn sie um mehr als 20 Prozent des zuletzt angezeigten Betrags erhöht werden. Mit der pro Quartal üblichen Anzeige ist all diesen Informationsbedürfnissen hinreichend Rechnung getragen.

Großkredite von Handelsbuchinstituten[749] sind in § 13a KWG geregelt und unterscheiden sich lediglich in den Großkreditobergrenzen. Hinsichtlich der Beschlußfassungspflichten ergeben sich keine Abweichungen. Die Regelungen werden ergänzt durch die Bestimmungen der Verordnung über die Erfassung, Bemessung, Gewichtung und Anzeige von Krediten im Bereich der Großkredit- und Millionenkreditvorschriften (GroMikV).

Bei Handelsbuchinstituten liegt gemäß § 13a Abs. 1 Satz 3 Halbsatz 1 KWG ein Gesamtbuch-Großkredit vor, wenn die kreditnehmerbezogene Gesamtposition 10 Prozent der Eigenmittel erreicht oder übersteigt.[750] Dabei können Handelsbuchinstitute als Bezugsgröße für die Erfüllung ihrer Großkreditverpflichtungen neben dem haftenden Eigenkapital auch auf Drittrangmittel zurückgrei-

---

747 *Boos / Fischer / Schulte-Mattler,* (Kreditwesengesetz), § 13, Rdnr. 16; *Reischauer / Kleinhans,* (KWG-Kommentar), Kza 115, § 13, Rdnr. 17.

748 *Boos / Fischer / Schulte-Mattler,* (Kreditwesengesetz), § 13, Rdnr. 11; *Nirk,* (Kreditwesengesetz), S. 164.

749 Zur Einordnung von Handelsbuchinstituten vgl. *Claussen,* (Bankrecht), S. 72.

750 *Deutsche Bundesbank,* (Die 6. KWG-Novelle), S. 68.

fen.[751] Für das Vorliegen eines Anlagebuchgroßkredits müssen nach § 13a Abs. 1 Satz 3 Halbsatz 2 KWG die kreditnehmerbezogenen Anlage-Gesamtpositionen 10 Prozent des haftenden Eigenkapitals erreichen oder dies überschreiten.

§ 13a Abs. 5 KWG bestimmt zwei handelsbuchspezifische Großkreditobergrenzen.[752] Gemäß § 13a Abs. 5 Satz 1 KWG kann ein Handelsbuchinstitut bei einem einzelnen Großkreditengagement mit Zustimmung der Bankenaufsicht die Handelsbuch-Gesamtposition auf 500 Prozent seiner Eigenmittel, die nicht zur Unterlegung des Anlagebuches genutzt werden, ausdehnen.[753] Dahingegen ist die Summe aller Überschreitungen der Gesamtbuch-Großkrediteinzelobergrenze auf 600 Prozent der Eigenmittel limitiert und darf nicht länger als zehn Tage dauern.[754]

Schließlich wirken nach § 13b KWG die Vorschriften über die Einhaltung von Großkreditobergrenzen nach §§ 13, 13a KWG zur Kreditstreuung auch für die von Institut- und Finanzholding-Gruppen gewährten Kredite.[755] Es gelten damit grundsätzlich die gleichen Regeln wie auf Einzelinstitutsebene, jedoch sind die Beschlußfassungspflichten nicht anwendbar. Die kreditgewährenden Institute haben über die Kredite jeweils selbstverantwortlich zu beschließen.[756]

In enger Anlehnung an die bankenaufsichtliche Zusammenfassung nach § 10a KWG ist zu prüfen, ob neben dem jeweils übergeordneten Kreditinstitut auch dessen Kreditinstitutsgruppe die Grenzen für Großkredite einhält.[757] Die Großkreditkonsolidierung soll damit zum einen eine mögliche Mehrfachnutzung des haftenden Eigenkapitals ausschließen, zum anderen soll eine bessere Erfassung und Begrenzung möglicher Beistandspflichten der miteinander verbundenen Unternehmen ermöglicht werden. Dazu müssen die konsolidierten Eigenmittel der Gruppe und die einem Kreditgeber gewährten Kredite zusammengefaßt und gegenübergestellt werden. Ein Großkredit auf konsolidierter Betrachtung liegt gemäß § 13b Abs. 1 i.V.m. § 13b Abs. 3 KWG vor, wenn die Kredite der gruppenzugehörigen Unternehmen an einen Kreditnehmer insgesamt 10 Prozent des haftenden Eigenkapitals oder der Eigenmittel der ganzen Gruppe erreichen oder übersteigen. Ferner muß die Gesamtposition gegenüber diesem Kreditnehmer bei mindestens einem der Gruppe zugehörigen Unternehmen 5 Prozent seines haf-

751 *Nirk,* (Kreditwesengesetz), S. 172; *Reischauer / Kleinhans,* (KWG-Kommentar), Kza 115, § 13a, Rdnr. 5

752 *Boos / Fischer / Schulte-Mattler,* Kreditwesengesetz), § 13a, Rdnr. 41.

753 *Deutsche Bundesbank,* (Die 6. KWG-Novelle), S. 68.

754 *Nirk,* (Kreditwesengesetz), S. 175.

755 *Nirk,* (Kreditwesengesetz), S. 180.

756 *Boos / Fischer / Schulte-Mattler,* (Kreditwesengesetz), § 13b, Rdnr. 9.

757 Zielsetzung und Entstehungsgeschichte von § 10a und § 13b sind im wesentlichen identisch.

tenden Eigenkapitals erreichen oder überschreiten. Auf Gruppenebene gelten dann je nach Zuordnung der Gruppe die Großkreditobergrenzen der §§ 13 und 13a KWG entsprechend.[758]

2. Millionenkredite

Millionenkredite stellen neben den Großkrediten einen weiteren sensiblen Bereich der Geschäftstätigkeit von Banken dar, aus dem sich besondere Gefahrenquellen für den Kreditgeber ergeben können.[759] So waren die Erfahrungen der Weltwirtschaftskrise der Ursprung für die Einführung des Informationssystems nach § 14 KWG. Damals hatten große Kreditnehmer, die bei ihren Hausbanken die vorgegebenen Kreditlinien bereits ausgeschöpft hatten, bei anderen Instituten weitere Millionenkredite erhalten, ohne ihre wirtschaftlichen Verhältnisse aufzudecken.[760] Um zu vermeiden, daß es zu Kreditaufnahmen bei anderen Kreditinstituten durch den gleichen Bankkunden kommen kann, ist bei der Deutschen Bundesbank die sogenannte Evidenzzentrale eingerichtet, mit der sich die mehrfache Verschuldung des Bankkunden mit Millionenkrediten feststellen läßt.

§ 14 KWG ist als Ergänzung zu § 13 und § 13a KWG zu verstehen, mit dessen Hilfe es der Deutschen Bundesbank und der Bundesanstalt für Finanzdienstleistungsaufsicht möglich ist, einen Einblick in die Struktur des Kreditgeschäfts der Kreditinstitute zu gewinnen[761] und umgekehrt die Banken über die Verschuldung ihrer Großkunden zu informieren.[762]

Zur Erreichung dieses Ziels sind Kreditnehmer, deren Gesamtverschuldung bei den einzelnen Kreditinstituten im Laufe von drei Monaten 1.500.000 Euro oder mehr betragen hat, der Deutschen Bundesbank turnusgemäß zu melden.[763] Erst ab dieser Größenordnung besteht nach der Legaldefinition des § 14 Abs. 1 Satz 1 KWG ein sogenannter Millionenkredit. Die in § 14 KWG getroffenen Regelungen über die Millionenkredite werden durch die Großkredit- und Millionenkreditverordnung für die genaue Regelung der Meldeinhalte und -fristen weiter detailliert.[764]

---

758 *Boos / Fischer / Schulte-Mattler,* (Kreditwesengesetz), § 13b, Rdnr. 21; *Reischauer / Kleinhans,* (KWG-Kommentar), Kza 115, § 13b, Rdnr. 2.

759 *Waschbusch,* (Bankenaufsicht), S. 445.

760 *Nirk,* (Kreditwesengesetz), S. 183.

761 *Boos / Fischer / Schulte-Mattler,* (Kreditwesengesetz), § 14, Rdnr. 1.

762 *Reischauer / Kleinhans,* (KWG-Kommentar), Kza 115, § 14, Rdnr. 1; *Nirk,* (Kreditwesengesetz), S. 183.

763 Meldestichtag ist gemäß der Präzisierung der GroMikV jeweils der letzte Kalendertag der Monate März, Juni, September und Dezember.

764 *Nirk,* (Kreditwesengesetz), S. 184.

Ergibt sich aus diesen Kreditanzeigen, daß ein Kreditnehmer bei mehreren Banken Kredite aufgenommen hat, muß die Deutsche Bundesbank die beteiligten Kreditinstitute über die Gesamtverschuldung, die Anzahl der Kreditgeber und die Kreditarten benachrichtigen.[765] Aussagen zur Bonität des Kreditnehmers werden dabei nicht getroffen. Ebenso dürfen die Namen der beteiligten Institute bei der Rückmeldung nicht bekannt gegeben werden.[766] Dadurch soll vermieden werden, daß Kreditgeber die Höhe der von ihren Wettbewerbern vergebenen Millionenkredite erfahren können.

Die Deutsche Bundesbank prüft im Rahmen der ihr zufallenden Bankenaufsicht, ob die Kreditpolitik einzelner Banken oder der Kreditbedarf eines Kreditnehmers zu Bedenken Anlaß geben.[767] Zusammen mit einer eigenen Stellungnahme leitet die Deutsche Bundesbank die Kreditanzeige an die Bundesanstalt für Finanzdienstleistungsaufsicht weiter, um dieser ein frühzeitiges Eingreifen zu ermöglichen, falls sich aus der Kreditgewährung Gefahren für die Bank ergeben sollten.

Um die Kreditbeziehungen multinational operierender Unternehmen besser überblicken zu können, darf die Deutsche Bundesbank im Einvernehmen mit der Bundesanstalt für Finanzdienstleistungsaufsicht die bei ihr gespeicherten Daten und durch ausländische Evidenzzentralen[768] gewonnene Informationen weiterleiten und zur Weitergabe an die Kreditgeber vor Ort zur Verfügung stellen.[769]

3. Organkredite

Organkredite sind neben den Groß- und Millionenkrediten der dritte Bereich, aus dem sich besondere Gefahren für eine kreditgebende Bank ergeben können. Dabei handelt es sich um Kredite an Personen, die bei dem kreditgebenden Institut tätig sind oder ihm nahe stehen, sowie an Unternehmen, die rechtlich, wirtschaftlich oder personell mit dem Kreditinstitut eng verbunden sind. Im ersten Fall spricht man von Personalorgankrediten, im zweiten Fall von Unternehmensorgankrediten.[770]

Sinn der Beschlußfassungspflichten ist es, bei derartigen Krediten die aus der Kollision von Eigeninteressen der Organmitglieder mit den Interessen des Kre-

---

765 *Boos / Fischer / Schulte-Mattler*, (Kreditwesengesetz), § 14, Rdnr. 51; *Reischauer / Kleinhans*, (KWG-Kommentar), Kza 115, § 14, Rdnr. 45.

766 *Bähre / Schneider*, (KWG-Kommentar), § 14, Anm. 4.

767 *Nirk*, (Kreditwesengesetz), S. 183.

768 Evidenzzentralen existieren derzeit in Belgien, Deutschland, Frankreich, Italien, Österreich, Portugal und Spanien.

769 *Boos / Fischer / Schulte-Mattler*, (Kreditwesengesetz), § 14, Rdnr. 60.

770 Siehe dazu *Nirk*, (Kreditwesengesetz), S. 187 f.

ditinstituts erwachsende Gefahr einer schädlichen Kreditzusage zu vermeiden[771] und sachfremde Erwägungen bei der Kreditvergabe auszuschließen.[772] Unsachliche Motive als Ergebnis eines solchen Interessenskonflikts sollen somit bei der Kreditgewährung ausgeräumt werden.

Die Vergabe von Organkrediten ist weder verboten noch in ihrer Höhe begrenzt. Als einzige Kreditobergrenze gelten die Bestimmungen über die Vergabe von Großkrediten. Nur in Ausnahmefällen kann die Bundesanstalt für Finanzdienstleistungsaufsicht Höchstgrenzen für die Vergabe von Organkrediten festlegen. Entscheidend für die ordnungsgemäße Vergabe von Organkrediten ist nach § 15 Abs. 1 KWG jedoch, daß die Kreditvergabe, außer im Rahmen von Mitarbeiterprogrammen, nur zu marktgemäßen Bedingungen erfolgt.[773] Sofern es zu einer Organkreditvergabe zu nicht marktgemäßen Bedingungen gekommen ist, hat die Bundesanstalt für Finanzdienstleistungsaufsicht die Möglichkeit, eine vollständige Kapitalunterlegung dieses Organkredits anzuordnen.[774] In der Höhe des Organkredites wird dann ein Abzug vom haftenden Eigenkapital vorgenommen.

Wegen ihrer besonderen Sensibilität werden an das Verfahren zur Vergabe von Organkrediten strenge Anforderungen gestellt.[775] So bedürfen Organkredite gemäß § 15 Abs. 1Satz 1 KWG vor der Kreditzusage eines einstimmigen Beschlusses der Geschäftsleiter und eines mehrheitlichen Beschlusses des Aufsichtsorgans der Bank. Die Institute haben die Möglichkeit, die Vergabe von Personalorgankrediten, mit Ausnahme von Krediten an stille Gesellschafter, im voraus und unter Bezugnahme auf die spezifischen hausinternen Regelungen über Mitarbeiterkonditionen als sogenannte Vorratsbeschlüsse zu beschließen.[776] Dieses Verfahren stellt eine administrative Entlastung der Institute dar, denn es bietet den Vorteil, daß turnusgemäße Beschlüsse genügen und die Kreditnehmer nicht namentlich feststehen müssen. Um die Gremien nicht mit Bagatellfällen zu belasten, werden Kreditvergaben, die wegen ihrer Größenordnung bankenaufsichtlich unbedeutend sind, von dem Erfordernis der vorherigen Beschlußfassung ausgenommen.

---

771 *Nirk*, (Kreditwesengesetz), S. 186; *Szagunn / Haug / Ergenzinger*, (KWG), §§ 15, 16, Rdnr. 1.

772 *Boos / Fischer / Schulte-Mattler*, (Kreditwesengesetz), § 15, Rdnr. 1; *Reischauer / Kleinhans*, (KWG-Kommentar), Kza 115, § 15, Rdnr. 1.

773 *Nirk*, (Kreditwesengesetz), S. 186.

774 Vgl. § 15 Abs. 1 Satz 4 KWG ; *Boos / Fischer / Schulte-Mattler*, (Kreditwesengesetz), § 15, Rdnr. 30.

775 *Nirk*, (Kreditwesengesetz), S. 194.

776 *Boos / Fischer / Schulte-Mattler*, (Kreditwesengesetz), § 15, Rdnr. 41; *Nirk*, (Kreditwesengesetz), S. 194.

Personalorgankredite, die ohne ordnungsgemäße Beschlußfassung vergeben wurden, müssen nach § 15 Abs. 5 KWG sofort zurückgezahlt werden, wenn nicht sämtliche Geschäftsleiter und das Aufsichtsorgan der Kreditvergabe nachträglich zustimmen. Bei Krediten an verbundene Unternehmen und stille Gesellschafter wird hingegen das Vertrauen in die Bestandskraft des Kreditvertrages geschützt.[777]

Das Erfordernis der unverzüglichen nachträglichen Beschlußfassung ist erfüllt, wenn die betreffenden Organe in ihrer nächsten turnusmäßen Sitzung über die Organkreditvergabe befinden. Sofern der Beschluß der Geschäftsleiter nicht innerhalb von zwei Monaten oder der Beschluß des Aufsichtsorgans nicht innerhalb von vier Monaten nachgeholt wird, muß dies der Bundesanstalt für Finanzdienstleistungsaufsicht unverzüglich angezeigt werden. Ein Verstoß gegen diese Anzeigenpflicht ist als Ordnungswidrigkeit gemäß § 56 Abs. 2 Nr. 4 KWG zu werten.

Wird ein Kredit entgegen der Vorschriften des § 15 KWG gewährt, so haften nach § 17 KWG die Geschäftsleiter und die Mitglieder des Aufsichtsorgans, die ihre Pflichten verletzt haben, dem Institut für den entstandenen Schaden.[778] Dabei wird ein haftungsbegründender Verschuldensgrad nach § 17 Abs. 1 KWG widerlegbar vermutet.

Im Rahmen seiner Jahresabschlußprüfung hat der Prüfer[779] festzustellen, ob die Bank die sich aus § 15 KWG ergebenden Pflichten erfüllt hat.[780] Darüber hinausgehende besondere Anzeigepflichten gegenüber der Deutschen Bundesbank oder der Bundesanstalt für Finanzdienstleistungsaufsicht bestehen nicht.[781]

4. Bonitätsprüfung

Verluste im Kreditgeschäft sind häufig auf gravierende Versäumnisse der Institute bei der Prüfung der Kreditwürdigkeit ihrer Kunden und bei der Kreditüberwachung zurückzuführen.[782] Um die Verlustrisiken bei der jeweiligen Kreditvergabe abschätzen zu können, hat ein Kreditinstitut vor und während der

---

777 *Nirk*, (Kreditwesengesetz), S. 194.

778 *Boos / Fischer / Schulte-Mattler*, (Kreditwesengesetz), § 15, Rdnr. 42.

779 Abschlußprüfer können nach § 27 KWG ein Wirtschaftsprüfer, ein genossenschaftlicher Prüfungsverband oder eine Prüfstelle eines Sparkassen- und Giroverbandes sein.

780 *Boos / Fischer / Schulte-Mattler*, (Kreditwesengesetz), § 15, Rdnr. 40.

781 Mit der 6. KWG-Novelle wurde die bis dahin bestehende Anzeigenpflicht des § 16 KWG a.F. gestrichen; *Claussen*, (Bankrecht), S. 75.

782 *Wolfgang Artopoeus*, Kreditrisiken aus bankaufsichtlicher Sicht, in: BI/GF, 1996, Heft 12, S. 14 (17).

Kreditgewährung die Kreditwürdigkeit des Kreditnehmers sorgfältig zu prüfen und zu überwachen. Nach den hergebrachten kaufmännischen Grundsätzen einer ordnungsgemäßen Geschäftsführung ist die Prüfung der Bonität des Kunden für die Kalkulierbarkeit der Kreditrisiken eine wesentliche Voraussetzung.[783] Diesen Gedanke hat der Gesetzgeber aufgenommen und in § 18 KWG den Kreditinstituten die Pflicht auferlegt, sich bei einer Überschreitung der Freigrenze von 250.000 Euro je Kreditnehmer dessen wirtschaftlichen Verhältnisse offenlegen zu lassen. Hiermit soll der Kreditgeber vor leichtsinnigen Kreditvergaben geschützt werden, sobald diese eine gewisse Mindesthöhe erreicht haben. Vor dem Hintergrund der Schneider-Affäre aus dem Jahre 1994 wurden die von der Bundesanstalt für Finanzdienstleistungsaufsicht[784] erlassenen Vorschriften zum Umfang einer Bonitätsprüfung erheblich verschärft. Seither gilt der Grundsatz, daß Kreditnehmer bei allen Kreditinstituten, bei denen sie um einen Kredit nachfragen, auf das jeweils gleiche Verlangen nach Offenlegung stoßen müssen und sich die Institute unter Hinweis auf eine großzügigere Handhabung dieser Kreditvergaberegelungen keinen Wettbewerbsvorteil verschaffen dürfen.[785]

Die Prüfung der Bonität muß vor einer verbindlichen Kreditzusage erfolgen und für die gesamte Kreditlaufzeit gelten. Die Unterlagen, die im Rahmen der Bonitätsprüfung vorgelegt werden, müssen daher turnusgemäß und bei gegebenem Anlaß aktualisiert werden.[786] Das dreistufige Verfahren der Offenlegung der wirtschaftlichen Verhältnisse besteht aus der Vorlage aussagekräftiger Unterlagen, der fachkundigen Auswertung dieser Unterlagen und der Dokumentation dieser Auswertung, so daß jederzeit nachträglich festgestellt werden kann, ob die Bank den Anforderungen von § 18 KWG genügt hat.

Verstöße gegen diese Offenlegungspflichten stellen eine Ordnungswidrigkeit im Sinne des § 56 Abs. 3 Nr. 4 KWG dar. Von derartigen Verstößen erlangt die Bundesanstalt für Finanzdienstleistungsaufsicht in aller Regel nur durch die Prüfungsberichte der Abschlußprüfer Kenntnis.[787] Wenn gravierende Verstöße gegen § 18 KWG vorliegen und damit die Sicherheit der dem Institut anvertrauten Vermögenswerten oder die ordnungsgemäße Durchführung der Bankgeschäfte

783 *Boos / Fischer / Schulte-Mattler*, (Kreditwesengesetz), § 18, Rdnr. 1; *Waschbusch*, (Bankenaufsicht), S. 463.

784 Damals noch Bundesaufsichtsamt für das Kreditwesen.

785 *Constantin Alsheimer*, Die Offenlegung der wirtschaftlichen Verhältnisse nach § 18 Kreditwesengesetz, in: ZfgK, 1997, S. 462 (464).

786 *Nirk*, (Kreditwesengesetz), S. 142; Für die "laufende Offenlegung" bei bilanzierten Kreditnehmern werden die Jahresabschlüsse der vorhergehenden Jahre vorgelegt, so: *Boos / Fischer / Schulte-Mattler*, (Kreditwesengesetz), § 18, Rdnr. 34.

787 *Nirk*, (Kreditwesengesetz), S. 145; *Boos / Fischer / Schulte-Mattler*, (Kreditwesengesetz), § 18, Rdnr. 55; *Reischauer / Kleinhans*, (KWG-Kommentar), Kza 115, § 18, Rdnr. 37.

gefährdet sind, kann die Bundesanstalt für Finanzdienstleistungsaufsicht gemäß § 36 Abs. 1 und 3 KWG die Abberufung von Geschäftsleitern verlangen.

5. Besondere organisatorische Pflichten im Kreditgeschäft

Die Pflicht zur Durchführung von Bonitätsprüfungen zur Erlangung eines besseren Verständnisses der wirtschaftlichen Verhältnisse des Kreditnehmers, wird durch die Mindestanforderungen an das Kreditgeschäft (MaK)[788] der Kreditinstitute ergänzt.[789] Die überwiegend qualitativ ausgerichteten Regeln der Mindestanforderungen an das Kreditgeschäft umfassen Rahmenbedingungen für die Organisation und die Handhabung des Kreditgeschäfts. Sie finden ihre gesetzliche Grundlage in § 25a KWG. Diese zentrale Regelung für den Bereich der qualitativen Bankenaufsicht verlangt von jedem Kreditinstitut eine ordnungsgemäße Geschäftsorganisation sowie angemessene interne Kontrollverfahren und Regelungen, die zur sachgerechten Steuerung, Überwachung und Kontrolle der banktypischen Risiken dienen.[790] Das Institut muß so organisiert sein, daß seine finanzielle Lage jederzeit mit hinreichender Genauigkeit bestimmt werden kann. Die durch die 6. KWG-Novelle in § 25a KWG erstmals beschriebenen organisatorischen Pflichten sind keine neuen gesetzlichen Forderungen, sondern stellen durch ihre ausdrückliche gesetzliche Fixierung vielmehr eine besondere Betonung der Grundsätze einer ordnungsgemäßen Geschäftsführung dar.[791]

Die Mindestanforderungen an das Kreditgeschäft reagieren auf Defizite im Kreditmanagement deutscher Banken und legen aus aufsichtrechtlicher Sicht bestimmte Anforderungen an die Aufbau- und Ablauforganisation der Kreditinstitute im Kreditgeschäft fest.[792] Mit ihren detaillierten Formulierungen gelten die Mindestanforderungen an das Kreditgeschäft als eines der bedeutendsten

788 Am 20. Dezember 2002 sind mit der Veröffentlichung durch die BaFin -Rundschreiben der BAFin Nr. 34 / 2002 (BA) - die Mindestanforderungen an das Kreditgeschäft der Kreditinstitute in Kraft getreten. Mit der Verlautbarung kam ein Prozeß zum Abschluß, der vom Baseler Ausschuß mit der Veröffentlichung der "Principles of the Management of Credit Risk" angestoßen worden war.

789 *Nirk*, (Kreditwesengesetz), S. 156.

790 *Boos / Fischer / Schulte-Mattler*, (Kreditwesengesetz), § 25a, Rdnr. 340; *Reischauer / Kleinhans*, (KWG-Kommentar), Kza 115, § 25a, Rdnr. 2.

791 *Boos / Fischer / Schulte-Mattler*, (Kreditwesengesetz), § 25a, Rdnr. 2.

792 *Heiko Röhrig*, Auswirkungen der neuen Mindestanforderungen an das Kreditgeschäft der Kreditinstitute (MaK), in: *Stephan Paul (Hrsg.)*, Basel II, Mittelstand und Kreditpreise, Frankfurt a.M. 2003, S. 17 (19); *Ralf Hannemann / Andreas Schneider / Ludger Hanenberg*, Mindestanforderungen an das Kreditgeschäft, Stuttgart, 2003, S. 4.

Rundschreiben, das in den letzten Jahren von der Bankenaufsicht veröffentlicht wurde.[793]

Die Mindestanforderungen an das Kreditwesen zielen im wesentlichen auf eine Verbesserung der Transparenz innerhalb der Institute und eine Schärfung des Risikobewußtseins ab. Vor diesem Hintergrund legen sie für die Geschäftsleitung der Institute Anforderungen an die Strategie für das Kreditgeschäft fest. In ihr müssen die geplanten Geschäftsaktivitäten definiert und dokumentiert sein.[794] Ferner werden Anforderungen an die Aufbau- und Ablauforganisation der Kreditinstitute, die Implementierung eines Verfahrens zur Beurteilung von Adressenausfallrisiken sowie die Identifizierung, Steuerung und Überwachung der Kreditrisiken festgelegt.

Die Geschäftsleitung eines Kreditinstituts hat nach diesen Mindestanforderungen eine Kreditrisikostrategie zu entwickeln, die auf der Basis einer Analyse der geschäftspolitischen Ausgangssituation und unter Berücksichtigung der Risikotragfähigkeit sowie einer Einschätzung der mit dem spezifischen Kreditgeschäft verbundenen Risiken vorgenommen wird.[795] Hauptziel dieser Strategie ist es, eine systematische Auseinandersetzug mit dem Kreditportfolio und damit ein aktives Risikomanagement zu betreiben, welches dazu beitragen soll, das Kreditinstitut vor etwaigen Kreditverlusten zu schützen.

Die Bankenaufsicht hat ferner für die Bereiche Kreditbearbeitung, Kreditbearbeitungskontrolle, Intensivbetreuung, Problemkreditbearbeitung und für die Ermittlung der Risikovorsorge bestimmte innerbetriebliche Prozeßanforderungen festgelegt.[796] Hierbei spielt das Prinzip der Funktionstrennung eine wichtige Rolle, wonach im Rahmen des Kreditentscheidungsprozesses ein Votum von zwei unterschiedlichen Funktionsbereichen der Bank einzuholen ist.[797] Der an Umsätzen interessierte Marktbereich und der für das Risiko-Controlling zuständige Marktfolgebereich geben unabhängig voneinander und jeweils eigenverantwortlich ihre Voten für die Kreditentscheidung ab. Mit diesem Prinzip soll die Qualität der Kreditvergabeentscheidung erhöht und somit das Risiko im Kreditgeschäft weiter gesenkt werden.

---

793 *Karl-Heinz Boos*, Die neuen Mindestanforderungen an das Kreditgeschäft (MaK), in: ZfgK 2003, S. 1194; *Hannemann / Schneider / Hanenberg*, (Mindestanforderung-en), S. 25.

794 *Jochen Lehnhoff*, Risiken identifizieren, steuern, überwachen, in: BI Heft 4, 2003, S. 16.

795 *Axel Becker*, Neue Anforderungen an das Kreditgeschäft der Kreditinstitute durch die MaK, in: BKR, 2003, S. 316 (317); *Röhrig*, (Auswirkungen), S. 21.

796 *Röhrig*, (Auswirkungen), S. 21; *Boos / Fischer / Schulte-Mattler*, (Kreditwesengesetz), § 25a, Rdnr. 391.

797 *Becker*, (Neue Anforderungen), S. 318.

Um schließlich die Risiken im Kreditgeschäft besser zu identifizieren, zu steuern und zu überwachen, wurden in den Mindestanforderungen an das Kreditgeschäft auch Anforderungen an das Risikoklassifizierungsverfahren, an das Risikomanagement und das Berichtswesen formuliert.[798] Der Aufbau von Risikoklassifizierungsverfahren ist von großer Bedeutung, da diese die Grundlage für die Messung des Kreditrisikos und somit letztlich für die am Risiko orientierte Bestimmung der Kreditkonditionen bilden.[799]

Die Mindestanforderungen an das Kreditgeschäft sind grundsätzlich von allen deutschen Kreditinstituten gleichermaßen zu beachten, jedoch enthalten sie zahlreiche Öffnungsklauseln, abhängig von der Größe der Kreditinstitute, den Geschäftsschwerpunkten und dem Risikogehalt der jeweiligen Kreditgeschäfte.[800] Jedes Institut kann bei der Umsetzung der Mindestanforderungen individuell bestimmen, inwieweit es die verschiedenen Öffnungsklauseln ausnutzt. Entscheidend ist jedoch, daß eine für außenstehende Dritte argumentativ nachvollziehbare Begründung für die Anwendung einer Öffnungsklausel vorliegt.[801]

Die Nichtbeachtung der sich aus § 25a KWG und den Mindestanforderungen an das Kreditgeschäft ergebenden Pflichten kann von der Bundesanstalt für Finanzdienstleistungen mit Zwangsmaßnahmen geahndet werden und in schweren Fällen die Abberufung eines Geschäftsleiters gemäß § 36 Abs. 2 KWG oder den Widerruf der Erlaubnis gemäß § 35 KWG zur Folge haben.

In einer künftigen Weiterentwicklung der Mindestanforderungen an das Kreditgeschäft soll ein integrativer Ansatz die Schnittstellenprobleme und Redundanzen, die diese Regelungen mit den parallel dazu bestehenden Mindestanforderungen an das Betreiben von Handelsgeschäften[802] und den Mindestanforderungen an die Interne Revision[803] haben, beseitigen. In den dann geltenden Mindestanforderungen an das Risikomanagement sollen diese Anforderungen zusammengefaßt und zugleich die von Basel II geforderte Überwachung der Institute im Rahmen der zweiten Säule[804] umgesetzt werden.[805]

---

798 *Boos,* (Mindestanforderungen), S. 1195; *Nirk,* (Kreditwesengesetz), S. 159.

799 *Röhrig,* (Auswirkungen), S. 31.

800 *Boos,* (Mindestanforderungen), S. 1195; *Hannemann / Schneider / Hanenberg,* (Mindestanforderungen), S. 17.

801 *Becker,* (Neue Anforderungen), S. 316.

802 Mindestanforderungen an das Betreiben von Handelsgeschäften der Kreditinstitute, Verlautbarungen des BAKred vom 23. Oktober 1995.

803 Mindestanforderungen an die Ausgestaltung der Internen Revision der Kreditinstitute, Schreiben des Bundesaufsichtsamtes für das Kreditwesen vom 28. Mai 1976 – I 4-3.

804 Siehe hierzu bereits fünftes Kapitel, A. II, S. 109 ff. dieser Arbeit.

805 *Niels O. Angermüller / Michael Eichhorn / Thomas Ramke,* MaRisk – der Nebel lichtet sich, in: ZfgK 2005, S. 396.

III. Aufstellung und Offenlegung von Jahresabschlüssen

Kreditinstitute haben sowohl nach dem Handelsgesetzbuch als auch nach dem Kreditwesengesetz die Pflicht, Jahresabschlüsse aufzustellen. Zum einen ergibt sich das aus § 242 und § 264 ff. Handelsgesetzbuch (HGB)[806], zum andern aus § 26 Abs. 1 Satz 1 KWG. Die rechnungslegungsrechtliche Pflicht und die aufsichtsrechtliche Pflicht zur Erstellung des Jahresabschlusses wirken unabhängig voneinander, sind allerdings miteinander verzahnt.[807] Der Jahresabschluß ist zusammen mit den gemäß § 25 KWG laufend einzureichenden Monatsberichten beziehungsweise der monatlichen Bilanzstatistik eine bedeutende Informationsquelle für die Bundesanstalt für Finanzdienstleistungen, die so Einblick in die wirtschaftlichen Verhältnisse der Banken, das heißt Informationen über Eigenkapital, Liquidität und Rentabilität, erlangt.[808]

Weitere Einblicke in die wirtschaftliche Lage und die Beachtung aufsichtsrechtlicher Bestimmungen lassen sich aus dem Bericht über die Prüfung des Jahresabschlusses gewinnen.[809] Auf Grund von § 29 KWG ist über rein handelsrechtliche Anforderungen hinaus auch die Einhaltung der aufsichtsrechtlichen Bestimmungen durch die Banken zu prüfen. Das Ergebnis dieser Prüfung ist im Bericht des Prüfers festzuhalten. Bei Nachfrage der Bundesanstalt für Finanzdienstleistungen oder der Deutschen Bundesbank hat der Prüfer eine weitgehende Erläuterungs- und Auskunftspflicht. § 29 Abs. 3 Satz 2 KWG entbindet den Prüfer von seiner beruflichen Verschwiegenheitspflicht, die grundsätzlich deshalb besteht, weil der Prüfer von der geprüften Bank bestellt wird und keine vertragliche Beziehung zwischen Prüfer und Bankenaufsicht existiert.[810]

IV. Vorschriften zur Verhinderung der Geldwäsche

In der Folge der Terroranschläge vom 11. September 2001 gewann zur effektiven Bekämpfung des internationalen Terrorismus auch die Verhinderung der Finanzierung terroristischer Gruppen zunehmend an Bedeutung[811] und führte zu weite-

806 Handelsgesetzbuch vom 10. Mai 1897 (RGBl. 1897, S. 219) zuletzt geändert durch Art. 1 des Gesetzes vom 3. August 2005 (BGBl. I S. 2267).

807 *Claussen,* (Bankrecht), S. 76.

808 *Bähre / Schneider,* (KWG-Kommentar), § 26, Anm. 1; *Boos / Fischer / Schulte-Mattler,* (Kreditwesengesetz), § 26, Rdnr. 2.

809 *Boos / Fischer / Schulte-Mattler,* (Kreditwesengesetz), § 26, Rdnr. 48.

810 *Boos / Fischer / Schulte-Mattler,* (Kreditwesengesetz), § 29, Rdnr. 50.

811 *Deutsche Bundesbank,* Änderungen des Gesetzes über das Kreditwesen durch das Vierte Finanzmarktförderungsgesetz, in: Monatsbericht Oktober 2002, S.28.

ren Verschärfungen des 1992 beschlossenen Geldwäschegesetzes. Verantwortliche Behörde für die Umsetzung der Verpflichtungen nach dem Geldwäschegesetz ist die Bundesanstalt für Finanzdienstleistungsaufsicht. Geldwäschegesetz und Geldwäscheaufsicht greifen auf die Bestimmungen des Kreditwesengesetzes über, insbesondere bei den Organisationspflichten nach § 25a KWG.[812] Die Kreditinstitute sind gemäß § 25a KWG dazu verpflichtet, über angemessene geschäfts- und kundenbezogene Sicherungssysteme im Sinne einer Geldwäscheprävention zu verfügen. Bei Sachverhalten, die auf Grund des Erfahrungswissens über Geldwäsche Anlaß zu Zweifeln oder Skepsis geben, sind die Banken verpflichtet, der laufenden Geschäftsbeziehung oder einzelnen Finanztransaktionen weiter nachzugehen.[813] Den Kreditinstituten wurde gemäß § 24c KWG aufgegeben der Bundesanstalt für Finanzdienstleistungsaufsicht einen automatisierten Abruf von Kontoinformationen zu ermöglichen mit dem das nach § 44 Abs. 1 KWG ohnehin bestehende Auskunftrecht der Aufsichtsbehörde flankiert wird. Danach ist der Bundesanstalt für Finanzdienstleistungsaufsicht jederzeit Zugriff auf die Nummer eines Kontos oder Depots, dessen Eröffnungs- beziehungsweise Auflösungsdatum, den Namen des Inhabers und des Verfügungsberechtigten sowie bei natürlichen Personen zusätzlich auch das Geburtsdatum zu gewährleisten.[814]

V. Der Verbraucherschutz

Im marktwirtschaftlich orientierten Wirtschaftssystem Deutschlands sind die unternehmerische Initiative und die Betätigungsfreiheit der Unternehmen möglichst weitgehend zu erhalten, wenn die Marktteilnehmer, aus der Wettbewerbssituation, ihre volle Leistungskraft entwickeln sollen.[815] Dieser Grundsatz hat in der Kreditwirtschaft jedoch nicht uneingeschränkte Gültigkeit, da Geld und Kredit anderen wirtschaftlichen Gesetzmäßigkeiten unterliegen als Güter und Dienstleistungen.[816] Der Unterschied ergibt sich aus der zentralen Stellung des Kredit-

812 *Boos / Fischer / Schulte-Mattler,* (Kreditwesengesetz), Einf., Rdnr. 36; *Reischauer / Kleinhans,* (KWG-Kommentar), Kza 115, § 25a, Rdnr. 30.

813 *Boos / Fischer / Schulte-Mattler,* (Kreditwesengesetz), § 25a, Rdnr. 161; *Reischauer / Kleinhans,* (KWG-Kommentar), Kza 115, § 25a, Rdnr. 34.

814 *Claussen,* (Bankenrecht), S. 125.

815 *Heinrich Schreihage,* Wettbewerb und Wettbewerbsbeschränkung im Kreditgewerbe, in: ZfgK 1960, S. 15.

816 *Ernst Starke,* Die "besondere Wettbewerbslage" des Kreditwesens, in: ZfgK 1968, S. 438 (439); *Rolf Kupitz,* Die Kreditwirtschaft als wettbewerbspolitischer Ausnahmebereich, Frankfurt 1983, S. 30; *Schreihage,* (Wettbewerbsbeschränkung), S. 15 (16).

wesens für die Gesamtwirtschaft und seinem Zusammenhang mit dem Währungssystem. So werden insbesondere die Stabilität der Währung und das Funktionieren der Gesamtwirtschaft wichtiger eingestuft als die unbehinderte wirtschaftliche Betätigung der einzelnen Kreditinstitute. Wettbewerbsbeschränkungen, die sich aus dieser gesamtwirtschaftlichen Notwendigkeit ergeben, sind in einer marktwirtschaftlichen Ordnung aber nur insoweit zu vertreten, als sie der Abwehr gesamtwirtschaftlicher Nachteile dienen.[817]

1. Allgemeiner Verbraucherschutz

Die Frage, ob bankenaufsichtliche Aufgaben auch Verbraucherschutz oder Sozialschutz für Kreditnehmer bedeuten, ist immer wieder Bestandteil der politischen Diskussion.[818] Auf eine kleine Anfrage der Opposition antwortete die Regierung im Jahre 1979, daß eine Weiterentwicklung des Kreditwesengesetzes unter dem Gesichtspunkt des Verbraucherschutzes nicht mit der gesamtwirtschaftlichen Zielsetzung des Gesetzes vereinbar wäre.[819]

In den vergangenen Jahren hat der Verbraucherschutz durch verschiedene Regelungen Einzug in die Praxis der Bankenaufsicht gehalten[820], ohne daß dadurch jedoch dem Kreditwesengesetz eine verbraucherschützende Wirkung zugesprochen worden wäre.[821]

Durch die Einrichtung der Querschnittsabteilung "Verbraucher- und Anlegerschutz; Zertifizierung von Altersvorsorgeverträgen und besondere Rechtsfragen" bei der Bundesanstalt für Finanzdienstleistungsaufsicht wurde zuletzt der Eindruck erweckt, daß auch Verbraucherschutzthemen zum Aufgabenbereich der Bankenaufsicht gehören könnten. Tatsächlich aber wurden die materiellen Grundlagen der Bankenaufsicht nicht verändert, so daß die Bundesanstalt für Finanzdienstleistungsaufsicht an der bisherigen Praxis festhält und ausführt, allein im öffentlichen Interesse tätig zu werden.[822] Grundsätzlich ist der Verbraucherschutz in Deutschland daher kein Bestandteil der Bankenaufsicht.[823]

---

817 *Schreihage,* (Wettbewerbsbeschränkung), S. 15.

818 *Uwe H. Schneider,* Die aufsichtsrechtliche Inhaltskontrolle von Verträgen der Kreditinstitute und ihrer Mitarbeiter, in: WM 1996, S. 721 ff.

819 9 BT-Drucks. vom 9. Juli 1979, 8/3047, Ziffer 3.

820 Hierzu zählen etwa Regelungen zum Schutz von Minderjährigen, der Datenschutz, die Kontrolle von Allgemeinen Geschäftsbedingungen oder das Verbraucherkreditgesetz.

821 *Boos / Fischer / Schulte-Mattler,* (Kreditwesengesetz), Einf, Rdnr. 64.

822 *Bundesanstalt für Finanzdienstleistungsaufsicht,* Geschäftsbericht 2001 des Bundesamtes für Kreditwesen, Bonn / Frankfurt a.M. November 2002, S. 27.

823 *Boos / Fischer / Schulte-Mattler,* (Kreditwesengesetz), Einf., Rdnr. 64.

2. Bankenwerbung

Die Frage nach der verbraucherschützenden Wirkung des Kreditwesengesetzes stellt sich auch im Hinblick auf die Bankenwerbung, die als Marketinginstrument der Banken schon seit vielen Jahren immer stärker in den Vordergrund gerückt ist.[824] So hat der Einsatz von Werbemitteln im Bankenwettbewerb seit vielen Jahren auch in Deutschland erheblich an Bedeutung gewonnen.[825]

Das Recht zur Bankenwerbung regelt in der Bundesrepublik § 23 KWG. Um Mißständen in der Bankenwerbung zu begegnen, die wegen ihrer unseriösen Werbemethode zu einem Vertrauensverlust gegenüber der Kreditwirtschaft führen könnten[826], kann die Bundesanstalt für Finanzdienstleistungsaufsicht bestimmte Formen der Werbung durch Einzel- oder Allgemeinverfügung untersagen.

Voraussetzung für ein bankenaufsichtsrechtliches Tätigwerden ist zunächst das Vorhandensein eines Mißstandes, was aber nicht ohne weiteres bereits bei einem einmaligen Verstoß gegen die allgemein geltenden Bestimmungen über unerlaubte und unlautere Werbemethoden des Gesetzes gegen den unlauteren Wettbewerb anzunehmen ist.[827] Es genügt auch nicht, daß die Werbung aus dem Rahmen des Üblichen fällt oder mit bestehenden Konventionen bricht. Vielmehr ist ein Mißstand erst dann anzunehmen, wenn die Werbemethode zu erheblichen Nachteilen für die Gesamtwirtschaft und die Funktionsfähigkeit des Kreditgewerbes oder zu einer Irreführung der Öffentlichkeit führen könnte.[828] Dies ist jedoch erst dann der Fall, wenn es sich um einen mehr als nur einmaligen Fall handelt und vielmehr durch ein regelmäßiges Verhalten der Bank oder des Bank-

---

824 *Jörg E. Cramer / Peter J. Hilpert,* Die herausgeforderten Banken, 2. Auflage, Frankfurt 1974, S. 47.

825 Ausführliche Betrachtungen zum Thema Bankenwerbung finden sich bei: *Joachim Krahnen / Klaus Juncker,* Werbung aus der Sicht der privaten Banken, in: *Eberhard Floss / Peter Muthesisus (Hrsg.),* Handbuch der Bankenwerbung, Frankfurt 1972, S. 359 ff.; Vgl. hierzu besonders: *Hans-Friedrich Luchterhand,* Das Recht der Bankenwerbung, in: *Eberhard Floss / Peter Muthesisus (Hrsg.),* Handbuch der Bankenwerbung, Frankfurt 1972, S. 185 ff.

826 BT-Drucks. III/1114 S. 19, A II 2: "Die besondere Vertrauensempfindlichkeit des Kreditgewerbes macht es ferner nötig, daß die Kreditinstitute sich bei der Werbung die der Natur ihres Geschäfts angemessene Zurückhaltung auferlegen; ... muß auch der Aufsichtsbehörde die Befugnis gegeben werden, gegen Mißstände in der Werbung einzuschreiten"; Kritisch hierzu: *Klaus Flachmann,* Braucht die Kreditwirtschaft eine Werbeordnung ?, in: ZfgK 1967, S. 602 (603 f.).

827 *Szagunn / Haug / Ergenzinger,* (KWG), § 23, Rdnr. 3.

828 *Möschel,* (Wirtschaftsrecht), S. 326 f.; *Bähre / Schneider,* (KWG Kommentar), § 23, Rdnr. 3; *Szagunn / Haug / Ergenzinger,* (KWG), § 23 Rdnr. 3; *Boos / Fischer / Schulte-Mattler,*, (Kreditwesengesetz), § 23, Rdnr. 7.

gewerbes die öffentliche Ordnung im Kreditwesen durch eine bestimmte Werbeart gefährdet ist.[829] Auch eine vorbeugende Untersagung einer unseriösen Werbemethode ist möglich, sofern ein Mißstand nicht nur denkbar, sondern der allgemeinen Lebenserfahrung entsprechend auch wahrscheinlich ist.[830]

Wird vorsätzlich gegen eine vollziehbare Untersagung einer bestimmten Art bankgeschäftlicher Werbung verstoßen, kann die Bundesanstalt für Finanzdienstleistungsaufsicht dies als Ordnungswidrigkeit gemäß § 56 Abs. 3 Nr. 5 KWG mit einer Geldbuße ahnden und die Untersagungsverfügung mit Mitteln des Verwaltungszwanges durchsetzen.

Auch wenn gemäß § 23 Abs. 2 KWG die Spitzenverbände des Verbraucherschutzes anzuhören sind, bevor es zu Maßnahmen zur Vermeidung von Mißständen in der Werbung kommt, läßt sich hieraus keine verbraucherschützende Zielsetzung des Gesetzes ableiten.[831] § 23 KWG zielt vielmehr ab auf die besondere Vertrauensempfindlichkeit des Kreditgewerbes und auf die gesamtwirtschaftliche Bedeutung, die Werbemethoden in diesem sensiblen Bereich zukommt.[832] Der Grundsatz, daß die Bankenaufsicht in Deutschland keine verbraucherschützenden Aufgaben erfüllt, gilt somit auch für die sich aus § 23 KWG ergebenden Vorschriften über die Werbung von Banken.

VI. Bankenzusammenschlüsse

Mit zunehmendem Wettbewerb unter den Kreditinstituten steigt das Bedürfnis nach Zusammenschlüssen von Kreditinstituten, um sich somit auch international besser positionieren zu können. Kleine und große Banken streben danach, ihre Vormachtstellungen durch Aufkäufe und Fusionen weiter auszubauen und ihre Wettbewerbsposition zu sichern. Es ist zu beobachten, daß das "Fusionsfieber" vor dem Hintergrund der Globalisierung und dem Versuch die Wettbewerbsfähigkeit zu steigern, auch in Deutschland immer mehr um sich greift.[833] Fusionen

---

829 *Boos / Fischer / Schulte-Mattler,* (Kreditwesengesetz), § 23, Rdnr. 8.

830 *Bähre / Schneider,* (KWG Kommentar), § 23, Rdnr. 3; Die BaFin hat in der Vergangenheit Bedenken gegen verschiedene Werbepraktiken der Banken erhoben. Hierzu gehörten beispielsweise die Werbung mit Hilfe von Geschenksparbüchern bei Kontoeröffnung oder die Werbung mit dem Argument des Kaufkraftschwunds.

831 *Boos / Fischer / Schulte-Mattler,* (Kreditwesengesetz), § 23, Rdnr. 3.

832 *Boos / Fischer / Schulte-Mattler,* (Kreditwesengesetz), § 23, Rdnr. 3.

833 *Reinhard Lahusen,* Bankerfolg in Europa: Große Fortschritte durch Konsolidierung – mit Ausnahme Deutschland, in: Deutsche Bank Research / EU Monitor 19 April 2004, Nr. 13, S.1 (3 f.); *Peggy Trautman,* West Germany, A special report, in: Global Finance, May 1989, S. 75.

und Akquisitionen sind ein sehr wichtiges Instrument zur Sicherung der Wettbewerbsfähigkeit der Banken geworden ist.[834]

Die bankenaufsichtsrechtlichen[835] Regelungen für Bankenzusammenschlüsse sind in Deutschland nur wenig ausgeprägt. Direkte Mitsprachemöglichkeiten oder Genehmigungsvorbehalte der Bankenaufsicht bestehen nicht. § 24 Abs. 2 KWG regelt lediglich, daß Kreditinstitute, welche die Absicht haben, sich mit einem anderen Kreditinstitut zu vereinigen, dies der Bundesanstalt für Finanzdienstleistungsaufsicht und der Deutschen Bundesbank rechtzeitig anzuzeigen haben.[836] Wegen der weitreichenden Bedeutung, die eine Fusion insbesondere für die Bankkunden haben kann, ist bereits die Absicht einer Fusion der Bankenaufsicht anzuzeigen.[837] Da jede an der Fusion interessierte Bank eine entsprechende Absicht hat, muß von allen beteiligten Banken Anzeige gemacht werden oder es muß eine gemeinsame schriftliche Anzeige bei der Bundesanstalt für Finanzdienstleistungsaufsicht und der Deutschen Bundesbank eingereicht werden.[838] Dies braucht solange nicht zu geschehen, wie die beteiligten Parteien nur Vorverhandlungen und Besprechungen darüber führen, ob überhaupt eine Bereitschaft zur Fusion besteht. Um zu vermeiden, daß die Bundesanstalt für Finanzdienstleistungsaufsicht vor vollendete Tatsachen gestellt wird, ist die Anzeige vor Abschluß der bindenden Verträge abzugeben. Nach Abschluß der Verhandlungen ist das Ergebnis der Bundesanstalt für Finanzdienstleistungsaufsicht und der Deutschen Bundesbank anzuzeigen.[839]

Anzuzeigen ist ferner, wenn nach Übernahme einer Bank deren Geschäftsbetrieb eingestellt wird, da mit Erlöschen ihrer Existenz auch die Erlaubnis zum Betreiben von Bankgeschäften erlischt. Wenn eine Bank, die ihre Selbständigkeit aufgibt, als Zweigstelle der übernehmenden Bank weitergeführt wird, muß auch

---

834 In jüngster Vergangenheit liegt der Zusammenschluß der Norddeutschen Landesbank und der Hamburger Landesbank. Zu beobachten sind ebenfalls die Zusammenschlüsse von verschiedenen Sparkassen. In Erinnerung ist der gescheiterte Versuch der Großfusion von Deutscher Bank und Dresdner Bank, was schließlich zur Übernahme der Dresdner Bank durch die Allianz geführt hat.

835 Kartell- und aktienrechtliche Bestimmungen bleiben außer Betracht, da diese nicht von der staatlichen Bankenaufsicht berücksichtigt werden.

836 Das Verfahren für die Anzeigen ist vom BaFin in § 8 Anzeigenverordnung im Einzelnen geregelt worden.

837 *Szagunn / Haug / Ergenzinger,* (KWG), § 24, Rdnr. 23; *Bähre / Schneider,* (KWG-Kommentar), § 24, Anm. 9; *Boos / Fischer / Schulte-Mattler,* (Kreditwesengesetz), § 24, Rdnr. 182.

838 *Boos / Fischer / Schulte-Mattler,* (Kreditwesengesetz), § 24, Rdnr. 182; *Reischauer / Kleinhans,* (KWG-Kommentar), Kza 115, § 24, Rdnr. 23.

839 *Szagunn / Haug / Ergenzinger,* (KWG), § 24, Rdnr. 20; *Bähre / Schneider,* (KWG-Kommentar), § 24, Anm. 9.

dies der Bundesanstalt für Finanzdienstleistungsaufsicht angezeigt werden. Zu beachten ist allerdings, daß eine Verschmelzung von Kreditinstituten durch Neubildung[840] einer völlig neuen Genehmigung zum Geschäftsbetrieb bedarf, da ein neuer Rechts- und Erlaubnisträger gemäß § 32 KWG entsteht.[841]

Mit der Anzeigenpflicht soll erreicht werden, daß die Bundesanstalt für Finanzdienstleistungsaufsicht und die Deutsche Bundesbank unverzüglich über wichtige Veränderungen bei den Banken informiert werden. Hierzu gehören auch die Anzeigepflichten bezüglich der Bestellung neuer Geschäftsleiter, Änderungen der Rechtsform oder der Firma und die Einstellung des Geschäftsbetriebes beim übertragenen Institut. Vorsätzliche oder leichtfertige Verstöße gegen die Anzeigepflicht können gemäß § 56 Abs. 1 Nr. 4 KWG als Ordnungswidrigkeit mit einer Geldbuße geahndet werden.

B. In den Vereinigten Staaten

Zu den besonders regelungsbedürftigen Bereichen im Tätigkeitsstadium der amerikanischen Banken gehören die Ausstattung mit angemessenem Eigenkapital und die Kontrolle über die Vergabe besonders sensibler Kredite. In den Vereinigten Staaten kommen der Bankenaufsicht auch wichtige Aufgaben hinsichtlich des Verbraucherschutzes zu. Schließlich wirken die amerikanischen Aufsichtsbehörden aktiv bei Bankenzusammenschlüssen und bei der Verhinderung von Geldwäsche mit.

I. Eigenkapital und Liquidität

Bei den regelmäßig stattfindenden Bankenprüfungen sind im Rahmen des CAMELS-System die Eigenkapitalausstattung und die Liquidität der Bank zwei Untersuchungsbereiche, durch deren Überprüfung der Comptroller of the Currency die Sicherheit und Stabilität einer Bank beurteilt.

840 Die Verschmelzung von Aktiengesellschaften kann gem. § 2 UmwandlungsG (UmwG) erfolgen durch a) Verschmelzung durch Aufnahme oder b) Verschmelzung durch Neubildung.

841 *Boos / Fischer / Schulte-Mattler,* (Kreditwesengesetz), § 32, Rdnr. 26.

1. Regelungen bezüglich des Eigenkapitals

In den Vereinigten Staaten wurden die Gründe für den Zusammenbruch von Banken meist nicht in einer mangelnden Eigenkapitalausstattung, sondern vielmehr im Mißmanagement der Geschäftsleitung oder im Vertrauensverlust gegenüber der gesamten Bankwirtschaft gesehen.[842] Die ausreichende Eigenkapitalversorgung wird dagegen nur als *ein* Faktor angesehen, der neben anderen häufig rein qualitativen Beurteilungskriterien die Qualität des Kreditinstituts bestimmt.

a) Der Begriff des "Eigenkapitals"

Der Eigenkapitalbegriff ist im amerikanischen Banken- und Aufsichtsrecht von großer Bedeutung, da er Ausgangspunkt zahlreicher Beschränkungen der Geschäftstätigkeit der Banken ist. Beispielsweise wird bei der Begrenzung der Aufnahme von Krediten durch die Bank[843], bei der Vergabe von Großkrediten[844] oder der Vergabe von Darlehen an Beteiligungsgesellschaften[845] immer das haftende Eigenkapital als Bezugsgröße zugrunde gelegt. Schließlich wird der Begriff des Eigenkapitals auch bei der Bestimmung einer ausreichenden Kapitalversorgung der Kreditinstitute als Grundlage verwendet.

Unsicherheiten, die sich infolge des Fehlens gesetzlicher Vorschriften über den Eigenkapitalbegriff und die Eigenkapitalausstattung amerikanischer Commercial Banks ergeben hatten, haben in den vergangenen Jahren zu einer umfangreichen Umgestaltung der bankenaufsichtsrechtlichen Beurteilung des Eigenkapitalbegriffes geführt.[846] Im Mittelpunkt dieser Veränderungen standen die Neudefinition und die Vereinheitlichung des aufsichtsrechtlichen Eigenkapitalbegriffs. Der Federal Financial Institutions Examination Council sieht folgende Punkte als wesentliche Aufgaben des Eigenkapitals an, die alle gleichermaßen erfüllt sein müssen.[847] Zunächst muß das Eigenkapital sicherstellen, daß eine Bank auch in Zeiten niedriger Gewinne oder gar von Verlusten ihre Geschäfte weiter-

842 *Apilado / Gies,* Capital Adequacy and Commercial Bank Failure, in: Bankers Magazine, 1972, S. 55; *Uwe H. Schneider,* Das Bank-Eigenkapital in Amerika, in: ZfgK, 1982, S. 92 (94).

843 12 U.S.C. § 83.

844 12 U.S.C. § 84; Dies entspricht etwa den §§ 13, 13 a KWG und beinhaltet die Forderung, daß die Verpflichtungen eines Kreditnehmers gegenüber einer National Bank zehn Prozent des haftenden Eigenkapitals nicht überschreiten dürfen.

845 12 U.S.C. § 371(c).

846 *Schroeder,* (Law and Regulation), § 9.01[2].

847 *Spong,* (Banking Regulation), S. 57; 12 U.S.C. § 3305(a).

führen kann.[848] Damit soll erreicht werden, daß auch nicht versicherte Einleger und ungesicherte Gläubiger der Bank vor Verlusten geschützt sind. Über die Regelungen des Eigenkapitals sollen die Banken ferner zu einer ausgeglichenen Verteilung der Risiken angehalten werden, die sich aus Geschäften mit dem öffentlichen und dem privaten Sektor ergeben. Aus dieser risikoorientierten Strukturierung des Kreditportfolios soll sich eine ausreichende Mittelbereitstellung für die Geschäfte der Bank ergeben, die ihrerseits eine Sicherung des Vertrauens in die einzelnen Banken und in das Bankgewerbe insgesamt unterstützt.[849]

Diesen Anforderungen werden nach der vom Federal Financial Institutions Examination Council vorgeschlagenen Definition des Eigenkapitals nur solche Kapitalformen gerecht, welche die folgenden drei Voraussetzungen in sich vereinen[850]: das Kapital muß dem Institut auf Dauer zur Verfügung stehen, es dürfen keine Zahlungen zu leisten sein, die bei Verzug die Fälligkeit des Rückzahlungsanspruchs vorverlegen könnten, und die Kapitalgeber dürfen nur einen nachgeordneten Anspruch auf die Aktiva der Bank haben.

Alle Bundesaufsichtsbehörden haben sich auf der Grundlage der Bestimmung der Eigenkapitalaufgaben durch den Federal Financial Institutions Examination Council geeinigt und wenden den Eigenkapitalbegriff für die National Banks nun einheitlich an.[851] Comptroller of the Currency, Federal Reserve Board und Federal Deposit Insurance Corporation haben zu diesem Zweck die Vorschläge des Federal Financial Institutions Examination Council in ihre eigenen Richtlinien übernommen.[852]

Ausgangspunkt der neuen aufsichtsrechtlichen Definition des Eigenkapitalbegriffes ist eine Zweiteilung in Basiseigenkapital (Tier 1 Capital oder Core Capital) und ergänzendes Eigenkapital (Tier 2 Capital oder Supplementary Capital).[853]

Das Basiseigenkapital umfaßt solche Kapitalarten, die alle drei Grundvoraussetzungen für das Kapital erfüllen, das heißt, das Kapital steht den Banken auf Dauer und vorrangig zur Verlustabdeckung zur Verfügung und ist nicht durch

848 *Schroeder,* (Law and Regulation), § 9.01[2].

849 *Schroeder,* (Law and Regulation), § 9.01[4].

850 *Günter Böttger,* Neue Eigenkapital-Richtlinien für US-Banken, in: Die Bank, 1982, S. 271 (272).

851 Alle Einzelheiten wiedergebende Darstellungen finden sich in: *Office of the Comptroller of the Currency,* Comptroller's Licencing Manual, Washington D. C., June 2003; *US Government Accountability Office,* Risk Based Capital - Regulatory and Industry Approaches to Capital and Risk, Washington D.C., July 1998, S. 41 ff.

852 12 C.F.R. § 3; 12 C.F.R. § 208; 12 C.F.R. § 325.

853 12 C.F.R. § 3.2; *Spong,* (Banking Regulation), S. 86; *Solomon et al.,* (Banking Law), § 80.32[2]; *Schroeder,* (Law and Regulation), § 9.01[4][d]; *Mader,* (Bankenaufsichtssystem), S. 109; *Myers,* (Basics), S. 28.

Zahlungsverpflichtungen belastet. Nach den Richtlinien des Comptroller of the Currency setzt sich dieses Tier 1 oder Core Capital aus dem Common Stockholder Equity[854], dem auf nichtkumulative Vorzugsaktien eingezahlten Kapital und Anteilen in Fremdbesitz zusammen.[855] Das Basiseigenkapital besteht damit aus solchen Kapitalelementen, die dem Geschäftsbetrieb der Bank laufend zur Verfügung stehen und in voller Höhe für eine etwaige Verlustabdeckung herangezogen werden können.[856] Aus dem Basiseigenkapital sind als Abgrenzungsposten alle Firmenwerte, immateriellen Anlagenwerte und gegebenenfalls Verluste wertmindernd herauszurechnen.[857]

Das ergänzende Eigenkapital schließt mit gewissen Einschränkungen solche Finanzinstrumente ein, die dem Kreditinstitut zwar nicht dauerhaft zur Verfügung stehen, ihnen aber als Eigenkapital zugerechnet werden können, da diese Instrumente einen Großteil der Anforderungen erfüllen, die an das Eigenkapital gestellt werden.[858] Komponenten des ergänzenden Eigenkapitals sind Wertberichtungen[859], Vorzugsaktien[860], Mischkapitalformen und nachrangige Darlehen.[861] Da solche nachrangigen Sicherheiten den Banken nicht auf Dauer zur Verfügung stehen und sie zudem marktbedingten Wertschwankungen unterliegen, sind diese ergänzenden Eigenmittel in ihrer Anrechenbarkeit begrenzt. Eine Voraussetzung für die Anerkennung von Vorzugsaktien als ergänzendes, beziehungsweise sekundäres Eigenkapital durch die Bankenaufsichtsbehörden ist zum Beispiel, daß sie eine Laufzeit von mindestens fünf und höchstens zwanzig Jahren haben dürfen.[862] Sobald sie Restlaufzeiten von fünf Jahren unterschreiten, verlieren diese Eigenkapitalkomponenten jährlich ein Fünftel ihrer Eigenkapitalqualität. Unterschreitet die Restlaufzeit zwölf Monate, kommt diesen ergänzenden Komponenten keine Eigenkapitalqualität mehr zu.[863]

---

854 Dies beinhaltet das eingezahlte Geschäftskapital, die Kapitalrücklage, den Bilanzgewinn, die Kaptialreserven sowie Bereinigungen von Devisenkursschwankungen und unrealisierte Verluste bestimmter Wertpapiere.

855 12 C.F.R. § 3 Appendix A § 2; *Spong*, (Banking Regulation), S. 87.

856 *Myers*, (Basics), S. 26 ff.; *Schroeder*, (Law and Regulation), § 9.01[4][d].

857 12 C.F.R. § 3 Appendix A § 2(c)(1).

858 *Solomon et al.*, (Banking Law), § 80.32[2]; *Schroeder*, (Law and Regulation), § 9.01[4][d].

859 Wertberichtigungen von Kredit- und Leasingverlusten bis zu 1,25% der risikogewichteten Bilanz.

860 Kumulative Vorzugsaktien, Langzeitvorzugsaktien und umwandelbare Vorzugsaktien einschließlich ihrer Wertsteigerungen.

861 12 C.F.R. § 3 Appendix A § 2.

862 12 C.F.R. § 3 Appendix A § 1 (c)(22)(i); *Mader*, (Bankenaufsichtssystem), S. 111.

863 12 C.F.R. § 3 Appendix A § 2(b)(2) und (4); *Solomon et al.*, (Banking Law), § 80.32[2]; *Hans-Jacob Krümmel*, Bankenaufsichtsziele und Eigenkapitalbegriff, Frankfurt a.M. 1983, S. 68; *Spong*, (Banking Regulation), S. 88.

Das ergänzende Eigenkapital darf nur einen Teil der Eigenmittel einer Bank ausmachen und maximal in gleicher Höhe wie das Basiseigenkapital eingebracht werden.[864] Insgesamt können somit die ergänzenden Eigenmittel höchstens 50 Prozent des haftenden Eigenkapitals einer amerikanischen Bank ausmachen.[865]

Neben dem Basiseigenkapital und dem ergänzenden Eigenkapital gibt es allgemeine Abzugsposten, welche die Höhe des haftenden Eigenkapitals reduzieren.[866] Um zu vermeiden, daß sich Banken durch gegenseitige Vergabe von Anteilen Eigenkapital verschaffen, ohne daß dahinter tatsächlich Kapital steht, muß Kapital, das National Banks in Form von Unternehmensbeteiligungen an anderen Banken halten, von den Eigenmitteln abgezogen werden, wenn diese ihrerseits an der Bank beteiligt sind.[867] Ebenso müssen Investitionen von National Banks in konsolidierte Tochterunternehmen abgezogen werden, wenn sie bereits dort dem Eigenkapital zugerechnet werden.[868]

b) Angemessenheit des Eigenkapitals

In Ergänzung zu dieser Neudefinition des Eigenkapitalbegriffs und den von den Bankenaufsichtsbehörden ohnehin einheitlich geprüften Faktoren, wie Ertragslage, Managementqualität oder zusätzliche Risiken, die auf die Angemessenheit des Eigenkapitals wirken können[869], haben sich der Comptroller of the Currency, der Federal Reserve Board und die FDIC über bestimmte Mindestkapitalstandards, die die Banken aufweisen müssen, geeinigt.[870] Zuvor hatten die Aufsichtsgesetze lange Jahre keine Mindestbeträge oder Verhältniszahlen genannt, aus denen man eine Größe für die Angemessenheit[871] des Eigenkapitals hätte berechnen können.

---

864 12 C.F.R. § 3 Appendix A § 2.

865 *Solomon et al.*, (Banking Law), § 80.32[2]; *Spong*, (Banking Regulation), S. 87; *Schroeder*, (Law and Regulation), § 9.01[4][d].

866 *Myers*, (Basics), S. 29.

867 12 C.F.R. § 3 Appendix A § 2 (c).

868 12 C.F.R. § 3 Appendix A § 2. (c); *Schroeder*, (Law and Regulation), § 9.01[4][d].

869 *Myers*, (Basics), S. 31 f.; *Spong*, (Banking Regulation), S. 84 ff.

870 *Böttger*, (Eigenkapitalrichtlinien), S. 272; *Schroeder*, (Law and Regulation), § 9.01[4][g].

871 Nach verbreiteter Ansicht in der amerikanischen Literatur war es kaum schlüssig abzuleiten, wann ein haftendes Eigenkapital "angemessen" ist. So etwa *B.K. Short*, Capital Requirements for Commercial Banks: A Survey of the Issues, in: International Monetary Fund Staff Papers, Vol. 25, 1978, S. 528 (530f.); *George J. Benston*, Bank Examination, The Bulletin Nos. 89-90, May 1973, New York University, Graduate School of Business Administration, New York.

Die Zuständigkeit der Bankenaufsichtsbehörden für die Festsetzung der Eigenkapitalrichtlinien und die Ermächtigung zum Erlaß von Maßnahmen zur Einhaltung und Durchsetzung der Eigenkapitalerfordernisse begründeten sich zunächst aus ihrer als generelles Mandat angesehenen Aufgabe, Einleger vor Schaden zu bewahren und für eine gesunde Kreditwirtschaft zu sorgen.[872] Mit dem International Lending Supervision Act von 1983 (ISLA)[873] wurde eine besondere Ermächtigungsgrundlage geschaffen.[874] Nach Section 908 des International Lending Supervision Acts[875] sollen die Aufsichtsbehörden durch die Aufstellung von Mindestkapitalerfordernissen und anderen als geeignet angesehenen Maßnahmen dafür sorgen, daß die Kreditinstitute ein angemessenes Eigenkapital besitzen.[876]

Bei der Bestimmung der Angemessenheit des Eigenkapitals folgen die Aufsichtsbehörden der 1988 in der Baseler Vereinbarung zur Eigenkapitalausstattung (Basel I) getroffenen Vereinbarung, wonach eine achtprozentige Eigenkapitaldeckung als angemessen angesehen wird.[877] Zur genauen Beurteilung der Angemessenheit des Verhältnisses von Gesamteigenkapital und Basiseigenkapital zur Bilanzsumme sind von den Aufsichtsbehörden fünf Kategorien der Eigenkapitalrelation aufgestellt worden.[878] In allen Fällen sind die prozentualen Mindestrelationen für stabile und gut geführte Banken niedriger anzusetzen, als dies bei schwächeren Banken der Fall ist. Für letztere werden von den Aufsichtsbehörden mit Hilfe eigens durchgeführter Analysen Mindesteigenkapitalrichtlinien festgelegt. In allen Fällen wird jedoch erwartet, daß das tatsächliche Eigenkapital über den Mindestanforderungen liegt.[879]

Zu Kategorie eins und damit zur besten Kategorie dieser Eigenkapitalrelationen gehören die als "well capitalized" bezeichneten Banken, deren Gesamteigenkapital 10 Prozent der Bilanzsumme entspricht oder überschreitet. Die nächste Kategorie umfaßt Banken, bei denen die Angemessenheit der Eigenkapitalausstattung vermutet wird, da deren Gesamteigenkapital 8 Prozent der Bilanzsumme entspricht oder sogar überschreitet. Mit einem Eigenkapital von unter 8 Prozent aber bis zu einer Höhe von 6 Prozent gilt die Bank als unterkapitalisiert ("under-

872 *Schroeder,* (Law and Regulation), § 9.01[1].

873 Pub. L. 98-181, 97 Stat. 1278; 12 U.S.C. §§ 3901 – 3912 (1988).

874 *Schroeder,* (Law and Regulation), § 9.01[2]; *Pollard,* (Banking Law), S. 97; First National Bank of Bellaire v. Comptroller of the Currency, 697 F. 2d 674 (5th Cir. 1983).

875 12 U.S.C. §§ 3901 ff.; Statt aller *Solomon et al.,* (Banking Law), § 80.34[4][g].

876 12 U.S.C. 3907.

877 12 C.F.R. Part 3, App. A § 4(b)(1); 12 C.F.R. § 3.6(a); *Schroeder,* (Law and Regulation), § 9.01[4].

878 *Spong,* (Banking Regulation), S. 62; *Solomon et al.,* (Banking Law), § 80.32[6][b], *Myers,* (Basics), S. 31 f.

879 *Böttger,* (Eigenkapitalrichtlinien), S. 275.

capitalized"). Mit einer Eigenkapitalquote von unter 6 Prozent schließt sich die Kategorie der Banken an, die als deutlich unterkapitalisiert ("significantly undercapitalized") bezeichnet werden. Schließlich bilden Banken mit weniger als 2 Prozent Eigenkapitalquote die letzte Kategorie der als kritisch unterkapitalisiert ("critically undercapitalized") angesehenen Institute.[880]

Sobald eine Bank in die Kategorie drei, vier oder fünf fällt, können die Bankenaufsichtsbehörden für die Einhaltung der Eigenkapitalstandards Pläne zur Angemessenheit des Eigenkapitals einfordern und schriftliche Weisungen an die Banken ausgeben. Sollten diese Maßnahmen nicht zum Erfolg führen, können die Aufsichtsbehörden Geldstrafen verhängen, Anordnungen aussprechen oder jede Art von Geschäftstätigkeit untersagen, die geeignet ist, die Eigenkapitalausstattung weiter anzugreifen oder zu gefährden.[881] Ziel dieser sogenannten "prompt corrective actions" ist es, gegenüber den Banken zum frühest möglichen Zeitpunkt einzugreifen und so mit möglichst geringen Kosten für die FDIC tätig zu werden.[882]

Durch diese neue Definition des Eigenkapitalbegriffes und Festlegung der angemessenen Höhe des Eigenkapitals werden die bisherigen Standards der Aufsichtsbehörden allerdings nicht überflüssig.[883] Diese Standards geben immer noch Leitlinien vor, von denen die Aufsichtsbehörden bei ihren Prüfungen im Einzelfall zugunsten strengerer Bestimmungen abweichen können, wenn hierzu Anlaß besteht.[884]

Die vom Baseler Ausschuß für Bankenaufsicht vorgeschlagenen neuen Eigenkapitalrichtlinien (Basel II) werden für die acht Banken, für die sie in den Vereinigten Staaten zur Anwendung kommen werden, die Angemessenheit der Eigenkapitalausstattung nach den bereits dargestellten Regeln neu ausgestalten.[885] Die Definition des Begriffs des Eigenkapitals bleibt durch Basel II unbeeinflußt.

---

880 12 U.S.C. § 1831o(b)(1); 12 C.F.R. § 208.33; *Schroeder*, (Law and Regulation), § 9.02[1][a].

881 *Spong*, (Banking Regulation), S. 92; *Schroeder*, (Law and Regulation), § 9.02[9].

882 *Spong*, (Banking Regulation), S. 85.

883 *Böttger*, (Eigenkapitalrichtlinien), S. 273.

884 Die Bundesaufsichtsbehörden prüfen die Eigenkapitalausstattung in solchen Fällen unterschiedlich: Der Comptroller of the Currency untersucht das Verhältnis von Kapital zu den Einlagen, den Aktiva, den Krediten usw. Die FDIC vergleicht das haftende Eigenkapital mit den Einlagen, wobei eine Liquidation unterstellt wird und geprüft wird, ob die Gläubiger in dieser Situation mit einer Befriedigung rechnen können. Der Federal Reserve Board prüft, ob das Verhältnis des haftenden Eigenkapitals zu den "risk assets" geeignet ist, die allgemeinen Markt- und Geschäftsrisiken auszugleichen.

885 Siehe hierzu die Darstellung in Kapitel Fünf, C, S. 118 ff. dieser Arbeit.

2. *Regelungen bezüglich ausreichender Liquidität*

In den Vereinigten Staaten wird als vorrangige Aufgabe der Bankenaufsicht die Sicherung und Erhaltung eines ausreichenden haftenden Eigenkapitals angesehen.[886] Dieses Verständnis ist der Grund dafür, daß differenzierte, eigenständige Liquiditätsrichtlinien auf Bundesebene bis heute fehlen.[887] Eine Analyse der amerikanischen Bestimmungen zur Überwachung der Liquidität muß daher zwangsläufig bescheiden ausfallen. Die wenigen vorhandenen Ansätze sollen aber wegen ihrer grundsätzlichen Bedeutung dargestellt werden.

Daß die Liquidität trotz des Fehlens ausdrücklicher Regelungen auch für die amerikanische Bankenaufsicht ein wichtiges Thema ist, zeigt sich daran, daß in laufenden Bankenuntersuchungen nach der sogenannten CAMELS-Methode[888] Liquiditätskennzahlen ein eigenständiges Untersuchungsfeld darstellen.[889] Zur Feststellung einer ausreichenden Liquidität wird danach untersucht, ob die aktuellen und die künftigen Anforderungen an die Bank bedient werden können, ob die Bank durch Verkauf von Assets in der Lage ist, schnell an Barmittel zu kommen, ob die Bank Zugang zu alternativen Liquiditätsquellen hat und ob das Management der Bank in der Lage ist eine geeignete Liquiditätsstrategie aufzubauen und umzusetzen.[890]

Ein weiterer Ansatzpunkt ist, daß der Federal Reserve Board die Beurteilung der Liquidität in die Regelung des Eigenkapitals mit einschließt.[891] Ausgangspunkt dieser kombinierten Erfassung von Eigenkapital- und Liquidität ist die Überlegung, daß die Summe aller potentiellen Verluste eines Kreditinstituts dessen haftendes Eigenkapital nicht übersteigen darf da dies sonst unmittelbar auf die Liquidität der Bank wirkt.[892] Grundlage für die umfangreichen Berechnungen der Liquiditätskennzahlen sind die vom Federal Reserve Board ausgegebenen Formulare zum kombinierten Eigenkapital- und Liquiditäts-Ratio.[893]

---

886 *Schroeder,* (Law and Regulation), § 9.01[1]; *Myers,* (Basics), S. 26.

887 *Rinaldo M. Pecchioli,* Prudential Supervision in Banking, Paris, 1987, S. 228; *Rinaldo M. Pecchioli,* Bankenaufsicht in den OECD-Ländern: Entwicklungen und Probleme, Baden-Baden 1989, S. 133; *Schroeder,* (Law and Regulation), § 7.05[2][b].

888 Siehe hierzu viertes Kapitel unter B, I, 1, S. 87 dieser Arbeit.

889 *Myers,* (Basics), S. 69 ff. *Schroeder,* (Law and Regulation), § 7.01[4][b].

890 *Schroeder,* (Law and Regulation), § 7.01[4][b].

891 *Meyer, C,* (Bankbilanz), S. 389.

892 *Myers,* (Basics), S. 69, 77.

893 Die Wiedergabe dieser rein bankbetriebswirtschaftlichen Berechnungsmethode würde den Rahmen dieser Arbeit überschreiten. Eine Darstellung der relativ komplizierten rechnerischen Methode zur Ermittlung der Liquiditätsratios findet sich

Alle Banken, die dem Federal Reserve System und der FDIC angeschlossenen sind, haben beim Federal Reserve System zinslose Guthaben zu halten.[894] Je nach Größe der Bank, ihrer geographischen Lage und der jeweiligen Höhe der vorgegebenen Pflichtsätze, variieren die erforderlichen Reserven zwischen 3 und 12 Prozent.[895] Diese Mindestreservebestimmungen des Federal Reserve Board[896] sind jedoch primär volkswirtschaftlicher Natur und stehen im Dienste geldpolitischer Zielsetzungen.[897] Aspekte des Gläubigerschutzes werden hierbei nicht erfaßt. Nur mittelbar wird durch die Pflicht, Mindestreserven zu unterhalten, Einfluß auf die Liquidität der Kreditinstitute genommen. Eine wirkliche Beurteilung der Liquidität eines Kreditinstituts anhand der bereitgestellten Mindestreserven ist nicht möglich.[898]

Ein weiteres Regulativ, das von der Bankenaufsicht für die Steuerung der Liquidität kontrolliert wird, ist die enge Begrenzung der Anlagemöglichkeiten in eigenen Immobilien für die Banken.[899] Hintergrund dieser Regelung ist die Überlegung, daß Kreditinstitute vermeiden sollen, sich zur Sicherung der Liquidität mit langfristigen und nur schwer veräußerbaren Immobilienanlagen zu belasten. Anlagen in Immobilien sind daher nur in den sehr eng gesteckten Grenzen von 12 U.S.C. § 29 möglich.

Schließlich existieren neben diesen Ansätzen auch Liquiditätskennzahlen, die von einigen einzelstaatlichen Bankenaufsichtsbehörden[900] ausgegeben werden. Diese Ratios zur Beurteilung der Liquidität sind meist sehr einfach aufgebaut und werden häufig nicht publiziert. Sie sind gegenüber den vom Federal Reserve Board erlassenen Relationen subsidiär und spielen für mittlere und große Banken keine Rolle.

---

aber bei: *Jack Revell,* Solvency and Regulation of Banks, in: Bangor Occasional Papers in Economics, 1975, Vol. 5, University of Wales Press, S. 28 ff.

894 12 U.S.C. § 461(c). *Schroeder,* (Law and Regulation), § 3.04[2].

895 12 U.S.C. § 461(2).

896 Vgl. hierzu: *Pollard,* (Banking Law), S. 255; *Spong,* (Banking Regulation), S. 55.

897 *Pollard,* (Banking Law) S. 255; *Morschbach,* (Struktur ausländischer Bankensysteme), S. 28.

898 *Meyer, C.,* (Bankbilanz), S. 395.

899 *Schroeder,* (Law and Regulation), § 4.03[4].

900 Einen kurzen Einblick in die Bestimmungen der Staaten New York, California, Illinois, Florida, Pennsylvania und Washington bietet: *Peat / Marwick / Mitchell (Hrsg.),* (Banking), S. 157, 170, 181, 188, 200 und 205. Die Angaben beziehen sich zwar auf die Niederlassungen ausländischer Banken, gelten so aber weitgehend auch für die amerikanischen Banken.

II. Vorschriften über das Kreditgeschäft

Auch in den Vereinigten Staaten ist das wichtigste und finanziell umfangreichste Bankgeschäft das Kreditgeschäft. [901] Die Darlehensgewährung umfaßt auch hier einen sehr großen Teil der Tätigkeit der Banken.[902] Für die amerikanische Bankenaufsicht gilt in diesem Bereich der gleiche Grundgedanke wie in Deutschland. Risiken, die sich aus dem Ausfall von Forderung bei besonders sensiblen Kreditarten ergebenen, sollen durch eine wirksame Bankenaufsicht möglichst gering gehalten werden.

Die staatliche Bankenaufsicht über das Kreditgeschäft in den Vereinigten Staaten beinhaltet nicht nur solche Bestimmungen zur Kontrolle von Krediten an einzelne Großkreditnehmer oder Organe die den deutschen Vorschriften ähnlich sind. Es bestehen darüber hinaus spezielle aufsichtsrechtliche Kontrollen über internationale Kredite und Grundstückskredite sowie spezielle Kontrollmöglichkeiten über die Verwendung einzelner Kredite.[903]

1. Großkredite

Mit Großkrediten sind solche Kreditvergaben gemeint, die einen besonders hohen Kreditbetrag für einen einzelnen Kreditnehmer gewähren.[904] Der Grundgedanke einer Limitierung von Großkrediten entspricht weitgehend den Überlegungen in Deutschland[905] und verfolgt das Ziel der Risikostreuung durch Kreditverteilung auf einen möglichst breiten Kreis von Kreditnehmern.[906]

Die Höhe der Kreditvergabe einer National Bank an einen einzelnen Kreditnehmer ist seit dem Erlaß des Garn-St. Germain Acts grundsätzlich auf 15 Prozent des haftenden Eigenkapitals der Bank begrenzt.[907] In Ausnahmefällen läßt sich diese Grenze um weitere 10 Prozent des haftenden Eigenkapitals erhöhen. Voraussetzung hierzu ist, daß der Kredit durch einen leicht verwertbaren Gegen-

---

901 *Spong,* (Banking Regulation). S. 66.

902 *Peat / Marwick / Mitchell (Hrsg.),* (Banking), S. 47.

903 *Spong,* (Banking Regulation), S. 66.

904 Der Begriff Kredit (loans and extension credits) ist in 12 U.S.C. § 84(b)(1) definiert.

905 Siehe siebtes Kapitel unter A, II, 1, S. 156 f. dieser Arbeit.

906 12 C.F.R. § 32.1(b); *Schroeder,* (Law and Regulation), § 7.06[1].

907 12 U.S.C. § 84 (a)(1); *Hall,* (Banking Regulation), S. 67.

wert[908] abgesichert ist.[909] Falls ein Kredit gewährt wurde, der diese Grenze übersteigt, müssen sich das Aufsichtsgremium und das Bankmanagement dafür finanziell verantworten.[910] Die Kontrolle über die Einhaltung dieser Obergrenzen obliegt dem für die National Banks zuständigen Comptroller of the Currency und dem Federal Reserve System und erfolgt im Zuge der regelmäßig stattfindenden Bankprüfungen.

Kreditvergaben, die zwar an unterschiedliche Kreditnehmer gehen, bei denen jedoch die finanzielle Begünstigung bei einer Partei liegt, müssen konsolidiert betrachtet werden.[911] In einem solchen Fall kann die Bank einen Großkredit von nicht mehr als 15 Prozent ihres Eigenkapitals an beide Kreditnehmer zusammen vergeben. Durch diese Beschränkung soll mit Hilfe einer Kredithöchstgrenze die Abhängigkeit von einem einzelnen Großkunden vermieden werden.[912] Entscheidend bei der Behandlung solcher Großkredite ist daher, wann mehrere Kreditvergaben an unterschiedliche Kreditnehmer zusammengefaßt werden müssen und unter welchen Voraussetzungen Kreditnehmer eng miteinander verbunden sind. Hierzu hat der Comptroller of the Currency die Möglichkeit, detaillierte Verordnungen zu erlassen, um festzulegen, wann mehrere Einzelkreditnehmer zu einem einzigen Großkreditnehmer zusammengefaßt werden müssen.[913]

Maßgeblich dafür, wann juristisch unabhängige Unternehmen wegen der Art ihrer Geschäftsbeziehungen als ein einziger Kreditnehmer anzusehen sind, ist die Frage, ob ein "direct benefit" vorliegt, oder ob eine Beziehung zwischen beiden Kreditnehmern besteht, die als "common enterprise" angesehen werden kann.[914]

Ein "direct benefit" ist regelmäßig dann anzunehmen, wenn ein Kreditnehmer einem anderen Kreditnehmer den Kredit oder die mit dem Kredit erworbenen Güter zur freien Verfügung überläßt.[915] Zwar ist jeweils von Fall zu Fall zu überprüfen, wann ein "common enterprise" vorliegt ist, um dennoch eine gewisse Rechtssicherheit zu erzeugen, hat der Comptroller of the Currency vier Situationen definiert, in denen er ein solches "common enterprise" als gegeben an-

---

908 Die Definition der "fully secured by readily marketable collateral having a market value and continuously available price quotations" erfolgt durch den Comptroller of the Currency in 12 C.F.R. § 32.4(c).

909 12 U.S.C. § 84 (a)(2); 12 C.F.R. 32.4(c); *Spong*, (Banking Regulation), S. 76; *Pollard*, (Banking Law), S. 214.

910 *Deak*, (Mechanismus), S.37; *Pollard*, (Banking Law), S. 227.

911 Tisco del Junco v. C.T. Conover, No. 81-7466, (9th Cir. July 30, 1982).

912 *Spong*, (Banking Regulation), S. 76; *Pollard*, (Banking Law), S. 227.

913 12 U.S.C. § 84(d)(2); 12 C.F.R. § 32.5; *Schroeder*, (Law and Regulation), § 7.06[1][a].

914 12 C.F.R. §32.5(a).

915 *Pollard*, (Banking Law), S. 215; *Schroeder*, (Law and Regulation), § 7.06[1].

sieht.[916] Dies ist zum einen der Fall, wenn erwartet werden kann, daß es für die Rückzahlung des Kredites eine gemeinsame Quelle gibt.[917] Zum zweiten wird eine solche Gemeinsamkeit angenommen, wenn beide Kreditnehmer unter einer gemeinsamen Kontrolle stehen.[918] Drittens liegt dann eines "common enterprise" vor, wenn ein Kredit, den mehrere Kreditnehmer aufgenommen haben, dem Kauf eines Unternehmens dient und die Rückzahlung von der erfolgreichen Entwicklung dieses Unternehmens abhängig ist.[919] Schließlich gibt es eine Generalklausel, wonach der Comptroller of the Currency auf der Basis der konkreten Sachlage entscheiden kann, ob ein gemeinsames Unternehmen vorliegt.[920]

Kredite, die aufgrund besonderer Sicherungsgegenstände mit einem geringen Risiko eingestuft werden, sind von den Großkreditbestimmungen ausgenommen.[921] Die im Gesetz genannte Auflistung dieser Ausnahmen kann in Einzelfällen vom Comptroller of the Currency erweitert werden.

Kreditvergaben, die unter Verstoß gegen diese Großkreditregeln stattgefunden haben, sind gesetzwidrig und müssen zurückgezahlt werden.[922] Ungeachtet dieser Rückabwicklungspflicht bleiben die kreditvertraglichen Pflichten zwischen Kreditgeber und Kreditnehmer jedoch weiter bestehen.[923]

Auch die State Banks, für die die Kreditobergrenzen der National Banks nicht gelten, sind durch die jeweiligen Landesgesetze bei der Kreditvergabe an die Höhe ihres Eigenkapitals gebunden.[924] In der Ausgestaltung der Kreditobergrenzen sind die Gesetze der einzelnen Bundesstaaten allerdings sehr unterschiedlich und variieren zwischen 10 und 25 Prozent des Eigenkapitals. Auch in der Definition dessen, was ein einzelner Kreditnehmer ist, unterscheiden sich die jeweiligen bundesstaatlichen Regelungen voneinander. So gehen die National Banks und die meisten State Banks bei der Definition eines einzelnen Kreditnehmers von einer konsolidierten Betrachtungsweise[925] aus. Einige Bundesstaaten weichen allerdings von dieser Regel ab. Häufig sind einzelne bundesstaatliche Regelungen

916 12 C.F.R. § 32.5(c); *Pollard,* (Banking Law), S. 216.
917 12 C.F.R. § 32.5(c)(1).
918 12 C.F.R. § 32.2(g).
919 12 C.F.R. § 32.5(c)(3).
920 12 C.F.R § 32.5(4) formuliert: "...based upon the evaluation of the facts and circumstances of particular transactions ..."
921 12 U.S.C. § 84(c)(1)-(10).
922 *Pollard,* (Banking Law), S. 227.
923 Ebenda.
924 *Morschbach,* (Struktur ausländischer Bankensysteme), S. 30.
925 Unter konsolidierter Betrachtungsweise wird hier wie in Deutschland die Einbeziehung von mehrheitlich kontrollierten oder dem Mutterunternehmen in sonstiger Weise angeschlossenen Unternehmen verstanden.

großzügiger als die Bestimmungen für National Banks.[926] Zuständig für die Kontrolle der Einhaltung der Vergabeobergrenzen sind die verschiedenen State Banking Departments.

2. Organkredite

Ein besonders wichtiger Regelungsbereich bei der Sicherung des Funktionierens einer Bank ist die Organkreditvergabe. Die Bestimmungen zum Organkredit entstammen den Erfahrungen, die amerikanische[927] und deutsche Bankenaufsichtsbehörden in der Vergangenheit mit dieser Kreditform gemacht haben. Nach einer zuletzt im Jahre 1994 vom U.S General Accounting Office in Auftrag gegebenen Studie waren Verstöße gegen die Organkreditvergaberichtlinien ursächlich für 65 Prozent der Bankzusammenbrüche im untersuchten Zeitraum.[928] Auch in der jüngeren Zeit gab es in den Vereinigten Staaten prominente Beispiele des Scheiterns von Banken, die auf eine unzulässige Kreditvergabe an der Bank nahestehende Personen oder Institutionen zurückzuführen sind.[929]

Im amerikanischen Recht wird zwischen der Organkreditvergabe an "affiliates"[930], das heißt an verbundene oder nahestehende Unternehmen, und solchen an "insiders"[931], das heißt an natürliche Personen, unterschieden.[932]

Von einem verbundenen oder nahestehenden Unternehmen ist dann auszugehen, wenn es sich um ein Unternehmen handelt, das von der Bank kontrolliert wird.[933] Der Begriff "Kontrolle" bedeutet die eigentümerrechtliche Verbundenheit der beiden Unternehmen. Auch jedes Tochterunternehmen, das selbst Bank

---

926 *Spong,* (Banking Regulation), S. 54.

927 Eine frühere Studie Studie hatte bereits 1977 ergeben, daß 45 der 84 zwischen 1960 und 1976 erfolgten Bankzusammenbrüche in direktem Zusammenhang mit nicht ordnungsgemäß vergebenen Organkrediten standen. *Joseph F. Sinkey jr.*, Problem and Failed Banks, Bank Examinations, and Early Warning Systems: A Summary, in: *E.I. Altman und A.W. Sametz (Hrsg.),* Financial Crises, New York, 1977, S. 24-47; Vgl. hierzu auch *George W. Hill,* Why 67 Insured Banks Failed - 1960-1974, Federal Deposit Insurance Corporation, Washington D.C., 1975, S. 6 (8 f.).

928 *US General Accounting Office,* Bank Insider Activities: Insider Problems and Violations Indicate Broader Management Deficiencies, in: GAO/GGD-94-88, March 30, 1994, S. 31.

929 So zum Beispiel der Zusammenbruch der Hamilton National Bank of Chattanooga, Tennessee oder den der United States National Bank of San Diego die durch die nur schlecht gesicherte Kreditvergaben an den Banken verbundenen Unternehmen ausgelöst wurden.

930 *Schroeder,* (Law and Regulation), § 7.06[3].

931 *Schroeder,* (Law and Regulation), § 7.06[2].

932 *Pollard,* (Banking Law), S. 229.

933 12 U.S.C. § 371c(b)(1)(A).

ist, wird als verbundenes oder nahestehendes Unternehmen angesehen.[934] Ebenso gilt jedes Unternehmen, das von der Mehrheit der Anteilseigner der Bank kontrolliert wird [935] oder dessen Management mehrheitlich dem der Bank entspricht [936], als Unternehmen, auf das die Begrenzungen der Organkreditvergabe Anwendung finden.

Bestimmte Geschäfte zwischen einer Bank und einem ihr verbundenen oder nahestehenden Unternehmen sind gemäß 12 U.S.C. § 371 c begrenzt. Zu diesen Einschränkungen der Geschäftsmöglichkeiten mit "affiliates" gehört nicht nur die Kreditvergabe, sondern auch das Verbot, Aktiva niedriger Qualität von einem solchen Unternehmen zu kaufen. Eine weitere Beschränkung der Geschäftsmöglichkeiten zwischen diesen Unternehmen ist zum Beispiel eine Limitierung beim Kauf von Wertpapieren, welche das verbundene oder nahestehende Unternehmen ausgegeben hat.[937]

Sobald der Fall eines mit der Bank verbundenen oder nahestehenden Unternehmens vorliegt, darf die Kreditvergabe an ein solches Unternehmen nicht mehr als 10 Prozent des haftenden Eigenkapitals der Bank ausmachen.[938] Insgesamt darf die Summe aller Kreditvergaben an mit der Bank verbundene Unternehmen nicht mehr als 20 Prozent des haftenden Eigenkapitals der Bank ausmachen[939]. Ferner soll sichergestellt sein, daß die Geschäfte zwischen der Bank und dem verbundenen Unternehmen zu gleichen Konditionen abgewickelt werden, wie es mit nicht verbundenen Unternehmen geschieht.[940]

Diese zunächst nur auf die National Banks anzuwendenden Begrenzungen der Geschäftstätigkeit zwischen Bank und verbundenem Unternehmen wurden später auf alle bei der FDIC versicherten Banken ausgedehnt.[941]

Die zweite Form des Organkredits ist der Insiderkredit. Seine Regelung basiert auf dem auch in Deutschland bekannten Gedanken, daß kein Insider bei der Kreditvergabe, insbesondere bei der Besicherung, besser gestellt sein darf als andere Personen.[942] Erfaßt sind Kredite von Banken an ihre Organträger, ihre Direktoren oder an bedeutende Aktionäre. [943] Als bedeutender Aktionär wird dabei jedermann angesehen, der direkt oder indirekt, alleine oder im Zusammenwirken

---

934 12 U.S.C. § 371c(b)(1)(B).
935 12 U.S.C. § 371c(b)(1)(C)(i).
936 12 U.S.C. § 371c(b)(1)(C)(ii).
937 *Pollard,* (Banking Law), S. 231; *Schroeder,* (Law and Regulation), § 7.06[3][b].
938 12 U.S.C. § 371c(a)(1)(A).
939 12 U.S.C. § 371c(a)(1)(B). *Hall,* (Banking Regulation), S. 67.
940 12 U.S.C. § 371c-1(a)(1).
941 *Pollard,* (Banking Law), S. 230.
942 *Schroeder,* (Law and Regulation), § 7.06[2][b]; *Spong,* (Banking Regulation), S. 78.
943 Eine abschließende Definitionen für diesen Personenkreis gibt 12 C.F.R. 215.2.

mit anderen Personen mehr als 10 Prozent der Aktien des Kreditinstituts kontrolliert.[944]

Regelungen zum Insiderkredit finden sich in den Sections 22(g) und 22(h) des Federal Reserve Acts und der sogenannten, vom Federal Reserve Board erlassenen Regulation O.[945] Die Regelungen über den Insiderkredit besagen, daß Kredite an den definierten Personenkreis zu gleichen Konditionen vergeben werden müssen, wie an andere, außenstehende Personen.[946] Solche Kreditvergaben dürfen keine, über das normale Maß hinausgehenden, Risiken für den Kreditgeber mit sich bringen.[947] Für Insiderkredite gelten sowohl für die Art und Weise ihrer Vergabe als auch für deren Höhe bestimmte Vorgehensweisen und Einschränkungen.

Für sämtliche Insiderkredite, die einen Kreditbetrag von 25.000 Dollar oder 5 Prozent des haftenden Eigenkapitals übersteigen, verlangen die Bankenaufsichtsbehörden einen mehrheitlichen Beschluß der Geschäftsleitung der Bank.[948] Der Beschluß der Geschäftsleitung über die Zustimmung ist in jedem Fall vor der Kreditgewährung zu fassen. Ein Insiderkredit, gleich welcher Höhe, verlangt einen derartigen Beschluß, wenn durch diesen Kredit der gesamte, dieser Person gewährte Kreditbetrag 500.000 Dollar übersteigt. Auf den Beschluß des Vorstandes darf der Kreditnehmer weder direkt noch indirekt Einfluß ausüben.[949] Insiderkredite unterliegen im weiteren auch den Beschränkungen durch Kreditvergabeobergrenzen, wie sie sich aus den Großkreditregelungen für einzelne Kreditnehmer ergeben.[950]

Neben diesen Anforderungen bei der Organkreditvergabe sieht die Regulation O Kreditobergrenzen für Insiderkredite an die Geschäftleiter der Bank vor, die einer privaten Baufinanzierung des Organträgers[951] oder der Ausbildungsfinanzierung der Kinder eines Organträgers dienen.[952] Diese Kreditobergrenzen wer-

---

944 12 U.S.C. § 1972(2).

945 12 U.S.C. § 375a, 12 U.S.C. § 375b, 12 C.F.R. § 215. Regulation O, Loans to Executive Officers, Directors, and Principal Shareholders of Member Banks, 59 Fed. Reg. 8831, 8832 (1994).

946 *Spong,* (Banking Regulation), S. 78; *Pollard,* (Banking Law), S. 249.

947 12 U.S.C. § 375b(2)(A); Bullion v. FDIC, 881 F2d 1368, 1374-1376, (5th Cir. 1989).

948 12 U.S.C. § 375b(2)(3), 12 C.F.R. § 215.4(b)(1); *Spong,* (Banking Regulation), S. 78; *Hall,* (Banking Regulation), S. 68; *Schroeder,* (Law and Regulation), § 7.06[2][b].

949 12 C.F.R. § 215.4(b)(2).

950 Siehe siebtes Kapitel unter B, II, 1, S. 156 dieser Arbeit.

951 12 U.S.C. § 375a(3); 12 C.F.R. § 215(c)(1).

952 *Morschbach,* (Struktur ausländischer Bankensysteme), S. 30; 12 U.S.C. § 375a(2); 12 C.F.R. § 215.5(c)(2).

den vom Federal Reserve Board festgelegt und betragen zwischen 25.000 und 100.000 Dollar oder 2,5 Prozent des haftenden Eigenkapitals.[953]

Um eine mögliche Umgehung der Regeln für Insiderkredite zu vermeiden, indem sich beispielsweise einflußreiche Organträger Kredite von anderen Banken, die in unmittelbarem Zusammenhang mit der Bank des Organträgers stehen, gewähren lassen, sind auch Kredite einer Bank an Organträger einer anderen Bank verboten, wenn ein enger, unmittelbarer Zusammenhang zwischen diesen beiden Kreditinstituten besteht.[954]

Der Board of Governors of the Federal Reserve System überwacht die Insiderbestimmungen mit Hilfe der von den Banken vorgelegten Berichte und der regelmäßig stattfindenden Bankprüfungen.[955] Die Banken sind verpflichtet, Insiderkreditvergaben zu dokumentieren und die Aufsichtsbehörde über einen gewährten Insiderkredit zu informieren.[956] Hinzu kommt, daß die Kreditinstitute der Bankenaufsicht vierteljährlich den Gesamtbetrag der Insiderkredite und die Anzahl der Kreditnehmer mitzuteilen haben. Wird bei der Prüfung dieser Berichte oder im Rahmen der laufenden Prüfung der Bank festgestellt, daß ein Kreditinstitut oder ein Organträger gegen die Insiderbestimmungen verstoßen haben, können beide Seiten mit einer Strafe von 5.000 Dollar pro Tag belegt werden, solange der Gesetzesverstoß andauert.[957]

3. Internationale Kredite

Eine Besonderheit der amerikanischen Bankenaufsicht ist die Regulierung sogenannter "Internationaler Kredit". Mit dem Wachstum der amerikanischen Wirtschaft über nationale Grenzen hinaus und den Versuchen politischer und gesellschaftlicher Einflußnahme in anderen Ländern nehmen internationale Kredite eine große Bedeutung in der Geschäftstätigkeit amerikanischer Banken ein. Viele Großbanken erzielen mehr als die Hälfte ihrer Einkommen aus solchen Krediten.[958]

Grund dafür, daß diese Art von Krediten in den Vereinigten Staaten der besonderen Kontrolle der Bankenaufsicht unterliegen ist, daß internationale Kredite

953 12 C.F.R. § 215.5(c)(4); *Schroeder,* (Law and Regulation), § 7.06[2][c].

954 12 U.S.C. § 1972(2); *Solomon et al.,* (Banking Law), § 80.21; *Spong,* Banking Regulation), S. 80; *Pollard,* Banking Law), S. 252.

955 12 U.S.C. § 1972(2); *Pollard,* (Banking Law), S. 251; *Spong,* (Banking Regulation), S. 79.

956 12 C.F.R. § 215.8(b)(1).

957 12 U.S.C. § 504(a); *Schroeder,* (Law and Regulation), § 7.06[2][g].

958 *Solomon et al.,* (Banking Law), § 80.34[1].

über das normale Maß hinausgehende Risiken für die Kreditgeber beinhalten.[959] Zu dem bekannten Kreditausfallrisiko können solche Risiken hinzutreten, die sich aus sich einer veränderten Rechtslage im Heimatland des internationalen Kreditnehmers ergeben.[960] Hierzu zählen insbesondere solche Risiken, wie sie sich zum Beispiel aus der Abwertung einer ausländischen Währung, aus einem Ausfuhrverbot für Währungen oder aus einem Umtauschverbot von Währungen ergeben können.[961] Aber auch Verstaatlichungen, Enteignungen und nicht Anerkennung von Schulden erhöhen das Risiko internationaler Kreditvergaben.

Wegen dieser besonderen Situation überprüfen amerikanische Bankenaufsichtsbehörden die internationalen Kreditvergaben und die Risikolage in allen Ländern, in denen amerikanische Banken tätig sind.[962] Ausgangspunkt war das 1977 von allen drei Bundesaufsichtsbehörden gemeinsam entwickelte Aufsichtsverfahren über internationale Kredite, das halbjährlich eine Darstellung der wirtschaftlichen Lage der Schuldnerländer für die Banken vorsieht.[963] Die wirtschaftliche, politische und gesellschaftliche Situation der Schuldnerländer wird unter Einbeziehung der einzelnen Banken vorgestellt, so daß diese in der Lage sind, ihre Möglichkeiten zum Risikoausgleich durch Kapitalreserven einzuschätzen. Wichtiges Ziel der Aufsichtsbehörden ist es dabei, die Banken anzuregen, ihre Geschäftstätigkeit nicht nur auf ein einzelnes Land zu konzentrieren, sondern auf mehrere Länder zu diversifizieren.

Durch den International Lending Supervision Act von 1983 (ISLA)[964] wurden die Maßnahmen der Bankenaufsicht weiter verschärft.[965] Ausdrücklich wurde den verschiedenen Bankenaufsichtsbehörden die Verantwortung für die Überwa-

---

959 *Michael Cramer*, Das internationale Kreditgeschäft der Banken - Struktur, Risiken und Kreditentscheidungsprozeß, Wiesbaden 1981, S. 67.

960 An Bedeutung haben auch die politischen Risiken gewonnen. Hierzu zählen politische Risiken im Ausland wie auch in den USA selbst. Eine Besprechung des jüngsten Falles, in dem durch ein Dekret der philippinischen Regierung eine dort ansässige amerikanische Filiale nicht mehr frei über ihre Dollarguthaben verfügen konnte, findet sich bei *Eberhard Dilger*, Haftung von Banken für politische Risiken, in: RIW 1989, S. 253 f. Auch durch Maßnahmen der US-Regierung selbst können für amerikanische Banken Risiken entstehen. Ein Beispiel hierfür ist der aus der amerikanischen "freeze order" vom 8.1.1986 gegenüber Libyen entstandene Rechtsstreit Lybian Arab Foreign Bank v. Bankers Trust Co, besprochen von *A. Joyce*, Lybian Arab Bank v. Bankers Trust - Common Law Meets Its Limits?, in: Harvard Int'l Law Journal 1988, S. 451 ff.

961 *Spong*, (Banking Regulation), S. 192 f.

962 *Board of Governors of the Federal Reserve System*, (Purposes and Functions), S. 78 f.; *Spong*, (Banking Regulation), S. 194; *Pollard*, (Banking Law), S. 501.

963 *Solomon et al.*, (Banking Law), § 80.34[2].

964 Pub. L. 98-181, 97 Stat. 1278; 12 U.S.C. §§ 3901 – 3912 (1988).

965 12 U.S.C. §§ 3901-3911.

chung solcher internationaler Kredite zugeschrieben.[966] Zu den sich daraus ergebenden Besonderheiten gehört, daß die Bankenaufsichtsbehörden für Kreditinstitute, die im internationalen Kreditgeschäft tätig sind, besondere Eigenkapitalvorschriften aufstellen können, um diese erhöhten Risiken gesondert abzusichern.[967] Eine weitere Maßnahme, die der International Lending Supervision Act vorschreibt, ist das Bilden von besonderen Reserven, wenn das Vermögen eines Kreditinstituts durch die aufgeschobenen Schuldenrückzahlungen des ausländischen Kreditnehmers gefährdet zu sein scheint.[968] Um diese Reservebestimmungen effektiv durchzusetzen, wurden von der Bankenaufsicht drei verschiedene Gefährdungsgrade festgelegt, die helfen sollen, das Eigenkapital der Bank zu schützen und die Höhe der anzulegenden Reserven zu bestimmen.[969]

4. Kredite gegen Sicherheiten an Grundstücken

Grundgedanke der Regulierung von Krediten gegen Sicherheiten an Grundstükken war, daß die Banken von einer Konzentration auf lang laufende Kredite abgehalten werden sollten, da diese immobilen Sicherheiten schwer zu liquidieren sind und dies in Krisensituationen zu einer nicht rechtzeitigen Auszahlung von Geldern an die Einleger führen kann.[970] Durch den Garn-St. Germain Depository Institutions Act von 1982 wurde dem Comptroller of the Currency die Zuständigkeit für die Regelung der Umstände und Konditionen solcher Grundstückskredite von National Banks eingeräumt.

Das gesteigerte öffentliche Interesse an Wohnungsbauprogrammen und Eigenheimen hat schließlich dazu beigetragen, daß der im Jahre 1991 erlassene Federal Deposit Insurance Corporation Improvement Act den Banken eine größere Flexibilität bei derart gesicherten Krediten einräumte.[971] Der Comptroller of the Currency hob frühere Normen auf, welche die Höhe und Häufigkeit von Zinsberichtigungen bei geänderten Situationen regelten, und erleichterte die Abschreibung derartiger Kredite.[972] Die Aufsichtsbehörden verlangen von den Banken je-

---

966 *Schroeder,* (Law and Regulation), § 9.01[3].

967 12 U.S.C. § 3907; *Schroeder,* (Law and Regulation), § 9.01[3]; sowie ausführlich: *Solomon et al.,* (Banking Law), § 80.34[4][g].

968 12 U.S.C. § 3904; *Spong,* (Banking Regulation), S. 191.

969 *Spong,* (Banking Regulation), S. 192.

970 Die Krise der amerikanischen Farmwirtschaft im Jahre 1988, ausgelöst durch den ungewöhnlich heißen und trockenen Sommer, hat das Bedürfnis nach wirksamen Regulierungen unterstrichen. Die aufgrund des Ernteausfalls entstandenen Schwierigkeiten bei der Kreditrückzahlung führten zur Schließung von mehr als 1.500 kleinen Banken und Savings and Loan Associations.

971 12 C.F.R. 34.

972 12 U.S.C. § 371(a).

doch, daß sie für die Vergabe von solchen Immobilienkrediten über festgelegte Prozesse verfügen.[973] Danach werden den Banken für die Kreditvergabe in unterschiedlichen Immobilienkategorien und geographischen Lagen bestimmte Begrenzungen auferlegt. In Ergänzung hierzu bestehen Regeln, die das Verhältnis des Kredites zur geforderten Sicherung bestimmen und so die Gesamthöhe des zu sichernden Kredits vorgeben.[974]

Regelungen von Krediten gegen Sicherheiten an Grundstücken für State Banks variieren von Bundesstaat zu Bundesstaat und weichen auch von den Bestimmungen für National Banks ab. Es unterscheiden sich insbesondere die Verhältniszahlen, die die Kredithöhe im Verhältnis zur Höhe der geforderten Sicherheit festlegen und die Normen, die die Anpassung von Hypothekenzinsen bestimmen.

III. Aufstellung und Offenlegung von Jahresabschlüssen

In den Vereinigten Staaten sind alle National Banks zur Aufstellung und Offenlegung ihrer Geschäftszahlen verpflichtet.[975] Mit Erlaß des Federal Deposit Insurance Corporation Improvement Acts[976] aus dem Jahre 1991 wurde darüber hinaus für Banken, die ein Einlagevolumen von mindestens 500 Millionen Dollar unterhalten, die Einführung unabhängiger Prüfungen ihrer Geschäftszahlen zur Pflicht.[977] Danach hat jede National Bank bei der FDIC und dem Comptroller of the Currency einen Jahresabschlußbericht einzureichen, der von einem unabhängigen Wirtschaftsprüfer attestiert ist.[978] Ungeachtet dieser Mindestanforderung, empfiehlt der Comptroller of the Currency allen National Banks unabhängige Prüfungen durchführen zu lassen.[979]

Diese Pflicht zur Durchführung externer Prüfungen ergänzt Anforderungen, die an National Banks bezüglich der Durchführung interner Prüfungsprogramme bestehen. Danach hat das Management einer Bank dafür Sorge zu tragen, daß die Bank über einen internen Prozeß verfügt, wonach die Aufsichtsprozesse der

973 *Spong,* (Banking Regulation), S. 67.
974 12 U.S.C. § 371; *Spong,* (Banking Regulation), S. 69.
975 12 U.S.C. § 161(a).
976 Pub. L. 102-242, Dec. 19, 1991, 105 Stat. 2236.
977 12 C.F.R. § 363; *Schroeder,* (Law and Regulation), § 7.03.
978 12 U.S.C. § 1831m(a)(1).
979 *Office of the Comptroller of the Currency,* Internal and External Audits, Washington D.C., July 2003, S. 34.

Bank, die Risikobeurteilungsprozesse die Informationsgewinnung und die Kommunikation zwischen den Mitarbeitern der Bank laufend überprüft werden.[980]

IV. Vorschriften zur Verhinderung der Geldwäsche

Zu den Aufgaben der Bankenaufsichtsbehörden gehört in den Vereinigten Staaten auch die Verhinderung von Geldwäsche. Zur Bekämpfung der organisierten Kriminalität und des Terrorismus stehen den Bankenaufsichtsbehörden umfangreiche Maßnahmen zur Überwachung von Finanzdienstleistungsunternehmen zur Verfügung.[981] Der in Folge des Terroranschlags vom 11. September 2001 erlassene USA PATRIOT Act[982] ergänzt die bis dahin bestehenden Gesetze zur Verhinderung von Geldwäsche und fordert von allen Kreditinstituten, daß sie Anti-Geldwäsche-Programme unterhalten[983], die von der zuständigen Bankenaufsichtsbehörde laufend auf ihre Eignung und Einhaltung hin überprüft werden.[984] Der Comptroller of the Currency überprüft, ob bei allen National Banks solche Anti-Geldwäsche-Programme vorliegen. Diese müssen von der Geschäftleitung der Bank genehmigt und dokumentiert sein.[985] Die Mitarbeiter der Bank müssen entsprechend geschult werden.[986] Die Anti-Geldwäsche-Programme der National Banks müssen entsprechend den Anforderungen des Comptroller of the Currency so ausgestaltet sein, daß es den Banken möglich ist, ihre Bankkunden angemessen zu überprüfen. Diese Überprüfung beinhaltet die klare Identifikation des Bankkunden, eine detaillierte Due Diligence des Kunden, sowie besondere Untersuchungen sobald der Verdacht einer Unregelmäßigkeit besteht.[987] Um in diesem Bereich der Bankenaufsicht enger zusammenzuarbeiten, wurden vom Federal Financial Institutions Examinations Council Richtlinien herausgegeben, die von alle Bankenaufsichtsbehörden gleichermaßen angewandt werden.[988]

Neben dem USA PATRIOT Act finden eine Reihe weitere Gesetze zur Verhinderung von Geldwäsche Anwendung. Zu ihnen gehören der Bank Secrecy Act

---

980 *Schroeder,* (Law and Regulation), § 7.03[1][a].
981 18 U.S.C. § 1956(a)(1); *Schroeder,* (Law and Regulation), § 13.09.
982 Pub. L. 107-56, Oct. 26, 2001, 115 Stat. 272.
983 31 U.S.C. 5318(h).
984 31 U.S.C. § 103.120(b).
985 12 C.F.R. § 21.21(b).
986 12 C.F.R. § 21.21(c).
987 *Office of the Comptroller of the Currency,* Money Laundering: a Banker's Guide to Avoiding Problems, Washington D.C. 2002, S. 6.
988 *Federal Financial Institutions Examinations Council,* Bank-Secrecy Act / Anti-Money Laundering Examination Manual, Washington D.C. June 2005.

von 1970[989], der Money Laundering Control Act von 1986[990], der Money Laundering Prosecution Improvement Act von 1988[991], der Crime Control Act von 1990[992] sowie der Annunzio-Wylie Anti-Money Laundering Act von 1992.[993]

V. Der Verbraucherschutz

Die Verbraucherschutzbestimmungen in den Vereinigten Staaten versuchen den Konsumenten vor dem allgegenwärtigen Einfluß der Banken und möglicherweise aus dem Wettbewerb der Finanzinstitute erwachsenden unlauteren Geschäftspraktiken zu schützen.[994] Die Überwachung dieser Verbraucherschutzbestimmungen wird als Schlüsselaufgabe der amerikanischen Bankenaufsicht verstanden.[995]

In den vergangenen Jahren sind auf Bundesebene eine Vielzahl von Konsumentenschutzbestimmungen ins Leben gerufen worden, die bei allen Unternehmen eingreifen, die Konsumentenkredite ausgeben. Hierzu gehören neben den Commercial Banks auch die in dieser Arbeit nicht näher behandelten Thrift Institutions, Finance Companies sowie Kreditkartengesellschaften und Einzelhändler.[996] Ausgangspunkt der meisten Verbraucherschutzbestimmungen war der Board of Governors des Federal Reserve Systems, der die Interpretation der von ihm angeregten Gesetze mit einer Anzahl eigener "regulations" ergänzt hat.[997]

Neben den im Folgenden dargestellten besonderen Verbraucherschutzbestimmungen für Banken finden auch allgemeine Wettbewerbsgesetze, die keinen bankenaufsichtsrechtlichen Bezug haben, Anwendung. Zu den wichtigsten Wettbewerbsgesetzen des Bundes gehört der Federal Trade Commission Improvement Act[998], der sich unter anderem gegen wettbewerbswidrige Absprachen richtet.[999]

---

989 Pub. L. 91-508, tit. I, II, Oct. 26, 1970, 84 Stat. 1114-1124.

990 Pub. L. 99-570, tit.I, subtit. H, §§ 1351-1367, Oct. 27, 1986, 100 Stat. 3207/18-3207/39.

991 Pub. L. 100-690, tit. VI, subtit. E, §§ 6181-6186, Nov. 18, 1988, 102 Stat. 4354-4358.

992 Pub. L. 101-647, Nov. 29, 1990, 104 Stat. 4789.

993 Pub. L. 102-550, tit XV, Oct. 28, 1992, 106 Stat. 4044-4074.

994 *Eckard Paul Imhof*, Bankenwettbewerb in Amerika, in: ZfgK 1981, S. 166; *Spong*, (Banking Regulation), S. 201.

995 *Pollard*, (Banking Law), S. 423; *Schroeder*, (Law and Regulation), § 1.02[7].

996 *Board of Governors of the Federal Reserve System*, (Purposes and Functions), S. 87; *Morschbach*, (Struktur ausländischer Bankensysteme), S. 44.

997 *Solomon et al.*, (Banking Law), § 80.09, § 77.03[2][e].

998 15 U.S.C. §§ 45(a) et seq.

999 *Schroeder*, (Law and Regulation), § 22.01, § 22.05[1].

Das amerikanische Bankenaufsichtsrecht kennt eine Vielzahl von Verbraucherschutzbestimmungen. Diese betreffen in den meisten Fällen aber lediglich das direkte Verhältnis zwischen Bank und Bankkunden und begründen nur in Ausnahmefällen ein aufsichtsrechtliches Verhältnis zwischen Bank und Aufsichtsbehörde. Da es sich aber bei der Kontrolle der Verbraucherschutzbestimmungen aus Sicht der Bankenaufsichtsbehörden um eine ihrer zentralen Aufgaben handelt, seien die wichtigsten Bestimmungen im Folgenden kurz skizziert.

1. Truth in Lending Act

Die bekannteste und zugleich wichtigste Schutzbestimmung für Bankkunden ist der Truth in Lending Act.[1000] Er wurde als Titel I des Consumer Credit Protection Acts erlassen und durch die Federal Reserve Regulation Z eingeführt.[1001]

Mit Zunahme der Verbraucherkredite wuchs das Bedürfnis nach Regelungen, die es dem Bankkunden erlaubten, die von den Banken erhobenen Kreditkosten eindeutig zu erkennen und zu beurteilen. Im Idealfall sollten dem Kunden vorab alle Informationen gegeben werden, die benötigt werden, um die Konditionen verschiedener Banken miteinander zu vergleichen, um dann eine Entscheidung treffen zu können.[1002]

Um dieses Ziel zu erreichen wurde durch den Truth in Lending Act eine landesweit einheitliche Terminologie für die verschiedene Konditionen und Verhaltensweisen der Banken geschaffen. Im Mittelpunkt stehen die einheitliche und verständliche Ausweisung der Effektivbelastung[1003] bei Kreditverträgen und die Kreditkosten.[1004] Der Truth in Lending Act dient damit vornehmlich der Offenlegung der Konditionen von Kreditverträgen.[1005] Das Gesetz macht keine Aussagen zu Wucherzinsen oder Vertragsstrafen bei verspäteten Zahlungen.

Der Truth in Lending Act und die Federal Reserve Regulation Z[1006] verlangen von den Banken ferner, daß nur mit den *aktuellen* Konditionen Werbung betrieben werden darf und daß die in der Werbung angegebenen Zinsraten auf der Basis der jährlichen Effektivbelastung ausgewiesen werden.[1007] Die Wettbe-

---

1000 Pub. L. 102-242, tit. II, subtit. F, Dec. 19, 1991, 105 Stat. 2234-2343, 15 U.S.C. §§ 1601 ff.; *Pollard,* (Banking Law), S. 437; *Schroeder,* (Law and Regulation), § 22.03.

1001 12 C.F.R. §§ 226 ff.

1002 *Seidman,* (The American Experience), S. 79.

1003 Vgl. zur "Annual percentage rate": *Spong,* (Banking Regulation), S. 204.

1004 Vgl. zur "Finance charge": *Spong,* (Banking Regulation), S. 205 f.

1005 *Pollard,* (Banking Law), S. 438; *Schroeder,* (Law and Regulation), § 22.03[1].

1006 16 C.F.R. § 433.1(e)(1994), 61 Fed. Reg. 49,245(1996).

1007 15 U.S.C. §§ 1601 ff. i.V.m. 15 U.S.C. §§ 1661–1665a.

werbslage der Banken in den USA[1008] hatte dazu geführt, daß die Kreditinstitute zum Teil zu bedenklichen Methoden griffen[1009], um eine Geldeinlage beim jeweiligen Institut möglichst attraktiv zu gestalten. Hier greift die Bankenaufsicht über den Truth in Lending Act ein, um zumindest nur solche Werbung zu erlauben, die dem Verbraucher die tatsächlichen Konditionen zeigt.

2. Consumer Leasing Act

Der Consumer Leasing Act[1010] dehnt die Offenlegungspflichten der Banken auf Leasinggeschäfte mit Privatpersonen aus. Wie beim Truth in Lending Act soll der Bankkunde über die Konditionen dieses Bankgeschäfts umfassend informiert werden. Die Federal Reserve Regulation M[1011], die den Consumer Leasing Act ergänzt, verlangt von jedem Leasinggeber eine Offenlegung der Konditionen des Leasinggeschäfts vor Vertragsabschluß.[1012] Die Aufsicht hierüber obliegt dem Federal Reserve Board.[1013]

1008 Eine Darstellung der aggressiven Wettbewerbssituation findet sich in: *Eckard Paul Imhof,* Bankenwettbewerb in Amerika, in: ZfgK 1981, S. 166 (169); Als wichtiger Wettbewerbsfaktor für die Positionierung von Banken wird die Werbung auch von *Carl Notger,* Strategic Planning of U.S. Commercial Banks in a Changing Legal Environment, Idstein 1985, S. 275, dargestellt.

1009 Zu den skurrilsten Fällen gehören etwa folgende Beispiele: Die North Haven National Bank versprach jedem Kunden, der mindestens 15.000 Dollar über fünf Jahre anlegte, anstelle von Zinsen ein Auto der Marke Chevrolet. Die Maryland National Bank versprach für jede Einlage von 200 Dollar, die für ein Jahr eingebracht wurde, den günstigen Kauf einer Perücke, die wiederum bei einer Einlage von 5.000 Dollar kostenlos ausgegeben wurde. Die Central Bank and Trust sorgte bei interessierten Kunden für einen kostenlosen Haarschnitt. Die State Mutual Savings and Loan Association bot Einlegern von 7.500 Dollar monatlich zwei kostenlose Ferngespräche an. Diese zweifelhaften Werbemethoden führten dazu, daß einige Banken begannen damit zu werben, daß sie nicht auf Kaffeemaschinen, sondern auf Kredite spezialisiert sind. Vgl. dazu: *Klaus-Friedrich Otto,* Notizen zum amerikanischen Bankenmarketing, in: Bank und Markt 1975, S. 20 f.

1010 90 Stat. 257; 15 U.S.C. §§ 1667-1667e.

1011 61 Fed. Reg. 52,246 (1996) and 62 Fed. Reg. 15,364 (1997).

1012 *Spong,* (Banking Regulation), S. 210; *Morschbach,* (Struktur ausländischer Bankensysteme), S. 45; *Pollard,* (Banking Law), S. 442.

1013 *Schroeder,* (Law and Regulation), § 22.03[3].

3. Real Estate Settlement Procedures Act

Der Real Estate Settlement Procedures Act[1014], eingeführt und ergänzt durch die Regulation X[1015] des Department of Housing and Urban Development, verlangt von den Kreditinstituten die vollständige und übersichtliche Offenlegung der Kreditkosten bei Immobilienkrediten.[1016] Er schließt sich somit an die Gruppe der Gesetze zur Offenlegung der Konditionen im Bankgeschäft an und deckt einen weiteren Bereich der Bankentätigkeit ab. Der Real Estate Settlement Procedures Act bezieht sich auf alle Kredite, die durch ein Grundpfandrecht gesichert sind und die dem Kauf eines Grundstücks dienen, das zum Bau eines Ein- bis Vierfamilienhauses geeignet ist oder auf dem bereits ein solcher steht.[1017] Die bankenaufsichtsrechtliche Kontrolle über diese Konsumentenschutzbestimmung obliegt der jeweiligen Bankenaufsichtsbehörde, die für die Kreditinstitutsgruppe primär zuständig ist.

4. Electronic Fund Transfer Act[1018]

Der Electronic Fund Transfer Act[1019] stellt ein weiteres bedeutendes Glied in der Reihe der Gesetze zur Offenlegung der Konditionen im Bankgeschäft dar. Ausgeführt durch die Federal Reserve Regulation E[1020] ging es dem Kongreß mit Erlaß des Electronic Fund Transfer Act darum, die gesetzlichen Grundlagen an die sich durch die elektronische Datenverarbeitung ausgelösten Veränderungen im Bankgeschäft anzupassen.[1021] Die Kernaussagen des neuen Gesetzes beziehen sich auf die Offenlegung der Konditionen im Electronic- Banking-Geschäft, auf Bestimmungen über die Haftung von Electronic-Fund-Transfer-Benutzern[1022], die

---

1014 Pub. L. 93-533, Dec. 22, 1974, 88 Stat. 1724, 12 U.S.C. §§ 2601-2617 (1988 & Supp V 1993).

1015 24 C.F.R. § 3500.

1016 *Board of Governors of the Federal Reserve System,* (Purposes and Functions), S. 92; *Morschbach,* (Struktur ausländischer Bankensysteme), S. 45; *Pollard,* (Banking Law), S. 456.

1017 *Schroeder,* (Law and Regulation), § 22.03[4].

1018 *Schroeder,* (Law and Regulation), § 17.02.

1019 Pub. L. 95-630, tit. XX, Nov. 10, 1978, 92 Stat. 3728, 15 U.S.C. §1693.

1020 61 Fed. Reg. 19,678 (1996), 12 C.F.R. § 205.

1021 Außer aus Rationalisierungs- und Vereinfachungsgründen wurde das Electronic Banking auch deshalb ausgeweitet, weil Großbanken damit versuchten außerhalb ihres Sitzstaates unter Umgehung der Filialgesetzgebung Kunden und Einlagen zu werben.

1022 *Morschbach,* (Struktur ausländischer Bankensysteme), S. 45. *Pollard,* (Banking Law), S. 450 f.

Rückabwicklung elektronischer Fehler und auf die Dokumentation der Transaktionen.[1023]

5. Equal Credit Opportunity Act

Der, durch die Federal Reserve Regulation B[1024] ergänzte Equal Credit Opportunity Act[1025], verbietet bei Konsumentenkrediten jede Art der Diskriminierung eines Bankkunden aufgrund seiner Rasse, Farbe und Religion, seines nationalen Ursprunges, Geschlechts, Familienstandes und Alters sowie seiner Zugehörigkeit zur Gruppe der Empfänger staatlicher Sozial- oder Wohlfahrtsleistungen oder einer früher erfolgten berechtigten Wahrnehmung von Rechten aus dem Consumer Credit Protection Act.[1026]

Der Equal Credit Opportunity Act verbietet ferner jede Art der Werbung, die wegen ihrer Gestaltung geeignet ist, bestimmte Personengruppen von einer Kreditbeantragung abzuhalten oder sie zu beeinflussen.[1027]

Der besondere Gleichbehandlungsgrundsatz des Equal Credit Opportunity Acts im Bankgewerbe wird durch die Bundesaufsichtsbehörden überwacht. Daneben kann der Bankkunde auf der Grundlage von Regulation B gegen den Kreditgeber klagen und einen Schadensersatzansprüche geltend machen.[1028]

6. Community Reinvestment Act

Mit dem Community Reinvestment Act[1029] soll erreicht werden, daß Einlagen, die ein Kreditinstitut von den Kunden in einer bestimmten Region erhält, auch wieder dort investiert werden.[1030] Damit soll die wirtschaftliche Entwicklung der Gemeinden gefördert und ein Abfließen der Mittel in reichere und eventuell at-

---

1023 *Spong,* (Banking Regulation), S. 142; *Schroeder,* (Law and Regulation), § 17.02[1].

1024 12 C.F.R. Part 202 (1993).

1025 Pub. L. 93-495, tit. V, Oct. 28, 1974, 88 stat 1521.

1026 15 U.S.C. § 1691-1691f (1988 & Supp. V 1993); *Spong,* (Banking Regulation), S. 224; *Board of Governors of the Federal Reserve System,* (Purposes and Functions), S. 90.

1027 *Spong,* (Banking Regulation) S. 225; *Pollard,* (Banking Law), S. 442.

1028 15 U.S.C. § 1691e(a); CMF Va. Land, LP v. Brinson, 806 F. Supp. 90 (ED Va. 1992); Diamond v. Union Bank and Trust of Bartlesville, 776 F. Supp. 542, 543 (ND Okla. 1991).

1029 Pub. L. 95-128, tit. VIII, Oct. 12, 1977, 91 Stat. 1147, 1148, 12 U.S.C. § 2901-2905.

1030 *Pollard,* (Banking Law), S. 452; *Schroeder,* (Law and Regulation), § 22.07.

traktivere Regionen vermieden werden.[1031] Zur Einführung des Community Reinvestment Act haben alle je nach Bankentyp zuständigen Bundesaufsichtsbehörden ihre eigenen Regulations erlassen, deren Einhaltung auch nur von ihnen selbst überwacht wird.[1032]

VI. Bankenzusammenschlüsse

Die Kontrolle von Bankenzusammenschlüssen und Erweiterungen des Tätigkeitsfeldes der Banken, sei es inhaltlicher Art durch die Erweiterung des Dienstleistungsangebotes, sei es geographischer Art durch die Erweiterung der Geschäftstätigkeit außerhalb des Staates, in dem die Bank ihren Hauptsitz hat, war von jeher ein wichtiger Bestandteil der amerikanischen Bankenaufsicht.[1033] So war der Erlaß des Bank Merger Acts aus dem Jahr 1960[1034] und 1966[1035] sowie des Change in Bank Control Acts im Jahr 1978[1036] Antworten des Kongresses auf die bereits seit den 50er Jahren immer größer werdende Zahl von Bankzusammenschlüssen. Kernpunkt des Bank Merger Acts ist, daß zu allen vorgesehenen Fusionen von versicherten Banken diejenige Bundesaufsichtsbehörde eine Genehmigung erteilen muß, unter deren Aufsicht die neu entstehende oder "überlebende" Bank stehen wird.[1037] Ist die weiterbestehende Bank eine National Bank, so muß der Comptroller of the Currency die Genehmigung zur geplanten Akquisition oder Fusion erteilen.[1038] Handelt es sich um eine State Member Bank, ist der Board of Governors of the Federal Reserve System zuständig[1039] und im Falle einer versicherten State Non Member Bank die Federal Deposit Insurance

---

1031 *Board of Governors of the Federal Reserve System,* (Purposes and Functions), S. 89 f.

1032 Siehe die Regelungen in 12 C.F.R. § 25 für die Zuständigkeit des Comptrollers of the Currency; 12 C.F.R. § 345 für die Zuständigkeit der FDIC; 12 C.F.R. § 228 für die Zuständigkeit des Federal Reserve Boards.

1033 *Pollard,* (Banking Law), S. 571.

1034 Pub. L. 86-463, May 13, 1960, 74 Stat. 129; 12 U.S.C. § 1842.

1035 Pub. L. 89-356, Feb. 21, 1966, 80 Stat. 7.

1036 PL 99-570, Section 1360; 12 U.S.C. § 1817(j).

1037 *Pollard,* (Banking Law), S. 572; *Solomon et al.,* (Banking Law), § 80.06[1]; *Board of Governors of the Federal Reserve System,* (Purposes and Functions), S. 99; *Morschbach,* (Struktur ausländischer Bankensysteme), S. 34; *Spong,* (Banking Regulation), S. 166 f.

1038 *Schroeder,* (Law and Regulation), § 2.03[1][a].

1039 12 U.S.C. § 1828(c)(2).

Corporation.[1040] Neben dem Bank Merger Act finden auch die allgemeinen Anti-Trust-Gesetze Anwendung.[1041]

Von der jeweils zuständigen Bankenaufsichtsbehörde verlangt der Bank Merger Act zudem, daß sie bei der Abwägung, ob eine Genehmigung des Zusammenschlusses erteilt werden kann oder nicht, auch die Standpunkte der beiden anderen Aufsichtsbehörden anhört[1042] und erst danach ihre Entscheidung trifft. Die gegenseitige Einflußnahme der amerikanischen Bankenaufsichtsbehörden ist in diesem Bereich somit sehr groß.

Vor dem Erlaß der Genehmigung eines Bankenzusammenschlusses hat die Bankenaufsicht die finanziellen Voraussetzungen und die Entwicklung jeder einzelnen vom Zusammenschluß betroffenen Bank zu überprüfen.[1043] Zu dieser Prüfung gehört auch eine Untersuchung der Bank bezüglich der Angemessenheit ihrer Eigenkapitalausstattung und der Qualität ihres neuen Managements. Ferner bedarf es einer Prognose zur künftigen Gewinnentwicklung und einer Beurteilung der Interessen und Bedürfnisse der Gesellschaft und der Region in der die Akquisition oder Fusion erfolgen wird, sowie letztlich einer Prüfung des Einflusses auf den Wettbewerb der Banken untereinander.[1044]

Ein Bankenzusammenschluß wird von den Bankenaufsichtsbehörden nicht genehmigt, wenn dieser den Interessen der Öffentlichkeit entgegensteht.[1045] Dies wird insbesondere dann angenommen, wenn die Akquisition oder Fusion zu einem Monopol oder einer Monopolisierung und damit zu einer Einschränkung des Wettbewerbs führt, es sei denn, der Bankzusammenschluß brächte Umstände mit sich, die für die Versorgung der Volkswirtschaft der betroffenen Region von Vorteil wären.[1046]

Nach der Genehmigung einer Fusion durch die Bankenaufsichtsbehörden, kann das Justizministerium bei Verdacht auf Nichteinhaltung des Verfahrens oder auf nicht ausreichende Berücksichtigung von Verbotstatbeständen innerhalb von 30 Tagen ein Gerichtsverfahren gegen die Verschmelzung einleiten.[1047] Um Unsicherheiten der Banken, die daraus resultieren, daß sie möglicherweise einer sol-

---

1040 *Schroeder,* (Law and Regulation), § 11.01.

1041 Hierzu gehört etwa der Sherman Act (15 U.S.C. § 1 et seq.), der sich gegen Monopole, Kartelle und wettbewerbswidrige Absprachen wendet, oder der Clayton Act (15 U.S.C. § 12 et seq.), der Ausschließlichkeitsverbindungen und Verwaltungsratsverpflechtungen bei konkurrierenden Unternehmen aufgreift. *Pollard,* (Banking Law), S. 578.

1042 12 U.S.C. § 1828(c)(4).

1043 12 U.S.C. § 1842.

1044 *Pollard,* (Banking Law), S. 576; *Spong,* (Banking Regulation), S. 167.

1045 *Schroeder,* (Law and Regulation), § 5.01[4].

1046 12 U.S.C. § 1828(c)(5); 12 U.S.C. § 1842(c).

1047 *Spong,* (Banking Regulation), S. 167.

chen Klage ausgesetzt sind, zu vermeiden, hat das Justizministerium seinerseits Hinweise ausgegeben, die den betroffenen Banken die Umstände, die zu einer solchen Klage führen können, anzeigen.[1048] Hierzu benutzt das Justizministerium einen Index[1049], der unter Berücksichtigung sämtlicher mit der fusionierten Bank im Wettbewerb stehenden Banken eines bestimmten Gebietes anzeigt, wie groß die Konzentration der Banken in einem bestimmten Gebiet sein wird. Demnach gilt als Faustformel: je höher die Marktkonzentration, desto wahrscheinlicher, daß das Justizministerium gegen die Genehmigung klagt.[1050] Die letzte Entscheidungsbefugnis über eine Akquisition oder Fusion liegt somit nicht bei den Aufsichtsbehörden, sondern bei den Gerichten.[1051]

In den vergangenen Jahren sind Verbote von Bankenzusammenschlüssen allerdings immer seltener ausgesprochen worden. Sowohl die Bankenaufsichtsbehörden als auch die Gerichte haben ihre restriktive Genehmigungspolitik bei Bankfusionen und -akquisitionen aus den Jahren vor 1980 aufgegeben. Die Bankenaufsichtsbehörden neigen in ihrer Beurteilung der bestehenden Wettbewerbslage inzwischen eher dazu, andere Finanzinstitute, wie Thrift Institutions oder Non-Banks, in ihre Marktanalyse einzubeziehen.[1052] Dadurch kommt es praktisch nicht mehr vor, daß ein Bankenmarkt für eine anstehende Fusion oder Akquisition als zu konzentriert angesehen wird.[1053]

1048 Umfassend auch: *U.S. Departement of Jusice and Federal Trade Commission,* Horizontal Merger Guidelines, Federal Register 57, no. 176, September 10, 1992, S. 41552 – 41563.

1049 Näheres zum Herfindahl-Hirschman Index bei: *Solomon et al.,* (Banking Law), § 80.06[2][c]; *Spong,* (Banking Regulation), S. 168; *Pollard,* (Banking Law), S. 592.

1050 *Robert E. Hausberg, jr.,* Mergers and Acquisitions of Depository Institutions, Eine Rede gehalten vor der Federal Bar Association, beim American Bar Association Symposium on Current Antitrust Concerns in the Depository Institutions Industry, Washington, D.C., May 23, 1985.

1051 Die wichtigsten Supreme Court Entscheidungen aufgrund des Bank Merger Act oder anderer Anti-Trust-Gesetze sind: United States v. Conneticut National Bank, 418 U.S. 656, 94 S. Ct. 2788, 41 L. Ed. 2d 1026 (1974); United States v. Marine Corp., 418 U.S. 602, 94 S. Ct. 2856, 41 L. Ed. 2d 978 (1974); United States v. Phillipsburg National Bank and Trust Co., 399 U.S. 350, 90 S. Ct. 2035, 26 L. Ed. 2d 658 (1970); United States v. Philadelphia National Bank, 374 U.S. 321, 83 S. Ct. 1715, 10 L. Ed. 2d 915 (1963).

1052 Während der U.S. Supreme Court sich dieser Betrachtungsweise nicht anschließen konnte, haben verschiedene Untergerichte dieser "Multi-Product" View der Aufsichtsbehörden zugestimmt. Vgl. etwa United States v. Idaho First National Bank, 315 F. Supp. 261 (1970).

1053 *Mark Leddy,* Recent Merger Cases Reflect Revolution in Antitrust Policy, in: Legal Times, Nov.3, 1986, S. 17; *Robert Bork,* The Antitrust Paradox: a policy at war

Die starke Zunahme von Bankzusammenschlüsse wurde auch durch die Möglichkeiten, die sich für die Banken aus dem Riegle-Neal Interstate Banking and Branching Efficiency Act und aus dem Gramm-Leach-Bliley Act ergeben haben, begünstigt. Der Riegle-Neal Interstate Banking and Branching Efficiency Act ermöglicht es Banken nun erstmals, sich auch außerhalb des Staates, in dem sie ihren Hauptsitz haben, zu betätigen und hierzu andere Banken zu übernehmen.[1054] Der Gramm-Leach-Bliley Act erlaubt den Banken, ein breiteres Spektrum an Finanzdienstleistungen anzubieten und sich zum Beispiel auch im Bereich des Investment Geschäfts zu betätigen, und hebt insofern die Einschränkungen des Glass-Steagall Acts auf.[1055] Beide Gesetze geben den Banken somit die Möglichkeit durch Fusionen oder Akquisitionen ihr Tätigkeitsfeld, sei es inhaltlich oder geographisch, weiter auszudehnen.

C. Zusammenfassung und Vergleich

Kernbereich der Kontrolle durch die Bankenaufsicht ist in Deutschland und in den Vereinigten Staaten die laufende geschäftliche Tätigkeit einer Bank. Aufsichtsrechtliche Regelungen sollen die Bonität der Kreditinstitute nach Aufnahme der Geschäftstätigkeit im Interesse der Gläubiger absichern. Die Aufsicht im Tätigkeitsstadium umfaßt Regelungen zum Eigenkapital, zur Liquidität und zum Kreditgeschäft. Hinzu kommen in beiden Ländern in unterschiedlichem Maße ausgeprägte Regelungen zur Aufstellung und Offenlegung von Jahresabschlüssen, zur Verhinderung von Geldwäsche, zum Verbraucherschutz sowie aufsichtrechtliche Normen, die für Bankenzusammenschlüssen gelten.

Die Berechnung des Eigenkapitals ist in beiden Rechtssystemen von besonderer Bedeutung. So werden in beiden Ländern an das Eigenkapital einer Bank während der gesamten Dauer ihrer Existenz, von der Gründung über das ganze Tätigkeitsstadium, bis hin zum Krisenfall, bankenaufsichtsrechtliche Bestimmungen geknüpft. Die zunehmende Globalisierung des Bankgeschäfts und die damit

with itself, New York, 1978, S. 221 f.; *Stephen A. Rhoades,* Concentration in Local and National Markets, in: Federal Reserve Bank of Atlanta, 1985, S. 42.

1054 12 U.S.C. § 1831u(a)(1); *Schroeder,* (Law and Regulation), § 6.04[3]; *Steven J. Pilloff,* Bank Merger Activity in the United States, 1994 – 2003, Board of Governors of the Federal Reserve System, Staff Study 176, Washington D.C., May 2004, S. 1; *Stephen A. Rhoades,* Bank Mergers and Banking Structure in the United States, 1980-98, Board of Governors of the Federal Reserve System, Staff Study 174, Washington D.C., August 2000, S. 1.; *Kenneth Spong, / Richard J. Sullivan,* Successful strategies in interstate bank acquisitions, in: Financial Industry Perspectives, Federal Reserve Bank of Kansas City, Kansas City 1995, S. 20 (21).

1055 *Schroeder,* (Law and Regulation), § 8.02[1].

verbundenen internationalen Bemühungen zur Angleichung der Bankenaufsicht haben in Deutschland und in den Vereinigten Staaten zu einer sehr ähnlichen Definition des Eigenkapitalbegriffes geführt. In Deutschland ist § 10 KWG in Verbindung mit dem von der Bundesanstalt für Finanzdienstleistungsaufsicht aufgestellten Grundsatz I Grundlage für die Eigenmittelausstattung einer Bank. In den Vereinigten Staaten werden abhängig von Größe und Zustand einer Bank von den drei Bankenaufsichtsbehörden zwar noch zum Teil unterschiedliche Relationen des Mindestkapitals zu den Aktiva festgelegt, diese haben sich jedoch im Laufe der Jahre einander angenähert. Basierend auf den 1988 in Basel getroffenen Vereinbarungen zur Eigenkapitalausstattung von Kreditinstituten, gilt in beiden Ländern, daß eine Eigenkapitalquote von 8 Prozent als angemessen erachtet wird. Maßgeblich für die konkrete Berechnung des Eigenkapitals ist in beiden Ländern das Risiko mit dem die Aktiva behaftet sind. Mit Umsetzung der Basel-II-Rahmenvereinbarung werden diese Eigenkapitalrichtlinien in beiden Ländern angepaßt und in Zukunft stärker auf das tatsächliche Risikoprofil der Banken abstellen.

In Deutschland sind die Regelungen zur Liquidität einer Bank in § 11 KWG formuliert. Kreditinstitute müssen ihre Mittel so anlegen, daß jederzeit eine ausreichende Zahlungsbereitschaft gewährleistet ist. Ergänzt wird diese Rahmenvorschrift durch den von der Bundesanstalt für Finanzdienstleistungsaufsicht aufgestellten Grundsatz II, der diese wichtige Regelungsmaterie näher konkretisiert und materiell ausgestaltet. Im Gegensatz hierzu gibt es im amerikanischen Bankenaufsichtsrecht keine entsprechende Regelung. Das Thema "Liquidität" wird von den amerikanischen Aufsichtsbehörden indirekt im Zuge der allgemeinen Bankprüfungen nach dem sogenannten "CAMELS-Verfahren" berührt. Indirekt wirken auf die Liquidität auch solche Regelungen, die eine Anlage in schwer liquidierbaren Vermögenswerten wie Immobilien begrenzen

Sowohl in Deutschland als auch in den Vereinigten Staaten gibt es für den besonders sensiblen Bereich der Kreditvergabe Regelungen, die die Banken zur Anwendung erhöhter Sorgfaltspflichten und Vorsichtsmaßnahmen anhalten. Hierzu gehören insbesondere die Regelungen zur Großkredit- und Organkreditvergabe. Hintergrund der Regelungen zur Großkreditvergabe ist die Gefahr, daß es im Fall einer zu großen Abhängigkeit der Bank von einem einzelnen Kreditnehmer leicht zu einer Aufzehrung des Eigenkapitals kommen könnte, falls sich ein solches sogenanntes "Klumpenrisiko" realisieren sollte. In beiden Ländern gibt es daher für die Großkreditvergabe gesetzlichen Bestimmungen, die Großkredite an einen einzelnen Kreditnehmer begrenzen. Die maximale Höhe eines Großkredites resultiert in beiden Ländern aus dem Verhältnis des Kredites zum jeweils haftenden Eigenkapital. Eine Begrenzung aller Großkredite, wie sie in Deutschland auf

800 Prozent des haftenden Eigenkapitals festgelegt ist, existiert in den Vereinigten Staaten nicht.

Ein weiterer sensibler Kreditbereich sind die Organkredite. Hintergrund für die besonderen Regelungen der Kreditvergabe an eine mit der Bank verbundene Person oder ein verbundenes Unternehmen ist der Grundsatz, daß es zum Schutze der Bank nicht zu einem Interessenskonflikt oder zu sachfremden Erwägungen bei der Kreditvergabe kommen darf. Während in Deutschland zur Vergabe von Organkrediten eine einstimmige bankinterne Beschlußfassung des Aufsichtsorgans der Bank und die folgende Anzeige bei der Bundesanstalt für Finanzdienstleistungsaufsicht als ausreichende Absicherung dieser riskanten Kreditvergabe angesehen werden, ist in den Vereinigten Staaten die Vergabe eines Kredits an ein einzelnes verbundenes Unternehmen auf 10 Prozent und an alle verbundenen Unternehmen insgesamt auf 20 Prozent begrenzt. Gänzlich ausgeschlossen ist in den USA die Vergabe von Krediten an leitende Angestellte, es sei denn, es liegt einer der wenigen Ausnahmetatbestände vor, der eine Vergabe in sehr engem Rahmen ermöglicht. Auch in Deutschland gibt es Regelungen zur personengebundenen Organkreditvergabe, jedoch sind diese in § 15 KWG weniger scharf formuliert als die Regelungen in den Vereinigten Staaten.

Eine gesetzliche Bestimmung, die Banken wie in Deutschland zur Anzeige von Millionenkrediten wie bei der Evidenzzentrale der Deutschen Bundesbank verpflichtet, gibt es in den Vereinigten Staaten nicht.

In Deutschland und in den Vereinigten Staaten sind Banken zur Aufstellung und Offenlegung ihrer Geschäftszahlen in Form von Jahresabschlüssen verpflichtet. In beiden Ländern müssen diese Jahresabschlüsse durch unabhängige Wirtschaftsprüfer attestiert und dann an die Aufsichtsbehörden weitergeleitet werden. In den Vereinigten Staaten wird dieser externe Prozeß durch einen internen Prüfungsprozeß bei den Banken ergänzt.

Nach den Terroranschlägen vom 11. September 2001 wurden die bereits bestehenden Regelungen zur Verhinderung der Geldwäsche in beiden Ländern weiter verschärft. Ausgangspunkt für die daraus folgenden Maßnahmen zur Geldwäscheprävention ist der in beiden Ländern geltende Know-Your-Customer-Grundsatz, nach dem die Bankenaufsichtsbehörden sicherstellen müssen, daß die Banken über adäquate Sicherungsvorkehrungen verfügen.

Selbst wenn der Schutz der Einleger einer Bank als eines der übergreifenden Ziele der Bankenaufsicht insgesamt angesehen wird, ist der konkrete Verbraucherschutz in Deutschland keine Aufgabe der Aufsicht. Im Gegensatz dazu betrachten die amerikanischen Aufsichtsbehörden die Überwachung der Verbraucherschutzgesetze als eine ihrer Schlüsselaufgaben. Aus einer Vielzahl spezieller Verbraucherschutzregelungen ergeben sich für die amerikanischen Aufsichtsbehörden Eingriffsmöglichkeiten gegenüber den Banken, die alle im wesentlichen dazu dienen, den amerikanischen Bankkunden gleichberechtigten Zugang zu Krediten zu ermöglichen und ihnen weitreichende Informationsmöglichkeiten über die Banken zu verschaffen.

Bankenzusammenschlüsse unterliegen in Deutschland keiner besonderen Kontrolle durch die Bundesanstalt für Finanzdienstleistungsaufsicht. Zwar gibt es gewisse Anzeigepflichten, denen die Banken, die sich zusammenschließen wollen, nachkommen müssen. Direkte Mitsprachemöglichkeiten oder Genehmigungsvorbehalte bestehen für die Bankenaufsicht allerdings nicht. Im Unterschied hierzu stehen den amerikanischen Bankenaufsichtsbehörden eine Vielzahl von Mitsprache- und Gestaltungsrechten bei Bankenzusammenschlüssen zu. Während der Gesetzgeber in Deutschland auf eigens für das Kreditgewerbe zugeschnittene Normen zur Kontrolle von Bankenzusammenschlüssen verzichtet hat, gibt es in den Vereinigten Staaten gleich mehrere solcher Gesetze, aus denen die verschiedenen Aufsichtsbehörden ihre Mitwirkungsbefugnis ableiten. Hintergrund dieser intensiven Einbeziehung der Bankenaufsichtsbehörden ist der in den Vereinigten Staaten vorherrschende Gedanke, daß es auch zu den Aufgaben der Bankenaufsicht gehört, eine zu große Machtkonzentration in den Händen einiger weniger Banken zu verhindern.

Achtes Kapitel: Die Bankenaufsicht in besonderen Fällen

Eine der wichtigsten Aufgaben der Bankenaufsichtsbehörden ist der Schutz der Bankkunden vor Verlusten.[1056] Wenn die Erfüllung der Verpflichtungen eines Kreditinstituts gegenüber seinen Gläubigern gefährdet ist oder wenn Anlaß für die Annahme einer allgemeinen Krise der Kreditwirtschaft besteht, ist daher ein rasches und wirksames Handeln der staatlichen Bankenaufsicht von Nöten. Dieses muß so umsichtig geschehen, daß durch das Eingreifen der Aufsichtsorgane das Vertrauen in das Kreditgewerbe nicht noch weiter erschüttert wird. Hierzu stehen den Bankenaufsichtsbehörden in Deutschland und den Vereinigten Staaten verschiedene, unterschiedlich weitreichende Maßnahmen gegenüber den einzelnen Kreditinstituten oder der gesamten Kreditwirtschaft zur Verfügung. Da gerade die so wichtige Eigenkapitalausstattung Ansatzpunkt für Maßnahmen im Krisenfall ist, sind über die durch Basel II initiierten neuen Regelungen zur Eigenkapitalausstattung und Liquiditätssicherung auch die aufsichtsrechtlichen Regelungsbereiche in Krisenfällen direkt betroffen.

A. In Deutschland

Bei der Auswahl der Maßnahmen in Krisenfällen wird danach unterschieden, ob es sich um die Krise eines einzelnen Kreditinstituts oder um einen allgemeinen Krisenfall handelt.

I. Maßnahmen bei Krisen einzelner Kreditinstitute

Zur Gefahrenabwehr steht der Bundesanstalt für Finanzdienstleistungsaufsicht bei Krisen einzelner Kreditinstitute ein abgestuftes Instrumentarium zur Verfügung[1057], welches in den §§ 45 bis 46c KWG näher geregelt ist. Danach sind solche Maßnahmen zu unterscheiden, die bei unzureichenden Eigenmitteln oder un-

1056 *Claussen,* (Bankrecht), S. 174; *Pollard,* (Banking Law), S. 7; *Hüpkes, Eva H.G.*, The Legal Aspects of Bank Insolvency – A Comparative Analysis of Western Europe, the United States and Canada, The Hague / London / Boston, 2000, S. 9 f.

1057 *Nirk,* (Kreditwesengesetz), S. 51.

zureichender Liquidität eines Instituts eingreifen, und solche, die eine konkrete Gefahr für die Erfüllung der Verpflichtungen des Instituts erwarten lassen oder den Verdacht begründen, daß eine wirksame Aufsicht über das Institut nicht möglich ist.

1. Maßnahmen bei unzureichenden Eigenmitteln oder unzureichender Liquidität

Die Bundesanstalt für Finanzdienstleistungsaufsicht kann gemäß § 45 KWG Anordnungen treffen, wenn ein Institut nicht über die in § 10 Abs. 1 KWG festgelegten angemessenen Eigenmittel verfügt oder wenn wegen der Art der Anlage ihrer Mittel die in § 11 KWG definierte Zahlungsbereitschaft nicht gegeben ist. Bloße Überschreitungen der von der Bundesanstalt für Finanzdienstleistungsaufsicht erlassenen Solvabilitäts- und Liquiditätsgrundsätze gelten lediglich als abstrakte Gefahr.[1058] Die Bundesanstalt kann in solchen Fällen nach vorangegangener Abmahnung und Fristsetzung Entnahmen durch die Inhaber oder Gesellschafter des Instituts untersagen oder beschränken. Zur Vermeidung einer weiteren Verschlechterung der Lage kann ebenso die Untersagung oder Beschränkung von Gewinnausschüttungen angeordnet werden. Schließlich kann zur Sicherung der Eigenmittel auch die Gewährung von Krediten beschränkt oder ganz untersagt werden.[1059] Die Entscheidung über die Wahl der Maßnahmen wie auch über die Dauer der Anordnung steht im Ermessen der Bankenaufsicht.

Bei diesen mehr auf eine Kooperation zwischen der Bundesanstalt für Finanzdienstleistungsaufsicht und den Kreditinstituten ausgerichteten Maßnahmen versucht die Bundesanstalt zu gewährleisten, daß die angeordneten Maßnahmen in der Öffentlichkeit nicht bekannt werden. Eine öffentliche Kenntnisnahme könnte dem Schutzzweck von § 45 KWG entgegenstehen und durch eine mögliche Verunsicherung der Öffentlichkeit das genaue Gegenteil bewirken.

Die Bundesanstalt für Finanzdienstleistungsaufsicht kann sich bei Verstößen gegen die §§ 10 oder 11 KWG solange der Befugnisse nach § 45 KWG bedienen, bis die Unterkapitalisierung oder Liquiditätsschwäche zu einer konkreten Gefahr für die Bankkunden führt.[1060] Erst wenn eine solche konkrete Gefahr eintritt, kann die Bankenaufsicht nach § 46 KWG tätig werden.[1061]

1058 *Nirk,* (Kreditwesengesetz), S. 51.

1059 Zu allen drei Maßnahmen: *Boos / Fischer / Schulte-Mattler,* (Kreditwesengesetz), § 45 KWG, Rdnrn. 16, 19, 24; *Nirk,* (Kreditwesengesetz), S. 51.

1060 *Herwart Huber,* Bankkrisen und neues Insolvenzrecht, in: ZBB 1998, S. 193 (195).

1061 *Nirk,* (Kreditwesengesetz), S. 52.

2. Maßnahmen bei Gefahren

Voraussetzung für ein Eingreifen der Bundesanstalt für Finanzdienstleistungsaufsicht nach § 46 KWG ist, daß eine konkrete Gefahr für die Erfüllung der Verpflichtungen eines Kreditinstituts oder der begründete Verdacht eine wirksame Aufsicht über das Institut nicht möglich wäre, bestehen. Es geht somit nicht nur um die konkrete Gefährdung von Gläubigerinteressen, sondern auch um die Effektivität der Bankenaufsicht selbst.[1062]

a) Vorliegen einer Gefahrenlage

Bezüglich der Gefährdung von Gläubigerinteressen sind in § 46 KWG strengere Voraussetzungen definiert als in § 45 KWG. Eine solche Gefährdung besteht nach Aussage des Gesetzes dann, wenn die Sicherheit der dem Kreditinstitut anvertrauten Vermögenswerte gefährdet ist. Dies ist nicht erst dann der Fall, wenn die Bank mit der Erfüllung ihrer Verpflichtungen in Verzug gerät oder ein Nachteil für den Bankkunden entstanden ist. Vielmehr genügt bereits, daß die Bundesanstalt für Finanzdienstleistungsaufsicht anhand der Prüfung von Monatsausweisen, Bilanzen, Prüfungsberichten oder Kreditanzeigen Umstände feststellt, die nach der allgemeinen Lebenserfahrung darauf schließen lassen, daß sich die Bank in erheblichen wirtschaftlichen Schwierigkeiten befindet.[1063] Dies ist etwa dann anzunehmen, wenn sich das Eigenkapital der Bank soweit vermindert hat, daß eine Überschuldung zu vermuten ist, oder die Liquidität der Bank nicht mehr ausreicht, um die fälligen Verpflichtungen zu zahlen.[1064]

Eine Gefahr für die Erfüllung der Verpflichtungen kann auch bei mangelnder Eignung oder Zuverlässigkeit des Geschäftsleiters der Bank bestehen.[1065] Derart gefährdete Verpflichtungen müssen nicht ausschließlich bankgeschäftlicher Art sein, sondern es kann sich auch um Verpflichtungen aus dem inneren Geschäftsbetrieb der Bank handeln. Dies liegt zum Beispiel dann vor, wenn die allgemeine Buchhaltung oder die Depotbuchhaltung der Bank keine ausreichende Beweiskraft für eine Prüfung besitzt.[1066]

1062 *Boos / Fischer / Schulte-Mattler,* (Kreditwesengesetz), § 46 KWG, Rdnr. 1; *Reischauer / Kleinhans,* (KWG-Kommentar), Kza 115, § 46, Rdnr. 1.

1063 *Bähre / Schneider,* (KWG-Kommentar), § 46, Anm. 2.

1064 *Boos / Fischer / Schulte-Mattler,* (Kreditwesengesetz), § 46 KWG, Rdnr. 8; *Reischauer / Kleinhans,* (KWG-Kommentar), Kza 115, § 46, Rdnr. 2; *Huber,* Bankkrisen), S. 193 (195).

1065 *Szagunn / Haug / Ergenzinger,* (KWG), § 46, Rdnr. 3.

1066 *Bähre / Schneider,* (KWG-Kommentar), § 46, Anm. 2.

Die Gefährdung einer wirksamen Aufsicht als Eingriffsgrund nach § 46 Abs. 1 KWG liegt vor, wenn der begründete Verdacht besteht, daß das Institut mit anderen Personen oder Unternehmen in einen Unternehmensverbund eingebunden ist, der die wirksame Aufsicht über das Institut beeinträchtigt.[1067] Eine Gefahrenlage ist auch dann festzustellen, wenn der begründete Verdacht besteht, daß das Institut ein Tochterunternehmen einer Bank mit Sitz im Ausland ist und dort nicht wirksam beaufsichtigt wird. Gleiches gilt, wenn die ausländischen Aufsichtsstellen nicht zu einer befriedigenden Zusammenarbeit mit der Bundesanstalt für Finanzdienstleistungsaufsicht bereit sind.[1068] In einem solchen Fall kann die Bundesanstalt für Finanzdienstleistungsaufsicht bereits im Vorfeld einer konkreten Gefährdung tätig werden.

b) Maßnahmen

Zur Abwendung dieser Gefahren kann die Bundesanstalt für Finanzdienstleistungsaufsicht nach pflichtgemäßem Ermessen[1069] einstweilige[1070] nach allgemeinen Verwaltungsgrundsätzen verhältnismäßige Maßnahmen treffen, die § 46 Abs. 1 Satz 2 Nr. 1-4 KWG beispielhaft und nicht abschließend aufzählt. Einstweilig ist eine Maßnahme, wenn sie für einen überschaubaren Zeitraum vorgesehen ist, innerhalb dessen die Bankenaufsicht prüft, welche endgültigen Maßnahmen ergriffen werden sollen.[1071] Zu diesen Maßnahmen gehört nach § 46 Abs. 1 Satz 2 Nr. 1 KWG die Befugnis der Bundesanstalt für Finanzdienstleistungsaufsicht, konkrete Anweisungen für die Führung der Geschäfte des Kreditinstituts zu erteilen. Diese allgemeine Formulierung beinhaltet unter anderem Maßnahmen wie das Verbot von Entnahmen durch die Inhaber oder Gesellschafter, das Verbot der Geldanlage in illiquide Vermögenswerte oder die Anweisung, nicht kostendeckende Nebengeschäfte einzustellen.[1072]

Ein weiter gehender Eingriff in die Geschäftsführung eines Kreditinstituts ist das Verbot oder die Begrenzung der Annahme von Einlagen und der Gewährung von Krediten gemäß § 46 Abs. 1 Satz 2 Nr. 2 KWG. Ein Verbot der Annahme

---

1067 *Boos / Fischer / Schulte-Mattler*, (Kreditwesengesetz), § 46, Rdnr. 14.

1068 Ebenda.

1069 BGHZ 74, 144 (155 f.); NJW 1979, S. 1354 (1356).

1070 Der einstweilige Charakter der Maßnahmen in §§ 46 ff. ist wie die einstweiligen Anordnungen gemäß 123 VwGO oder die einstweiligen Verfügungen gemäß § 935 ZPO zu verstehen.

1071 *Boos / Fischer / Schulte-Mattler*, (Kreditwesengesetz) § 46, Rdnr. 17; *Reischauer / Kleinhans*, (KWG-Kommentar), Kza 115, § 46, Rdnr. 3; *Huber*, Bankkrisen), S. 193 (195 f.).

1072 *Szagunn / Haug / Ergenzinger*, (KWG), § 46, Rdnr. 7a.

von Einlagen ist insbesondere dann anzuordnen, wenn die Gefahr der Überschuldung des Kreditinstituts besteht und damit die Rückzahlung der neu entgegengenommenen Einlagen nicht mehr gewährleistet ist.[1073] Diese Anordnung dient unmittelbar dem Schutz der neuen Einleger. Das Verbot, Kredite zu gewähren, dient der Liquiditätserhaltung der Bank und ist nicht nur im Fall des § 46 Abs. 1 KWG bei Vorliegen einer konkreten Gefahr, sondern auch nach § 45 Abs. 1 KWG möglich, wenn das Eigenkapital oder die Liquidität einer Bank nicht den bankenaufsichtsrechtlichen Anforderungen[1074] entsprechen und somit lediglich eine abstrakte Gefahr besteht. Ein Verbot der Kreditgewährung nach § 46 KWG kommt vor allem bei Liquiditätsschwierigkeiten oder bei besonders kritischen und risikoreichen Einzelkrediten in Betracht.

Die Bundesanstalt für Finanzdienstleistungsaufsicht kann gemäß § 46 Abs. 1 Satz 2 Nr. 3 KWG Maßnahme zur Abwendung der Gefahr der Nichterfüllung von Verpflichtungen des Kreditinstituts die Tätigkeit von Inhabern und Geschäftsleitern untersagen oder beschränken. Für die Dauer der Untersagung ist der Geschäftsleiter von der Geschäftsführung und der Vertretung des Kreditinstituts ausgeschlossen.[1075] Diese Untersagung ist sowohl nach § 36 Abs. 1 KWG als auch nach § 46 Abs. 1 KWG möglich. Diese Maßnahmen unterscheiden sich darin, daß es sich bei § 46 Abs. 1 KWG nur um einstweilige Maßnahmen handelt, während Maßnahmen nach § 36 Abs. 1 KWG auf Dauer wirken.[1076] Hinzu kommt, daß § 46 Abs. 1 KWG eine Gefährdung der Bankverpflichtungen gegenüber dem Kunden voraussetzt, wohingegen § 36 Abs. 1 KWG auf Tatsachen abstellt, die unmittelbar in der Person des Geschäftsleiters liegen, ohne daß sich daraus bereits Nachteile für das Kreditinstitut oder die Gläubiger des Kreditinstituts ergeben müßten. Nach § 46 Abs. 1 KWG wird die Bundesanstalt für Finanzdienstleistungsaufsicht dann Maßnahmen ergreifen, wenn die Tätigkeit eines Geschäftsleiters kausal für die Gefahr ist, ohne daß damit in jedem Fall eine negative Aussage über die Zuverlässigkeit oder fachliche Eignung des Betroffenen gefällt werden kann.[1077] Als weniger weitreichende Maßnahme kann die Bundesanstalt für Finanzdienstleistungsaufsicht statt einer Untersagung auch eine Be-

---

1073 *Bähre / Schneider,* (KWG-Kommentar), § 46, Anm. 4; *Szagunn / Haug / Ergenzinger,* (KWG), § 46, Rdnr. 7b.

1074 *Boos / Fischer / Schulte-Mattler,* (Kreditwesengesetz), § 45, Rdnr. 24.

1075 Dies ist nicht unbedingt selbstverständlich. Bis zum Zweiten KWG- Änderungsgesetz, das mit Satz 3 diesen Passus einfügte, wirkte das Tätigkeitsverbot nur öffentlich-rechtlich. Der Geschäftsleiter konnte also unter Mißachtung des Verbots weiterhin Geschäfte für das Kreditinstitut abschließen, die für diese bindend und u.U. nachteilig waren.

1076 *Boos / Fischer / Schulte-Mattler,* (Kreditwesengesetz), § 46, Rdnr. 30.

1077 *Bähre / Schneider,* (KWG-Kommentar), § 46, Anm. 5.

schränkung der Geschäftstätigkeit vornehmen. Dies erfolgt zumeist in der Form, daß dem Geschäftsleiter die Ausübung der Geschäfte nicht mehr allein, sondern nur noch gemeinsam mit einer anderen Person, zum Beispiel mit einem weiteren Geschäftsleiter oder einem Prokuristen, erlaubt ist.

Schließlich nennt das Gesetz als weitere Maßnahme in § 46 Abs. 1 Nr. 4 KWG die Bestellung von Aufsichtspersonen. Diese kommt in Betracht, wenn über den Umfang der Gefahr oder über die inneren Vorgänge eines Kreditinstituts noch keine exakten Informationen vorliegen, aber Anlaß besteht, die weitere Entwicklung des Kreditinstituts zu überwachen, damit sich durch die Tätigkeit des Geschäftsleiters die Situation des Kreditinstituts nicht weiter verschlechtert.[1078] Die Aufsichtsperson, deren Befugnisse bei ihrer Einsetzung genau festzulegen sind, ist an Weisungen der Bundesanstalt für Finanzdienstleistungsaufsicht gebunden, kann allerdings selbst keine geschäftspolitischen Entscheidungen treffen und das Kreditinstitut nicht nach außen vertreten. Die Aufsichtsperson ist insofern als "verlängerter Arm" der Bundesanstalt für Finanzdienstleistungsaufsicht zu verstehen.[1079] Sie übernimmt ausschließlich Überwachungsfunktionen und kontrolliert dabei, daß die Geschäftsleitung des Kreditinstituts alle notwendigen Maßnahmen trifft, um die Gefahr einer nachteiligen Geschäftsentwicklung abzuwenden.

Diese einstweiligen Maßnahmen können durch einen entsprechenden Willens- und Organisationsakt auch auf Dauer wirksam werden. Dies kann etwa bei der Untersagung und Beschränkung der Tätigkeit von Geschäftsleitern der Fall sein. Die Bundesanstalt für Finanzdienstleistungsaufsicht kann formal einen solchen auf Dauer wirkender Organisationsakt nicht erzwingen, sie kann allerdings, bei Vorliegen der entsprechenden Voraussetzungen, mit der Rücknahme der Erlaubnis gemäß § 35 Abs. 2 Nr. 3 oder 4 KWG drohen und damit auf das Handeln der Bank Einfluß ausüben.

Vorsätzliche oder fahrlässige Verstöße gegen die auf Grund von § 46 Abs. 1 KWG erlassenen und gemäß § 49 KWG sofort vollziehbaren Verfügungen können gemäß § 56 Abs. 1 und 2 KWG als Ordnungswidrigkeit mit einer Geldbuße geahndet werden.

Auch wenn es sich nicht um eine aufsichtsrechtliche Maßnahme handelt, ist die Regelung beachtenswert, nach der das Kreditinstitut von dem Einlagensicherungssystem, dem es angehört, ausgeschlossen werden kann.[1080] Voraussetzung dazu ist, daß das Institut seinen Beitrags- oder Mitwirkungspflichten ge-

---

1078 *Szagunn / Haug / Ergenzinger,* (KWG), § 46, Rdnr. 7e; *Bähre / Schneider,* (KWG-Kommentar), § 46, Anm. 6.

1079 *Boos / Fischer / Schulte-Mattler,* (Kreditwesengesetz), § 46, Rdnr. 37.

1080 *Markus Schöner,* Einlagensicherung und Wettbewerb, Baden-Baden 1997, S. 67.

genüber seiner Einlagensicherungseinrichtung nicht nachgekommen ist. Diese Maßnahme wird allerdings nicht auf Betreiben der Bundesanstalt für Finanzdienstleistungsaufsicht ergriffen, sondern durch die Einlagensicherungseinrichtung selbst. Gemäß § 11 Einlagensicherungs- und Anlegerentschädigungsgesetz (ESAEG) bedarf es hierfür der Zustimmung der Aufsichtsbehörde, da mit dem Ausschluß aus der Entschädigungseinrichtung zwangsläufig auch die Erlaubnis zum Betreiben der Bankgeschäfte erlischt.[1081]

3. Maßnahmen bei Insolvenzgefahr

In Ergänzung der Vorschriften des § 46 KWG und zur Vermeidung einer drohenden Insolvenz gibt § 46a KWG der Bundesanstalt weitere Maßnahmenbefugnisse und nennt diese in Abs. 1 Nr. 1 bis 3 und Abs. 2 enumerativ.[1082] Durch umfassende vorübergehende[1083] Maßnahmen im Rahmen eines Moratoriums soll eine außergerichtliche Klärung und eine Vermeidung der Insolvenz erreicht werden.[1084] Der Geschäftsleitung des vom Moratorium betroffenen Kreditinstituts soll damit ermöglicht werden, eine wirtschaftlich optimale Abwicklung der Geschäfte durchzuführen.[1085] Diese Maßnahmen umfassen ein Veräußerungs- und Zahlungsverbot, die Schalterschließung, das Verbot der Entgegennahmen von Zahlungen und die Bestellung neuer Geschäftsleiter.[1086]

Mit dem Veräußerungs- und Zahlungsverbot soll verhindert werden, daß für den Zeitraum, während dessen die Bundesanstalt für Finanzdienstleistungsaufsicht prüft, ob sie den Insolvenzantrag stellt oder ob Sanierungsmaßnahmen erfolgversprechend sind, ein Teil der Gläubiger auf Kosten der übrigen befriedigt wird.[1087] Soweit Zahlungen jedoch zur Aufrechterhaltung der Organisation not-

---

1081 *Boos / Fischer / Schulte-Mattler,* (Kreditwesengesetz), § 35, Rdnr. 8.

1082 *Boos / Fischer / Schulte-Mattler,* (Kreditwesengesetz), § 46a, Rdnr. 9; *Küpkes,* (Bank Insolvency), S. 57; *Reischauer / Kleinhans,* (KWG-Kommentar), Kza 115, § 46a, Rdnr. 1.

1083 "Vorübergehend" im Sinn des § 46 a KWG ist gleichbedeutend mit der Formulierung "einstweilig" in § 46 KWG. Als höchstzulässige Dauer der Maßnahme wird allgemein eine Frist von 6 Monaten anerkannt.

1084 Die Maßnahmen müssen in jedem Fall aufgehoben werden, wenn sie ihren materiellen Zweck erreicht haben oder wenn feststeht, daß die Insolvenz ohnehin nicht mehr vermeidbar ist.

1085 *Udo Zietsch,* Zur Frage der Zulässigkeit von Aufrechnungen während eines Moratoriums nach §§ 46, 46a KWG, in: WM 1997, S. 954 (956).

1086 Vgl. auch *Marco Picozzi,* Aufsicht und Staatseinfluß bei Rundfunkanstalten, Kreditinstituten und Versicherungen, 1985, S. 265.

1087 *Boos / Fischer / Schulte-Mattler,* (Kreditwesengesetz), § 35, Rdnr. 11, *Bähre / Schneider,* (KWG-Kommentar), § 46a-c, Anm. 3; *Szagunn / Haug / Ergenzinger,* (KWG), § 46a, Rdnr. 4a.

wendig oder für das Kreditinstitut wirtschaftlich vorteilhaft sind, kann die Bundesanstalt für Finanzdienstleistungsaufsicht gemäß § 46a Abs. 1 Satz 3 und 4 KWG Ausnahmen vom Veräußerungs- und Zahlungsverbot zulassen.

Die Schließung des Kreditinstituts für den Verkehr mit der Kundschaft nach § 46a Abs. 1 Satz 1 Nr. 2 KWG soll die technische und wirtschaftliche Durchführung der Sanierungsmaßnahmen erleichtern.[1088] Insbesondere werden Barabhebungen vermieden, wodurch auch das Zahlungs- und Veräußerungsverbot von § 46a Abs. 1 Satz 1 Nr. 1 KWG unterstützt wird. Ein Bedürfnis zur Aufrechterhaltung eines Teilbereichs des Kundenverkehrs kann trotz Schalterschließung bestehen, wenn die Einlagensicherungseinrichtungen die geschützten Einlagen über das Kreditinstitut auszahlen möchten.[1089]

Mit dem nach § 46a Abs. 1 Satz 1 Nr. 3 KWG möglichen Verbot der Entgegennahmen von Zahlungen, die nicht der Tilgung von Schulden dienen, soll verhindert werden, daß nach Erlaß des Zahlungs- und Veräußerungsverbots eingehende Gelder sofort durch das Zahlungsverbot blockiert werden und die Einzahler einen zusätzlichen Schaden erleiden.[1090] Solche Zahlungen, die von den Einlagensicherungseinrichtungen an die Bank zur Auszahlung an die Einleger überwiesen werden, müssen auf einem Sonderkonto getrennt von dem vom Zahlungsverbot erfaßten Vermögen verwaltet werden.[1091]

Die Voraussetzungen für die Anordnung dieser Maßnahmen ergeben sich aus § 46 Abs. 1 Satz 1 KWG. Danach muß eine Gefahr für die Erfüllung der Verpflichtungen eines Kreditinstituts gegenüber seinen Gläubigern bestehen oder der begründete Verdacht vorliegen, daß eine wirksame Aufsicht über das Institut nicht möglich ist.[1092] Zu beachten ist § 46a Abs. 1 Satz 5 KWG, der vorsieht, daß während der Dauer der Maßnahmen Zwangsvollstreckungen, Arreste und einstweilige Verfügungen in das Vermögen des Kreditinstituts nicht zulässig sind. Dies entspricht dem Gedanken, daß alle Gläubiger eines Kreditinstituts gleichbehandelt werden sollen und nicht derjenige, der als erster einen Antrag auf Erlaß gerichtlicher Maßnahmen stellt, besser gestellt ist als ein Gläubiger, der später handelt.[1093]

Sind Maßnahmen nach § 46a Abs. 1 Satz 1 KWG angeordnet, muß die Bankenaufsicht zudem prüfen, ob die bisherige Geschäftsführung in der Lage ist, die Geschäfte während der Dauer der Maßnahmen fortzuführen. Ist dies nicht der

---

1088 *Bähre / Schneider,* (KWG-Kommentar), § 46a-c, Anm. 4.
1089 Bericht des Finanzausschusses, BT-Drucks. 7 / 4631, S. 9.
1090 *Szagunn / Haug / Ergenzinger,* (KWG), § 46a, Rdnr. 4c.
1091 *Bähre / Schneider,* (KWG-Kommentar), § 46a-c, Anm. 5.
1092 *Boos / Fischer / Schulte-Mattler,* (Kreditwesengesetz), § 46a, Rdnrn. 6, 14.
1093 *Bähre / Schneider,* (KWG-Kommentar), § 46a-c, Anm. 3; *Reischauer / Kleinhans,* (KWG-Kommentar), Kza 115, § 46a, Rdnr. 4.

Fall, kann die Bundesanstalt für Finanzdienstleistungen den Geschäftsführern die Ausübung ihrer Tätigkeit untersagen und andere geschäftsführungs- und vertretungsberechtigte Personen einsetzen.[1094] Die Geschäftsführungsbefugnis der neu eingesetzten Personen bezieht sich nur auf die Wahrnehmung von Maßnahmen nach § 46a Abs. 1 Satz 1 KWG[1095] Das Amt der bestellten Personen endet mit der Abberufung gemäß § 46a Abs. 5 oder laut Abs. 6 KWG automatisch mit der Aufhebung der Maßnahmen nach Abs. 1 Satz 1.

4. Maßnahmen zur Liquidation

Grundsätzlich gelten auch für Banken die allgemeinen Regeln des Insolvenzrechts. Mit Inkrafttreten des Zweiten KWG-Änderungsgesetzes wurde § 46b KWG als bedeutende Ergänzungen des sonst geltenden Insolvenzrechts eingeführt und der besonderen Interessenslage der Bankgläubiger sowie der Sensibilität der Kreditwirtschaft Rechnung getragen.[1096]

In Abweichung von den allgemeinen Vorschriften sind weder das Kreditinstitut noch seine Gläubiger berechtigt, bei Zahlungsunfähigkeit oder Überschuldung einen Antrag auf Einleitung des Insolvenzverfahrens zu stellen. Gemäß § 46b KWG kann nur die Bundesanstalt für Finanzdienstleistungsaufsicht einen solchen Antrag stellen.[1097] Diese Regelung leitet sich aus dem Gedanken ab, daß die Bundesanstalt für Finanzdienstleistungsaufsicht aufgrund ihrer laufenden Überwachung und ihrer Erfahrungen mit solchen Krisensituationen am besten geeignet ist zu beurteilen, zu welchem Zeitpunkt das Insolvenzverfahren beschritten werden soll.[1098] Damit kann die Bankenaufsicht die Insolvenz so lange abwenden, wie durch organisatorische und finanzielle Maßnahmen die Möglichkeit besteht, die Bank zu retten und ihre Gläubiger vor Verlusten zu schützen.[1099] Der Antrag auf Insolvenzeröffnung ist nur dann zulässig, wenn die Maßnahmen nach §§ 46,

---

1094 *Bähre / Schneider,* (KWG-Kommentar), § 46a-c, Anm. 6; *Hüpkes,* (Bank Insolvency), S. 46.

1095 *Boos / Fischer / Schulte-Mattler,* (Kreditwesengesetz), § 46a, Rdnr. 71; *Szagunn / Haug / Ergenzinger,* (KWG), § 46a, Rdnr. 11; *Boos / Fischer / Schulte-Mattler,* (Kreditwesengesetz), § 46a, Rdnr. 71.

1096 *Reischauer / Kleinhans,* (KWG-Kommentar), Kza 115, § 46b, Rdnr. 1; *Boos / Fischer / Schulte-Mattler,* (Kreditwesengesetz), § 46b, Rdnr. 1; *Herwart Huber,* Bankkrisen und neues Insolvenzrecht, in: ZBB 1998, S. 193 (194).

1097 *Nirk,* (Kreditwesengesetz), S. 52; *Claussen,* (Bankrecht), S. 75.

1098 Bericht des Finanzausschusses zum Zweiten KWG-Änderungsgesetz, Bundestag-Drucks. 7 / 4631. *Herwart Huber,* Bankkrisen und neues Insolvenzrecht, in: ZBB 1998, S. 193 (194).

1099 *Picozzi,* (Aufsicht und Staatseinfluß), S. 266.

46a Abs. 1 KWG wirkungslos wären.[1100] Sofern nach allgemeinen Regeln eine Insolvenzantragspflicht besteht, gilt diese nicht für Banken, sondern ist gemäß § 46b Abs. 1 Satz 2 KWG durch eine Anzeigepflicht der Zahlungsunfähigkeit oder Überschuldung an die Bundesanstalt für Finanzdienstleistungsaufsicht ersetzt.[1101]

II. Maßnahmen bei allgemeinen Krisenfällen

In Zeiten einer allgemeinen Krise der Kreditwirtschaft ist das rasche und wirksame Eingreifen des Staates aus gesamtwirtschaftlichen Gründen besonders wichtig. In solchen Krisenzeiten bedarf es zum Schutz der gesamten Volkswirtschaft einschneidender wirtschafts- und geldpolitischer Maßnahmen. Der Erlaß solcher Maßnahmen im Gesetzgebungsverfahren würde aber zu lange dauern, um ein wirksames Handeln zur Bekämpfung einer plötzlich auftretenden Krise zu garantieren. Die eng begrenzten Anwendungsfälle des Gesetzgebungsnotstandes nach Artikel 81 GG bieten im Gegensatz zum Notverordnungsrecht gemäß Art. 48 der Weimarer Reichsverfassung[1102] auch keine Möglichkeit, in derartigen Fällen tätig zu werden.[1103] Diesem Mißstand hilft § 47 KWG ab, der die Grundlage für Rechtsverordnungen der Bundesregierung schafft, mit denen die Regierung in kürzester Zeit die erforderlichen vorübergehenden Notstandsmaßnahmen bestimmen kann.

Voraussetzung zum Erlaß solcher Notstandsmaßnahmen ist, daß wirtschaftliche Schwierigkeiten bei Kreditinstituten zu befürchten sind, die zu schwerwiegenden Gefahren für die Gesamtwirtschaft führen können. Der Begriff der wirtschaftlichen Schwierigkeiten ist eng verwandt mit der Gefahr für die Erfüllung von Verbindlichkeiten.[1104] Er umfaßt sowohl die Überschuldung als auch die Zahlungsunfähigkeit und läßt genügen, daß der Eintritt dieser Tatbestände zu be-

---

1100 *Boos / Fischer / Schulte-Mattler,* (Kreditwesengesetz), § 46b, Rdnr. 13; *Szagunn / Haug / Ergenzinger,* (KWG), § 46b, Rdnr. 4.

1101 *Boos / Fischer / Schulte-Mattler,* (Kreditwesengesetz), § 46b, Rdnr. 7.

1102 Verfassung des Deutschen Reiches vom 11. August 1919 (RGBl. 1919, S. 1383).

1103 Der Reichspräsident erließ am 13.7.1931, dem Tag als die Darmstädter und Nationalbank (Danat-Bank) ihre Zahlungen einstellte, die Verordnung über die Darmstädter und Nationalbank mit einer Durchführungsverordnung als Maßnahme einer allgemeinen Krise. Weitere Verordnungen folgten in den nächsten Tagen. Dieses schnelle Eingreifen, ohne die Beteiligung der gesetzgebenden Körperschaften, war nur möglich, weil er von dem ihm gem. Art. 48 der Weimarer Reichsverfassung zustehenden Notverordnungsrecht Gebrauch machte.

1104 *Boos / Fischer / Schulte-Mattler,* (Kreditwesengesetz), § 47, Rdnrn. 4, 6.

fürchten ist.[1105] Trotz der Formulierung "Gesamtwirtschaft" reicht es aus, wenn die wirtschaftlichen Schwierigkeiten nur eine Gefährdung bedeutender Teile der Wirtschaft oder größerer geographischer Bezirke bedeuten.[1106] Diese beiden in § 47 KWG formulierten und eng miteinander verknüpften Gefahrentatbestände sind bewußt offen formuliert, damit so der Bundesregierung ein Handlungsspielraum eröffnet wird.

Bei Vorliegen dieser Voraussetzungen kann die Bundesregierung gemäß § 47 Abs. 1 Nr. 1-3 KWG als Maßnahmen ein Moratorium für einzelne Kreditinstitute, die vorübergehende Schließung der Kreditinstitute und die vorübergehende Schließung der Wertpapierbörsen anordnen. Durch ein Moratorium gemäß § 47 Abs. 1 Nr. 1 KWG kann einzelnen Kreditinstituten ein Aufschub für die Erfüllung ihrer bankgeschäftlichen Verbindlichkeiten gewährt werden und die Vollstreckung in ihr Vermögen für die Dauer dieser Maßnahme, für unzulässig erklärt werden. Dieser Erfüllungsaufschub muß aus Gründen der Gleichbehandlung der Bankgläubiger und nach Sinn und Zweck des Moratoriums bedeuten, daß das Kreditinstitut auch freiwillig Verbindlichkeiten einzelner Gläubiger nicht erfüllen darf.[1107] Ist das Kreditgewerbe insgesamt oder zumindest in bedeutenden Teilen gefährdet, so kann die Bundesregierung gemäß § 47 Abs. 1 Nr. 2 KWG durch Rechtsverordnung eine vorübergehende Schließung der Kreditinstitute für den Verkehr mit der Kundschaft anordnen. Insbesondere Zahlungen und Überweisungen im Kundenverkehr dürfen dann weder geleistet noch entgegengenommen werden.[1108] Diese Maßnahme, die auch auf einzelne Sektoren der Kreditwirtschaft begrenzt werden kann, soll zu einer allgemeinen Beruhigung des Bankenverkehrs führen, um so Zeit zum Ergreifen von Gegenmaßnahmen zu gewinnen.[1109] Die Schließung aller Wertpapierbörsen gemäß § 47 Abs. 1 Nr. 3 KWG soll zur Vermeidung von Kurszusammenbrüchen und Kettenreaktionen als Folge von Funktionsstörungen und Vertrauenskrisen im Kreditgewerbe[1110] beitragen. Der Handel mit Wertpapieren wird während der Dauer der Maßnahme völlig stillgelegt.

Diese besonders weitreichenden Notstandsmaßnahmen können durch Rechtsverordnung nur nach vorheriger Anhörung der Deutschen Bundesbank ergriffen

---

1105 *Bähre / Schneider*, (KWG-Kommentar), §§ 47, 48, Anm. 2; *Szagunn / Haug / Ergenzinger*, (KWG), § 47, Rdnr. 4.

1106 *Boos / Fischer / Schulte-Mattler*, (Kreditwesengesetz), § 47, Rdnr. 6.

1107 *Bähre / Schneider*, (KWG-Kommentar), §§ 47, 48, Anm. 3; *Boos / Fischer / Schulte-Mattler*, (Kreditwesengesetz), § 47, Rdnr. 12.

1108 *Nirk*, (Kreditwesengesetz), S. 52; *Boos / Fischer / Schulte-Mattler*, (Kreditwesengesetz), § 47, Rdnr. 15.

1109 *Szagunn / Haug / Ergenzinger*, (KWG), § 47, Rdnr. 12.

1110 *Boos / Fischer / Schulte-Mattler*, (Kreditwesengesetz), § 47, Rdnr. 21.

werden.[1111] Die Deutsche Bundesbank hat aufgrund ihres Netzes von Niederlassungen den besten Überblick über die Situation der Kreditwirtschaft und kann deshalb der Bundesregierung bei der Vorbereitung der Moratorien beratend zur Seite stehen.

B. In den Vereinigten Staaten

Auch in der jüngeren Vergangenheit mußte sich das amerikanische Bankgewerbe mit einer Vielzahl sehr ernsthafter Schwierigkeiten beschäftigen. Ausgelöst durch umfangreiche Probleme in einigen traditionellen amerikanischen Wirtschaftszweigen, insbesondere in der Ölindustrie und in der Landwirtschaft, wurden 1986 erstmals mehr Banken als problematisch eingestuft, als dies seit der Weltwirtschaftskrise der dreißiger Jahre der Fall war.[1112] In den darauf folgenden Jahren sollte sich diese Entwicklung noch einmal verschärfen. So befanden sich insbesondere in den 90er Jahren mehr Banken in einer Krisensituation und waren somit Adressanten von Hilfs- und Eingriffsmaßnahmen als jemals zuvor.[1113] Dies war Anlaß, der Arbeitsweise der Bankenaufsicht im Krisenstadium besondere Aufmerksamkeit zu schenken.

Der Logik des dualen Bankensystem folgend, ergeben sich Eingriffs- und Hilfsmöglichkeiten der amerikanischen Bankenaufsichtsbehörden gegenüber gefährdeten Banken sowohl aus bundes- wie aus einzelstaatlichen Gesetzen. Die durch bundesstaatliche Gesetze geregelten Eingriffsmöglichkeiten können entweder gegenüber allen Commercial Banks oder nur gegenüber der Gruppe der Commercial Banks, die bei der FDIC versichert sind, angewandt werden.[1114] Die verschiedenen aufsichtsrechtlichen Maßnahmen richten sich weniger nach dem tatsächlichen Grad der Gefährdung des Bankinstituts, als vielmehr nach der Einschätzung der zuständigen Bankenaufsichtsbehörde und deren Ermessen in der Auswahl. Lediglich die Insolvenz eines Kreditinstituts bedeutet eine Zäsur und läßt fortan nur noch bestimmte Eingriffs- und Hilfsmöglichkeiten zu.

1111 *Boos / Fischer / Schulte-Mattler*, (Kreditwesengesetz), § 47, Rdnr. 8.

1112 *Richard Duwe / James Harvey*, Problem Banks: Their Characteristics and Possible Causes of Deterioration, in: Banking Studies 1988, Special Issue-Problem Banks, S. 3 (4).

1113 *Basel Committee on Banking Supervision*, Bank Failures in Mature Economies, Working Paper 13, Basel April 2004, S. 56.

1114 *Kenneth Spong*, Assistance for Problem Banks, in: Banking Studies 1988, Special Issue-Problem Banks, S. 12 (13).

I. Maßnahmen bei Krisen einzelner Kreditinstitute

Die bankenaufsichtlichen Maßnahmen bei Krisen einzelner Kreditinstitute lassen sich danach unterscheiden, ob es sich bei der Krise um Gefahren handelt, die für die Bank zeitweilige und korrigierbare Probleme darstellen oder ob es sich um eine Situation handelt, in der die Liquidation der Bank betrieben werden sollte.

1. Maßnahmen bei Gefahren

Die amerikanischen Bankenaufsichtsbehörden können bei Gefahren für einzelne Kreditinstitute unter verschiedenen Eingriffs- und Hilfsmaßnahmen wählen. Dabei können solche Maßnahmen unterschieden werden, die durch die verschiedenen nationalen Bankenaufsichtsbehörden vorgenommen werden, und solche, die durch die Aufsichtsbehörden der Einzelstaaten vollzogen werden. Für Maßnahmen gegenüber National Banks ist der Comptroller of the Currency die verantwortliche Aufsichtsbehörde.[1115] Ziel aller Maßnamen ist es, daß in dem System dieser sogenannten "prompt corrective actions" gegenüber den Banken zum frühest möglichen Zeitpunkt eingegriffen werden kann.[1116]

a) Maßnahmen als Folge der laufenden Banküberwachung

Aus der laufenden Banküberwachung lassen sich vier verschiedene Arten von Maßnahmen gegenüber krisengefährdeten Banken anordnen. Dabei handelt es sich um die Ausübung zusätzlicher Auskunfts- und Prüfungsrechte, die Cease-and-Desit Order, die Capital Directive und die zeitweilige oder dauerhafte Abberufung einer für die Bank tätigen Person.[1117]

aa) Prüfungs- und Auskunftsrechte

Die Funktionsweise der amerikanischen Bankenaufsicht ist geprägt durch die regelmäßig, zum Teil fortlaufend durchgeführten Vor-Ort-Prüfungen der Aufsichtsbehörden bei den National Banks.[1118] Bei großen Banken sind von der jeweils zuständigen Aufsichtsbehörde Aufseher dauerhaft für die Vor-Ort-Prüfung abgestellt, um auf diese Weise über die Fehlentwicklungen in diesen systemrele-

1115 *Pollard,* (Banking Law), S. 57.
1116 *Hüpkes,* (Bank Insolvency), S. 56.
1117 *Pollard,* (Banking Law), S. 58 ff.
1118 *Schroeder,* (Law and Regulation), § 7.01[1].

vanten Instituten ständig auf dem Laufenden zu sein und etwaige Fehlentwicklungen sozusagen in Echtzeit erkennen zu können.

Im Rahmen dieser Vor-Ort-Prüfungen folgt der Prüfer dem vom Federal Financial Institutions Council entwickelten CAMELS-Rating System.[1119] Bei diesem System handelt es nicht um ein eindimensionales Aufsichtskonzept, sondern es werden vielmehr verschieden Komponenten, insbesondere auch qualitative, herangezogen. Dabei sind die Aufsichtsbehörden vor etwa zehn Jahren auf einen risikofokussierten Aufsichtsansatz übergegangen, bei dem der Schwerpunkt nicht wie zuvor auf den Assets oder dem Kreditportfolio liegt, sondern auf der Beurteilung und Überwachung des Risikomanagements und der internen Kontrollstrukturen und -prozesse. Im Rahmen des Prüfungssystems wird die Leistungskraft einer National Bank vom Comptroller of the Currency an Hand sechs verschiedener Kategorien beurteilt. Dabei handelt es sich um die Angemessenheit der Kapitalausstattung, die Qualität der Assets der Bank, das Management, die Ertragslage, die Liquidität sowie die Sensibilität gegenüber Marktrisiken.[1120]

Der Prüfer verfügt dabei über sehr weitgehende Prüfungs- und Auskunftsrechte, die es ihm ermöglichen, jederzeit zusätzliche Berichte der Bank anzufordern[1121]. Ebenso können die Aufsichtsbehörden zur Unterstützung ihrer Tätigkeit und zur Wahrheitsfindung Bankmitarbeiter unter Eid vernehmen[1122] und bei mangelnder Mitwirkung hohe Geldstrafen gegen diese verhängen.[1123] In besonderen Gefahrensituationen können sie die Bank direkt unter die laufende und dauerhafte Aufsicht des Comptroller of the Currency stellen.[1124]

bb) Cease-and-Desist Order

Bei derartigen vor Ort durchgeführten Prüfungen ist der Comptroller of the Currency auf eine enge Zusammenarbeit mit der jeweiligen National Bank angewiesen. Sofern sich jedoch eine Bank dieser Kooperation entzieht, kann die Aufsichtsbehörde ihre Interessen mit einer so genannten Cease-and-Desist Order durchsetzen, welche die häufigste Form des Eingriffes durch die Aufsichtsbehörden darstellt.[1125] Danach kann der Comptroller of the Currency nicht nur die Unterlassung von bestimmten, das Aufsichtsrecht verletzenden Handlungen verlangen, sondern er kann die Bank auch zur Vornahme einer bestimmten Hand-

1119 Zum CAMELS-Rating System siehe bereits oben viertes Kapitel, B, I, 1, S. 87.
1120 *Schroeder,* (Law and Regulation), § 7.01[4][b].
1121 12 U.S.C. § 1817(a)(3).
1122 12 U.S.C 1818 (c)(3)(A).
1123 12 U.S.C. 164(a), (b), (c); *Schroeder,* (Law and Regulation), § 7.01[2]
1124 12 U.S.C. § 161 (a); 12 U.S.C. § 481.
1125 *Pollard,* (Banking Law), S. 58.

lung zwingen.[1126] Der Erlaß einer solchen Cease-and-Desist Order ist an strenge gesetzliche Voraussetzungen gebunden.[1127] Hierzu ist zunächst die Feststellung der Aufsichtsbehörde erforderlich, daß das Verhalten eines Mitarbeiters der Bank oder auch einer Person, die im Dienste der Bank steht ohne dort direkt angestellt zu sein, zu einer Verletzung der Pflichten für eine sichere und solide Art der Abwicklung der Bankgeschäfte führen kann.[1128] Weitere formelle Voraussetzung sind das Vorliegen eines Bescheides über die zu behebenden, das Aufsichtsrecht verletzenden Praktiken und die Mitteilung der geforderten Ansetzung einer Anhörung, in der unter Vorsitz eines Vertreters des Comptroller of the Currency die Sach- und Rechtslage erörtert wird.[1129] Die Aufsichtsbehörde ist an die in der Anhörung ausgesprochene Empfehlung nicht gebunden und muß nun ihrerseits innerhalb von 90 Tagen die abschließende Cease-and-Desist Order treffen.[1130]

Bei Nichtbeachtung einer solchen Cease-and-Desist Order können schließlich sowohl gegen die Bank als auch gegen Mitarbeiter der Bank Zwangsmaßnahmen verhängt werden. Diese kann in besonders schwerwiegenden Fällen die vorläufige oder endgültige Abberufung oder die Untersagung der weiteren Tätigkeit für die Bank sein.[1131]

cc) Capital Directive

Der dritte Bereich bankenaufsichtsrechtlicher Maßnahmen ist das direkte Einwirken auf die Eigenkapitalausstattung der Banken. Die von den Bankenaufsichtsbehörden aufgestellten Grundsätze sehen vor, daß einer gefährdeten Bank Anweisungen zur Höhe der vorgeschriebenen Eigenkapitalerfordernisse gegeben werden können. Im International Lending Supervision Act wird die Bankenaufsicht ermächtigt, Maßnahmen anzuordnen, die nach ihrer Ansicht zur Wiederherstellung der Mindestkapitalanforderungen einer gefährdeten Bank geeignet sind.[1132]

Die speziellen Voraussetzungen für diese Capital Directive unterscheiden sich geringfügig je nach Zuständigkeit der einzelnen Bankenaufsichtbehörde. Ge-

1126 Die Vornahme einer bestimmten Handlung wurde durch den Financial Institutions Reform, Recovery, And Enforcement Act (FIRREA) von 1989 ausdrücklich klargestellt; 12 U.S.C. § 1818 (b)(6) und (7).

1127 12 U.S.C. § 1818b(1); 12 U.S.C. § 1818c.

1128 *Schroeder*, (Law and Regulation), § 10.01[3].

1129 *Pollard*, (Banking Law), S. 58.

1130 Im Detail zum Verfahren einer Cease-and-Desist Order siehe auch *Hütz*, (Bankenaufsicht), S. 239 sowie *Pollard*, (Banking Law), S. 58 bis 70.

1131 12 U.S.C. § 1818(e); 12 U.S.C. § 1818(g).

1132 12 U.S.C. § 3907(a)(1).

meinsam ist jedoch allen, daß die gefährdete Bank der für sie zuständigen Bankenaufsichtsbehörde einen Plan vorlegen muß, der aufzeigt, wie das Institut sein Eigenkapital im erforderlichen Umfang wieder herstellen will.[1133] Zu dieser Capital Directive[1134] gehören insbesondere Aussagen über beabsichtigte Dividendenausschüttungen, die Höhe der Managementgehälter, Rücklagen aus künftigen Gewinnen und über sonstige Maßnahmen zur Kontrolle der Ausgaben. Die Bankenaufsichtsbehörden können die Maßnahmen aus der Capital Directive beenden, sobald die Bank mit ihrem Plan zur Wiederherstellung der Eigenkapitalerfordernisse erfolgreich ist oder sie mit diesem scheitert.[1135]

Die Grundsätze der Capital Directive ermöglichen einer ordnungsgemäß geleiteten Bank, ihre durch die gegenwärtige Wirtschaftslage verursachten Probleme selbständig zu beseitigen und das Geschäft mit ihren Kunden, die weiterhin Vertrauen in sie setzen, weiterzuführen. Der Erlaß einer solchen Capital Directive wird im Vergleich zur oben erwähnten Cease-and-Desist Order als eine einfachere Maßnahme verstanden, da kein eines kompliziertes Verfahren nötig ist.

dd) Zeitweilige oder dauerhafte Abberufung einer für die Bank tätigen Person

Schließlich ist die weitreichendste Maßnahme, die von den amerikanischen Aufsichtsbehörden angeordnet werden kann, die zeitweilige oder sogar dauerhafte Abberufung einer für die Bank tätigen Person.[1136] Eine solche Maßnahme kann sich gegen das Bankenmanagement, einen Angestellten oder eine andere Person, die im Dienste der Bank steht, richten. Voraussetzung für die Abberufung oder die zeitweilige Untersagung der weiteren Geschäftstätigkeit ist, daß die fragliche Person ein Gesetz oder eine aufsichtsrechtliche Vorschrift[1137], eine Cease-and-Desist Order[1138] oder eine andere schriftliche Anweisung der Aufsichtsbehörden[1139] verletzt hat und es durch diese Pflichtverletzung zu einem erheblichen finanziellen Schaden bei der Bank kam oder wahrscheinlich kommen wird.[1140]

1133 *Schroeder,* (Law and Regulation), § 9.02[3][a].

1134 12 U.S.C. § 3907(b)(2)A),(B)(i); *Pollard,* (Banking Law), S. 97-102.

1135 *Spong,* (Problem Banks), S. 15.

1136 12 U.S.C. 1818(e); *Pollard,* (Banking Law), S. 70; *Hüpkes,* (Bank Insolvency), S. 42.

1137 12 U.S.C. 1818(e)(1)(A)(i)(I).

1138 12 U.S.C. 1818(e)(1)(A)(i)(II).

1139 12 U.S.C. 1818(e)(1)(A)(i)(III).

1140 12 U.S.C. 1818(e)(1)(B)(i)-(iii); Proffitt v. FDIC, 200 F3d 855 (DC Cir. 2000); *Schroeder,* (Law and Regulation), § 10.01[4][a].

Schließlich muß, das Verhalten der Person außerdem eine Unehrlichkeit[1141] oder eine willentliche oder fortgesetzte Gefährdung der Sicherheit der Bank darstellen.[1142]

b) Eingriffs- und Hilfsmaßnahmen der FDIC

Die Federal Deposit Insurance Corporation hat gegenüber gefährdeten Banken, die bei ihr versichert sind, grundsätzlich zwei verschiedene Möglichkeiten, Eingriffs- oder Hilfsmaßnahmen festzulegen. Auf der einen Seite kann die FDIC finanzielle Hilfen gewähren, auf der andern Seite kann sie als besonders scharfe Maßnahme auch die Kündigung des Versicherungsschutzes bestimmen.[1143]

Die finanziellen Hilfeleistungen dürfen nur erfolgen, um eine Bank vor der Schließung zu bewahren, um sie nach einer kurzfristigen Schließung wieder zu eröffnen oder um die Risiken der FDIC zu reduzieren, wenn ernsthafte finanzielle Schwierigkeiten die Stabilität von mehreren bei ihr versicherten Banken bedrohen.[1144]

Als direkte Hilfeleistungen kann die FDIC den bei ihr versicherten gefährdeten Banken Kreditzahlungen zukommen lassen, Zahlungsverpflichtungen der Bank übernehmen, Einlagen bei ihr machen oder Sicherheiten von ihr kaufen.[1145] Im Falle einer solchen Hilfeleistung durch die FDIC darf der den Banken gewährte Betrag nicht die Kosten überschreiten, die entstehen könnten, wenn die gefährdete Bank liquidiert werden sollte[1146], oder andere Alternativen kostengünstiger wären.[1147] Eine Ausnahme kann lediglich dann gemacht werden, wenn nach Einschätzung der FDIC nur durch die Fortführung der Geschäfte der gefährdeten Bank eine angemessene Versorgung mit Finanzdienstleistungen in einer bestimmten Region gewährleistet ist.[1148]

Neben einer derartigen Finanzhilfe zur Abwendung einer Bankenkrise gehört zu den der FDIC zustehenden Maßnahmen die nur in Ausnahmefällen auszusprechende zwangsweise Kündigung des Versicherungsschutzes.[1149] Nach 12 U.S.C.

1141 Doolittle v. National Credit Union Act, 992 F2d 1531 (11th Cir. 1993); Hutensky v. FDIC, 82 F3d 1234 (2nd Cir.1996).

1142 Brickner v. Federal Deposit Insurance Corporation, 747 F.2d 1198 (8th Cir. 1984); *Pollard,* (Banking Law), S. 71.

1143 12 U.S.C. 1818(a)(2); *Schroeder,* (Law and Regulation), § 10.01.[9].

1144 12 U.S.C. § 1823(c)(1)(A)(B)(C).

1145 *Spong,* Problem Banks), S. 15.

1146 12 U.S.C. § 1823(c)(4)(A).

1147 Hierzu auch eingehend *George G. Kaufman,* FDIC Reform – Don't Put Taxpayers Back at Risk, in: Policy Analysis, April 2002, No. 432, S. 2 ff.

1148 12 U.S.C. § 1818(w)(2).

1149 12 U.S.C. § 1818(a)(2).

§ 1818 (o) führt eine solche Maßnahme bei einer National Bank zur Schließung und Abwicklung der Bank. Diese sehr weitreichende Maßnahme der FDIC ist daher nur dann zulässig, wenn zuvor festgestellt wurde, daß weniger stark eingreifende Maßnahmen erfolglos blieben.[1150] Neben dem Vorliegen unsicherer Geschäftspraktiken und eines Verstoßes gegen aufsichtsrechtliche Normen ist in diesem Fall auch die Feststellung einer unsicheren oder unsoliden Vermögenslage der Bank notwendig.[1151]

c) Einzelstaatliche Maßnahmen

Einige Einzelstaaten haben neben den Maßnahmen der nationalen Bankenaufsicht eigene Gesetze und Richtlinien für Eingriffsmöglichkeiten gegenüber gefährdeten Banken erlassen. Derartige Gesetze umfassen Maßnahmen wie den Erwerb von Banken innerhalb eines Bundesstaates, Ausnahmen von einzelstaatlichen Rücklageerfordernissen und Notstandsmaßnahmen hinsichtlich der Anforderungen an das Eigenkapital oder der Beurteilung bestimmter Bankeinlagen. In allen Einzelstaaten, die Gesetze für Maßnahmen gegenüber notleidenden Banken erlassen haben, erhielten die Bankenaufsichtsbehörden eine größere Flexibilität, die in vielen Fällen für gefährdete Banken die letzte Möglichkeit für ein Fortsetzen ihrer Bankentätigkeit bedeutet.[1152] Die Einzelstaaten mit dem größten gesetzlichen Engagement sind jene, die umfangreiche Erfahrungen mit ernsthaften Bankenkrisen oder Bankenschließungen sammeln mußten.[1153]

2. Maßnahmen zur Liquidation

Neben den Verfahren zur Zwangsverwaltung und Konkursverwaltung einer gescheiterten Bank verfügen die amerikanischen Bankenaufsichtsbehörden über eine Reihe alternativer Handlungsmöglichkeiten gegenüber solchen Banken. Diese umfassen die Einleitung von Übernahmetransaktionen, die Auszahlung der Einlagen, die Eröffnung einer Deposit Insurance National Bank sowie die freiwillige Liquidation.

1150 *Pollard,* (Banking Law) S. 94; *Schroeder,* (Law and Regulation), § 10.01[9].

1151 *Pollard,* (Banking Law), S. 93; *Schroeder,* (Law and Regulation), § 10.01[9].

1152 *Robert Craig West,* The Use of Purchase and Assumption Transactions in the Tenth Federal Reserve District, 1984-1986, in: Banking Studies, 1988 Special Issue - Problem Banks, S. 38.

1153 *Spong,* Problem Banks), S. 22. Dies sind insbesondere die Bundesstaaten Colorado, Kansas, Nebraska, Oklahoma, Wyoming, Teile von Missouri und von New Mexiko.

a) Zwangsverwaltung und Konkursverwaltung

Bankzusammenbrüche werden in den Vereinigten Staaten nicht nach dem herkömmlichen Konkursverfahren behandelt, sondern einem gesonderten Bankenrecht unterstellt, dessen Ausgestaltung sich danach unterscheidet, ob bundesstaatliche oder einzelstaatliche Gesetze zur Anwendung kommen.[1154]

Im Falle eines Mißerfolges der bisher behandelten Eingriffs- und Rettungsmaßnahmen für eine notleidende National Bank kann der Comptroller of the Currency einen Zwangsverwalter[1155] oder einen Konkursverwalter[1156] für die Bank einsetzen. Den Direktoren der Bank ist durch diese Maßnahmen jegliche Verfügungsgewalt über das Vermögen der Bank entzogen.[1157]

Dem Comptroller of the Currency steht es frei zu entscheiden, wen er als Zwangsverwalter einsetzt.[1158] Dies kann auch die FDIC sein.[1159] Der Zwangsverwalter führt dann die Geschäfte der Bank unter der Aufsicht des Comptroller of the Currency. Außer bei Gefahr der Zahlungsunfähigkeit oder eines drohenden Konkurses kann eine Bank auch wegen der Weigerung, eine ordnungsgemäße Bankprüfung zu ermöglichen, bei Verstößen gegen eine Cease-and-Desist Order[1160] oder bei einer Betätigung in ungesetzlicher Weise unter Zwangsverwaltung gestellt werden.[1161] Die Zwangsverwaltung dauert so lange an, bis der Comptroller of the Currency diese aufhebt und der Bank die Übernahme der Geschäfte wieder gestattet[1162], die Bank verkauft, liquidiert[1163] oder ein Konkursverwalter bestellt wird.[1164] Die Wahl des Verfahrens und die Schnelligkeit der Umsetzung der Maßnahme hängen im wesentlichen von den Gründen ab, die zu einer Bankenschließung geführt haben. Neben der Zahlungsunfähigkeit können

1154 *Ralph E. Mires / Kenneth Spong,* The Death of a Bank: Assuring an Orderly Transition, in: Banking Studies 1988, Special Issue - Problem Banks, S. 24 f.; *John R. Walter,* Closing Troubled Banks: How the Process Works, in: Economic Quarterly, Vo. 90 – Federal Reserve Bank of Richmond, Winter 2004, S. 51 (54).

1155 12 U.S.C. § 203.

1156 12 U.S.C. § 191.

1157 Wilson v. Awalt, 2 F. Supp. 465 (M.D.Pa. 1933), *Hüpkes,* (Bank Insolvency), S. 65.

1158 12 U.S.C. § 203(d).

1159 Ebenda.

1160 First Nat'l Bank & Trust, Wilbaux, Mont. V. Treasury Dep't, 63 F3d 894, 899 (9th Cir. 1995).

1161 *Schroeder,* (Law and Regulation), § 12.01[2].

1162 12 U.S.C. § 205(a)(1).

1163 12 U.S.C. § 205(a)(2).

1164 12 U.S.C. § 205(b).

der Verstoß gegen eine Cease-and-Desist Order oder die Betätigung in ungesetzlicher Weise auch unmittelbar zu einer Schließung der Bank führen.

Grundsätzlich wird bei Zahlungsunfähigkeit meist das folgende Verfahren angewandt: Bevor es zur Schließung einer Bank durch die Bankenaufsicht kommt, werden die Direktoren aufgefordert, der Bank zusätzliches Kapital zuzuführen. Dieser Anfrage geht eine Bankenprüfung durch die Bankenaufsicht voraus, die zum Ergebnis geführt hat, daß die Kapitalausstattung der Bank nicht ausgeglichen ist. Die Forderung, Kapital nachzuschießen, ist normalerweise abhängig davon, ob bundes- oder einzelstaatliche Gesetze zur Anwendung kommen, und mit einer Fristsetzung von 30 bis 90 Tagen verbunden.[1165]

Wenn der Comptroller of the Currency feststellt, daß die Bank zahlungsunfähig ist, hat er einen Konkursverwalter zu bestellen.[1166] Zahlungsunfähigkeit wird hierbei als die Unfähigkeit einer Bank definiert, ihre Zahlungsverpflichtungen bei Fälligkeit zu erfüllen.[1167] Die Entscheidung des Comptroller of the Currency ist durch ein Gericht nur insofern überprüfbar, als der Einwand erhoben wird, er habe willkürlich oder in böser Absicht gehandelt.[1168] Handelt es sich bei der zu schließenden Bank um eine National Bank, muß die Federal Deposit Insurance Corporation als Konkursverwalter eingesetzt werden.[1169] In diesem Fall wird das weitere Verfahren zur Schließung der Bank von der FDIC bestimmt.

Die Benennung eines Konkursverwalters für eine gescheiterte National Bank beendet weder die rechtliche Existenz der Bank[1170] noch ist sie während dieser Zeit vor Klagen geschützt.[1171] Vom Moment der Bestellung des Konkursverwalters an kann die Bank jedoch in keiner Weise ihre Geschäfte weiterführen.[1172]

1165 *Schroeder,* (Law and Regulation), § 12.01[2].

1166 *Pollard,* (Banking Law), S. 86.

1167 Conservatorship of Wellsville, Pa., 407 F.2d 223 (3d Cir. 1969); cert. den. 396 U.S. 832 (1969).

1168 Die Ausschließlichkeit und Nichtüberprüfbarkeit der Entscheidung der Bankenaufsichtsbehörden ist sowohl auf bundes- als auch einzelstaatlicher Ebene immer wieder gerichtlich bestätigt worden. Zusammenfassend hierzu insbesondere die beiden Entscheidungen in Sachen Franklin National Bank, 381 F. Supp. 1390 (1974) und Federal Deposit Insurance Corporation v. American Bank Trust Shares, 460 F. Supp. 549 (1978).

1169 12 U.S.C. § 1821(c).

1170 Chemical Nat'l Bank v. Hartford Deposit Co., 161 U.S. 1,16 S. Ct. 439, 40 L. Ed. 595 (1896); Wittnebel v. Lougham, 80 F. 2d 222 (2d Cir. 1935).

1171 Bailen v. Deitrick, 84 F. 2d 375 (1st Cir. 1936); Grindley v. First Nat'l Bank-detroit, 87 F. 2d 110 (6th Cir. 1936), cert. den. in 301 U.S. 696 (1937).

1172 Bank v. Pahquioque Bank, 81 U.S. 383, 36 S. Ct. 325. 20 L. Ed. 840 (1872); People v. Nelson, 143 Misc. 339, 257 N.Y.S. 361 (Sup. Ct. 1932).

b) Alternative Verfahren bei Zahlungsunfähigkeit

Entscheidet eine Bankenaufsichtsbehörde, daß eine unter ihre Zuständigkeit fallende Bank geschlossen wird, muß sie die Federal Deposit Insurance Corporation darüber informieren und sie auf die Möglichkeit hinweisen, daß sie in Anspruch genommen werden könnte. Dies muß der FDIC so mitgeteilt werden, daß ihr genug Zeit bleibt, die finanzielle Situation der Bank ebenfalls zu untersuchen und an der abschließenden Entscheidung mitzuwirken.[1173]

Während im Fall der Schließung einer National Bank der Comptroller of the Currency die FDIC als Konkursverwalter bestellen muß[1174], bestimmen bei der Schließung von State Banks die Bankengesetze der Einzelstaaten, wer als Konkursverwalter eingesetzt werden soll. In den meisten Bundesstaaten können die Bankenaufsichtsbehörden hierbei entweder sich selbst, die FDIC oder eine dritte Partei als Konkursverwalter einsetzen. Wegen ihrer besonderen Funktion als Versicherungsanstalt setzen die staatlichen Bankenaufsichtsbehörden auch bei der Schließung von State Banks zumeist die FDIC als Konkursverwalter ein.[1175]

Sobald die FDIC als Konkursverwalter der Bank eingesetzt ist, stehen ihr drei Handlungsmöglichkeiten zur Verfügung.[1176] Zuerst kann sie eine Übernahme des Geschäfts durch eine andere gesunde Bank anstreben.[1177] Bei diesem Verfahren kauft die gesunde Bank die werthaltigen Aktiva und übernimmt die Einlagen der anderen Bank. Als zweite Möglichkeit kann die FDIC die Einleger auszahlen und die Bank schließen.[1178] Dabei wird der Teil der Einlagen, der das Versicherungslimit von 100.000 Dollar übersteigt, erst verkauft, wenn der Erlös aus dem Verkauf der Aktiva durch die FDIC die versicherten Beträge übersteigt.[1179] Schließlich hat die FDIC nach dem Competitive Equality Banking Act von 1987 drittens die Möglichkeit, eine Deposit Insurance National Bank (DINB) zu eröffnen, auf die die Einlagen der gescheiterten Bank übertragen werden.[1180]

1173 MIRES / *Spong*, (The Death of a Bank), S. 24 (25).

1174 12 U.S.C. § 191; 12 U.S.C. § 1821.

1175 Staatliche Bankenaufsichtsbehörden wurden bisher nur in vier Fällen als Konkursverwalter eingesetzt: Bellview Valley Bank, Nebraska State Bank of Valentine, Nebraska; Bank of Salem, Nebraska und First Community State Bank of Savannah, Missouri.

1176 Zusammenfassend: *J.R. Walter*, (Troubled Banks) S. 51 ff.

1177 *Morschbach*, (Struktur ausländischer Bankensysteme), S. 52; *Mires / Spong*, (The Death of a Bank), S. 26.

1178 *Mires / Spong*, (The Death of a Bank), S. 26.

1179 *Morschbach*, (Struktur ausländischer Bankensysteme), S. 51 f.

1180 *Jonathan R. Macey / Geoffrey P. Miller*, Banking Law and Regulation, Boston / Toronto / London 1992, S. 648 f.

Welche dieser drei Möglichkeiten die FDIC zur Liquidation der gescheiterten Bank wahrnimmt hängt davon ab, welches Verfahren den größten Nutzen und die geringsten Kosten für die Einleger verursacht. Nach dem Garn-St. Germain Depository Institutions Act von 1982[1181] darf die FDIC eine Übernahme durch eine andere Bank nicht anstreben, wenn die Auszahlung der Einleger und die Liquidierung der Bank geringere Kosten verursachen würden.[1182] Einzige Ausnahme von diesem Grundsatz ist, wenn nach Einschätzung der FDIC die Schließung der insolventen Bank dazu führen würde, daß eine Region mit Banken unterversorgt wäre.[1183]

aa) Übernahmetransaktionen

Bei der Einleitung einer Übernahmetransaktion[1184] hat die FDIC zwei unterschiedliche Funktionen wahrzunehmen.[1185] Zum einen handelt sie als Konkursverwalter der geschlossenen Bank nach dem Federal Deposit Insurance Act.[1186] Zum anderen wird sie in ihrer Eigenschaft als Versicherer und Bundesbehörde tätig. Die FDIC handelt in diesen Funktionen sowohl mit der betroffenen Bank, als auch intern mit sich selbst. Zwischen Bank und FDIC besteht also ein dreiseitiges Beziehungsverhältnis.[1187]

Zur Einleitung der Übernahmetransaktion erstellt die FDIC eine Liste aller für eine Übernahme in Betracht kommenden Banken.[1188] Bei dieser Zusammenstellung achtet die FDIC auf die Wirtschaftskraft des potentiellen Übernehmers und die Erfahrungen der im Management tätigen Direktoren. Die Liste aller für die Übernahme in Betracht kommenden Banken muß den anderen zuständigen Bankenaufsichtsbehörden vorgelegt werden, damit auch diese die Eignung der in Frage kommenden Banken überprüfen können.

In dem dann von der FDIC eingeleiteten Übernahmeverfahren geben die potentiellen Übernehmer nach Anhörung und Auswertung aller Informationen[1189] ihre Angebote zum Kauf der Bank ab. Die FDIC wertet alle eingegangenen Angebote aus und erteilt dem besten Bieter den Zuschlag. Diesem Zuschlag muß ei-

1181 Pub. L. 97-320, Oct. 15, 1982, 96 Stat. 1469.

1182 12 U.S.C. § 1823 (c)(4)(A).

1183 *Schroeder,* (Law and Regulation), § 12.02[3].

1184 Die Bankenaufsichtsbehörden der USA verwenden hierzu den Begriff Purchase-and-Assumption Transactions. Hierzu ausführlich: *Schroeder,* (Law and Regulation), § 12.02[2]; *Hüpkes,* (Bank Insolvency), S. 90.

1185 FDIC v. Ashley, 585 F. 2d 157 (6th Cir. 1978).

1186 12 U.S.C. § 1821(c).

1187 *Deal et al.,* (Fn.157), § 49.11[1]; *Schroeder,* (Law and Regulation), § 12.01.

1188 *Mires / Spong,* (The Death of a Bank), S. 26 f.

1189 *Schroeder,* (Law and Regulation), § 12.02[2].

ne Bestätigung durch die anderen Bankenaufsichtsbehörden und das zuständige Gericht folgen.[1190]

Der zwischen der FDIC als Konkursverwalter und der übernehmenden Bank geschlossene Übernahmevertrag wird ergänzt durch einen Vertrag, der dem Übernehmer Immunität vor Klagen der Bankkunden der übernommenen Bank zusichert, wenn diese sich auf Handlungen beziehen, die zeitlich vor dem Scheitern der Bank liegen, oder nicht zu den vom Käufer übernommenen Verpflichtungen gehören.[1191] Dabei handelt es sich insbesondere um Streitigkeiten, die aus dem Vorwurf des Vertragsbruchs seitens der übernommenen Bank resultieren.[1192]

Sollten keine Angebote eingehen oder sollte keines der eingehenden Angebote das von der FDIC gesetzte Mindestgebot erreichen, kann das Verfahren ein weiteres Mal durchgeführt werden. Bei erneuter Erfolglosigkeit wird die Auszahlung der Einlagen eingeleitet.[1193]

bb) Auszahlung der Einlagen

Als Fortführung einer erfolglosen Übernahmetransaktion, aber auch als selbständige Alternative zu diesem Verfahren, ist die Möglichkeit der Auszahlung der versicherten Einlagen vorgesehen. In diesem Verfahren wird die FDIC insbesondere in ihrer Funktion als Einlagenversicherung tätig. Sie muß die Einleger in Höhe ihrer versicherten Einlagen auszahlen, indem sie die Versicherungssumme direkt an die Bankengläubiger auszahlt oder diesen Betrag auf ein Konto bei einer anderen Bank überweist.[1194] Im Gegenzug müssen die Einleger ihre Ansprüche gegen die Bank an die FDIC abtreten.

Zur Errechnung des auszuzahlenden Betrages werden die Einlagen aller Konten und die darauf fälligen Zinsen ermittelt. Dabei werden unterschiedlichen Konten, die ein Einleger bei der betroffenen Bank unterhält, zusammengerechnet und lediglich in ihrer Summe als eine versicherte Einlage behandelt.[1195] Diese Summe wird um den Betrag korrigiert, den der Bankkunde der Bank aus anderen Geschäften schuldet. Soweit Einlagen von Bankgläubigern nicht von der Einlagenversicherung gedeckt sind, werden nach Liquidation der Bank durch die

---

1190 *Schroeder*, (Law and Regulation), § 12.02[2].

1191 12 U.S.C. § 1823 (c)(2).

1192 *Deal et al.*, (Banking Law), § 49.11[1].

1193 *Spong*, (Banking Regulation), S. 140.

1194 12 U.S.C. § 1821(f); *Hüpkes*, (Bank Insolvency), S. 93.

1195 *Schroeder*, (Law and Regulation), § 12.02[1].

FDIC die bei der Liquidation entstandenen etwaigen Überschüsse anteilig an die Gläubiger ausgeschüttet.[1196]

Dieses Verfahren wird von der FDIC immer dann angewandt, wenn keine ausreichende Anzahl von geeigneten Übernahmekandidaten ermittelt werden konnte, entweder weil in der Region, in der die Bank tätig war, nicht genügend potentielle Kandidaten tätig sind, oder weil die finanziellen Verhältnisse der gescheiterten Bank so ungünstig sind, daß keine andere Bank bereit war Angebote für eine Übernahme abzugeben.[1197]

cc) Eröffnung einer Deposit Insurance National Bank

Als Alternative zur Auszahlung der versicherten Einlagen oder zu einer Übernahmetransaktion kann die FDIC eine neue National Bank eröffnen und die Einlagen der gescheiterten Bank auf diese übertragen.[1198] Eine solche Bridge Bank wird Deposit Insurance National Bank genannt.[1199] Sie ist weder Behörde noch staatliches Unternehmen, sondern eine unter der besonderen Aufsicht der FDIC stehende versicherte National Bank.[1200]

Nach dem Banking Act von 1933 war es zunächst Aufgabe der Deposit Insurance National Bank, im Falle einer Auszahlung der versicherten Einlagen durch die FDIC an die Einleger als Zwischenglied zu dienen. In der Folgezeit wurde diese Funktion als Zwischenglied aufgegeben, und den Deposit Insurance National Banks wurden statt dessen eigenständige Aufgaben bei der Liquidation von gescheiterten Banken zugewiesen.[1201]

Für die täglichen Bankgeschäfte einer Deposit Insurance National Bank gelten eine Vielzahl von Ausnahmen und Sonderregeln. Eine wesentliche Ausnahmebestimmung ist, daß eine Deposit Insurance National Bank nicht der Besteuerung unterliegt und keine Aktien der Federal Reserve Bank erwerben muß.[1202] Eine Deposit Insurance National Bank kann nur mit ausdrücklicher Genehmigung der FDIC Einlagen annehmen und darf ihrerseits keine Kredite vergeben.[1203] Die Einschränkung der Bankgeschäfte einer Deposit Insurance Natio-

---

1196 *Pollard,* (Banking Law), S. 607.

1197 *Mires / Spong,* (The Death of a Bank), S. 28.

1198 12 U.S.C. § 1821(m)(1); 12 U.S.C. § 1821(n); *Hüpkes,* (Bank Insolvency), S. 90 f.

1199 Im Folgenden wird hierfür das auch im amerikanischen Sprachgebrauch verwandte Akronym DINB gebraucht.

1200 12 U.S.C. § 1821(n)(1)(E),(2)(B).

1201 *Federal Deposit Insurance Corporation,* (A brief History), S. 38; *Pollard,* (Banking Law), S. 611.

1202 *Deal et al.,* (Banking Law), § 49.07[2].

1203 12 U.S.C. § 1821(n).

nal Bank soll ihren zeitlich begrenzten Wirkungskreis unterstreichen und das Vertrauen in die Bankenwirtschaft der betroffenen Region zurückgewinnen.

Eine Deposit Insurance National Bank muß nach einer Dauer von zwei Jahren entweder in eine herkömmliche Bank übergeleitet werden oder ihre Geschäftstätigkeit einstellen.[1204] In letzterem Fall gehen alle bei der Deposit Insurance National Bank geführten Einlagen und Verpflichtungen gegenüber den Bankgläubigern auf die FDIC über.[1205] Es steht im Ermessen der FDIC, die Lebensdauer einer solchen Bank bis zu dreimal um eine jeweils einjährige Periode zu verlängern.[1206]

c) Freiwillige Liquidation

National Banks können durch Beschluß einer zwei Drittel Mehrheit ihrer Anteilseigner freiwillig in Liquidation gehen.[1207] Ein derartiger Beschluß führt unmittelbar zur Auflösung der Bank. Die Absicht, einen derartigen Beschluß herbeizuführen, muß dem Comptroller of the Currency mitgeteilt werden.[1208] Von ihm erhält die Bank daraufhin detaillierte Anweisungen zur weiteren Abwicklung des Auflösungsverfahrens.

Um einen ordnungsgemäßen Auflösungsbeschluß herbeiführen zu können, muß den Aktionären in einer Aktionärsversammlung von diesem Vorhaben Mitteilung gemacht werden. Ein solcher Beschluß ist nicht auf solche Fälle beschränkt, in denen eine Auflösung der Bank allen Aktionären nützt[1209], sondern ist bei Zustimmung von zwei Dritteln der Aktionäre selbst dann wirksam, wenn er den Interessen einer Minderheit von Aktionären widerspricht.[1210] Bei ihrer Entscheidung hat die Mehrheit der Gläubiger allerdings die Interessen der Minderheit zu berücksichtigen und zu versuchen, einen Interessensausgleich zu finden. Die Entscheidung über den Beschluß muß dem Comptroller of the Currency vom Vorstand der Bank umgehend mitgeteilt werden.[1211] Über eine Zeitdauer von zwei Monaten muß danach in allen Tageszeitungen der Region, in der die Bank geschäftlich tätig war, die Mitteilung veröffentlicht werden, daß die Bank

---

1204 *Schroeder,* (Law and Regulation), § 12.02[3].

1205 *Deal et al.,* (Banking Law), § 49.07[2]; *Mires / Spong,* The Death of a Bank), S. 29.

1206 12 U.S.C. § 1821(n)(9); *Pollard,* (Banking Law), S. 611.

1207 12 U.S.C. § 181; *Pollard,* (Banking Law), S. 606.

1208 12 C.F.R. § 548.

1209 Waldrop v. Martin, 237 Ala. 556, 188 So. 59 (1939); Green v. Bennett, 110 S.W. 108 (Tex. Civ. App. 1908).

1210 Watkins v. Nat'l Bank of Lawrence, 51 Kan. 254, 32 P. 914 (1893).

1211 12 U.S.C. § 182.

ihre Geschäftstätigkeit einstellen wird[1212]. Schließlich muß die Bank ihre Schuldner von dem Beschluß informieren, damit diesen Gelegenheit zur Klageerhebung gegen die Bank gegeben wird.[1213]

Die Annahme des Antrags zur freiwilligen Auflösung führt dazu, daß die Geschäftstätigkeit der Bank eingestellt wird und das Vermögen der Bank treuhänderisch von einer eingesetzten Person zum Nutzen der Einleger verwaltet wird.[1214] Auch wenn durch den Beschluß die Geschäftstätigkeit der Bank eingestellt wird, so verliert sich nicht ihre Existenz als juristische Person.[1215] Dies bedeutet, daß Zahlungsverpflichtungen der Bank auch während der Liquidation bestehen bleiben und die Bank während dieser Zeit selbst klagen und verklagt werden kann.[1216]

Das Verfahren der freiwilligen Liquidation kommt meist dann zur Anwendung, wenn eine Bank ihr Vermögen an eine andere Bank verkauft hat oder von ihr übernommen werden soll. Ist in einem solchen Fall die übernehmende Bank ebenfalls eine National Bank, so bedarf es für die Übernahme der Billigung des Comptroller of the Currency.[1217]

Dieses Verfahren kann die Bank nicht davor schützen, daß der Comptroller of the Currency im Interesse der Öffentlichkeit die Bank bei Vorliegen aller Voraussetzungen für zahlungsunfähig erklärt[1218] und einen Konkursverwalter bestellt.[1219]

II. Maßnahmen bei allgemeinen Krisenfällen

Maßnahmen, die in den Vereinigten Staaten zur Abwehr von Gefahren für den gesamten Bankenbereich getroffen werden können, finden sich in den allgemeinen Gesetzen über das hoheitliche Verhalten des Staates in Notstandssituationen und in der Bankengesetzgebung.

1212 12 U.S.C. § 182.
1213 12 U.S.C. § 182.
1214 Wise v. Potomac Nat'l Bank, 393 Ill. 357, 65 N.E. 2d 767 (1946); Southwest Nat'l Bank v. Farracy, 50 F.2d 959 (N.D. Tex. 1931); Peters v. First Nat'l Bank, 218 Wis. 126, 259 N.W. 600 (1935).
1215 Houston v. Drake, 18 F. Supp. 693.
1216 Oklahoma City Nat'l Bank v. Ezzard, 58 Okla. 251, 159 P. 267 (1918); Steward v. Atlantic Nat'l Bank, 27 F. 2d 224 (9th Cir. 1928).
1217 12 C.F.R. §§ 548.
1218 First Nat'l Bank v. Nichols, 294 Mass. 173 200 N.E. 869 (Mass. 1936).
1219 Waldrop v. Martin, 237 Ala. 556, 188 So. 59 (1939); O'Conner v. Watson, 81 F. 2d 833 (5th Cir. 1936), cert. den. in 298 U.S. 657 (1936).

Die Ausrufung der sogenannten "Banking Holidays", das heißt die vorläufige Einstellung der Geschäftstätigkeit aller Banken, ist nur in Kriegszeiten oder dann möglich, wenn der Präsident zuvor den nationalen Notstand ausgerufen hat.[1220] Section 5(b) und Section 16 des Trading with the Enemy Acts of 1917 waren Grundlage für den bisher einzigen Fall dieser Art, nämlich die 1933 von Präsident Franklin D. Roosevelt angeordnete Bankenschließung. Mit dieser vom 6. März 1933 bis zum 9. März 1933 andauernden Maßnahme sollte ereicht werden, daß ein weiterer Abzug der Bankeinlagen und ein Umlenken dieser Gelder in Gold, Silber oder Sacheinlagen die damalige Bankenkrise nicht weiter verschärfte. Durch eine 1977 erfolgte Gesetzesänderung wurde diese Möglichkeit des Präsidenten allerdings auf solche Notstandssituationen begrenzt, die unmittelbare Folge eines Krieges sind. In Kriegszeiten kann der amerikanische Präsident danach durch eine von ihm zu bestimmende Behörde Kredite oder einen Geldtransfer von, zwischen oder an Banken untersuchen, regulieren oder verbieten.[1221]

Neben diesen Möglichkeiten, die dem Präsidenten zustehen, kann auch der Comptroller of the Currency als Notstandsmaßnahme für National Banks "Banking Holidays" festlegen. Voraussetzung dazu ist, daß es sich um eine Situation handelt, die als nationaler Notstand, Aufruhr oder Krieg bezeichnet werden kann.[1222] Liegt eine besondere Notstandssituation vor, kann eine Maßnahme auch auf einen einzelnen Bundesstaat oder einen Teil eines Bundesstaats begrenzt sein.[1223]

C. Zusammenfassung und Vergleich

In Deutschland und den Vereinigten Staaten stehen den Bankenaufsichtsbehörden eine Vielzahl von Eingriffs- und Hilfsmaßnahmen zur Verfügung, um in Krisensituationen einzelner Banken oder bei Gefährdung des gesamten Bankgewerbes eingreifen oder das Aufsichtsrecht verletzende Praktiken einzelner Banken abstellen zu können.

Dabei ist zu beobachten, daß es trotz völlig unterschiedlicher Aufsichtsstrukturen nicht nur unterschiedliche Eingriffs- und Hilfsmaßnahmen gibt, sondern auch solche, die sich sehr ähnlich sind. Hierzu gehören etwa die Regelungen über die den Aufsichtsbehörden in beiden Ländern zustehenden Auskunfts- und Prü-

1220 12 U.S.C. §§ 95, 95a, 95b.
1221 *Schroeder*, (Law and Regulation), § 4.01[5].
1222 12 U.S.C. § 95(b).
1223 Ebenda.

fungsrechte. Mit ihnen soll insbesondere die ordnungsgemäße laufende Geschäftstätigkeit der Banken gewährleistet werden. Unterschiede zeigen sich aber besonders darin, daß es in Deutschland noch keinen Vor-Ort-Überprüfungsprozeß gibt, wie es in den Vereinigten Staaten üblich ist. Dies wird sich aber durch die Übernahme der Basel-II-Vereinbarungen ändern, die in ihrer zweiten Säule den Vor-Ort-Überprüfungsprozeß ausdrücklich vorsehen.

In Deutschland und in den Vereinigten Staaten kooperieren die betroffenen Banken in aller Regel frühzeitig mit den Aufsichtsbehörden, um so formelle und öffentlichkeitswirksame Maßnahmen der Behörden möglichst zu vermeiden. Vorrangiges Interesse der Banken ist es, einen formellen Eingriff und die damit verbundene Schädigung ihres Ansehens in der Öffentlichkeit zu vermeiden, um das Vertrauen ihrer Kunden zu erhalten.

Während in Deutschland eine hohe Regelungsdichte des bankenaufsichtsrechtlichen Maßnahmenkatalogs besteht, wird in den Vereinigten Staaten eine Vielzahl der Eingriffe über die generalklauselartige Cease-and-Desist Order geregelt. Zu den Eingriffsmöglichkeiten in den Vereinigten Staaten kommt ferner die so genannte Capital Directive, die ähnlich den Maßnahmen, die in Deutschland im Kreditwesengesetz formuliert sind, auf die Erhaltung der Angemessenheit des Eigenkapitals wirkt. Als weitere sehr weitreichende Maßnahme gibt es in beiden Ländern die Möglichkeit der zeitweiligen oder dauerhaften Abberufung von Bankmitarbeitern.

Zu den deutlichen Unterschieden gehört, daß in den Vereinigten Staaten die Aufsichtsbehörde eine National Bank zwangsweise vom Versicherungsschutz der FDIC auszuschließen kann. Dies gilt als eine der härtesten Maßnahmen, die von der amerikanischen Bankenaufsicht verhängt werden kann. Eine entsprechende aufsichtsrechtliche Eingriffsmöglichkeit der Bundesanstalt für Finanzdienstleistungsaufsicht fehlt in Deutschland, da es hier keine staatliche Einlagenversicherung gibt. Statt dessen besteht lediglich die Möglichkeit, daß die Einlagenversicherung selbst mit Zustimmung der Bundesanstalt für Finanzdienstleistungsaufsicht das Institut aus der Entschädigungseinrichtung ausschließt, wenn es seinen Beitrags- und Mitwirkungspflichten nicht nachkommt. Dabei handelt es sich jedoch nicht um eine aufsichtsrechtliche Maßnahme.

Anders als in Deutschland kann in den Vereinigten Staaten die Einlagenversicherung FDIC versuchen, mit dem Instrument der Deposit Insurance National Bank eine angeschlagene Bank zu retten. Eine vergleichbare Regelung gibt es in Deutschland nicht

Ein weiterer wesentlicher Unterschied in der Behandlung von Banken in Krisenfällen besteht im Vorhandensein nur einer deutschen Aufsichtsbehörde, die deutlich schneller und präziser eingreifen kann, als dies in den Vereinigten Staaten durch das Nebeneinander von drei unterschiedlichen Aufsichtsbehörden der

Fall ist. Da Banken in den Vereinigten Staaten in aller Regel der Aufsicht von mehreren Behörden unterworfen sind, kann es hier zu Abstimmungsschwierigkeiten, Überlappungen und zum Teil sogar zu konkurrierenden Entscheidungen kommen. So kann beispielsweise die FDIC das zuvor erwähnte Verfahren zur Beendigung des Einlagenversicherungsschutzes einleiten, wenn sie der Ansicht ist, daß die Maßnahmen der anderen Aufsichtsbehörden nicht zur Sicherung der aufsichtsrechtlichen Ziele ausreichen.

Im Fall einer drohenden Insolvenz gibt es in beiden Ländern bankrechtliche Sonderregelungen, die stark vom allgemeinen Insolvenzrecht abweichen. Dabei soll insbesondere durch die enge und frühzeitige Einbindung der Aufsichtsbehörden alles getan werden, um das Eintreten einer Insolvenz zu vermeiden. Anders als nach allgemeinem Insolvenzrecht kann in Deutschland nur die Bundesanstalt für Finanzdienstleistungsaufsicht für eine Bank Insolvenzantrag stellen. In den Vereinigten Staaten kann dies für die National Banks nur der Comptroller of the Currency.

Die Möglichkeiten zur Regelung von allgemeinen Krisenfällen sind in den Vereinigten Staaten im Vergleich zu den Gesetzen in Deutschland breiter ausgestaltet. Bei Gefahren, die das gesamte Bankgewerbe oder die Gesamtwirtschaft treffen, sind in Deutschland die Bundesregierung und in den Vereinigten Staaten der Präsident oder eine von ihm ausdrücklich bestimmte Behörde zuständig. Anders als in Deutschland können in den Vereinigten Staaten Maßnahmen, die zur Abwehr von Gefahren für den gesamten Bankenbereich getroffen werden, auch unmittelbar von der Bankenaufsichtsbehörde erlassen werden. Solche Maßnahmen müssen nicht für das ganze Land gelten, sondern können sich auch auf einzelne Bundesstaaten oder Teilbezirke von Bundesstaaten beschränken.

Schlußbetrachtung

Zum Abschluß soll noch einmal zusammenfassend ein Vergleich der Bankenaufsicht in Deutschland und den Vereinigten Staaten gezogen werden. Dem schließt sich ein Ausblick an, in dem versucht wird, mögliche Veränderungen der Bankenaufsicht in der Zukunft zu skizzieren.

I. Zusammenfassung

In keinem anderen Wirtschaftsbereich ist die Globalisierung weiter fortgeschritten als dies für Banken und Finanzdienstleistungsunternehmen der Fall ist. Durch die den Banken zur Verfügung stehende moderne Informations- und Kommunikationstechnologie hat sich die ganze Welt zu ihrem Marktplatz entwickelt. Gleichzeitig gilt aber gerade dieser Bereich als ein besonders weitgehend regulierter Wirtschaftsbereich. Während auf der einen Seite ein Maximum an unternehmerischer Freiheit rund um den Globus gelebt wird, schränken auf der andern Seite immer umfangreichere regulatorische Bestimmungen diesen Handlungsspielraum ständig weiter ein. Hintergrund für diese starke Regulierung ist die in Deutschland wie auch in den Vereinigten Staaten bestehende Einigkeit darüber, daß Banken für das Funktionieren der Wirtschaft eine besonders wichtige Rolle spielen und auch besonders schutzwürdig sind.

Gleichermaßen geprägt durch die Zusammenbrüche von Banken während der Weltwirtschaftskrise sind die Ziele der Bankenaufsicht in beiden Ländern die Sicherung der Einleger vor Verlusten, die Erhaltung der Funktionsfähigkeit des Bankgewerbes und die Abwehr von Gefahren für die Gesamtwirtschaft. Anders als in Deutschland ist in den Vereinigten Staaten die Verhinderung einer zu starken Konzentration von Bankenmacht ein weiteres wichtiges Element der aufsichtsrechtlichen Tätigkeit. Schließlich ist vor dem Hintergrund der Globalisierung und den damit verbundenen Harmonisierungsanstrengungen der Bankenaufsicht in Deutschland und den Vereinigten Staaten die Stärkung der Solidität und Stabilität des internationalen Bankensystems als weiteres Ziel hinzugetreten.

Der Schutz Dritter gehört in beiden Ländern nicht zu den aufsichtsrechtlichen Zielen. Ein Staatshaftungsanspruch für Schäden, die Dritten dadurch entstanden sind, daß die Bankenaufsichtsbehörde ihrer Aufsichtspflicht nicht oder nicht korrekt nachgekommen ist, bleibt daher sowohl in Deutschland als auch in den Vereinigten Staaten bislang ausgeschlossen.

Trotz aller festgestellten Ähnlichkeiten in der Zielsetzung der Bankenaufsicht sind die Unterschiede in der geschichtlichen Entwicklung beachtlich. Erste Bemühungen um eine Regelung der Geschäftstätigkeit der Banken waren in beiden Ländern bereits zum Ende des 19.Jahrhunderts zu beobachten. Erst die Weltwirtschaftskrise war dann aber Anlaß für eine planmäßige Entwicklung der Bankenaufsicht, die jedoch in Deutschland und in den Vereinigten Staaten von sehr großen Unterschieden geprägt ist. Ein wesentlicher Unterschied besteht darin, daß es in Deutschland mit dem Kreditwesengesetz *ein* Gesetz gibt, das auf Bundesebene die Bankenaufsicht regelt. In den Vereinigten Staaten existieren dagegen auf Bundesebene eine Vielzahl von Einzelgesetzen, die im United States Code unter dem Titel "Banks and Banking" zusammengefaßt sind. Parallel dazu hat eine unüberschaubare Anzahl bankenaufsichtsrechtlicher Regelungen Gültigkeit, die von den fünfzig amerikanischen Einzelstaaten erlassen wurden. Ergänzt werden diese gesetzlichen Regelungen durch zum Teil sehr detaillierte behördliche Regelungen (regulations) die im Code of Federal Regulations für die Bankenaufsichtsbehörden zusammengefaßt sind.

Durch die zum Teil umbruchartigen Veränderungen, die sich in den letzten Jahren in der Geschäftstätigkeit der Banken in beiden Ländern vollzogen haben, gab es in Deutschland und in den Vereinigten Staaten eine Vielzahl gesetzlicher Neuerungen und Ergänzungen. In Deutschland waren dies im wesentlichen Novellierungen des Kreditwesengesetzes oder auf organisatorischer Ebene die Gründung der Bundesanstalt für Finanzdienstleistungsaufsicht, die aus der Zusammenlegung der Aufsichtsämter für das Kreditwesen, für das Versicherungswesen und für den Wertpapierhandel entstanden ist. In den Vereinigten Staaten kamen eine Reihe neuer Gesetze hinzu, die dort die Ära der Modernisierung der Bankenaufsicht einläuten sollten. Von besonderer Tragweite ist dabei der Erlaß des Gramm-Leach-Bliley Acts, durch den die jahrzehntelange Trennung zwischen Commercial Banking und Investment Banking, wie es im Glass-Steagall Act postuliert war, aufgehoben wurde.

Ein bedeutendes Strukturprinzip für die Banken in den Vereinigten Staaten ist das sogenannte "Dualsystem". Danach erfolgt die Zuweisung bankenaufsichtsrechtlicher Befugnisse teils an den Bund, teils an die Einzelstaaten. Eine derartige Trennung der Bankenaufsicht in Bundes- und Landesbefugnisse gibt es dagegen in Deutschland nicht.

Unterschiede zwischen beiden Ländern zeigen sich auch bei der Definition dessen, was eine Bank tatsächlich ist. In Deutschland sind die Begriffe "Bank" und "Finanzdienstleistungsinstitut" durch die Regelungen im Kreditwesengesetz eindeutig definiert. In den Vereinigten Staaten existiert hingegen keine gesetzliche Definition des Begriffs "Bank". Entscheidend ist dort in erster Linie die Wahl der Bank Charter, aus der sich dann ergibt, welchen gesetzlichen Regelungen die Geschäftstätigkeit des Instituts unterworfen ist.

Auch die Organisation der staatlichen Bankenaufsicht unterscheidet sich in Deutschland und den Vereinigten Staaten erheblich. In Deutschland werden die bankenaufsichtsrechtlichen Funktionen von der Bundesanstalt für Finanzdienstleistungsaufsicht wahrgenommen, die im Sinne einer Allfinanzaufsicht die Aufsicht über Kreditinstitute, Versicherungen und Wertpapierhandelshäuser ausübt. Bundesanstalt für Finanzdienstleistungsaufsicht wird durch die Einbindung der Deutschen Bundesbank mit ihrer föderalen Struktur der Hauptniederlassungen und Filialen ergänzt. Durch gesetzliche Neuerungen wurde die Einbeziehung der Deutschen Bundesbank in die bankenaufsichtlichen Aufgaben ausdrücklich festgelegt und ihre Zusammenarbeit mit der Bundesanstalt für Finanzdienstleistungsaufsicht konkretisiert. Die Zusammenarbeit der beiden Institutionen ergibt sich darüber hinaus aus einzelnen, jeweils speziell gesetzlich begründeten Mitwirkungsbefugnissen der Deutschen Bundesbank. In diesem Zusammenwirken der Bankenaufsicht sieht der Gesetzgeber allerdings graduelle Unterschiede vor. Lediglich der Bundesanstalt für Finanzdienstleistungsaufsicht stehen bankenaufsichtliche Entscheidungsmöglichkeiten gegenüber den Kreditinstituten, insbesondere der Erlaß von Verwaltungsakten, zur Verfügung.

In den Vereinigten Staaten wird die Aufsicht über Banken, Versicherungen und Wertpapierhandelsunternehmen von verschiedenen Behörden wahrgenommen. Eine einzelne, zentrale Aufsichtsbehörde im Sinne einer Allfinanzaufsicht wie in Deutschland, existiert in den Vereinigten Staaten nicht. Im völlig dezentral organisierten amerikanischen Aufsichtswesen gibt es auch für die Banken keinen vorherrschenden Regulierer. Hier existieren drei Aufsichtsbehörden nebeneinander, der Comptroller of the Currency, der Board of Governors of the Federal Reserve System und die Federal Deposit Insurance Corporation. Für die National Banks ist der Comptroller of the Currency wichtigste Aufsichtsbehörde, da dieser unter anderem für die Vergabe der National Bank Charter zuständig ist. Der Board of Governors of the Federal Reserve System übt insbesondere gegenüber den Bank Holding Companies und den State Member Banks die Bankenaufsicht aus. Schließlich beaufsichtigt die dritte Aufsichtsbehörde, die Federal Deposit Insurance Corporation, die State Non-Member Banks.

Die Bundesanstalt für Finanzdienstleistungsaufsicht ist eine selbständige Bundesoberbehörde. Sie übt eine Verwaltungstätigkeit auf zentraler Bundesebene aus, ohne einen eigenen Mittel- und Unterbau zu unterhalten. Im Gegensatz zu den drei Aufsichtsbehörden in den Vereinigten Staaten ist die Bundesanstalt für Finanzdienstleistungsaufsicht eine gegenüber dem Bundesministerium der Finanzen weisungsabhängige Bundesbehörde. Dabei ist jedoch festzustellen, daß die

Bundesanstalt trotz der Einbindung in die Hierarchie des deutschen Staats- und Verwaltungsapparates aufgrund des bei ihr gebündelten Expertenwissen und Sachverstandes faktisch eine weitgehende Unabhängigkeit genießt.

In den Vereinigten Staaten kommt es bei der aufsichtsrechtlichen Tätigkeit drei genannten Aufsichtsbehörden immer wieder zu erheblichen Überlappungen. Dieser zum Teil als "Dreifaltigkeit" oder "aufsichtrechtliches Wirrwarr" beschriebene Zustand hat in der Vergangenheit immer wieder zu großer Kritik geführt. Die in die drei nationale und 50 einzelstaatlichen Aufsichtsinstanzen fragmentierte Struktur hat auch verhindert, daß ein seit vielen Jahren immer wieder geforderter Reformprozeß umgesetzt werden konnte. Nur sehr langsam ist hier ein Umdenken zu beobachten.

Anders als in den Vereinigten Staaten wo ausschließlich die Federal Deposit Insurance Corporation zuständig ist, besteht in Deutschland neben dem staatlich organisierten Einlagensicherungssystem auch eine freiwillige, privat organisierte Einlagensicherungseinrichtung der deutschen Banken. Auch wenn den deutschen Einlagensicherungseinrichtungen nicht unmittelbar bankenaufsichtsrechtliche Aufgaben zustehen, üben sie durch ihre Befugnis zur Durchführung von Prüfungen und zum Mitwirken bei der Erteilung einer Bankerlaubnis maßgeblichen Einfluß auf ihre Mitglieder aus, der faktisch als bankenaufsichtsrechtliche Funktion angesehen werden kann. In beiden Ländern ist die Mitgliedschaft in der staatlichen Einlagenversicherung gesetzlich vorgeschrieben.

In Deutschland und in den Vereinigten Staaten benötigt jeder, der Bankgeschäfte betreiben will, eine Zulassung. In Deutschland wird diese Erlaubnis, wie bereits oben erwähnt, von der Bundesanstalt für Finanzdienstleistungsaufsicht erteilt. In den Vereinigten Staaten wird sie für die National Banks in Form der National Charter vom Comptroller of the Currency ausgegeben.

In Deutschland hat der Antragsteller einen Rechtsanspruch auf Erteilung der Erlaubnis, wenn keiner der im Kreditwesengesetz genannten Versagungsgründe vorliegt. Es handelt sich hierbei um ein Verbot mit Erlaubnisvorbehalt. Ein solcher Rechtsanspruch fehlt dagegen in den Vereinigten Staaten. Dem Comptroller of the Currency steht mit der Bedürfnisprüfung ein Instrument zur Verfügung, das ihm einen nahezu unbegrenzten Ermessenspielraum für die Erteilung der Erlaubnis gibt. In Deutschland wäre eine derartige Bedürfnisprüfung als Eingriff in die staatlich garantierte Berufsfreiheit (Art. 12 Abs. 1 GG) auszulegen und mit dem Grundgesetz nicht vereinbar.

Inhaltlich sind die Zulassungsbestimmungen in Deutschland und in den Vereinigten Staaten ähnlich angelegt. In beiden Ländern wird nach sachlichen, persönlichen und sonstigen Zulassungsvoraussetzungen unterschieden. Auf sachlicher Seite unterscheiden sich die Zulassungsvoraussetzungen durch die Art, wie die Höhe des Anfangskapitals bestimmt wird. In Deutschland ist ein Betrag in Höhe von 5 Millionen Euro als ausreichendes Anfangskapital definiert, wobei sich dieser statische Begriff des Anfangskapitals von dem dynamischen Begriff des angemessenen Eigenkapitals unterscheidet. In den Vereinigten Staaten wird eine solche Differenzierung nicht durchgeführt. Hier gilt alleine das Erfordernis, daß die Bank in den ersten Jahren ihrer Tätigkeit als "well capitalized" eingestuft wird. Dies ist dann der Fall ist, wenn sie über eine mindestens zehnprozentige Eigenkapitalunterlegung verfügt. Zu den personengebundenen Zulassungsvoraussetzungen gehören in beiden Ländern die Prüfung der Zuverlässigkeit und der fachlichen Eignung der verantwortlichen Bankmitarbeiter. In Deutschland gelten hierfür jedoch strengere gesetzliche Anforderungen als in den Vereinigten Staaten, wo die Bestimmungen für National Banks im wesentlichen den Licencing Manuals des Comptroller of the Currency zu entnehmen sind. Schließlich ist als besondere Zulassungsvoraussetzung in beiden Ländern das Vorliegen eines Geschäftsplans notwendig, mit dem in den Vereinigten Staaten geprüft wird, ob für die Eröffnung der Bank überhaupt ein Bedarf besteht.

Beim Vergleich der technischen Bestimmungen der Bankentätigkeit und der damit verbundenen aufsichtsrechtlichen Regelungen zur Mindestkapitalausstattung, Solvabilität und Kreditvergabe gibt es eine Vielzahl von Übereinstimmungen. Hintergrund dieser Parallelen ist, neben den sehr ähnlichen aufsichtsrechtlichen Zielsetzungen, die enorme Anstrengung, die im Laufe der letzten Jahre zu einer länderübergreifenden Vereinheitlichung der aufsichtsrechtlichen Regelungen unternommen wurde. So haben in beiden Ländern die notwendig gewordenen Veränderungen der Bankenaufsicht, die sich aus der Internationalisierung der Geschäftstätigkeit der Banken ergeben haben, zur Übernahme der Beschlüsse der Zehnergruppe, dem sogenannten Basel-I-Abkommen, im Jahre 1988 geführt. Damit begann in Deutschland und in den Vereinigten Staaten ein Entwicklungsprozeß, der zuletzt mit der Beschlußfassung zu den neuen Eigenkapitalrichtlinien von Basel II im Juni 2004 einen vorläufigen Höhepunkt fand.

Dem Eigenkapital der Banken kommt in beiden Ländern eine besondere Bedeutung zu. So werden in Deutschland und in den Vereinigten Staaten an das Eigenkapital einer Bank während der gesamten Dauer ihrer Existenz bankenaufsichtsrechtliche Bestimmungen geknüpft. Wegen der zunehmenden Globalisierung des Bankgeschäfts und der damit verbundenen internationalen Bemühungen zur Angleichung der Bankenaufsicht fallen in Deutschland und in den Vereinigten Staaten die Definitionen des Eigenkapitals ähnlich aus. Beide Länder folgen dabei der 1988 in Basel getroffenen Vereinbarung über die Eigenkapitalausstattung der Banken, auch "Basel I" genannt. In Deutschland ist § 10 KWG in Verbindung mit dem von der Bundesanstalt für Finanzdienstleistungsaufsicht aufgestellten Grundsatz I Grundlage für die Eigenmittelausstattung einer Bank. In den Vereinigten Staaten werden abhängig von Größe und Zustand einer Bank von den drei Bankenaufsichtsbehörden zwar zum Teil unterschiedliche Relationen von Mindestkapital zu den Aktiva festgelegt. In beiden Ländern wird jedoch gleichermaßen auf der Grundlage von Basel I eine Eigenkapitalquote von mindestens 8 Prozent als angemessen erachtet.

In Deutschland sind die Regelungen zur Liquidität einer Bank in § 11 KWG formuliert und werden durch den von der Bundesanstalt für Finanzdienstleistungsaufsicht aufgestellten Grundsatz II näher konkretisiert. Im Gegensatz hierzu gibt es im amerikanischen Bankenaufsichtsrecht keine gesetzliche Regelung, die sich auf die Liquidität einer Bank bezieht.

Sowohl in Deutschland als auch in den Vereinigten Staaten gibt es für besonders risikoreiche Kreditvergaben spezielle Regelungen. Hierzu gehören die Großkredit- und die Organkreditvergabe. Dabei gehen für die Großkreditvergabe die gesetzlichen Bestimmungen in beiden Ländern von einer Begrenzung der Kredite an einen einzelnen Kreditnehmer aus. Die maximale Höhe eines Großkredites resultiert aus dem Verhältnis zum haftenden Eigenkapital. In beiden Ländern wird bei der Organkreditvergabe zwischen Krediten an eine der Bank nahe stehende Person und solchen an ein verbundenes Unternehmen unterschieden. Für beide gelten gleichermaßen strenge Regeln. Eine Regelung zur Anzeige von Millionenkrediten, wie es sie in Deutschland gibt bei der Evidenzzentrale der Deutschen Bundesbank vorzunehmen ist, existiert in den Vereinigten Staaten nicht.

Die Banken sind in Deutschland und in den Vereinigten Staaten zur Aufstellung und Offenlegung ihrer Geschäftszahlen in Form von Jahresabschlüssen verpflichtet. Diese Jahresabschlüsse müssen in beiden Ländern durch unabhängige Wirtschaftsprüfer attestiert und dann an die zuständigen Aufsichtsbehörden weitergeleitet werden. In den Vereinigten Staaten wird dieser externe Prozeß durch einen ebenfalls unabhängigen internen Prüfungsprozeß bei den Banken ergänzt.

Die Terroranschläge vom 11. September 2001 waren Anlaß, die bis dahin bestehenden Regelungen zur Verhinderung der Geldwäsche in Deutschland und in den Vereinigten Staaten weiter zu verschärfen. Ausgangspunkt für die erweiterten Maßnahmen zur Geldwäscheprävention ist der in beiden Ländern geltende Know-Your-Customer-Grundsatz, der von den Banken verlangt, daß sie über ausreichende Informationen über ihre Kunden verfügen, um adäquate Sicherungsvorkehrungen zu gewährleisten.

Auch wenn der Schutz der Einleger einer Bank als eines der übergeordneten Ziele der Bankenaufsicht insgesamt angesehen wird, ist der Verbraucherschutz in Deutschland keine Aufgabe der Bankenaufsicht. Im Gegensatz dazu betrachten die amerikanischen Aufsichtsbehörden die Überwachung der Verbraucherschutzgesetze als eine ihrer Schlüsselaufgaben. Der amerikanische Gesetzgeber hat eine

Vielzahl von Verbraucherschutzregeln für das Bankgewerbe erlassen, deren Anwendung direkt von der den Bankenaufsichtsbehörden überwacht wird.

Zwar gibt es in Deutschland bei Bankenzusammenschlüssen gewisse Anzeigepflichten, denen die Banken nachkommen müssen, direkte Mitsprachemöglichkeiten oder Genehmigungsvorbehalte seitens der Bundesanstalt für Finanzdienstleistungsaufsicht bestehen allerdings nicht. Im Unterschied hierzu stehen den amerikanischen Bankenaufsichtsbehörden eine Vielzahl von Mitsprache- und Gestaltungsrechten bei Bankenzusammenschlüssen zu.

In Deutschland und den Vereinigten Staaten stehen den Bankenaufsichtsbehörden im Fall von Krisensituationen diverse Eingriffs- und Hilfsmaßnahmen zur Verfügung, um bei einzelnen gefährdeten Banken oder bei Gefährdung des gesamten Bankgewerbes einzugreifen. Trotz der völlig unterschiedlichen Aufsichtsstrukturen gibt es einige ähnliche Eingriffs- und Hilfsmaßnahmen. Hierzu gehören etwa die Regelungen über die den Aufsichtsbehörden in beiden Ländern zustehenden Auskunfts- und Prüfungsrechte.

Während sich in Deutschland aus dem Kreditwesengesetz eine hohe Regelungsdichte des bankenaufsichtsrechtlichen Maßnahmenkatalogs ergibt, werden eine Vielzahl der Eingriffe in den Vereinigten Staaten über die generalklauselartige Cease-and-Desist Order geregelt. Ergänzt werden diese Eingriffsmöglichkeiten durch die Capital Directive, die ähnlich den Maßnahmen des deutschen Kreditwesengesetzes auf die Erhaltung der Angemessenheit des Eigenkapitals wirkt. Schließlich gibt es in beiden Ländern als besonders weitreichende Maßnahme die Möglichkeit der zeitweiligen oder dauerhaften Abberufung von Bankmitarbeitern.

Für den Fall einer drohenden Insolvenz gibt es in beiden Ländern bankenrechtliche Sonderregelungen, die stark vom allgemeinen Insolvenzrecht abweichen. Durch die enge Einbindung der Aufsichtsbehörden und die Nutzung der besonderen Erfahrung der Behörden soll dabei alles getan werden, um das Eintreten der Insolvenz einer Bank zu vermeiden. Der besondere Grund hierfür ist die Schutzwürdigkeit des öffentlichen Vertrauens in das Funktionieren des Bankgewerbes. Anders als im allgemeinen Insolvenzrecht kann in Deutschland nur die Bundesanstalt für Finanzdienstleistungsaufsicht Insolvenzantrag stellen. In den Vereinigten Staaten kann dies für die National Banks nur der Comptroller of the Currency.

Mit der Vereinbarung von Basel II wurden die Kritikpunkte an Basel I aufgegriffen und es wurde ein detailliertes Regelwerk geschaffen, das sich auf Banken, Bankenaufsichtsbehörden und Bankkunden auswirken wird. Die Kritik an Basel I richtete sich insbesondere gegen die nicht ausreichende Differenzierung von Kreditnehmergruppen und die sich daraus ergebende Pauschalbehandlung von Kreditnehmern. Neben rein technischen Anmerkungen war ein weiterer Aspekt der Kritik an Basel I, daß das Gesamtrisiko einer Bank nicht nur aus Kredit- und Marktrisiko, sondern auch aus operationellen Risiken besteht, die von der Basel-I-Vereinbarung nicht erfaßt waren. In Basel II werden diese Schwachstellen aufgegriffen und in Verbindung mit einer Vielzahl weiterer Neuerungen in einem aus drei Säulen bestehenden Konzept behandelt. In der ersten Säule beschäftigt sich Basel II mit den Mindesteigenkapitalanforderungen für Kredit- und Betriebsrisiken. Die zweite Säule umfaßt den neuen bankenaufsichtsrechtlichen Überwachungsprozeß der Adäquanz der Kapitalausstattung und des Risikomanagements. Die dritte Säule formuliert Leitlinien für mehr Transparenz zum Zwecke einer Stärkung der Marktdisziplin.

Mit Basel II wird sich das Aufsichtsrecht stark anglo-amerikanischen Aufsichtsgrundsätzen annähern. Diese geben qualitativen Gesichtspunkten verbunden mit Vor-Ort-Überprüfungen den Vorzug gegenüber den eher quantitativen Regelungen des deutschen Systems. Hinzu kommt der aus der amerikanischen Aufsichtskultur hervorgehende Wunsch, alle Risiken mit größtmöglicher Präzision zu messen und aufsichtsrechtlich möglichst zeitnah zu verfolgen. Diese Herangehensweise erfordert umfangreiche Ressourcen, die in Deutschland zum gegenwärtigen Zeitpunkt nicht zur Verfügung stehen.

Die Umsetzung der Basel II Richtlinien stellt in beiden Ländern eine große Herausforderung für Banken und Aufsichtsbehörden dar. So stehen die Banken in Deutschland und den in Vereinigten Staaten vor der Frage, wie sie die komplexen Bestimmungen erfüllen und dabei gleichzeitig ihre Wettbewerbsposition halten oder möglichst sogar ausbauen können. In Deutschland kommt Kritik an Basel II insbesondere aus den Reihen des Mittelstandes, der befürchtet, daß es durch die Umsetzung von Basel II zu einer erheblichen Verteuerung der Finanzierungskosten kommen könnte. In den Vereinigten Staaten erwächst die Kritik an Basel II insbesondere aus den Reihen der kleinen und mittelgroßen Banken, die annehmen, daß es durch Basel II zu Wettbewerbsverzerrungen zu Gunsten der Großbanken kommen wird. Genauere Untersuchungen haben in beiden Ländern keinen Beleg für diese Vorwürfe geliefert. Es ist zwar richtig, daß es in Deutschland aufgrund der Richtlinien von Basel II zu einer Verteuerung von Krediten für den Mittelstand kommen kann. Dies betrifft aber nur weniger gut geführte Unternehmen, die ein erhöhtes Risikopotential bei der Rückzahlung von Krediten aufweisen. Unternehmen mit einer starken Ausgangsposition können hingegen sogar mit günstigeren Kreditkonditionen rechnen. In den Vereinigten Staaten haben Studien zu den Auswirkungen von Basel II nicht die Annahme bestätigt, daß es durch die Vereinbarung vermehrt zu Akquisitionen durch Großbanken kommen könnte. Hinsichtlich des Zeitplans zur Änderung der Eigenkapitalvorschriften zeichnet sich ab, daß die Vereinigten Staaten wahrscheinlich nicht an der getroffenen Vereinbarung festhalten werden. Die amerikanischen Aufsichtsbehörden glauben, noch mehr Zeit zu benötigen, um die mit der Umsetzung verbundenen politischen Fragen beantworten zu können, so daß frühestens im Jahre 2008 mit einer Umsetzung zu rechnen ist.

Während die Richtlinien von Basel II in Deutschland für die gesamte Kreditwirtschaft gelten werden, sollen die Baseler Beschlüsse in den USA nur für acht international tätige Banken bindend umgesetzt werden. Zehn weitere amerikanische Banken überlegen, die Beschlüsse von Basel II auf freiwilliger Basis umzusetzen.

II. Ausblick

Die Beschäftigung mit dem Thema Bankenaufsicht in Deutschland und in den Vereinigten Staaten sowie der Einfluß von Basel II auf diesen Bereich geben Anlaß, um einige kritische Beobachtungen anzustellen und abschließend Überlegungen zur künftigen Entwicklungen der Bankenaufsicht zu wagen.

Bereits heute steht fest, daß Basel II nicht als abschließendes Werk zu verstehen ist, sondern vielmehr als Teil eines sich weiter entwickelnden Prozesses von Veränderungen des bankenaufsichtlichen Regelwerks angesehen werden muß. Schon heute wird die neue Rahmenvereinbarung vom Juni 2004 noch einmal überarbeitet, um so für die Banken Erleichterungen auf einzelnen Geschäftsfeldern zu schaffen. Weitere Studien, die den Einfluß von Basel II auf die Banken untersuchen sollen, sind geplant oder in Vorbereitung. Aus deren Ergebnissen können erneut Veränderungen erwartet werden.

Trotz aller Bemühungen um eine Optimierung wird daher schon heute erwartet, daß Basel II nur als Vorstufe eines in der Zukunft liegenden Basel-III-Regelwerk angesehen werden muß. Eine Überarbeitung der Definition des Eigenkapitalbegriffs könnte Inhalt dieses neuen Regelwerks werden.

Vergleicht man jedoch Inhalt und Umfang von Basel I und Basel II muß die Frage gestellt werden, ob mit dem monumentalen Regelwerk von Basel II nicht "weit über das Ziel hinaus geschossen" wurde. Hatte die Basel-I-Rahmenvereinbarung noch einen Umfang von 22 Seiten und 44 Absätzen, brauchte man nach fünfjährigen Konsultationen mit immer noch andauernden Anpassungen für Basel II bereits 236 Seiten und 826 Absätze. Fraglich erscheint, ob der Baseler Ausschuß bei derart langwierigen Verhandlungen den Marktentwicklungen nicht immer hinterherhinken wird. Die Nähe zum Markt und zu den Finanzinstitutionen erscheint hier verbesserungsfähig, denn die Aufsichtsbehörden müssen neue Produkte zeitnah beurteilen können. Die Regulierung darf nicht dazu führen, daß Innovationen erschwert oder gar verhindert werden.

Hinzu kommt, daß schon heute die Banken zur Reduzierung ihrer Ausfallrisiken Ratings einsetzen und bereits heute Kreditzinsspreizungen von mehreren 100 Prozent existieren. Das heißt, daß auch hier die Marktmechanismen funktionieren und die Banken auf die besonderen Gefahren dieser Risiken reagiert haben, selbst als noch kein so umfangreiches Regelwerk wie Basel II vorlag. Im Hinblick auf die durch die Einteilungen der Ratingagenturen noch weitergehende Kreditspreizung erscheint gesamtwirtschaftlich fragwürdig, ob eine "Bestrafung" schwächerer Schuldner mit allzu hohen Zinsen, diese nicht erst recht in Schwierigkeiten bringt und das Kreditausfallrisiko für die Banken gerade dadurch steigt. Dies könnte den Zielen der Bankenaufsicht entgegenwirken. Beachtenswert erscheint in diesem Zusammenhang auch der immer größer werdende Einfluß der Rating-Agenturen. Gewinnen die Ratingagenturen aber für die Kreditvergabe weiter an Bedeutung und damit auch an Einfluß auf die Gesamtwirtschaft, müssen diese künftig auch selbst einer wesentlich strengeren Kontrolle unterworfen werden, um negative Auswirkungen zu vermeiden.

Daß es auch ohne das Basel-II-Regelwerk einen funktionierenden Vor-Ort-Überprüfungsprozeß der Banken geben kann, zeigt die aufsichtsrechtliche Praxis in den Vereinigten Staaten. Es erscheint fraglich, ob es zur Einführung eines solchen Prozesses in Deutschland eines so komplizierten Regelwerks bedurft hätte. Auch, ob die Erhöhung der Transparenz der Banken und die sicherlich sinnvolle Stärkung der Marktdisziplin nur durch das komplexe System von Basel II erreicht werden kann, darf ebenfalls bezweifelt werden.

Eine geringere Komplexität des Regelwerks von Basel II würde für Bankenaufsicht und die Banken leichter und schneller umzusetzende Richtlinien bedeuten. Bei kleinen und mittelständischen Unternehmen ließe sich hieraus ein neuer Vertrauensgewinn in die Banken erzielen. Eine solche Überarbeitung von Basel II oder zumindest eine Berücksichtung bei zukünftigen Auflagen der Baseler Vereinbarung müßte als Sieg der Marktwirtschaft gegenüber einer sich stetig ausweitenden Bürokratie gefeiert werden. Daraus könnten sich dann sogar Wachstumsimpulse für die gesamte Wirtschaft ableiten lassen. Es bleibt zu hoffen, daß solche Überlegungen bei künftigen Beratungen in Basel berücksichtigt werden.

Von Bedeutung ist ferner, daß es angesichts der global vernetzten und integrierten Finanzmärkte auch einer integrierten Aufsicht bedarf. Eine rein nationale Aufsicht ist nicht verläßlich und kaum in der Lage, die Stabilität der Bankensysteme zu gewährleisten. Das bedeutet, daß im Falle einer Krise ein sogenannter "Lead Supervisor" feststehen muß, der dann schnell, flexibel und grenzübergreifend einschreiten kann. Dazu muß nicht unbedingt direkt an den Aufbau einer Weltaufsichtsbehörde gedacht werden, zu deren Aufgaben beispielsweise auch gehören müßte zu verhindern, daß Banken auf unzureichend regulierte Finanzmärkte ausweichen, um von dort via Internet Kunden in aller Welt bedienen. Bevor es zum Aufbau einer solchen Weltaufsichtsbehörde kommen kann, ist jedoch zunächst erforderlich, daß in den einzelnen Regionen die dazu notwendigen Vorbereitungen getroffen werden.

In den Vereinigten Staaten ist ein aktiver Reformprozeß bis heute noch nicht eingeleitet. Mit dem Nebeneinander von drei Aufsichtsbehörden können weder eine konsolidierte Überwachung, noch der Austausch von Informationen oder ein effektives Eingreifen garantiert werden. Überlappungen und Doppelzuständigkeiten machen das amerikanische Aufsichtssystem träge, unflexibel und kostenintensiv, so daß hier dringend eine Überarbeitung empfohlen werden muß. Dies gilt um so mehr, als es auch keine sektorübergreifende Aufsichtsbehörde gibt, die dem Erstarken der Allfinanzinstitute aufsichtsrechtlich entgegentreten könnte. Die Gefahr besteht, daß sich die amerikanischen Aufsichtsbehörden hier allzu weit von den Realitäten der Marktentwicklung entfernt haben und es deshalb zu Fehleinschätzungen kommen kann. Inkonsistente Anforderungen können hier leicht die Wettbewerbsneutralität verletzen.

Ähnliche Herausforderungen finden sich mit Blick auf den europäischen Finanzmarkt. Auch hier existiert noch keine europäische Aufsichtsbehörde, die als Lead Supervisor in der Lage wäre, ohne großen Koordinierungsaufwand schnell und flexibel auf eine europäische Bankenkrise zu reagieren. Als erster Schritt könnte hierzu bereits eine geordnete Kooperation der nationalen Aufsichtsbehörden, gegebenenfalls unter Federführung der europäischen Kommission, ausreichen. Ein nächster Schritt könnte die Errichtung einer europäischen Evidenzzentrale sein. Auch wenn einige europäische Länder Informationen über Millionenkredite sammeln und diese zum Teil austauschen, sind nicht alle Aufsichtsbehörden oder Zentralbanken diesem System angeschlossen. Gerade im Hinblick auf die aktuell diskutierte Regulierung von Hedge Funds, die sich mit hohen Millionen- oder zum Teil Milliardenbeträgen grenzüberschreitend engagieren und dabei kaum einer Kontrolle unterliegen, wäre es sinnvoll, auf europäischer Ebene zu handeln. Darauf aufbauend könnte schließlich eine gemeinsame europäische Bankenaufsicht in internationalen Verhandlungen stärkeren Einfluß ausüben, europäischen Anliegen auch beim Aufbau einer in der fernen Zukunft liegenden Weltaufsichtsbehörde mehr Gehör verschaffen und damit helfen, Wettbewerbsverzerrungen zu vermeiden. National, europäisch und global muß der Grundsatz gelten: gleiches Geschäft, gleiches Risiko, gleiche Regeln.

Kritisiert man in den Vereinigten Staaten das Nebeneinander der drei Aufsichtsbehörden, so muß abschließend für Deutschland davor gewarnt werden, daß es durch eine stärkere Einbindung der Deutschen Bundesbank in die laufende Überwachung nicht zu ähnlichen Effektivitäts- und Effizienzhindernissen kommen könnte. Es besteht auch hier die Gefahr von Doppelarbeiten und von Belastungen, Reibungsverlusten und letztlich auch Zusatzkosten, durch die ständig notwendigen Abstimmungen zwischen der Bundesanstalt für Finanzdienstleistungsaufsicht und der Deutschen Bundesbank. Verzögerte Entscheidungen und damit eine Zunahme der Gefahren für den Bankkunden, das Bankgewerbe und die Gesamtwirtschaft könnten die Folge sein.

Das hohe Tempo der Veränderungen der Finanzmärkte nicht nur in Deutschland und in den Vereinigten Staaten, sondern weltweit, macht es notwendig, Unternehmensstrategien und Aufsichtsstrukturen kontinuierlich auf ihre Angemessenheit zu überprüfen und anzupassen. Es bleibt zu hoffen, daß die künftigen Überarbeitungen und Weiterentwicklungen der Bankenaufsicht zu einer geringeren Komplexität, klareren Strukturen und schnelleren Entscheidungen führen werden. Nur so lassen sich die Ziele der Bankenaufsicht weiter stärken.

Übersicht wichtiger Bankgesetze in den Vereinigten Staaten

National Bank Act (1864)
Begründet ein bundesstaatlich lizenziertes Bankensystem.

Federal Reserve Act (1913)
Bildet die Grundlage für das Federal Reserve System als Zentralbank der Vereinigten Staaten.

McFadden Act (1927)
Verbietet das Interstate Banking.

Banking Act (1933)
Begründet die Federal Deposit Insurace Corporation (FDIC) und legt die Trennung von Geschäfts- und Investmentbanken fest. Auch bekannt als Glass-Steagall Act.

Bank Holding Company Act (1956)
Überträgt dem Federal Reserve System die Aufsicht über Bank Holding Companies und verbietet diesen den Erwerb von Geschäftsbanken außerhalb ihres Heimatstaates.

International Banking Act (1978)
Unterstellt Filialen ausländischer Banken der amerikanischen Bankenaufsicht und legt deren Teilnahme am Einlagensicherungsfonds FDIC fest.

Depository Institutions Deregulation and Monetary Control Act (1980)
Beendet die Preisregulierung und stellt Savings and Loan Associations in den meisten Geschäftsfeldern Geschäftsbanken gleich.

Financial Institutions Reform, Recovery and Enforcement Act (1989)
Überträgt der FDIC die Einlagensicherung für Savings and Loan Associations.

Federal Deposit Insurance Corporation Improvement Act (1991)
Regelt Finanzen und Kompetenzen der FDIC und reguliert Geschäftsfelder von staatlich lizenzierten Banken.

Riegle-Neal Interstate Banking and Branching Efficiency Act (1994)
Erlaubt den Zusammenschluß von Banken über die Grenzen des Heimatstaates hinaus.

Financial Services Modernisation Act (1999)
Auch bekannt als Gramm-Leach-Bliley Act. Hebt die Produktregulierung des Glass-Steagall Act auf und erlaubt den Zusammenschluß von Banken, Wertpapierhäusern und Versicherungen in einem Institut.

USA PATRIOT Act (2001)
Verschärft die gesetzlichen Bestimmungen zur Geldwäsche und überträgt dem Comptroller of the Currency hierzu weitreichende Überwachungbefugnisse.

Literaturverzeichnis

Achtenberg, Erich / Lanz Karl, Cramer / Jörg- Engelbrecht / Dietz, Albrecht, Enzyklopädisches Lexikon für das Geld-, Bank- und Börsenwesen, Band I, A-H, Band II, J-Z, 4. Auflage, Frankfurt a. Main 1999

Adam, Robert, Bedenkliche Werbemethoden der Banken in den USA, in: ÖBA 1970, S. 434 ff.

Adams, John A., Money Market Mutual Funds: Has Glass-Steagall Been Crakked, in: Banking Law Journal 99, 1982, S. 4 ff.

Alsheimer, Constanin, Die Offenlegung der wirtschaftlichen Verhältnisse nach § 18 Kreditwesengesetz, in: ZfgK, 1997, S. 462 ff.

American Bankers Association, State Banking Law Service, New York 1989

Angermüller, Niels, O / Eichhorn, Michael / Ramke, Thomas, MaRisk – der Nebel lichtet sich, in: ZfgK 2005, S. 396 ff.

Apilado / Gies, Capital Adequacy and Commercial Bank Failure, in: Bankers Magazine 1972, S. 55 ff.

Armacost, S.H., As FDIC Views Glass-Steagall, in: Bankers Monthly 99, September 1982, S. 22 ff.

Arnold, Wolfgang, Die Novelle des deutschen Kreditwesengesetzes, in: ÖBA 1985, S. 87 ff.

Artopoeus, Wolfgang, Kreditrisiken aus bankaufsichtlicher Sicht, in: BI/GF, 1996, Heft 12, S. 14 ff.

Artopoeus, Wolfgang, Die Zukunft der Bankenaufsicht, in: *Rainer Pitschas (Hrsg.),* Integrierte Finanzdienstleistungsaufsicht, Berlin 2002, S. 265 ff.

Bähre, Inge Lore / Schneider Manfred, KWG Kommentar, Kreditwesengesetz mit wichtigsten Ausführungsvorschriften, 3. Auflage, München 1986

Balgheim, Thomas / Kuhn, Ralf / Schröck, Gerhard, Implementierung von Basel II – Europa führend, in: ZfgK 2004, S. 1246 ff.

Ballen, Robert G. / Savage, Joseph P., Interstate Bank Branching: Are the Walls Starting to Crumble?, in: 111 Banking Law Journal 1994, S. 149 ff.

Bank für Internationalen Zahlungsausgleich, Die Bank für internationalen Zahlungsausgleich und die Baseler Zusammenkünfte, hrsg. zum 50jährigen Bestehen der Bank, Basel 1980

Bank für internationalen Zahlungsausgleich, The Basel Committee on Banking Supervision, http://www.bis.org/bcbs/aboutbcbs.htm.

Barnett, Robert E., Responsibilities & Liabilities of Bank Directors, Third Printing, Washington 1982

Barnett, Robert E., Comptroller's Shift to a Stranger Enforcement Posture: Self-Dealing and Unsound Banking Practices Are the Targets, in: Banking Law Journal 94, 1977, S. 725 ff.

Barnett / Horvitz / Silverberg, Deposit Insurance: the present system and some alternatives, in: Banking Law Journal 94, 1977, S. 304 ff.

Barr, Scott / Oltman, Bransilver, Franklin National Bank and Its Progeny - The Procedural Road, in: Administrative Law Journal 1975, S. 299 ff.

Barth, James R. / Brumbaugh R. Dan / Wilcox, James A., The Repeal of Glass-Steagall and the Advent of Broad Banking, in: Journal of Economic Perspectives (14/2), May 2000, S. 191 ff.

Barth, James R. / Nolle, Daniel E. / Phumiwasana, Triphon / Yago, Glenn, A Cross-Country Analysis of the Bank Supervisory Framework and Bank Performance, Office of the Comptroller of the Currency, Washington D.C. 2002

Basel Committee on Banking Supervision, International Convergence of Capital Measurement and Capital Standards, Basel July 1988

Basel Committee on Banking Supervision, Bank Failures in Mature Economies, Working Paper 13, Basel April 2004

Baseler Ausschuß für Bankenaufsicht, A new Capital Adequacy Framework, 50, Basel Juni 1999.

Baseler Ausschuß für Bankenaufsicht, Principles for the Management of Credit Risk, 54, Basel Juli 1999

Baseler Ausschuß für Bankenaufsicht, Sachgerechte Methoden für die Steuerung der Liquidität in Bankinstituten, Basel Februar 2000

Baseler Ausschuß für Bankenaufsicht, Internationale Konvergenz der Eigenkapitalmessung und der Eigenkapitalanforderungen, Basel Juni 2004

Baumbach, Adolf / Hopt Klaus J ./ Merkt, Hanno, Handelsgesetzbuch mit GmbH, Handelsklauseln, Bank und Börsenrecht, Transportrecht
Kommentar, 31. Auflage, München 2003

Becker, Axel / Gruber, Walter / Wohlert, Dirk (Hrsg.), Handbuch Bankenaufsichtliche Entwicklung, Stuttgart 2004

Becker, Bernhard / Brackschulz, Kai / Müller, Stefan, Basel II und Kreditkonditionen für den Mittelstand – Die kritische Hürde "BB", in: DStR 2004, S. 740 ff.

Becker, Jürgen, Quotenkonsolidierung, in: ZfgK 1980, S. 491 ff.

Beckhart, Benjamin Haggott, Banking Systems, New York 1954

Beckmann, Klaus / Bauer, Joachim, Bankenaufsichtsrecht, Loseblatt Entscheidungssammlung, München 1989

Bellavite-Hövermann, Yvette, Zur Kompabilität der Bankenaufsicht und Offenlegungspflichten nach International Financial Reporting Standards, in: *Thomas Lange / Edgar Löw (Hrsg.),* Rechnungslegung, Steuerung und Aussicht von Banken, Wiesbaden 2004, S. 445 ff.

Benston, George J., Bank Examination, The Bulletin Nos. 89-90, May 1973, New York University Graduate School of Business Administration, New York 1973

Benston, George J. / Kaufmann George, G., The Appropriate Role of Bank Regulation, in: Economic Journal, Vol. 106, Nr. 436, May 1996, S. 688 ff.

Benston, George J. / Kaufmann George, G., Deposit Insurance Reform in the FDIC Improvement Act: The Experience to Date, in: Economic Perspectives, Federal Reserve Bank of Chicago, 1998, Vol. 22 (April / June), S. 2 ff.

Berger, Allen N., Potential Competitive Effects of Basel II on Banks in SME Credit Markets in the United States, Working Paper, Board of Governors of the Federal Reserve System, Washington D.C., February 2004

Bieg, Hartmut, Bankbilanzen und Bankenaufsicht, München 1983

Bitz, Michael (Hrsg.), Bank und Börsenwesen, Band 1: Struktur und Leistungsangebot, Band 2: Geschäftspolitik der Banken München 1981

Board of Governors of Regulations the Federal Reserve, The Federal Reserve System: Purposes and Functions, Eighth Edition, Washington D.C. 1994

Board of Governors of Regulations the Federal Reserve, A Guide to Federal Reserve System, Washington D.C. 1985

Board of Governors of the Federal Reserve System, Reserve Requirements of Depository Institutions, Regulation D (12 C.F.R. 204), Washington D.C. Dec. 1981

Board of Governors of the Federal Reserve System, Manual of Examination Procedures, Washington D.C. 1979

Böhmer, Emil, Zur Frage der Amtspflicht gegenüber einem Dritten i. S. d. § 839 BGB, in: JZ 1965, S. 487 ff.

Böttger, Günter, Neue Eigenkapital-Richtlinien für US-Banken, in: Die Bank 1982, S. 271 ff.

Böttger, Günter / Uebe, Klaus, Das Recht der Auslandsbanken in den USA nach dem International Banking Act 1978, Frankfurt 1982

Boos, Karl-Heinz / Ramloch, Dorothea Die neue Großkredit- und Millionenkreditverordnung, in: Die Bank 1998, S. 186 ff.

Boos, Karl-Heinz / Fischer, Reinfried / Schulte-Mattler, Hermann, Kreditwesengesetz - Kommentar zu KWG und Ausführungsvorschriften, 2. Auflage, München 2004

Boos, Karl-Heinz / Schulte-Mattler, Hermann, Basel II: Bankenaufsichtliches Überprüfungsverfahren, in: Die Bank 2001, S. 646 ff.

Borgel, Günter / Loch Friedemann / Thelen-Pischke Hiltrud, Auf dem Weg zur nationalen Umsetzung von Basel II, ZfgK 2005, S. 910 ff.

Bork, Robert H., The Antitrust Paradox: a policy at war with itself, New York 1978

Brendle, Armin, Amtshaftung für fehlerhafte Bankenaufsicht, Darmstadt 1986

Breuer, Rolf-E., Regulierung und Bankenaufsicht zwischen Nationalstaat und globalem Finanzmarkt, in: €WU-Monitor, Deutsche Bank Research, Frankfurt a. M., 29.6.2000

Brinkmann, Jürgen, Die Bedeutung des Eigenkapitals von Kreditinstituten für die Kreditgewährung, in: Der Betrieb 1976, S. 877 ff.

Brückner, Heinz, Die Erlaubnis nach § 32 KWG für Personenhandelsgesellschaften, in: ZfgK 1969, S. 412 ff.

Büschgen, Hans E., Zur Diskussion um das Bankensystem in der Bundesrepublik Deutschland, in: WSI-Mitteilungen 1975, S. 362 ff.

Bundesanstalt für Finanzdienstleistungsaufsicht, Aufgaben und Ziele, http://www.bafin.de/bafin/aufgabenundziele.htm

Bundesanstalt für Finanzdienstleistungsaufsicht, Geschäftsbericht 2001 des Bundesamtes für Kreditwesen, Bonn / Frankfurt a. M.; November 2002,

Bundesanstalt für Finanzdienstleistungsaufsicht, Jahresbericht der Bundesanstalt für Finanzdienstleistungsaufsicht 2002, Bonn / Frankfurt a. M., 2003

Calomiris, Carles W., Banking Approaches the Modern Area, in: Regulation, 2002, Volume 25, No. 2, S. 14 ff.

Calomiris, Carles W., Runs on Banks and the Lessons of the Great Depression, in: Regulation, 1999, Volume 22, No. 1, S. 4 ff

Cartwright, Peter / Campbell, Andrew, Co-insurance and moral hazard: Some reflections on deposit protection in the UK and USA, in: Journal of International Banking Regulation, 2003, Volume 5, No. 1, S. 9 ff.

Caruana, Jaime, Die Basel-II-Regeln müssen ständig weiterentwickelt werden, in: Frankfurter Allgemeine Zeitung, 27.4.2004, S. 13

Cebula, Richard J., A current Evaluation of US Banking Regulation: The FDIC Improvement Act and Its Performance in Terms of Financial Services Industry Imports, in: Schweizerische Zeitschrift für Volkswirtschaft und Statistik, Juni 1999, S. 145 ff.

Clark / Saunders, Judical Interpretation of Glass-Steagall: the need for legislative action, in: Banking Law Journal 97 1980, S. 721 ff.

Claussen Carsten Peter, Bank- und Börsenrecht, 2. Auflage, München 2000

Clayton, Ronnie / Dubinsky, Alan J, Executive Views of Deregulation: The Depository Institutions Deregulation and Monetary Control act of 1980, in: Journal of Retail Banking 5, 1983, S. 52 ff.

Cohen, Marc / Yin, Soo, Debanking: A strategic option for foreign banks in the US, in: International Financial Law Review, May 1996, S. 13 ff.

Corrigan, E. Gerald, Financial Market Structure: A Longer View, Federal Reserve Bank New York, New York 1987

Courtis, Neil, US moves slowly to Basel II, in: The Financial Regulator, September 2004, Vol. 9, No. 2, S. 60 ff.

Cramer Jörg E. / Hilpert Peter J., Die herausgeforderten Banken, 2. Auflage, Frankfurt 1974

Cramer, Michael, Das internationale Kreditgeschäft der Bankenstruktur, Risiken und Kreditentscheidungsprozeß, Wiesbaden 1982

Cranmore, J.J. / Whitley, Sherry C. / Schlichting, William H. / Cooper Jeffrey, Banking Law, New York, Oakland, Albany 1988, Volume 1 und 2

Dale, Richard, Regulatory Consequences of the BCCI Collapse: US, UK, EC, Basle Committee – Current Issues in International Bank Supervision, in: *J.J. Norton,* International Banking Regulation and Supervision, London 1994, S. 377 ff.

Deak, Nicholas L., Mechanismus der Bankenaufsicht in den Vereinigten Staaten, in: ÖBA 1977, S. 34 ff.

Deal, John C., Newman David B., Schlichting, William H., Cooper Jeffrey, Banking Law, New York, Oakland, Albany 1988, Volume 3

Deloitte (Hrsg.), Basel II – Handbuch zur praktischen Umsetzung des neuen Bankenaufsichtsrechts, Berlin 2005

Deutsche Bundesbank, Die Grundsätze über das Eigenkapital und die Liquidität der Kreditinstitute gemäß §§ 10 und 11 des Gesetzes über das Kreditwesen, in: Monatsbericht März 1962, S. 3 ff.

Deutsche Bundesbank, Sonderdruck Nr. 2, 8. Auflage 1986

Deutsche Bundesbank Internationale Organisationen und Gremien im Bereich von Währung und Wirtschaft, Sonderdruck Nr. 3 der Deutschen Bundesbank, 4. Auflage, Frankfurt a.M. 1992

Deutsche Bundesbank, Die Sechste Novelle des Kreditwesengesetzes, in: Monatsbericht Januar 1998, S. 61 ff.

Deutsche Bundesbank, Einlagensicherung und Anlegerentschädigung in Deutschland, in: Monatsbericht Juli 2000, S. 29 ff.

Deutsche Bundesbank, Die Mitwirkung der Deutschen Bundesbank an der Bankenaufsicht, in: Monatsbericht September 2000, S. 33 ff.

Deutsche Bundesbank, Electronic Banking aus bankenaufsichtlicher Perspektive, in: Monatsbericht Dezember 2000, S. 43 ff.

Deutsche Bundesbank, Die neue Baseler Eigenkapitalvereinbarung (Basel II), in: Monatsbericht April 2001, S. 15 ff.

Deutsche Bundesbank, Das Eigenkapital der Kreditinstitute aus bankinterner und regulatorischer Sicht, in: Monatsbericht Januar 2002, S. 41 ff.

Deutsche Bundesbank, Änderungen des Gesetzes über das Kreditwesen durch das Vierte Finanzmarktförderungsgesetz, in: Monatsbericht Oktober 2002, S. 15 ff.

Deutsche Bundesbank, Weltweite Organisationen und Gremien im Bereich von Währung und Wirtschaft, Sonderveröffentlichung der Deutschen Bundesbank, Frankfurt a.M März 2003

Deutsche Bundesbank, Das deutsche Bankensystem im Streßtest, in: Monatsbericht Dezember 2003, S. 55 ff.

Deutsche Bundesbank, Neue Eigenkapitalanforderungen für Kreditinstitute (Basel II), in: Monatsbericht September 2004, S. 75 ff.

Deutsche Bundesbank, Die Aufsicht über Finanzkonglomerate in Deutschland, in: Monatsbericht April 2005, S. 39 ff.

Dierschke K. / Müller F., Die Notenbanken der Welt, unter besonderer Berücksichtigung der Veränderungen und Neugründungen in der Zeit von 1914 - 1925, 2 Bände, Berlin 1926

Dilger, Eberhard, Haftung von Banken für politische Risiken, in: RIW 1989, S. 253 ff.

Dohr, Hans-Joachim, Zur fachlichen Eignung des Geschäftsleiters einer Bank, in: FLF 1990, Heft 2 und 3, S.56 ff und S. 100 ff.

Donahoo Kathleene / Mancini Marjorie / Mead Richard / Mc Gauley Mark / Sun Stephen / Toscano David, An Overview of U.S. Financial Institutions, Federal Reserve Bank New York, New York 1988

Dormanns, Albert, US-Kongreß verabschiedet International Banking Act, in: Die Bank 1978, S. 477 ff.

Dorrmanns, Albert, Weiterer Ausbau des "interstate branching", in: Die Bank 1981, S. 126 ff.

Dormanns, Albert, Normen für Auslandsbanken in den USA, in: Die Bank 1982, S. 214 ff.

Dreher, Meinhard, Sicherungseinrichtungen im Krditsektor zwischen Instituts-, Einlagen- und Herrschaftssicherung , in: ZIP 1992, S. 1597 ff.

Dreher, Meinhard, Die neue deutsche Einlagensicherung im Bereich der privaten Banken und das Europarecht, in: ZIP 1998, S. 1777 ff.

Dürre, Günter, Kann das Aufsichtsamt Bankinsolvenzen verhindern? in: ÖBA 1974, S. 186 ff.

Duwe Richard / Harvey James, Problem Banks: Their Characteristics and Possible Causes of Deterioration, in: Banking Studies 1988, Special Issue - Problem Banks, S. 3 ff.

Ebke, Werner F., Einlagensicherung, Bankenaufsicht und Wettbewerb in den USA und in der Europäischen Union, in: ZVglRWiss 1995, S. 1 ff.

Economides, Nicholas / Hubbard, Glenn R. / Palia, Darius, Federal Deposit Insurance: Economic Efficiency or Politics, in: Regulation 1999, Volume 22, No. 3, S. 15 ff.

Edwards, Raoul D. / Watson Fenimore, Breaching Glass-Steagall: A Status Report, in: United States Banker 93, 1982, S. 18 ff.

Edwards, Franklin R., Can Regularly Reform Prevent The Impending Disaster in Financial Markets, in: Restructuring the Financial System, Federal Reserve Bank of Kansas City, Kansas 1987

Ehrlich, Peter / Lebert, Rolf, Bundeskanzler will "Basel II" Abkommen kippen, in: Financial Times Deutschland, 31.10.2001, S. 1

Ely, Bert, Deposit Insurance Reform: 100% Cross-Guarantees are the Only Answer, 45 Consumer Finance Law Quarterly Report 1991, S. 148 ff.

Europäische Zentralbank, Die neue Baseler Eigenkapitalvereinbarung: Wesentliche Merkmale und Auswirkungen, in: Monatsbericht Januar 2005, S. 53 ff.

Fahrholz, Bernd, Die Bank der Zukunft – Herausforderungen und Perspektiven, Vortrag an der Universität Hohenheim am 20. Juni 2001, zitiert nach *Andreas Hackethal*, German Banks and Banking Structure, in: *Jan Pieter Krahen / Reinhard H. Schmidt (Hrsg.)*, The German Financial System, Oxford 2004, S. 71 ff.

Federal Deposit Insurance Corporation, 2005-2010 Strategic Plan, http://www.fdic.gov/about/strategic/supervision/html

Federal Deposit Insurance Corporation, The first fifty years: A history of the Insurance Corporation FDIC, Washington D.C. 1984

Federal Deposit Insurance Corporation, A brief History of Deposit Insurance in the United States, Washington D.C. 1998

Federal Deposit Insurance Corporation, Annual Report 2003, Washington D.C. 2004

Federal Financial Institutions Examinations Council, Bank-Secrecy Act / Anti-Money Laundering Examination Manual, Washington D.C. June 2005.

Ferguson, Roger W., Capital Standards for Banks: The Evolving Basel Accord, in: Federal Reserve Bulletin, September 2003, S. 395 ff.

Fieseler, Bernd, Rating und Basel II beeinflussen das Kreditgeschäft der Banken deutlich, in: ZfgK 2003, S. 1192 f.

Fischer, Otto Chr., Die staatliche Bankenaufsicht, Basel und Leipzig 1939

Fitzenreiter, Jürgen / Stein, Björn Christian, Bankenaufsicht im Umbruch, in: *Bundesverband Öffentlicher Banken Deutschlands (Hrsg.),* Bankgeschäft, öffentliche Hand und Finanzmarktpolitik, Berlin 2001, S. 213 ff.

Flachmann, Klaus, Braucht die Kreditwirtschaft eine Werbeordnung, in: ZfgK 1967, S. 602 ff.

Fohlin, Caroline, Regulation, Taxation, and the Development of the German Universal Banking System, 1884-1913, Working Paper 1085R, California Institute of Technology, Pasadena, May 2001

Franke, Hartmut, Das Bankensystem. Wesen, Funktionen, Veränderungen, Mainz 1974

Gabler, Claudia, Was bedeutet die Reorganisation des Risikomanagements in Banken für Unternehmen, in: *Alexander Suyter (Hrsg.),* Risikomanagement, Frankfurt a. M. 2004, S. 185 ff.

Garcia, Gillian, The Garn St.-Germain Depository Institutions Act of 1982, in: Economic Perspectives, Federal Reserve Bank of Chicago, 7, 1983, S. 3 ff.

Garten, Helen A., Why Bank Regulation Failed, New York 1991

Geerlings, Jörg, Die neue Rolle der Bundesbank im Europäischen System der Zentralbanken, in: Die Öffentliche Verwaltung 2003, S. 322 ff.

Geerlings, Jörg, Staatshaftung und Bankenaufsicht in Deutschland – Ein Rechtsvergleich mit Deutschland und den Vereinigten Staaten, in: BKR 2003, S. 889 ff.

Geiger, Helmut, Bankpolitik, Stuttgart, Berlin, Köln, Mainz 1975

Geisler, Rudolf P., Notenbankverfassung und Notenbankentwicklung in den USA und Westdeutschland, Berlin 1953

Gerber David / Peltzer Martin, International Banking Act of 1978, in: ZfgK 1980, S. 134 ff.

Germann, Ulrike, Die BaFin – Eine für alle, in: Bankmagazin 8/2004, S. 15 ff.

Gleske, Christoph L., Wettbewerb öffentlicher und privater Kreditinstitute in Deutschland, Baden-Baden 1996

Goecke, Manfred, Die Foreign Banks in der Bundesrepublik Deutschland, Erlangen-Tübingen 1978

Gondring, Hanspeter, Interdependenzen zwischen Deregulation und den Veränderungen der US-Bankenstruktur, in: Die Bank 1984, S. 169 ff.

Grass, Doris, BaFin-Präsident zetert über Basel II, in: Financial Times Deutschland, 1.7.2005, S. 19

Greene, Edward F. / Hehn, von Paul Adolf, Neuere Entwicklungen im amerikanischen Bankenwesen unter besonderer Berücksichtigung des Glass-Steagall Act, in: RIW 1984, S. 494 ff.

Grosjean, Rene Klaus, Bank Lexikon; Handwörterbuch für das Bank- und Sparkassenwesen mit Bankenverzeichnis, 9. Auflage, Wiesbaden 1983

Grothe, Die Bankenaufsicht in den Vereinigten Staaten, Finanzbericht Nr. 40 des Deutschen Generalkonsulats in New York vom 31.5.1951

Hablutzel, Lutz, State Regulation of Branch Banking in: 16 Duqulesne Law Review 1977/78, S. 679 ff.

Hackethal, Andreas, German Banks and Banking Structure, in: *Jan Pieter Krahen / Reinhard H. Schmidt (Hrsg.),* The German Financial System, Oxford 2004, S. 71 ff.

Häde, Ulrich, Bankenaufsicht und Grundgesetz, in: JZ 2001, S. 105 ff.

Hafke, Heinz Christian, Zur Haftung der Bankenaufsicht nach EG-Recht, in: ZfgK, 2005, S. 409 ff.

Hagemeister, Hans-Otto, Die neue Bundesanstalt für Finanzdienstleistungsaufsicht, in WM 2002, S. 1773 ff.

Hall, Maximilian, Banking Regulation and Supervision: Comparative Study of the UK, USA and Japan, Aldershot/Brookfield 1993

Hannan, Timothy H. / Pilloff, Steven J., Will the Proposed Application of Basel II in the United States Encourage Increased Bank Merger Activity? Evidence from Past Merger Activity, Working Paper, Board of Governors of the Federal Reserve System, Washington D.C., February 2004, S. 2 ff.

Hannemann, Ralf / Schneider, Andreas / Hanenberg, Ludger, Mindestanforderungen an das Kreditgeschäft (MaK) – Eine einführende Kommentierung, Stuttgart 2003

Hausberg, Robert E. jr., Mergers and Acquisitions of Depository Institutions, Rede vor der Federal Bar Association - American Bar Association Symposium on Current Antitrust Concern in the Depository Industry, Washington D.C., May 23, 1985

Hauschild, Jürgen, Bank und Börsenwesen, Band 2: Geschäftspolitik der Banken, München 1981

Hawke, John D. jr., The Glass-Steagall Legacy: a historical perspective, in: New York Law School Law Review 31, 1986, S. 255 ff.

Hays, Fred H., Interstate Banking: A Logical Step Towards Financial Deregulation, in: Texas Business Review 57, 1983. S. 131 ff.

Hein, Manfred, Änderungen des Kreditwesengesetzes (KWG-Novelle), in: Wirtschaftswissenschaftliches Studium 1985, S. 193 ff.

Heinke, Eberhard, Basel II und seine Bedeutung für die mittelständische Wirtschaft, in: ZfgK 2001, S. 174 ff.

Heinze, Stephan, "Basel II" – Eigenmittelvereinbarung und Finanzierung der mittelständischen Wirtschaft – neue Wege in der Liquiditätsbeschaffung, in: BKR 2002, S. 212 ff.

Hellner, Thorwald, Private Einlagensicherung und staatliche Bankenaufsicht, in: *Manfred Hein (Hrsg.),* Berichte und Materialien – Banken und Staat, Heft 17, Berlin 1993, S. 39 ff.

Herdegen, Matthias, Das deutsche Einlagensicherungs- und Entschädigungsgesetz aus europäischer Perspektive, in: WM 1999, S. 1541 ff.

Herdegen, Matthias, Bundesbank und Bankenaufsicht: Verfassungsrechtliche Fragen, in: WM 2000, S. 2121 ff.

Hew, Florian, Entwicklungstendenzen im amerikanischen Bankensystem, Schriftenreihe für bankwirtschaftliche Forschung, Band 38, Bern und Stuttgart 1976

Hill, George W., Why 67 Insured Banks Failed - 1960-1974, Federal Deposit Insurance Corporation, Washington D.C. 1975

Hillen, Karl-Heinz, Anforderungen der Bankenaufsicht, in: *Gerhard Hofmann (Hrsg.),* Basel II und MaK - Regulatorische Vorgaben, bankinterne Verfahren, Bewertungen, 2. Auflage, Frankfurt 2004, S. 338 ff.

Hirdina, Ralph, Verfassungsrechtliche Aspekte zur Funktion einer reformierten Bundesbank bei der Allfinanzaufsicht, in: BKR 2001, S. 135 ff.

Höhns, Stefan, Die Aufsicht über Finanzdienstleister – Kompetenzen, Eingriffsbefugnisse, Neustrukturierung, Untersuchungen über das Spar-, Giro- und Kreditwesen, Band 145, Berlin 2002

Hofmann, Gerhard, Basel II und die Zukunft des Kreditgeschäfts in Deutschland, in: Betriebswirtschaftliche Forschung und Praxis, 2002(6), S. 545 ff.

Hofmann, Gerhard, Basel II und MaK, Regulatorische Vorgaben, bankinterne Verfahren, Bewertungen, 2. Auflage, Frankfurt 2004

Honold, Edward, Die Bankenaufsicht, Mannheim 1956

Huber, Herwart, Bankkrisen und neues Insolvenzrecht, in: ZBB 1998, S. 193 ff.

Huber, Stephen K., The Federal Deposit Insurance Corporation Improvement Act of 1991, in: 109, Banking Law Journal 1992, S. 300 ff.

Hüpkes, Eva H.G., The Legal Aspects of Bank Insolvency – A Comparative Analysis of Western Europe, the United States and Canada, The Hague / London / Boston, 2000

Hütz, Gerhard, Die Bankenaufsicht in der Bundesrepublik Deutschland und in den USA, Berlin 1990

Imhof, Eckhard Paul, Einlagensicherung in den USA, in: ZfgK 1980, S. 57 ff.

Imhof, Eckhard Paul, Bankenwettbewerb in Amerika, in: ZfgK 1981, S. 166 ff.

Indick, Murray A. / Kini, Satish M., The Interstate Banking and Branching Efficency Act: New Options, New Problems, in: 112 Banking Law Journal 1995, S. 100 ff.

Institute of International Bankers, Global Survey of Permissible Activities for Banking Organisations in Major Financial Centers Outside the U.S., New York 1988

Jacobs, Donald, The Framework of Commercial Bank Regulation: An Appraisal, in: National Banking Review 1964, S. 343 ff.

Jakob, Klaus, Das aufsichtliche Überprüfungsverfahren aus Sicht der Bankenaufsicht, in: *Axel, Becker / Walter Gruber / Dirk Wohlert (Hrsg.),* Handbuch Bankenaufsichtliche Entwicklung, Stuttgart 2004, S. 6 ff.

Jakob, Klaus, Die Umsetzung der Zweiten Säule von Basel II – wie könnte der Supervisory Review Process in Deutschland aussehen?, in: *Alexander Suyter (Hrsg.),* Risikomanagement, Frankfurt a. M., 2004, S. 83 ff.

Jakobs, Georg, Ein Mosaikstein, in: Handelsblatt, 17.6.1996, S. 29.

Jochum, Heike, Das Bundeskartellamt auf dem Weg nach Europa, in: VerwArch. 94 (2003), S. 512 ff.

Jordan, Jerry, A Market Approach to Banking Regulation, in: Cato Journal, 1994, Vol. 13, No. 3, S. 315 ff.

Joyce, A., Libyan Arab Bank v. Bankers Trust-Common Law Meets Its Limits?, in: Harvard International Law Journal 1988, S. 451 ff.

Kane, Edward J., The Gathering Crisis in Federal Deposit Insurance, MIT Cambridge, 1985

Kastner, Arno, Basel II aus der Sicht mittelständischer Unternehmen, in: *Axel Becker / Markus Gaulcke / Martin Wolf (Hrsg.),* Praktiker-Handbuch Basel II, Stuttgart 2005, S. 467 ff.

Kaufmann, George G., Einlagenversicherung in den USA in: ZfgK 1978, S. 762 ff.

Kaufmann, George G., Bank Failures, Systematic Risk, and Bank Regulation, in: The Cato Journal, Vol. 16 No. 1, 1996, S. 17 ff.

Kaufmann, George G., FDIC Reform – Don't Put Taxpayers at Risk, in: Policy Analysis, April 16, 2002, No. 432, S. 2 ff.

Kayser, Gunter / Kokalj, Ljuba, Mittelständische Unternehmen in Deutschland – Anmerkungen zur Finanzierung nach Basel II, in: ZfgK 2002, S. 112 ff.

Keller, Erich, Der Grundsatz I der Bankenaufsicht, Stuttgart 2002

Kelley, Edward W., The Why, What, and How of Bank Regulation, in: Federal Reserve Bank of Chicago, Rethinking Bank Regulation: What Should Regulators Do?, Chicago May 1996, S. 24 ff.

Kley, Christoph / Everling, Oliver, Anerkennung von Ratingagenturen im Rahmen von Basel II, in Finanz-Betrieb 2002, S. 137 ff.

Kochinke, Clemens / Krüger, Christian, Allfinanzunternehmen in den USA – Neue Chancen durch den Gramm-Leach-Bliley Act, in: RIW 2000, S. 518 ff.

Köhler, Claus, Internationale Aspekte der Bankenaufsicht, Vortrag vor dem Sparkassen-Prüfertag am 21.9.1983, in: *Deutsche Bundesbank,* Auszüge aus Presseartikeln 1983, Nr. 87, S. 1 ff.

Kösters, Wim / Paul, Stephan PAUL / Süchting, Joachim, Ein Effizienzmodell zur Strukturreform der Deutschen Bundesbank, in: ZfgK 2001, S. 457 ff.

Koetter, Michael / Nestmann, Thorsten / Stolz, Stephanie / Wedow, Michael, Structures and Trends in German Banking, Kiel Institute for World Economics, Working Paper No. 1225, September 2004

Kopp, Ferdinand O., Schenke, Wolf-Rüdiger, Verwaltungsgerichtsordnung, Kommentar, 13. Auflage, München 2003

Kopp, Ferdinand O., Ramsauer, Ulrich, Verwaltungsverfahrensgesetz mit Erläuterungen, Kommentar, 8. Auflage, München 2003

Krämer, Rosa-Maria, Neue Gesetzesentwürfe zur Glass-Steagall Reform, in: WM 1996, S. 45 ff.

Krahnen, Jan Pieter / Schmidt, Reinhard H., Taking Stock and Looking Ahead: The German Financial System at the Crossroads?, in: *Jan Pieter Krahnen / Reinhard H. Schmidt (Hrsg.),* The German Financial System, Oxford 2004, S. 485 ff.

Krahnen Joachim / Juncker Klaus, Werbung aus der Sicht der privaten Banken, in: *Eberhard Floos / Peter Muthesius (Hrsg.),* Handbuch der Bankenwerbung, Frankfurt 1972, S. 359 ff.

Kreile, Reinhold, Die parlamentarischen Beratungen der KWG-Novelle, in: Die Bank 1984, S. 556 ff.

Krimphove, Dieter / Kruse, Oliver, Regulierung und Haftung von Ratingagenturen: Status Quo und Perspektiven, in: ZfgK 2005, S. 413 ff.

Krümmel, Hans Jacob, Liquiditätssicherung im Bankwesen, in: Kredit und Kapital 1968, S. 247 ff

Krümmel, Hans Jacob, Bankenaufsichtsziele und Eigenkapitalbegriff, Frankfurt 1983

Krümmel, Hans Jacob, Einige Probleme der Konstruktion bankaufsichtsrechtlicher Risikobegrenzungen, in: *Karl Heinz Förster (Hrsg.),* Beiträge zur Bankenaufsicht, Bankbilanz und Bankprüfung, Düsseldorf 1985

Kuntze, Wolfgang, Beaufsichtigung der Kreditinstitute auf konsolidierter Basis, in: *Karl Heinz Förster (Hrsg.),* Beiträge zur Bankenaufsicht, Bankbilanz und Bankprüfung, Düsseldorf 1985

Kupitz, Rolf, Die Kreditwirtschaft als wettbewerbspolitischer Ausnahmebereich, Frankfurt / Thun 1983

Kushmeider, Rose M., The U.S. Federal Financial Regulatory System: Restructuring Federal Bank Regulation, FDIC: Future of Banking Study, Washington D.C. 2004

Lagemann, Bernhard, Deutsche Mittelstandsfinanzierung im Umbruch – Aufbruch in ein neues System, in: RWI-Mitteilungen, 53(2002)1-4, S. 65 ff.

Lahusen, Reinhard, Bankerfolg in Europa: Große Fortschritte durch Konsolidierung: mit Ausnahme Deutschland, in: Deutsche Bank Research / EU Monitor Nr. 13, 29. April 2004, S. 1 ff.

Lamberti, Hermann-Josef, Neue Herausforderungen für Banken und Aufsicht, in: ZfgK 2005, S. 510 ff.

Lange Thomas / Löw Edgar (Hrsg.), Rechnungslegung, Steuerung und Aussicht von Banken, Wiesbaden 2004

Langen, Eugen / Bunte, Hermann / Baron, Michael, Kommentar zum deutschen und europäischen Kartellrecht, 9. Auflage, Neuwied 2001

Lebert, Rolf, Zwergenaufstand gegen Basel II, in: Financial Times Deutschland, 29.4.2005, S. 19

Leddy, Mark, Recent Merger Cases Reflect Revolution in Antitrust Policy, in: Legal Times, Nov. 3, 1986, S. 17

Lehnhoff, Jochen / Mielk, Holger, Gesetz über das Kreditwesen (KWG) einschließlich 6. KWG-Novelle, Kurzkommentar, 4. Auflage, Wiesbaden 2001

Lehnhoff, Jochen, Risiken identifizieren, steuern, überwachen, in: Bankinformation und Genossenschaftsforum 4/2003, S. 16 ff.

Lindlar, Jürgen, 25 Jahre Prüfungsverband deutscher Banken e.V., in: Die Bank 1994, S. 748 ff.

Loeper, Erich, Aufsichtlicher Überprüfungsprozeß im Rahmen des neuen Baseler Akkords, in: *Gerhard Hofmann (Hrsg.),* Basel II und MaK - Regulatorische Vorgaben, bankinterne Verfahren, Bewertungen, 2. Auflage, Frankfurt 2004, S. 265 ff.

Luchterhand, Hans-Friedrich, Das Recht der Bankenwerbung in: *Eberhard Floos / Peter Muthesius (Hrsg.),* Handbuch der Bankenwerbung, Frankfurt 1972, S. 185 ff.

Lütz, Susanne, Der Staat und die Globalisierung von Finanzmärkten – Regulative Politik in Deutschland, Großbritannien und den USA, Frankfurt a. M./ New York 2002

Lutter, Marcus, Bankenvertreter im Aufsichtsrat, in: ZHR 1981, S. 224 ff.

Macey, Jonathan R. / Miller, Geoffrey P., Banking Law and Regulation, Boston / Toronto / London 1992

Mader, Richard, Das Bankenaufsichtssystem der USA, Entwicklungen und Perspektiven, in: Wirtschaftspolitische Blätter 1986, Band 33, S. 105 ff.

Mai, Christine, Kompromiß macht weg für Basel II frei, in: Financial Times Deutschland, 27.9.2005, S. 19

Christine Mai / Rolf Lebert, EU-Parlament nimmt Basel-II-Regel an, in: Financial Times Deutschland, 29.9.2005, S. 18

Marcuse, Paul, Das Bundesgesetz der Vereinigten Staaten über das Notenbankwesen (The National Bank Act) in seiner jetzigen Fassung, Stuttgart / Berlin 1907

Marcuse, Paul, The National Bank Act as amended and other Laws relating to National Banks, compiled under the direction of the Comptroller of the Currency, Washington 1908

Marschall, Birgit, Abschied vom Mittelstand, in: Financial Times Deutschland, 8.3.2002, S. 30

Marschall, Birgit Regierung sieht Basel II-Prozess vor dem Durchbruch, in: Financial Times Deutschland, 26.6.2002, S. 9

Marschall, Birgit / Rössing, Sabine, Kreditprobleme des Mittelstandes drastisch verschärft, in: Financial Times Deutschland, 13.2.2002, S. 12

Meister, Edgar, Grenzüberschreitende Bankenaufsicht verstärken, Zusammenwachsende Märkte erfordern vergleichbare Spielregeln für alle Marktteilnehmer, in: *Deutsche Bundesbank,* Auszüge aus Presseartikeln 1998, Nr. 51, S. 1 ff.

Meister, Edgar, Bankenaufsicht unter dem Aspekt der Kooperation von Bundesbank und BaFin, in: Sparkasse 08 / 2003, S. 355 ff.

Meister, Edgar, Auswirkungen von Basel II insbesondere auf den Mittelstand, Lüneburg, 12. November 2004, http://www.bundesbank.de/download/presse/reden/20041112meister.php

Meyer, Conrad, Die Bankbilanz als finanzielles Führungsinstrument (unter besonderer Berücksichtigung aufsichtsrechtlicher Bestimmungen im In- und Ausland), Bankwirtschaftliche Forschungen Band 96, Bern und Stuttgart 1986

Meyer, Hartwig, Universalbanksystem, Wettbewerb verhindert Macht, Köln 1978

Meyer, Heinz E., KWG-Novelle '84 in Kraft, in: Bankinformation, Volksbanken und Raiffeisenbanken, 1985, S. 6 ff.

Miletzki, Rainer, Organisation der Finanzaufsicht in Deutschland, in: ZfgK 2000, S. 174 ff.

Mires, Ralph E. / Spong Kenneth, The Death of a Bank, Assuring an Orderly Transition, in: Banking Studies 1988, Special Issue - Problem Banks, S. 24 ff.

Möschel, Wernhard, Das Trennsystem in der US-amerikanischen Bankwirtschaft, Baden-Baden 1978

Möschel, Wernhard, Das Wirtschaftsrecht der Banken, Frankfurt 1972

Montgomery, Paul, Glass-Steagall: a proposal for regulation rather than prohibition, in: Albany Law Review 47, 1983, S. 1378 ff.

Morschbach, Marcel, Struktur ausländischer Bankensysteme: USA, Frankfurt am Main 1981

Morschbach, Marcel, Reform der Filialgesetzgebung in den USA, in: ÖBA 1981, S. 176 ff.

Müller, Hanfried E., Standortplanung und Rechtsformwahl im internationalen Bankgeschäft, Darmstadt 1981

Müller, Werner A., Bankenaufsicht und Gläubigerschutz, (Eine Analyse von Regulierungs- und Aufsichtsvorschriften für Kreditinstitute), in: Studien zum Bank und Börsenrecht Band 6, Baden-Baden 1981

Myers, Forest M., Basics for Bank Directors, Federal Reserve Bank of Kansas City, Kansas 2001

National Monetary Commission, Report on Banking and Central Banking, Government Printing Office, Document 356, Washington D.C. 1910 / 1911

Nelson, Robert, How foreign banks get a foot in the US-door, in: Global Finance April 1989, Volume 3, Number 4, S. 71 ff.

Nirk, Rudolf, Das Kreditwesengesetz, 12. Auflage, Frankfurt a. Main 2003

Norton, Joseph J. / Gail, Don B., Reflections on Financial Institutions Restructure in the United States and on the New U.S. Financial Institutions Act, in: ZVglRWiss 1990, S. 278 ff.

Norton Joseph J. / Whitley Sherry, Banking Law Manual - Legal Guide to Commercial Banks, Thrift Institutions and Credit Loans, New York 1989

Notger Carl, Strategic Planning of U.S. Commercial Banks in a Changing Legal Environment, Idstein 1985

Office of the Comptroller of the Currency, The Director's Book - The role of a National Bank Director, Washington D.C., August 1987

Office of the Comptroller of the Currency, A Guide to the National Banking System, Washington D.C., May 1999

Office of the Comptroller of the Currency, Money Laundering: a Banker's Guide to Avoiding Problems, Washington D.C., 2002

Office of the Comptroller of the Currency, Capital and Dividends - Comptroller's Licensing Manual Washington D.C., June 2003.

Office of the Comptroller of the Currency, Internal and External Audits, Washington D.C., July 2003

Office of the Comptroller of the Currency, National Banks and the Dual Banking System, Washington D.C., September 2003

Office of the Comptroller of the Currency, Charters – Comptroller's Licensing Manual, Washington D.C., January 2005

Osthoff, Michael, Strukturveränderungen im amerikanischen Bankwesen, in: Die Bank 1981, S. 122 ff

Osthoff, Michael, Das Bankwesen in den USA, in: Die Bank 1980, S. 371 ff.

Otto, Klaus Friedrich, Notizen zum amerikanischen Bankmarketing, in: Bank und Markt 1975, S. 20 ff.

o. V., BaFin gegen Basel II-Verschiebung, in: Frankfurter Allgemeine Zeitung, 20.5.2005, S. 15

o. V., Basel II als Ursache für die Kreditklemme ist mehr Mythos als Fakt, in: Frankfurter Allgemeine Zeitung, 2.12.2004, S. 16

o. V., Basel brush, in: The Economist, March 29, 2003, S. 65 f.

o. V., Compendium of Issues Relating to Branching by Financial Institutions, Prepared by the Subcommittee on Financial Institutions of the Committee on Banking, Housing, and Urban Affaires, United States Senate, 94th Cong., 2d Sess., 1976

o. V., Das EU-Parlament sichert sich neue Mitspracherechte – Basel-II-Richtlinie angenommen, in: Frankfurter Allgemeine Zeitung, 29.9.2005, S. 13

o. V., Die Mehrzahl profitiert von Basel II, in: Frankfurter Allgemeine Zeitung, 15.1.2003, S. 14

o. V., Erleichterungen für den Mittelstand, in: Frankfurter Allgemeine Zeitung, 25.6.2004, S. 12

o. V., Joint News Release of Comptroller of the Currency and Federal Reserve Board, December 17, 1981

o. V., Mittelstand für Basel II nicht bereit, in: Frankfurter Allgemeine Zeitung, 25.6.2004, S. 12

o. V., Mittelständler mit hohem Risiko sind künftig schlechter dran, in: Frankfurter Allgemeine Zeitung, 11.7.2002, S. 10

o. V., Schlagabtausch mit Washington, in: Frankfurter Allgemeine Zeitung, 27.9.2005, S. 20

o. V., Sanio erwartet mittelfristig Basel III, in: Frankfurter Allgemeine Zeitung, 7.12.2002, S. 12

o. V., The Great Escape, in: The Economist, March 14, 1998, S. 98

o. V., Uniform Interagency Rating System for Banks, in: Federal Reserve Bulletin 64, 1978, S. 426 ff.

o.V., Unterstützung für Basel-II-Vorschlag, in: Frankfurter Allgemeine Zeitung, 14.4.2005, S. 13

o.V., Weiterer Ausbau des "interstate branching", in: Die Bank 1981, S. 126 ff.

o.V., Wie Basel II gutes Risikomanagement belohnt, in: Frankfurter Allgemeine Zeitung, 25.6.2004, S.12

o.V., Wie es weitergeht, in: Frankfurter Allgemeine Zeitung, 25.6.2004, S. 12

o.V., Zusatzregeln zu Basel II bringen Banken Erleichterung, in: Frankfurter Allgemeine Zeitung, 24.2.2005, S. 16

o.V., Europas Banken vor Fusionswelle, in: Frankfurter Allgemeine Zeitung, 25.2.2005, S. 24

o.V., Basel II könnte sich verzögern, in: Frankfurter Allgemeine Zeitung, 14.7.2005, S. 9

o.V., Aufsichtsstruktur spaltet die Branche, in: Financial Times Deutschland, 31.8.2005, S. 20

Paul, Stephan, Kontrolle der Risikoposition von Banken im Spannungsfeld von Markt und Staat, in: BFuP 2002, S. 556 ff.

Paul, Stephan, Basel II im Überblick, in: *Gerhard Hofmann (Hrsg.),* Basel II und MaK – Regulatorische Vorgaben, bankinterne Verfahren, Bewertungen, Frankfurt a. M, 2. Auflage 2004, S. 5 ff.

Paul, Stephan / Stein, Stefan / Horsch, Andreas, Treiben die Banken den Mittelstand in die Krise?, in: ZfgK 2002, S. 578 ff.

Paul, Stephan / Stein, Stefan, Basel II und die deutsche Kreditwirtschaft – ein Überblick, in: *Paul, Stephan (Hrsg.),* Basel II, Mittelstand und Kreditpreise, Frankfurt 2003, S. 35 ff.

Peat, Marwick, Mitchell & Co (Hrsg.), Banking in the United States, A Guide for Foreign Bankers, New York 1980

Pecchioli, Rinaldo M., Prudential Supervision in Banking, in: OECD, Trends in banking structure and regulation in OECD countries, Paris 1987

Pecchioli, Rinaldo M., Bankenaufsicht in den OECD-Ländern: Entwicklungen und Probleme, Baden-Baden 1989

Peltzman, Sam, Entry in Commercial Banking, in: Journal of Law and Economics 1965, S. 11 ff.

Perkins, The Divorce of Commercial and Investment Banking: A History, in: The Banking Law Journal 1971, S. 483 ff.

Petschnigg, Reinhard, The institutional framework for financial market policy in the USA seen from an EU perspective, in: European Central Bank, Occasional Paper Series, No. 35, Frankfurt a.M. September 2005

Picozzi, Marco, Aufsicht und Staatseinfluß bei Rundfunkanstalten, Kreditinstituten und Versicherungen, Köln 1985

Pilloff, Steven J., Bank Merger Activity in the United States 1994-2003, Board of Governors of the Federal Reserve System, Staff Study 176, Washington D.C., May 2004

Pitschas, Rainer / Gille, Stefanie, Allfinanzaufsicht in der EG und in Deutschland, in: *Rainer Pitschas (Hrsg.),* Integrierte Finanzdienstleistungsaufsicht, Berlin 2002, S. 219 ff.

Rainer Pitschas (Hrsg.), Integrierte Finanzdienstleistungsaufsicht, Berlin 2002

Plotkin, What Meaning does Glass-Steagall have for Today's Financial World?, in: The Banking Law Journal 1978, S. 95 ff.

Pollard, Alfred M. / Passaic Joseph G. / Ellis Keith H. / Daly Joseph P., Banking Law in the United States, Washington D.C. 1988

Pontzen, Martin, Die deutsche Bankenkrise 1931: Gründe, Ursachen, Auslöser, in: ZfgK 1999, S. 77 ff.

Pröhl, Hans, Lexikon des Kreditwesens, Hannover 1951

Puckler, Godehard, Das Bank- und Börsenwesen in den USA - Financial Services -, Frankfurt a. Main, 2. Auflage 1986

Puckler, Godehard, Bankenaufsicht und Bankbilanzierung in den USA, in: Die Wirtschaftsprüfung 1973, S. 661 ff.

Püttner, Günter, Von der Bankenaufsicht zur Staatsgarantie für Bankeinlagen, in: JZ 1982, S. 47 ff.

Puschel, Roberta, The Bank Examination Process, in: Schadrack, F. / Korobow, L. (Hrsg.), The basic elements of bank supervision, Federal Reserve Bank of New York, New York 1993, S. 55 ff.

Reagan, D., What's wrong with Glass-Steagall ?, in: Institutional Investor 15, October 1981, S. 21 ff.

Reischauer, Friedrich/ Kleinhans, Joachim, Kreditwesengesetz, Loseblattkommentar für die Praxis nebst sonstigen bank- und sparkassenrechtlichen Aufsichtsgesetzen sowie ergänzenden Vorschriften, Berlin April 2005

Reiter, Julius / Geerlings, Jörg, Die Reform der Bankenaufsicht – Eine Chance für den Verbraucherschutz?, in: Die Öffentliche Verwaltung 2002, S. 562 ff.

Revell, Jack, Solvency and Regulation of Banks, in: Bangor Occasional Papers in Economics, Vol. 5, Cardiff 1975

Rhoades, Stephen A., Concentration in Local and National Markets, in: Federal Reserve Bank of Atlanta, Atlanta 1985

Rhoades, Stephen A., Bank Mergers and Banking Structure in the United States 1980-1998, Board of Governors of the Federal Reserve System, Staff System 174, Washington D.C. August 2000

Robertson, J.L., The Case of a Single Bank Regulatory Agency, in: Current Perspectives in Banking, 2. Auflage, Illinois, 1980, S. 477 ff.

Robinson, James D. III, The Barriers Are Down, in: Euromoney, October 1983, S. 38 ff.

Rodriguez, L. Jacobo, International Banking Regulation – Where's the Market Discipline in Basel II?, in: Policy Analysis, No. 455, October 15, 2002, S. 2 ff.

Rodriguez, L. Jacobo, Banking Stability and the Basel Capital Standards, in: Cato Journal, Vol. 23, No. 1, 2003, S. 115 ff.

Röhrig, Heiko, Auswirkungen der neuen Mindestanforderungen an das Kreditgeschäft der Kreditinstitute (MaK), in: *Paul, Stephan (Hrsg.),* Basel II, Mittelstand und Kreditpreise, Frankfurt 2003, S. 17 ff.

Rohlfing, Bernd, Wirtschaftsaufsicht und amtshaftungsrechtlicher Drittschutz, in: WM 2005, S. 311 ff.

Rolfes Bernd / Emse Cordula, Basel II und die zukünftigen Kreditpreise, in: *Tietmeyer, Hans / Rolfes, Bernd (Hrsg.),* Basel II – Das neue Aufsichtsrecht und seine Folgen, Wiesbaden 2002, S. 41 ff.

Rosen, Richard J. Is three a crowd? Competition Among Regulators in Banking, Federal Reserve Bank of Chicago, Chicago December 2001

Rosen, von Rüdiger, Allfinanzaufsicht – die reorganisierte Wacht an Rhein und Main als Garant für neues Anlegervertrauen, in: ZfgK 2002, S. 634 f.

Sanio, Jochen, Basel II – Revolution im Kreditgewerbe und in der Bankenaufsicht, in: Tietmeyer, Hans / Rolfes, Bernd (Hrsg.), Basel II- Das neue Aufsichtsrecht und seine Folgen, Wiesbaden 2002, S. 147 ff.

Sanio, Jochen, Kein Mitgliedstaat darf für sein Bankensystem ungerechtfertigte Sondervorteile herausholen, in ZfgK 2002, S. 100 ff.

Sanio, Jochen, Keine Macht ohne Kontrolle, in: Frankfurter Allgemeine Zeitung, 2.3.2004, S. 27

Santos, Joao A.C., Bank Capital Regulation in contemporary banking theory: A review of the literature, in: Financial Markets, Institutions and Instruments, Vol. 10(2) 2001, S. 41 ff.

Schäfer, Heinz, Bankaufsicht - Möglichkeiten und Grenzen ihrer Organisation aus rechtlicher Sicht, in: ÖBA 1985, S. 201 ff.

Schauff, Joachim / Stellmacher, Tobias, Der Supervisory Process, in: *Deloitte (Hrsg.),* Basel II – Handbuch zur praktischen Umsetzung des neuen Bankenaufsichtsrechts, Berlin 2005, S. 567 ff.

Scheerer, Michael, Streit in Brüssel blockiert Basel-II-Regeln, in: Handelsblatt, 16.9.2005, S. 26

Schierenbeck, Henner, Die Struktur des amerikanischen Bankwesens, in: IfK, Nachrichten aus dem Institut für Kreditwesen 1984, S.31 ff.

Schieritz, Mark, Deutsche Banken machen Druck auf die USA wegen Basel II, in: Financial Times Deutschland, 27.9.2005, S. 21

Schilling, Volker M., Basel II und Wandel im Kreditgeschäft mit mittelständischen Unternehmen, in: Sparkasse 09/2002, S. 392 ff.

Schneider, Manfred, Offene Fragen der Bankenaufsicht, in: ZfgK 1978, S. 236 ff.

Schneider, Uwe H., Das Bank Eigenkapital in Amerika, in: ZfgK 1982, S. 92 ff.

Schneider, Uwe H., Begriff und Anforderung an das aufsichtsrechtliche Eigenkapital in den USA, in: Österreichische Sparkassenzeitung 1982, S. 90 ff.

Schneider, Uwe H., Die aufsichtsrechtliche Inhaltskontrolle von Verträgen der Kreditinstitute und ihrer Mitarbeiter, in: WM 1996, S. 721 ff.

Schoen, Thomas H., Anforderungen an die IT aus Sicht der Bankenaufsicht, in: Betriebswirtschaftliche Blätter 06/2003, S. 308 ff.

Schöner, Markus, Einlagensicherung und Wettbewerb, Baden-Baden 1997

Schooner Mandanis, Heidi, Financial regulation: The Securitization of Banking Law, Working Paper, Catholic University of America – Columbus School of Law, Washington D.C. 2002, http://ssrn.com/abstract=283748

Schork Ludwig / Schork, Leo, Gesetz über das Kreditwesen, Text mit Begründung, Durchführungsvorschriften und Anmerkungen, 21. Auflage, Stuttgart 2001

Schreihage, Heinrich, Das Gesetz über das Kreditwesen, in: Die Bank, 1952, S. 296 ff.

Schreihage, Heinrich, Grundzüge des neuen Kreditwesengesetzes, in: ZfgK 1959, S. 215 ff.

Schreihage, Heinrich, Wettbewerb und Wettbewerbsbeschränkungen im Kreditgewerbe, in: ZfgK 1960, S. 15 ff.

Schroeder, Milton R., The Law and Regulation of Financial Institutions, Vol. 1-3, Austin 2005

Schroeter, Achim, Kreditwesennovelle am 1. Januar 1985 in Kraft getreten, in: Sparkasse 1985, S. 107 ff.

Schulte-Mattler, Herrmann / Kenne, von Ulrich, Basel II Framework: Meilenstein der Bankenaufsicht, in: Die Bank 9/2004, S. 37 ff.

Schulte-Mattler, Herrmann / Traber, Uwe, Neue Aufsichtsregeln für das Kreditrisiko, in: WM 1999, S. 2481 ff.

Schulz-Henning, Ingo, Bank Holding Companies im Wirtschaftsrecht der USA, Studien zum Bank und Börsenrecht, Baden-Baden 1980

Schwark, Eberhard, Individualansprüche Privater aus wirtschaftsrechtlichen Gesetzen, in: JZ 1979, S. 670 ff.

Schwartz, Anna J., Financial Stability and the Federal Safety Net, unveröffentlichter Vortrag für das American Enterprise Institute 1987

Schweitzer, Banks and Banking - A Review of a Definition, in: Banking Law Journal 1977, S. 6 ff.

Scott Kenneth E. und Mayer Thomas, Risk and Regulation in Banking: Some Proposals for Federal Deposit Insurance Reform, in: Stanford Law Review 1971, S. 857 ff.

Sczudlo, Raymond S., Consolidation of US banking regulation proposed, in: International Financial Law Review, June 1994, S. 19 ff.

Seidmann, William L., The American experience: bank supervision in the United States, in: Financial deregulation, Cambridge 1986

Senterfitt, D.T., Glass Steagall in Perspective, in: Bankers Monthly 1982, S. 16 ff.

Sethe, Rolf, Einlagensicherung und Anlegerentschädigung nach europäischem und deutschem Recht, in: ZBB 1998, S. 305 ff.

Short, B.K., Capital Requirements for Commercial Banks: A Survey of the Issues, in: International Monetary Fund Staff Papers 1978, S. 528 ff.

Sinkey, Joseph F. jr., Problem and Failed Banks, Bank Examinations and Early Warning Systems: A Summary, in: Financial Crises, New York 1977, S. 24 ff.

Smalhout, James, Winners and loosers of new finance law, in: Euromoney, December 1999, S. 68 ff.

Sobbe, Herbert, Probleme der deutschen Bankaufsicht unter Berücksichtigung der Bankaufsichtsverhältnisse in den USA, Frankreich und England, Bonn 1952

Solomon, Frederic, Schlichting William H., Cooper, Jeffrey, Hakala Donald R., Austin Douglas, Banking Law, Volume 4 und 8, New York, Oakland, Albany 1988

Speyer, Bernhard, USA versus Europa – führt Bankenkonsolidierung zu erhöhter Rentabilität?, in: Deutsche Bank Research / EU Monitor Nr. 10, 22. April 2004, S. 1 ff.

Spindler, Joachim, Becker, Willi, Stark Ernst, Die Deutsche Bundesbank: Grundzüge des Notenbankwesens und Kommentar zum Gesetz über die Deutsche Bundesbank, 4. Auflage, Stuttgart 1973

Spong, Kenneth, Assistance for Problem Banks, in: Banking Studies 1988, Special Issue Problem Banks, S. 12 ff.

Spong, Kenneth, Banking Regulation, Its Purposes, Implementations and Effects, Fifth Edition, Kansas City, 2000

Spong, Kenneth / Sullivan, Richard J., Successful strategies in interstate bank acquisitions, in: Financial Industry Perspectives, Federal Reserve Bank of Kansas City, Kansas City 1995, S. 20 ff.

Starke, Ernst, Drittschutzwirkung der Bankenaufsicht und ihre Konsequenzen, in: WM 1979, S. 1402 ff.

Starke, Ernst, Die "besondere Wettbewerbslage" des Kreditwesens, in: ZfgK 1968, S. 438 ff.

Stein, Jürgen, Das Bankwesen in Deutschland, Köln 1982

Steinert, Herbert, Die Bankenaufsicht als Problem des Verwaltungsrechts und der Verwaltungspraxis, in: Schmollers Jahrbuch für Gesetzgebung, Verwaltung und Volkswirtschaft, Berlin 1955, S. 63 ff.

Steltzner, Holger, Ein Gespenst namens Basel, in: Frankfurter Allgemeine Zeitung, 22.11.2001, S. 15

Stern, Klaus, Das reformierte Bankenaufsichtssystem in Deutschland, in: *Lerke Osterloh (Hrsg.)*, Staat, Wirtschaft und Finanzverfassung – Festschrift für Peter Selmer zum 70. Geburtstag, Berlin 2004, S. 519 ff.

Steuer, Stephan, Das Gesetz zur Umsetzung der EG-Einlagensicherungs- und Anlegerentschädigungsrichtlinie und seine Umsetzung in der Praxis, in: WM 1998, S. 2449 ff.

Stützel, Wolfgang, Ist die "Goldene Bankenregel" eine geeignete Richtschnur für die Geschäftspolitik der Kreditinstitute?, in: Vorträge für Sparkassenprüfer, Stuttgart 1959, S. 34 ff.

Süchting, Joachim, Zum Problem des "angemessenen" Eigenkapitals von Kreditinstituten, in: ZfbF 1982, S. 397 ff.

Süchting, Joachim / Schneider Uwe H. / Link, Rainer, Die fachliche Eignung von Verbandsprüfern der Sparkassen als Geschäftsleiter eines Kreditinstituts nach § 33 KWG unter besonderer Berücksichtigung der bankpraktischen Anforderungen, in: ZBB 1991, S. 120 ff.

Suyter, Alexander (Hrsg.), Risikomanagement – Aktuelle Entwicklungen und Auswirkungen auf Banken und Unternehmen , Frankfurt a.M. 2004

Szagunn, Volkhard / Haug, Ulrich / Ergenzinger, Wilhelm, Gesetz über das Kreditwesen, Kommentar 6. Auflage, Stuttgart, Berlin, Köln, 1997

Taistra, Gregor / Schmidtchen, Markus, Basel II – Auswirkungen auf typische Mittelstandsportfolien, in: Die Bank 2001, S. 514 ff.

Tambert, F.A., Die Banken und der Staat in Deutschland, Köln 1938

Taymans, P., La reglementation des banques etrangeres aux Etats Units, avant et apres le passage de l'International Banking Act of 1978", in: Revue de la Banque 1979, S. 181 ff.

Tietmeyer, Hans / Rolfes, Bernd (Hrsg.), Basel II – Das neue Aufsichtsrecht und seine Folgen, Wiesbaden 2002

Trautman, Peggy, West Germany, A special report, in: Global Finance May 1989, S. 75 ff.

Troberg, Peter, Die Liberalisierung der nationalen Banktätigkeiten und die Schaffung eines einheitlichen Bankenaufsichtsrechts, in: *Uwe Blaurock*

(Hrsg.), Das Bankwesen im Gemeinsamen Markt, Baden-Baden 1981, S. 33 ff.
Tormann, Wolfgang, Die Auflagenbefugnisse des Bundesaufsichtsamtes gegenüber den Kreditinstituten, in: ZfgK 1977, S. 734 ff.

US Department of Justice and Federal Trade Commission, Horizontal Merger Guidelines, in: Federal Register 57, Bo. 176 September 10, 1992, S. 41552 ff.
US Government Accountability Office, Bank Insiders Activities: Insider Problems and Violations Indicate Broader Management Deficiencies, in: GOA/GGD-94-88, March 30 1994
US Government Accountability Office, Risk Based Capital - Regulatory and Industry Approaches to Capital and Risk, Washington D.C., July 1998
US Government Accountability Office, Financial Regulation: Industry Changes Prompt Need to Reconsider U.S. Regulatory Structure, Washington D.C., October 2004

Via, jr., Some thoughts on evaluating the tripartie federal bank regulatory system, in: The Banking Law Journal 1976, S. 509 ff.
Vollbracht Reinhold / Quinten, Daniel, Die Auswirkungen internationaler bankenaufsichtlicher Eigenkapitalregelungen auf die Wettbewerbsbedingungen im internationalen und nationalen Umfeld, in: *Alexander Suyter (Hrsg.)*, Risikomanagement, Aktuelle Entwicklungen und Auswirkungen auf Banken und Unternehmen, Frankfurt a. M. 2004, S. 165 ff.

Wallich, Henry C., Neuere Entwicklungen im US-amerikanischen Banksystem, in: ifk, Nachrichten aus dem Institut für Kreditwesen 1982, S. 42 ff.
Walter, Christian, Das Federal Reserve System, die Deutsche Bundesbank und das europäische System der Zentralbanken, die Europäische Zentralbank im Vergleich, München 1993
Walter, John R., Closing Troubled Banks: How the Process Works, in: Economic Quarterly, Federal Reserve Bank of Richmond, Volume 90 / 1, Richmond Winter 2004, S. 51 ff.
Warburg, P.M., The Federal Reserve System, its origin and growth, New York 1930
Waschbusch, Gerd, Bankenaufsicht – Die Überwachung der Kreditinstitute und Finanzdienstleistungsinstitute nach dem Gesetz über das Kreditwesen, München / Wien 2000
Weber, Adolf, Geld, Banken und Börsen, 4. Auflage, München 1955
Weber, Ahrend, Das Einlagensicherungs- und Anlegerentschädigungsgesetz, in: Die Bank 1998, S. 470 ff.

Welcker, Johannes, Neuordnung der Bankenaufsicht, Frankfurt am Main 1978

Wendt, Rudolf, Die Einheit der Verwaltung als Rechtsproblem, in: NWVBL 1987, S. 33 ff.

Werner, Welf, Späte Reform der amerikanischen Filialgesetzgebung, in: Die Bank 1994, S. 712 ff.

Werner, Winfried, Aufsichtsratstätigkeit von Bankvertretern, in: ZHR 1981, S. 252 ff.

West, Robert Craig, The Use of Purchase and Assumption Transactions in the Tenth Federal Reserve District, in: Banking Studies 1988, Special Issue - Problem Banks, S. 34 ff.

White, Roger S., State Regulation of Commercial Banking in the USA, 1781-1843, in: Revue Internationale d'Histoire de la Banque (8)1974, S. 1 ff.

Whitehead, David D., Interstate Banking: Taking Inventory, in: Economic Review (Federal Reserve Bank of Atlanta) 1983, S. 24 ff.

Wilz, Die Bankkrise in den USA, in: Untersuchung des Bankwesens, Berlin 1933

Wolff, Werner, Reformen im US-Bankwesen, in: ZfgK 1976, S. 648 ff.

Wolf-Wacker, Elisabeth, Zur Begründung und Ausgestaltung von Bankenaufsicht, Krefeld 1987

Wolff, Werner, Die These von der Notwendigkeit der besonderen staatlichen Ordnungspolitik im Kreditgewerbe, in: ÖBA 1972, S. 138 ff.

Wolfgarten, Wilhelm, Eigenmittel und Eigenmittelkonsolidierung, in: Deloitte (Hrsg.), Basel II – Handbuch zur praktischen Umsetzung des neuen Bankenaussichtsrechts, Berlin 2005, S. 53 ff.

Zahn, Johannes C.D., Die Bankenaufsichtsgesetze der Welt, Berlin und Leipzig 1937

Zietsch, Udo, Zur Frage der Zulässigkeit von Aufrechnungen während eines Moratoriums nach §§ 46, 46a KWG, in: WM 1997, S. 954 ff.

Zimmer, Klaus, Der EG-Richtlinienentwurf über Einlagensicherungssysteme: Chancen zur Verbesseerung der deutschen Einlagensicherung, in: ZBB 1992, S. 286 ff.

Zimmerer, Carl / Schönle Herbert, Kreditwesengesetz, Systematische Einführung und Kommentar, Wiesbaden 1962

Zimmermann, Heinz / Barbrock, Vera, Einlagensicherung aus ökonomischer Sicht, in: *Bruno Gehrig / Ivo Schwander (Hrsg.),* Banken und Bankrecht im Wandel, Festschrift für Beat Kleiner, Zürich 1993, S. 261 ff.

Peter Lang · Europäischer Verlag der Wissenschaften

Michael Senger

Bankenaufsicht, Unternehmensverbindungen und Bankengruppen

Frankfurt am Main, Berlin, Bern, Bruxelles, New York, Oxford, Wien, 2004.
440 S., 9 Tab., 18 Graf.
Frankfurter wirtschaftsrechtliche Studien.
Verantwortlicher Herausgeber: Andreas Cahn. Bd. 66
ISBN 3-631-53218-0 · br. € 68.50*

Untersuchungsgegenstand der Arbeit sind im Kern die aufsichtsrechtlichen Regelungen über Bankengruppen und über den Beteiligungsbesitz von Banken. Aufbauend auf dem ökonomischen Fundament einer Bankenaufsicht deckt der Verfasser anhand von Zahlenbeispielen Inkonsistenzen der bankaufsichtsrechtlichen Regulierung von Beteiligungen auf und unterbreitet insbesondere für die §§ 12 und 10 Abs. 6 KWG konkrete Reformvorschläge. Nach Untersuchung der Eigenmittelkonsolidierung (§ 10a KWG) weist der Verfasser auch hier auf erhebliche Ungereimtheiten hin. Ergebnis der Arbeit ist der Vorschlag eines schlüssigen Gesamtsystems zur aufsichtsrechtlichen Erfassung des Beteiligungsbesitzes von Banken, das unabhängig davon Geltung beansprucht, ob mit dem Beteiligungsbesitz ein Konzernverhältnis verbunden ist.

Aus dem Inhalt: Bankenaufsicht · Unternehmensverbindungen · Beteiligungsbesitz · Bankengruppen · Finanzholding · Ansteckungsgefahr · *Bank Run* · Eigenmittelkonsolidierung · Konsolidierte Aufsicht

Frankfurt am Main · Berlin · Bern · Bruxelles · New York · Oxford · Wien
Auslieferung: Verlag Peter Lang AG
Moosstr. 1, CH-2542 Pieterlen
Telefax 00 41 (0) 32 / 376 17 27

*inklusive der in Deutschland gültigen Mehrwertsteuer
Preisänderungen vorbehalten

Homepage http://www.peterlang.de

FSC
www.fsc.org
MIX
Papier | Fördert gute Waldnutzung
FSC® C083411

Kolibri 360 GmbH
Ferdinand-Jühlke-Straße 7
99095 Erfurt, Deutschland
produktsicherheit@kolibri360.de

Druck:
CPI Druckdienstleistungen GmbH
im Auftrag der
Kolibri 360 GmbH
Ferdinand-Jühlke-Str. 7
99095 Erfurt